# ΑΡΡΙΑΝΟΥ
## ΤΩΝ ΕΠΙΚΤΗΤΟΥ ΔΙΑΤΡΙΒΩΝ
### Γ·Δ

# 에픽테토스 강의 3·4 — 엥케이리디온, 단편

초판1쇄 펴냄 2023년 4월 17일
초판2쇄 펴냄 2023년 7월 24일

**지은이** 에픽테토스
**옮긴이 및 해설** 김재홍
**펴낸이** 유재건
**펴낸곳** (주)그린비출판사
**주소** 서울시 마포구 와우산로 180, 4층
**대표전화** 02-702-2717 | **팩스** 02-703-0272
**홈페이지** www.greenbee.co.kr
**원고투고 및 문의** editor@greenbee.co.kr

**편집** 이진희, 구세주, 송예진, 김아영 | **디자인** 권희원, 이은솔
**마케팅** 육소연 | **물류유통** 유재영, 류경희 | **경영관리** 유수진

ISBN 978-89-7682-820-0 03160


독자의 학문사변행學問思辨行을 돕는 든든한 가이드 _(주)그린비출판사

# 에픽테토스 강의 3·4

## 엥케이리디온, 단편

김재홍 옮김

# EPIKTĒTOS

아카넷

"자유는 욕망의 충족을 통해서가 아니라
욕망의 억제를 통해서 얻을 수 있는 것이네."

(제4권 제1장 175절)

옮긴이 서문
# 에픽테토스와의 만남

2003년 출간한 『엥케이리디온』(까치) '후기'에 에픽테토스와의 만남을
조금은 감상에 빠져 이렇게 적었다.

지나온 삶의 자취를 더듬어 보는 것은 그 당사자에게는 괴로운 일이기
도 하고, 한편으로는 새로운 삶에 대한 희망에 젖어 보는 기쁨의 시간도
될 수 있을 것이다. 왜 그렇게도 나 자신의 것이 아닌 '외적인 것'에 매달
려 살아왔는가? 세상에 대해서 왜 그렇게도 분노하고 노여움을 떨쳐 댔
는가? 언제까지 나는 허영에 가득 찬 눈으로 세상을 바라보아야만 하는
가? 어떻게 하면 이러한 세속적인 번뇌로부터 벗어날 수 있을 것인가?
철학함의 깊이는 어디가 한계인가? 남을 비판하지 않고 자신의 내면세
계를 착실히 들여다보게 해주는 철학은 어떤 것일까?
이런 생각에 사로잡혀 있던 나는 토론토 대학에 도착한 그 다음 날부
터 고전학과와 철학과의 '고중세 철학 합동 프로그램'(Collaborative
Programme in Ancient and Medieval Philosophy)에서 원전 독해 텍스트로
채택되었던 에픽테토스의 『강의』 제1권을 고전철학 전공자들과 더불
어 한 줄 한 줄 읽어 나가는 기회를 갖게 되었다. 마음의 중심을 잃고 있

었던 당시의 나로서는 에픽테토스의 철학을 접하면서 새로운 삶의 의미를 깨닫게 되었고, 상처 입은 영혼을 치료할 수 있는 철학의 힘을 그에게서 발견했다. 금요일 저녁마다 토론토 대학 로바츠 도서관 근처에 있는 고전학과의 작은 도서관에 모여 포도주 한잔에 취하면서 뜻을 같이하는 철학과와 고전학과 교수들, 그리고 박사과정의 학생들과 어울려 독서하는 즐거움을 그 무엇에 비교하랴. 창밖으로는 토론토 특유의 매서운 추위가 몰아치고 간간이 흩날리는 눈발 사이로 창문을 두드리는 온타리오 호수에서 불어오는 칼날 같은 바람에도 거칠 것은 없었다. 한밤중에 눈 쌓인 퀸스 파크를 가로질러 세인트 마이클 대학 존 M. 켈리 도서관을 지나 숙소로 돌아올 때에는 삶에 대한 희열이 이런 것이구나 하고 생각했다. 그러다 온타리오 호수 저편으로 떠오르는 햇살이 26층 창문 너머로 침대 맡에서 속살거리듯이 아침 인사를 건넬 때에는 또 다른 삶의 시작이었다.

지금도 그 당시의 기억과 추억이 생생하게 떠오른다. 그 후 한국에 돌아와서 언젠가는 에픽테토스의 『강의』를 번역하겠다는 마음을 굳게 먹은 것 같았는데, '외로움'에 시달리고, 먹고사는 일상적 삶에 쪼들리다 그럭저럭 시간만 흘러가고 말았다. 그 사이 서울대 철학사상연구소에서 출간한 『에픽테토스 '담화록'』(2006)을 토대로 2013년에 『왕보다 더 자유로운 삶—에픽테토스의 『엥케이리디온』, 『대화록』 연구』(서광사)를 출판했지만, 머릿속에 남아 있던 숙제 거리를 해소해야겠다는 생각은 늘 앙금처럼 가라앉아 마음 한구석에 자리 잡고 있었다.

마침 '헬레니즘 시기의 철학'을 정리하는 책을 저술해 달라는 출판사의 청탁을 받게 되어, 새로 세네카, 에픽테토스, 마르쿠스 아우렐리우스의 철학을 정리하는 기회를 갖게 되었다. 세네카의 『도덕서한』과 『명상록』으로 잘 알려진 마르쿠스의 『자기 자신에게 이르는 것들』을 우리말로 부분적으로 옮기며 주석을 만드는 작업을 진행하다가, 우선 에픽테토스의 『강의』를 번역하자는 마음을 먹게 되었다. 세네카와 마르쿠스의 책은 참으로 매력적이다. 에픽테토스와 달리 세네카는 논리학을 공부하는 것을 시간을 낭비하고 어리석은 것으로 '거부하고'(『도덕서한』 45.5, 49.5), 또 마르쿠스는 처음 철학에 마음을 두었을 때 추론을 '분석하고', 자연학적 문제들을 연구하는 데 '몰두하지'(kataginesthai) 않았다는 것에 대해 신의 도움과 행운으로 돌리고 있지만 말이다(『자기 자신에게 이르는 것들』 1.17.8). 어쨌든 논리학을 거부한다는 점에서는 세네카와 마르쿠스는 공통점을 가지고 있는 셈이다.

젊은 시절에 '고독한 군중'(the lonely crowd)을 되새기며 외로운 인간으로 떠돌며 살아가던 모습이 고스란히 떠오른다. 이제 나이가 들어 인생을 반추하는 시기에 접어들다 보니, 더욱 그의 책들의 진가를 알 수 있게 되었다. 그 책들을 읽으면 읽을수록 젊은 날에 무심코 지나쳤던 구절들이 더욱더 매력적으로 다가와 내 현실적 '삶'의 문제와 앞으로 닥쳐올 '죽음'의 문제에 절실하게 맞닿아 있음을 깨달았다. 그래서 소크라테스가 『파이돈』에서 철학을 '죽음의 연습'이라고 했던가!

"플라톤이 말한 것처럼, 너는 죽는 것을 연습할 뿐만 아니라, 고문을 당하고, 추방되고, 채찍질을 당하는 연습을, 한마디로 말해 너 자신의 것이 아닌 모든 것을 반납하는 연습을 하지 않겠는가?"(『강의』, 제4권 제1장 172절)

게다가 후기 스토아 철학을 대표하는 이 세 철학자들 사상의 공통점과 그 상호 간의 영향력을 깊이 인식하면서(세네카의 voluntas와 에픽테토스의 prohairesis 관련성, 마르쿠스에 대한 에픽테토스의 도덕 심리학의 직접적 영향), 이들에 대한 공부의 필요성을 절감할 수밖에 없었다. 세네카가 실존 인물인지 확인할 길이 없는 루킬리우스에게 보낸 '도덕에 관한 편지'(『도덕서한』)는 그 형식과 무관하게 성숙해 가는 한 인간의 내면세계를 반성하는 기록이라 말할 수 있겠다. 마르쿠스는 우리가 생각하는 것 이상으로 에픽테토스의 윤리학 프로그램 안에서 철저하게 움직이고 있었다. 물론 그의 책은 '철학적 일기'라는 독특한 형식을 가지고 있고, 문체상으로는 헤라클레이토스, 견유학파, 플라톤적인 색채를 띠고 있긴 하지만 말이다. 세네카와 마르쿠스의 책은 나중으로 미뤄두고, 먼저 숙제 거리로 남겨 뒀던 에픽테토스의 『강의』를 우리말로 옮기는 작업을 시작했다.

작업을 시작하고 속도가 붙은 지 얼마 되지 않아서 제1권과 제2권을 마무리할 즈음에 — '나에게도 언젠가 그런 일이 벌어질 수 있겠다'는 마음가짐은 늘 가지고 있었지만 — 나에게 신체의 병인 '뇌경색'이 닥쳐오고 말았다. "인간아, 너희 철학 학교는 치료를 하는 곳이네."(iatreion estin to tou philosophou scholeion; 『강의』, 제3권 제23장 30절) 에픽테토스의 철학 정신에 따라 '철학은 고통을 겪는 영혼의 치료'라는 믿음을 갖고 있었으나, 막상 나로서는 상당히 당황스러운 일이었다. 여러 사람의 걱정 덕분에 무사히 퇴원하고, 다시 『강의』 번역 작업을 마무리하는 일에 매달렸다.

아마 에픽테토스의 『엥케이리디온』을 앞서 접했던 독자는 이 책을 읽으면서 상당히 어려운 책이고, 읽기가 수월치 않다는 것을 느낄 것이다. 실제가 그렇다. 옮긴이의 입장에서도 어디서 끊어 읽어야 할지, 강의 주제 연결이 어떻게 이루어지는지, 어느 것이 누구의 대화이고, 또 어느 것이 에픽테토스의 독백인지 가늠하기가 곤란한 경우를 여러 대목에서 부딪쳤다. 독자로서 독해하기 어려운 대목이 생기는 것은 옮긴이의 이해 부족이거나, 에픽테토스의 수사력에 달려 있는 것으로 보면 맞을 성싶다. 그러나 책을 거듭해서 읽다 보면 그런 어려움은 차츰 사그라질 것으로 생각한다. 어딘가에서 오역이 찾아지고, 문맥에 대한 그릇된 이해가 생겨난다 싶으면, 그것은 전적으로 옮긴이의 깜냥 부족으로 인해 일어난 것으로 생각하면 되겠다.

이 책을 펴내면서 고마움을 표해야 할, 길다면 길고 짧다면 짧은 인생의 길에서 만난 잊지 못할 벗들이 여럿 있다. 무엇보다 먼저 토론토 대학에서 머물며 공부하던 시절에 기꺼이 '왜 철학을 공부하는가', '인생의 의미는 무엇인가'와 같은 근원적 질문의 대화 상대자가 돼 주고, 처음으로 접한 에픽테토스의 스토아 철학을 친절하게 알려 준, 2015년 이래로 예일 대학 고전학과로 옮겨 간 B. 인우드 교수(B. Inwood, William Lampson Professor of Philosophy and of Classics, 토론토 대학 명예교수)에게 깊은 감사를 전한다. 그는 스토아 철학과 고전학에 입문하게 된 계기를 이렇게 설명한다. 대학 학부 시절, 우연히 읽은 에픽테토스의 단편 선집이 반향을 불러일으켰고, 중고서점에서 에픽테토스의 저작을 구입해서 홀로 공부함으로써 그는 처음으로 스토아 철학을 접하게 되었다. 고전철학의 진정한 매력으로 생각했던 아리스토텔레스로 박사 학위를 준비하던 그는 전문적으로 연구할 것이라고는 전혀 생각해 본 적이 없던 자신의 독서와 사유를 스토아 철학으로 방향을 틀어 박사학위 논문을 완성하게 되었다고 한다("Impulse and Human Nature in Stoic Ethics", Toronto, 1981). 그 후 세네카에 대한 공부를 더 오래 계속했지만 자신이 '가장' 끌렸던 스토아주의자는 에픽테토스라고, 한 인터뷰에서 고백하고 있다(https://dailystoic.com/brad-inwood/). 그가 1985년에 펴낸 『초기 스토아주의에서 윤리학과 인간의 행위』(*Ethics and Human Action in Early Stoicism*, Oxford)는 지금은 빼놓을 수 없는 '스토아 철학의 고전'이 되었다. 스토아 철학의 전문가들도, 초기 스토아 윤리학의 토대를 이루는 인간 도덕 행위의 심리학을 분석하여 논구하고 있는 이 책을 이 분야에서 연구할 목적을 가진 젊은 학자들이 반드시 읽고 소화해야 할 문헌으로 인정하고 있다. 나는 특히 이 책이 에픽테토스를 위한 연구서로 20세기 후반에 성취한 가장 뛰어난 저작으로 손꼽을 만한 가치를 지니고 있다고 평가한다.

기쁜 일이나 어려운 일에 봉착할 때마다, 긴 인생의 대화를 나누며 힘을 보태 주고, 고고한 학자적 양심이 무엇인지를 몸소 보여 주며 모범적 태도를 유지하는 홍훈 교수님(연세대 경제학과), 늘 부족한 자신을 돌아보게 해주는 외우(畏友) 김상봉 교수(전남대 철학과), 시니컬하지만 언제나 밝은 웃음을 잃지 않고 인생의 '형'으로 대우해 주는 안재원 교수(서울대), 아리스토텔레스를 연구하는 자랑스런 후배 유재민 교수(군산대 철학과), 늘 미소가 떠나지 않는 후배 장미성 교수(숭실대 철학과)에게 감사의 인사를 전한다. 짧은 연극에 지나지 않는 인생의 험난한 길에서 이분들을 만나지 못했더라면 인생이 얼마나 삭막했겠는가! 멀리서 변함없이 위로의 말을 전해 주시는 배현옥 님께도 이 기회를 빌려 가슴에서 우러나오는 고마움을 표한다.

젊은 시절부터 마음에 새겨 두던 성경 구절이 하나 있다. 사도 파울로스가 '육체의 가시'를 빼 달라고 주께 세 번 간구하였더니, 주께서 말씀하시길, '내 은혜(charis)가 네게 족하도다. 내 능력이 약한 데서 온전하게 함이라'(「고린도 후서」 12장 7~9절). 상황이 상황인지라, 요사이 세상일에 마음 상한(?) 분들이 많이 있는 듯하다. 이 책이 혹시 '육체의 가시'를 안고 사는 사람들이 마음의 상처를 치료하는 데 조금이나마 도움이 되었으면 하고 바라 본다.

　'당신이 잘 지낸다면 그것은 좋은 일이네, 나는 잘 지내고 있네.'(Si vales, bene est, ego valeo!)

# 일러두기

## 『강의』, 『엥케이리디온』 및 『단편』에 대한 헬라스어 텍스트

모든 판본의 원본은 옥스포드 대학 보들리안 도서관에 소장된 12세기 필사본(Codex Bodleianus)이다. 내가 대본으로 삼은 원전 텍스트는 Budé 시리즈(Paris, 1948~1965)를 위해 수이에(Joseph Souilhé)가 편집한 것이다. 그 밖에도 H. 셴클 판본을 따르는 올드파더(W. A. Oldfather)가 편집한 Loeb 판본도 대조해서 참고했다. 필요한 경우 옮긴이의 고전 해석 관점에 맞춰서 알맞은 것을 취사선택했다. 이 점은 각주에서 적절히 밝혀 놓았다. 단, 『엥케이리디온』 번역은 G. Boter 판(1999)을 원전 텍스트로 사용했다.

* H. Schenkl, *Epicteti Dissertationes ab Arriano digestae*, 2nd edn., Leipzig, 1916[1894](Teubner 판).

* J. Souilhé, *Épictète: Entretiens; texte établi et trad.*, 4vols., Paris, 1948~1965, rev. edns. 1969~1990(Budé 판).

* W. A. Oldfather, *Epictetus: The Discourses as Reported by Arrian, the Manual, and Fragments, with trans. and notes*, 2 vols., London, 1926(Loeb Classical Library 판).

* G. Boter, *The Encheiridion of Epictetus and its Three Christian Adaptations; Transmission and Critical Editions*, Leiden, 1999.

## 『강의』, 『엥케이리디온』 및 『단편』에 대한 번역 및 주석

불어판인 수이에, 영어판인 올드파더, 가장 최근에 번역된 하드(R. Hard)의 번역본을 주로 참조했다. 심플리키우스를 비롯한 나머지 번역본과 주석에 대해서는 아래를 참조하라. 제1권의 주석에 대해서는 도빈 (R. Dobbin) 것을 참조했다. 이 책을 번역하는 데 가장 많은 설명과 도움을 받은 것은 A. A. 롱(A. A. Long, 2002)의 책이었음을 밝혀 둔다.

* R. Hard, *Epictetus; Discourses, Fragments, Handbook*, with an introduction and notes by C. Gill, Oxford, 2014.

* R. Dobbin, *Epictetus; Discourses Book 1*, Translated with an introduction and commentary, Oxford: Clarendon, 1998.

* A. A. Long, *Epictetus — A Stoic and Socratic Guide to Life*, Oxford, 2002.

   T. Brennan & Ch. Brittain, *Simplicius On Epictetus' Handbook*, 2 Vols, London, Duckworth, 2002.

   E. Carter, *Epictetus: Moral Discourses*, London, 1758.

   R. Dobbin, *Epictetus: Discourses and Selected Writings*, with introd. and notes, Penguin Classics, London, 2008.

   J.-B. Grourinat, *Premières leçondsur le Manuel d'Épictète*, Paris, 1998.

   P. Hadot, *Arrien: Manuel d'Épictète*, trad. et notes, Paris, 2000.

   P. E. Matheson, *Epictetus: The Discourses and Manual*, with introd. and notes, 2 vols, Oxford, 1916.

   G. Long, *The Discourses of Epictetus, with the Encheridion and Fragments*, London. George Bell and Sons, 1890.

   N. White, *The Handbook of Epictetus*, trans. with introd. and annotations, Indianapolis, Hackett, 1983.

* 원칙적으로 헬라스어 원전에 충실해서 옮기되, 우리말로 매끄럽지 않을 경우에 어느 정도 의역했다. 가능한 한 맥락이 연결될 수 있도

록 옮긴이 해석에 맞춰 옮기려 노력했다. 그 밖에 이 책을 도움을 받은 참고문헌은 이 책의 끝에 수록되어 있다. 특히 옮긴이의 풀어씀이나 설명에서 저자 이름만을 밝힌 저서는 참고문헌에 기초한다.

* 텍스트 자체를 우리말로 옮기는 것도 어렵지만, 옮기는 과정에서 고민을 많이 한 것은 '독백체', '대화체'의 말을 어떻게 존댓말이나 하게체로 구사해서 표현하느냐 하는 것이었다. 에픽테토스가 40대나 50대 무렵에 니코폴리스로 건너가 학교를 개소했다면, 이 책에서 강의실에 등장하는 에픽테토스는 가장 원숙한 나이로 50대 말에서 60대 초반쯤에 해당할 것이다. 이런 상황을 염두에 두고 에픽테토스와 학생, 청강생, 관료, 시민 간에 이루어지는 대화를 우리말로 옮겼다.

* 『강의』 두 번째 권(3·4권)에는 '해제'와 '참고문헌'을 따로 싣지 않았다. 에픽테토스에 관련된 참고문헌 및 에픽테토스에 관한 역자의 '해제'는 『강의』 1·2권(그린비출판사)을 참조해 주기 바란다.

# 에픽테토스 생애와 주요 인물 연보

**B.C. 399년**     에픽테토스의 철학적 모델 중 하나인 소크라테스의 죽음.

**B.C. 324년**     에픽테토스의 또 다른 모델인 견유학파 디오게네스의 죽음.

**B.C. 300년**     키티온(Citium)의 제논이 아테네에 스토아학파 설립.

**A.D. 37년**     티베리우스의 죽음. 칼리굴라의 황제 즉위. 네로의 탄생.

**50년**     스토아 철학자 세네카가 네로의 교사가 됨.

**50~60년경**     에픽테토스가 지금의 터키 남서쪽에 위치한 프뤼기아 지방의 히에라폴리스에서 노예의 아들로 태어남.

**54년**     네로가 로마 황제에 즉위함.

**57년**     네로가 원로원 의원들과 신하들을 자신의 게임에 참여하도록 명령함.

**59년**     네로가 자신의 어머니 아그리피나를 살해함.

**60년**     무소니우스 루푸스가 소아시아 지방으로 유배됨. 에픽테토스는 알려지지 않은 시점에 로마로 오게 되고, 해방노예 출신으로 네로의 청원 비서로서 권력을 지닌 에파프로디투스의 노예가 됨.

**62년**     무소니우스 루푸스가 로마로 돌아옴. 세네카가 네로의 고문 지위를 잃음. 네로는 자신의 전 부인인 옥타비아를 추방하고

|  |  |
|---|---|
|  | (나중에 살해됨), 폼페이 출신의 폼파이아 사비나와 결혼함. |
| **65년** | 무소니우스 루푸스가 다시 귀아로스로 추방을 당함. 피소가 네로에 맞서 모반을 꾀함. 집정관인 플라우투스 라테라누스가 처형됨. 네로를 어린 시절 가르쳤던 세네카는 네로 황제로부터 자살을 명받음. |
| **66년** | 트라세아 파에투스가 자살하도록 명받음. |
| **68년** | 네로는 황제 자리에서 쫓겨나 자살을 함. 갈바가 황제가 됨. 무소니우스 루푸스가 로마로 돌아옴. |
| **68~69년경** | 에픽테토스는 무소니우스 루푸스에게 공부함. 에파프로디투스는 에픽테토스를 노예에서 해방시켜 주고, 로마에서 철학 교사로서 자리를 잡도록 함. |
| **69년** | 네 명의 황제 시대(갈바, 오토, 비텔리우스, 베스파시아누스)가 도래. |
| **70~79년경** | 무소니우스 루푸스가 다시 어디론가 추방을 당함. 베스파시아누스가 로마에서 모든 철학자를 추방했지만, 무소니우스는 추방되었다가 티투스 황제에 의해 소환됨. |
| **74년** | 헬비디우스 프리스쿠스가 베스파시아누스에 의해 추방되어 처형됨. |
| **79년** | 베스파시아누스 죽음. 티투스가 황제가 됨. 베수비우스, 폼페이 및 헤르쿨라네움이 화산 폭발로 황폐화됨. 이후 무소니우스가 로마로 돌아옴. |
| **81년** | 티투스가 죽고, 도미티아누스가 황제로 즉위함. |
| **85~86년경** | 그리스 니코폴리스에서 에픽테토스를 만나 에픽테토스의 '강의'를 듣고 이 책 『강의』를 저술하게 되는 아리아노스가 태어남. |
| **93~95년경** | 도미티아누스는 철학자들을 이탈리아에서 추방하는 칙령 |

을 내림. 에픽테토스는 그리스 에피루스의 니코폴리스(오늘날의 프레베자)로 건너가서 그곳에 학교를 세우고 학생들을 가르치게 됨.

**96년**  도미티아누스가 암살됨. 네르바가 황제가 됨.

**98년**  트라이아누스가 황제가 됨.

**95~100년경**  에픽테토스의 선생이었던 무소니우스 루푸스가 죽음.

**107~109년경**  아리아노스가 니코폴리스에서 에픽테토스의 가르침을 받음.

**117년**  트라이아누스가 죽음. 하드리아누스가 황제로 즉위함.

알려지지 않은 시기에 하드리아누스가 니코폴리스의 에픽테토스 학교를 방문함.

**120년경**  늙고 병든 에파프로디투스가 독약을 마시고 자살할 수 있도록 하드리아누스로부터 허락을 받음.

**121년 4월 26일**  부유한 정치가의 아들로 장차 마르쿠스 아우렐리우스가 될 마르쿠스 안토니우스 베루스가 로마에서 태어남.

**135년경**  알려지지 않은 시기에 에픽테토스가 불행한 처지에 있던 아이를 입양함. 에픽테토스의 죽음.

**138년**  하드리아누스가 죽음. 마르쿠스 아우렐리우스의 아버지 안토니누스 피우스가 황제가 됨.

**140년 이전**  아리아노스가 에픽테토스의 『강연』과 『엥케이리디온』을 작성함.

**161년**  안토니누스의 죽음. 마르쿠스가 황제가 됨.

**532년 이후**  신플라톤주의자 심플리키우스가 『엥케이리디온』에 대한 주석을 씀.

**7세기경**  기독교화된 『엥케이리디온』 버전이 비잔틴 제국에서 배포되고 주석이 달림.

# 차례

# 엥케이리디온                                                327

## Ⅳ 가르침의 실천에 관한 결론      

# 단편      

제3권

# 제1장

## 꾸밈에 대하여[1]

수사술을 공부하는 한 젊은이가 정성 들여 머리를 가지런하게 다듬 1
고, 옷차림도 화려하게 치장하고 에픽테토스에게 왔을 때, 그는 이렇
게 말했다. '나에게 말해 주게. 아름다운 개도 있고, 아름다운 말도 있
고, 다른 모든 동물들의 경우에도 저마다 아름답다고 생각하지 않는
가?—'그렇다고 생각합니다.' 젊은이가 말했다.—그렇다면 인간의 2
경우도 마찬가지 아니겠나. 아름다운 사람도 있고, 추한 사람도 있지 않
겠나?—'물론 그렇지요.'—그렇다면 우리가 그 동물들 각각을 그 자
신의 종에서 아름답다고 부를 때, 모든 경우에 동일한 이유에 따라 그렇
게 부르겠나, 아니면 각각의 경우에 개별적인 이유에 따라 그렇게 부르
겠나? 그 문제를 이런 식으로 보게나. 개가 어떤 목적에 맞는 자연 본성 3
을 가지고 있고, 또 말(馬)은 그와 다른 목적에, 또 자네가 그것을 예로

---

1 제2권 제24장과 마찬가지로 이것은 우아한 스타일과 매끄러운 피부를 가진 청년을 향
한 매우 비판적인 담론이다. 그는 에픽테토스에게 인간은 말할 것도 없고, 남성이 된다
는 것이 무엇을 의미하는지 이해하지 못한다는 것을 보여 준다. 그의 요점은 청년이 에
픽테토스처럼 철학자의 표식인 수염이 없다는 것(24절)이 아니라, 자신의 체모를 뽑고,
지신을 여자나 도착자로 보이게 했다는 것이다(14절, 26~32절, 35절, 42절).

써 들고 싶다면 나이팅게일[2]도 다른 일을 하는 목적에 맞는 자연 본성을 가지고 있기 때문에, 일반적으로 그것들 각각은 그 자신의 자연 본성이 가장 뛰어난 상태에 있을 때 아름답다는 의견을 말해도 이치에 어긋나는 일이 아닐 것이네. 또 각각은 본성에서 다르기에 그것들 각각이 다른 방식으로 아름다운 것이라고 나는 생각하네. 그렇지 않은가? 그가 동의했다.

4    그러면 개를 아름답게 하는 그것이 말을 추하게 하고, 말을 아름답게 하는 그것이 개를 추하게 하는 것이네. 적어도 그것들의 자연 본성이 다

5    르다고 한다면 말이네.―'그럴 것 같습니다.'―판크라티온[3] 선수를 아름답게 만드는 것은 레슬링 선수를 우월하게 만들지 못하며, 또 달리기 선수로는 터무니없이 적합하지 않게 만들어 버릴 것이라고 나는 생각하네. 그리고 5종 경기에서 아름답게 보이는 그 사람이 레슬링에서는

6    아주 추한 모습으로 나타나지 않겠는가?―'그렇습니다.'―그렇다면 인간을 아름답게 만드는 것은 무엇인가? 개나 말을 그 종에서 아름답게 만드는 것 아닌가?―'글쎄요'라고 그가 말했다.―그럼, 개를 아름답게 만드는 것은 무엇인가? 그것은 그 개가 갖춘 탁월함(덕)[4]이다. 말은

---

2  참새목 딱새과의 작은 새.

3  판크라티온(pankration)은 복싱과 레슬링으로 구성되는 요즘 말로 격투기에 해당한다. 펜타트론(5종 경기, pentathlon)은 달리기, 멀리뛰기, 높이뛰기, 원반던지기, 창던지기를 포함한다.

4  원어는 아레테(aretē)이다. 여기에서는 이 말은 '우수성, 탁월성'의 의미로 사용되고 있다. 각각의 것에는 그것이 본래 완수해야 할 기능이 있고, 그에 따라 '덕'이라는 것이 있다는 것이다. 여기에서는 플라톤 『국가』 제1권에서의 소크라테스의 고찰을 근거로 하고 있다(353 B~C 참조).

어떤가? 그것은 말이 갖춘 덕이다. 그렇다면 인간의 경우는 어떤가? 역 7
시 인간이 갖춘 탁월함(덕)이 아닐까? 그렇다면 젊은이여, 만일 네 편
에서 아름다워지기를 원한다면, 인간을 특징짓는 탁월함을 성취하도록
노력해야만 할 것이다.

'인간의 덕이란 어떤 것입니까?'

네가 감정에 휩싸이지 않고 누군가를 칭찬할 때, 어떤 사람을 칭찬 8
할지 생각해 보라. 정의로운 자인가, 정의롭지 못한 자인가?—'정의
로운 자입니다.' 절제하는 자인가, 방종한 자인가? '절제하는 자입니
다.'—자제력 있는 자인가, 자제력 없는 자인가? '자제력 있는 자입니
다.'—그렇다면 네가 너 자신을 그런 사람으로 만든다면, 너를 아름다 9
운 사람으로 만들 수 있겠지. 그러나 이러한 탁월함(덕)을 소홀히 하는
한, 네가 아름답게 보이도록 무슨 수단을 다해도, 너는 필연적으로 추한
채로 있을 수밖에 없을 것이네.

더 이상 내가 너에게 어떻게 말해야 할지 모르겠다. 내 생각을 네게 10
말하면, 너의 감정을 상하게 할 것이고, 너는 금방 가 버릴 것이고, 아마
도 결코 돌아오지 않을 것이다.[5] 하지만 내가 말하지 않는다면, 내가 어
떻게 행동할 것인지를 생각해 보도록 하자. 즉 네가 어떤 이익을 얻기
위해서 나에게 온 것이라면, 나는 전혀 아무런 이익도 너에게 주지 못한
것이다. 네가 철학자에게 올 생각으로 왔다면, 나는 철학자로서 너에게
할 말이 없을 것이다.게다가 내가 너를 개선하지 않은 채로 내버려 두 11
는 것은 얼마나 잔인한 일인가? 훗날 네가 철이 들 때, 네가 이렇게 말하

---

5  에픽테토스의 이런 반응으로 미루어, 젊은이가 선생의 말에 상당히 격앙된 것으로 보
   인다.

12    며 나를 꾸짖는 것도 당연하다는 말이 될 것이다. 즉, '에픽테토스가 내 안에서 무엇을 보았는가, 다시 말해 내가 그렇게 민망한 상태로 자신에게 오는 것을 보고도 그는 나에게 한마디 말도 하지 않은 채, 나를 그렇게 그대로 놔둔 것은 아닐까? 선생님은 나에게 완전히 절망하고 있었

13    던 것이 아닐까? 나는 젊지 않은가? 내가 이성에 귀를 기울이려 하지 않았나? 그리고 그 나이에 그런 종류의 수많은 잘못을 저지르는 젊은이가

14    얼마나 많이 있는가? 나는 완전히 방탕한 젊은 시절에서 벗어나 놀라울 정도로 완전한 변화를 겪은 폴레몬[6]이라는 청년에 관한 얘기를 들은 적이 있다. 선생님이 나를 또 다른 폴레몬으로 여기지 않았다면 그래도 좋다. 적어도 그는 내가 하고 다니던 머리 모양을 고칠 수도 있었으며, 몸에 걸치던 내 장식품을 없애 버릴 수도 있었을 것이다. 내 체모를 뽑아 버리는 것을 막을 수도 있었을 것이다. 그런데 선생님은─나를 보고 뭐라고 해야만 하지[7]─내 옷차림을 보면서 잠자코 있었던 것이야' 하는 식으로.

15    나로서는 그 옷차림이 어떤 사람에게 적합한지에 대해 나는 말하지 않는다. 너 자신의 온전한 모습으로 돌아왔을 때, 네가 그것을 말할 것

---

6   폴레몬(B.C. 314~276)은 크세노크라테스를 이어 플라톤의 아카데미아 4번째 수장을 지냈다. 스토아의 창시자인 제논의 스승이었다. 아카데미아 수장이었던 크세노크라테스(DL 제4권 16)의 영향을 받아 철학으로 삶의 방향을 전향했다고 한다. 방탕하게 살던 젊은 어느 날 학원으로 술에 취해 소동을 일으키려고 쳐들어갔지만, 그 와중에도 전혀 개의치 않고 '절제'에 대한 강의를 계속하던 크세노크라테스의 태도에 사로잡혀 철학적 삶을 부지런히 살다가, 나중에는 아카데미아 학원의 수장을 맡게 되었다. 제4권 제11장 30절 참고.

7   에픽테토스에게 온 품행이 방정하지 못한 학생의 제안. 요즘 식으로 생각하자면, 어느 버르장머리 없는 학생이 훈계하는 선생한테 가서, '그런데 어쩌라고요?' 하는 식이다.

이고, 너는 그 옷차림이 어떤 것이며, 어떤 사람이 그것에 열심인지도 알게 될 것이다.

하지만 훗날 이 일로 나를 고소한다면, 내가 어떤 변명을 내놓을 수 있겠는가? 좋네, 내가 말해도, 자네는 납득하지 못할 거야. 어쨌든 라이오스가 아폴론의 말에 납득했을까?[8] 그는 그 자리를 떠나 술에 취해 인사불성이 되어 신탁을 무시해 버린 것이 아니었나? 그래서 어떻게 되었나? 아폴론이 그에게 진실을 말하지 않았던가? 나로서는 네가 내 말을 들을지 말지 알지 못하지만, 아폴론은 라이오스가 자신의 말에 따르지 않을 것이라는 점을 정확하게 알고 있었지만, 그래도 그는 똑같이 말한 것이네.—'근데, 아폴론이 왜 말했을까요?'—이분이 왜 아폴론인가? 그가 왜 신탁을 내리는가? 그는 왜 자신을 예언자로서, 진실의 원천으로서, 온 세계에서 사람들이 자신에게 조언을 받으러 오는 그런 위치에 놓았을까? 그리고 아무도 이해하지 못하면서, 왜 그 사원의 앞에 '너 자신을 알라'(to gnōthi sauton)라는 말을 내걸었을까?

소크라테스는 자신에게 오는 모든 사람에게 '자신을 배려한다'는 것을 납득시켰을까? 아니, 천분의 1도 못했네. 그럼에도 스스로 말하고 있듯이, 다이몬[9]의 목소리에 의해 그런 위치를 부여받았기 때문에 결코

16

17

18

19

---

8  라이오스는 테베의 왕. 아폴론 신이 라이오스에게 아들이 생기면, 아이가 아버지를 죽이고 어머니와 결혼할 것이라고 말했지만, 라이오스는 아이를 낳았다. 아폴론 신이 태어나는 아이로 인해 목숨을 잃을 것이라는 신탁을 내렸기 때문에, 여색을 삼가다 어느 때 술에 취해 아내와 어울리고 오이디푸스가 태어난다. 이 이야기는 소포클레스 드라마 '오이디푸스 왕'의 기초를 형성한다.

9  원어는 다이모니온. '다이몬의'를 뜻하는 형용사로 종종 '다이몬의 목소리'를 뜻한다. 이 말을 지시사(diminutive)로 명사적으로 해석하여 '다이몬'과 같은 존재로 생각할 수도 있다. 다이몬은 헬라스의 오래된 시대에는 신과 동의이었지만, 소그라데스니 플리

그 일을 포기하지 않았던 것이네.[10] 하지만 그는 자신의 재판 배심원들에 대해 무엇이라고 말했던가? 소크라테스는 이렇게 말하네. '내가 현재 하는 일과 같은 그런 일을 더 이상 행하지 않는다는 조건으로 여러분이 나를 방면한다면, 나는 여러분의 제안을 받아들이지 않을 것이고, 내가 하는 일을 멈추지 않을 것이다. 나는 젊은이든 노인이든, 한마디로 말해 그때마다 길에서 마주치는 모든 사람에게 가서 지금 내가 묻는 것과 같은 것을 물을 것입니다. 특히 나는 동료 시민들인 여러분에게 그렇게 묻겠습니다. 여러분이야말로 나와 가장 친밀한 친족이니까요.'[11] 소크라테스여, 당신은 왜 그렇게 간섭하는가? 왜 그렇게 바쁜 것인가? 우리가 어떻게 행동하는지가 당신에게 무슨 상관입니까? '왜, 도대체 무슨 소리를 하는 것인가? 당신은 내 인생의 동료이고, 나와 같은 피를 나누고 있는데도, 자신을 돌보지 않으면서 당신의 도시엔 나쁜 시민을, 당신의 친척에겐 나쁜 친척을, 당신의 이웃들에겐 나쁜 이웃을 내놓는다는 말인가.'

    '도대체 너는 누구냐?' 여기에서 중요한 것은 "'나'는 인간을 돌보는 것이 그 임무인 바로 그 사람이다'라고 대답하는 것이다. 여느 보통의 송아지는 자신에게 나타난 사자에게 감히 맞서지 못하지만,[12] 황소가

---

톤의 시대에서는 신과 인간의 중간적 존재로서 개인과 관련된 '신령'(수호신)으로 여겨졌다.

10  플라톤, 『변명』 28e 참조. 소크라테스는 '지식(지혜)을 사랑하고 추구하면서, 자기 자신과 다른 사람을 음미(검토)하는 일'을 신이 명령했다고 말한다.

11  플라톤, 『변명』 29c, e, 30a. 제1권 제9장 23절 참조. 에픽테토스가 소크라테스의 말을 자유롭게 변형시켜 사용하고 있다.

12  제1권 제2장 30절 참조.

앞으로 나서서 사자에 맞선다면, 그것으로 괜찮다는 생각이 든다면 황소에게 물어보게, '근데, 너는 누구인가?' 또는 '너와 무슨 관련이 있느냐?' 하고. 인간아, 모든 종족에서도 즉 소들 사이에서도, 개들 사이에서도, 꿀벌 사이에서도, 말들 사이에서도 예외적인 뭔가로 태어난 것이 있다. 그래서 그 예외적인 자에게 '그럼, 너는 누구냐?'라고 말하지 마라. 만일 말하면, 어디선가 너에게 대답하는 목소리가 너한테 이렇게 말하겠지. '나는 겉옷(히마티온)에 다는 자주색[13] 테두리와 같다. 나를 다른 사람과 같다고 생각해서는 안 되고, 나에게 타고난 것을 비난해서도 안 된다. 그것이 나를 다른 사람과 다르게 하는 것이니까.'[14]

23

그러면 뭔가? 나는 그러한 종류의 사람인가? 내가 어떻게 그렇게 될 수 있는가? 그리고 자네는 실제로 진실을 들을 수 있는 그런 사람인가? 그랬으면 좋겠다! 하지만 그럼에도 어찌 된 일인지, 나는 흰 수염을 기르고 해진 겉옷을 입으라는[15] 선고를 받았고, 너도 나를 철학자로 생각하고 나에게 왔기 때문에, 너에게 심한 말을 하고, 절망하게 하고 싶지 않다. 차라리 이렇게 말할 것이다. 젊은이여, 너는 누구를 아름답게 만들고 싶은가? 먼저, 네가 누구인지 알고, 그런 다음 너 자신을 꾸며 보도록 하라. 너는 한 인간이다. 즉 이성적인 방식으로 인상들을 사용할 수 있는 능력을 가진 죽어야만 하는 동물이다.[16] 하지만 인상들을 이성적

24

25

---

13  제1권 제2장 17절 참조. 고대 로마의 고위 관리들은 보라색 테두리가 달린 옷을 착용하는 관습이 있었다.

14  제1권 제2장 18절, 30~32절; 키케로 『목적에 대하여』 3.66 참조.

15  이것은 철학자의 징표이다.

16  이것은 에픽테토스의 인간의 정의이다.

으로 사용한다는 건 무엇을 의미하는가?[17] 자연 본성에 일치해서[18] 그

26 것들을 완전하게 사용하는 것이다. 그렇다면 네가 가진 우월한 점은 무엇인가? 네 안에 있는 동물적인 것? 아니네. 죽을 수밖에 없는 것? 아니네. 인상을 사용하는 능력? 아니네. 네가 가지고 있는 이성적인 요소, 그것이 너에게서 우월한 것이다. 그것을 꾸미고 아름답게 만드는 것이다. 그러나 너의 머리카락은 이것을 다듬는 그 사람이 좋다고 생각하도록

27 맡기는 것이다. 자, 너는 어떤 다른 이름을 가지고 있는가? 너는 남자인가 여자인가? '남자예요.' 그러면 여자로서가 아니라, 남자로서 자신을 꾸미도록 하라. 여자는 본성적으로 피부가 매끄럽고 섬세하며, 머리카락으로 덮으면 그녀는 불가사의한 존재(도깨비)로, 로마에서 다른 불가

28 사의한 존재(도깨비)와 함께 구경거리로 전시된다. 그러나 남자의 경우 도깨비란 머리털이 없는 것이다. 태어날 때부터 머리카락이 없으면, 이것은 도깨비가 되는데, 자신에게서 자신의 털을 깎거나 뽑아낸다면[19] 그 사람은 어떻게 대했을까? 그를 어디에 구경거리로 내놓으면 좋을지, 어떤 알림을 게시하는 것이 좋을 것인가? '내가 여러분에게 보여드

29 리는 것은 남자보다 여자가 되고 싶어 하는 사람입니다.' 얼마나 충격적인 광경인가! 그런 발표에 놀라지 않을 사람은 없을 것이다. 제우스께 맹세코, 나는 자신의 머리를 뽑아내는 사람 자신도 자신이 하고 있는

---

**17** 인상을 이용하는 능력은 동물을 가지고 있으나, 인간은 이성에 따라 인상을 사용하고, 해석할 수 있는 능력을 가지고 있다.

**18** 스토아 철학의 이상인 '자연 본성에 일치하여 사는 것'에 대해서는 *SVF* 제1권 179 참조.

**19** 당시의 로마에서 탈모는 남성의 멋쟁이 중 하나로, 월셀라(volsella)라고 불리는 족집게로 탈모하는 서비스가 이발소나 공중목욕탕에서 행해졌다.

일이 바로 이런 것임을 모르고 있다고 생각한다.

인간아, 너는 너의 자연 본성의 어디를 비난하고 있는가? 네가 남자    30
로 태어난 거야? 그럼 어떤가? 모든 사람이 여자로 태어났어야 했는
가? 그 경우였다면, 네가 하는 것처럼 너 자신을 꾸미는 것이 너에게 어
떤 유익함을 가져다주었는가? 모두가 여자였다면 너 자신은 누구를 위
해 화장을 하겠는가? 하지만 그것이 마음에 들지 않는다면, 철두철미하    31
게 해보면 된다. 즉, 뭐랄까, 그 머리카락의 원인이 되는 것을 없애 버리
는 것이다. 우리가 잘못해서 반 남자나 반 여자라고 말하지 않도록, 너
자신을 철저히 여자로 만드는 것이 좋다. 너는 누구의 마음에 들고 싶은    32
가? 여성들에게? 그렇다면 남자로서 그녀들이 좋아할 수 있도록 해야
겠지.

'그렇지만 여자들은 피부가 매끈한 신체를 가진 남자를 좋아합니다.'

가서 목을 매는 게 어때! 하지만 그들이 남창(男娼)을 좋아한다면, 너
도 남창이 될까? 그렇다면 그게 네 일이고, 음탕한 여자들의 마음을 사    33
로잡기 위해 네가 세상에 태어났다는 말인가? 우리가 너와 같은 남자를    34
코린토스[20]의 시민으로 만들까? 아니면, 혹시 시정 감독관이나 견습 후    35
보생[21]의 지휘관, 장군, 체육 경기의 심판관으로 만들까? 자, 결혼해도
너는 계속 머리 뽑을 텐가? 누구를 위해, 그리고 무엇을 위해? 그리고
네가 아이들을 갖게 되면, 차례로 그 애들의 머리카락을 뽑은 채로 시민
사회에 이끌고 나가겠는가? 필시 훌륭한 시민으로, 훌륭한 원로원 의원

---

**20** 펠로폰네소스 반도 북동단에 있는 도시. 에픽테토스의 대화 상대가 코린토스(고린도)
출신이라고 생각된다.

**21** 군내에 복무하기 위해 교육받는 훈련소에 입소한 젊은이들.

으로, 얼마나 훌륭한 웅변가가 될 것인가! 이들이 우리가 태어나게 하

36 고 키워야 할 그런 젊은이들인가? 신께 맹세코, 젊은이여, 그것이 너의
운명이 아니기를! 그러나 일단 내가 한 말을 들은 후에는, 가서 자신에
게 이렇게 말하게. '이 모든 것을 나에게 말한 사람은 에픽테토스가 아
니라—그가 어떻게 그것을 생각해 낼 수 있었겠는가?—그의 입을 통
해 말을 해 주던 어떤 마음씨 좋은 신일 것이다. 에픽테토스에게는 그런
말을 하는 것이 결코 그의 생각에 일어날 수 없을 것이다. 그는 아무에

37 게나 말하는 습관을 가지고 있지 않기 때문이다. 자, 그러면 신의 분노
가 일어나지 않도록 신에게 복종해야 되네.' 아니네, 차라리 이렇게 생
각하자. 까마귀가 우는 소리로 너에게 신호를 보낸다면, 신호를 주는 것
은 까마귀가 아니라 그것을 통해 신이 알리고 있는 것이네.[22] 만일 신이
사람의 목소리를 빌려 무언가를 알릴 경우에는, 인간으로 하여금 너에
게 그것을 고하게 하고, 다이몬의 힘을 너에게 인식하게 하고, 어떤 사
람들에게는 이렇게, 또 어떤 사람에게는 다른 식으로 그리고 가장 중대
하고 중요한 문제에 대해서는 가장 고귀한(아름다운) 사자(使者)의 입

38 을 빌려 알리는 것이 아닌가? 시인이 다음과 같이 말할 때 이 말이 아니
라 다른 무엇을 의미하는가.


우리 자신이 이에 앞서서,

예리한 눈을 가진 아르고스의 살해자 헤르메스를 보냄으로써,

그 사람을 죽여선 안 되며, 그 아내에게 구애해선 안 된다고 말했으니.[23]


22 키케로, 『점에 대하여』 제1권 39 참조.

23 호메로스, 『오뒷세이아』 제1권 37~39행. 인용 중의 '그 사람을'은 아가멤논 왕을 말하

헤르메스가 그(아이기스토스)에게 그 사실을 알리기 위해 지상으로 39
내려온 것처럼, 지금도 또한 신들은 '아르고스의 살해자 사자'[24]인 헤르
메스를 보냄으로써 동일한 것을, 즉 훌륭하게 만들어진 것을 바꾸어 놓
는 헛수고를 하지 말고, 오히려 남자는 남자로 있게 하고, 여자는 여자
로 있게 하고, 아름다운 자는 아름다운 사람으로, 추한 자는 추한 자로
그대로 두라고 알리고 있는 것이네.

너는 살도 머리카락도 아니다. 오히려 의지이다. 만일 네가 가진 의 40
지가 아름다우면, 그때 너 자신은 아름답게 될 것이다. 하지만 지금까지 41
나는 네가 못생겼다고 말할 용기를 내지 못했다. 그건 네가 그것과는 전 42
혀 다른 어떤 것을 듣고 싶어 하는 것처럼 보이기 때문이다. 그렇지만
소크라테스가 모든 사람들 중에서 가장 아름답고, 젊음이 한창인 알키
비아데스에게 무엇이라 말했는지 알 수 있을까? '너 자신을 아름답게
하도록 애써라.'[25] 그에게 어떤 의미로 말했는가?

'너의 머리카락을 가꾸고, 다리에 난 털을 뽑으라고 했는가?'

전혀 그렇지 않네. 오히려 너의 의지를 아름답게 하고, 그릇된 판단
을 버리라는 것이다. 그럼 너의 보잘것없는 신체를 어떻게 해야 하는 43
가? 자연이 있는 대로 맡기는 것이다. 신체를 돌보는 다른 분이 계시니
까.[26] 그분에게 그것을 맡겨라. '무슨 말씀이지요? 제 몸을 더럽게 놔둬 44

며, 그 아내는 클뤼타임네스트라이다. 그녀의 정부인 아이기스토스는 왕을 살해하고
결혼했는데, 그 때문에 큰아들인 오레스테스에게 살해당하게 된다. 이 신탁을 전하는
사자가 헤르메스이다.

24 호메로스에서 쓰이는 상투구이다.

25 플라톤, 『알키비아데스 1』 131d 참조.

26 에픽테토스는 종종 이런 표현으로 '신'을 밀한다(세1권 세25장 13절, 세1권 세30장

야 할까요?' 실제로 그리고 본래 있는 것처럼 몸을 깨끗이 있게 놔두는 것이다. 남자는 남자로서, 여자는 여자로서, 아이는 아이로서 깨끗하게 유지하도록 하라. 아니네, 오히려 사자가 '더러워지지' 않도록 사자의 갈기는 뽑아 버리도록 하고, 수탉의 볏도 뽑아 버릴까. 그것도 '깨끗해질' 필요가 또한 있으니까! 그것도 좋겠지만, 수탉은 수탉으로서 깨끗하게 있어야만 하고, 사자는 사자로서 깨끗하게 있어야만 하고, 사냥개는 사냥개로서 깨끗하게 있는 것이 좋은 것이다.

1절, 제2권 제5장 22절 참조).

제2장

# 도덕적 진보를 바라는 사람이 무엇을 훈련해야만 하는지와 가장 중요한 일을 소홀히 하는 것에 대하여[1]

덕이 있고(아름답고) 좋은 사람이 되고자 하는 사람이 반드시 훈련을          1
받아야만 하는 탐구의 세 가지 영역이 있는데,[2] 첫 번째는 욕구와 회피
에 관한 영역으로, 이는 욕구하는 것을 얻는 데 실패하거나 회피하고자
원하는 것에 빠지지 않도록 하기 위한 것이다. 두 번째는 행동하거나 행          2
동하지 않으려는 충동(과 반발)에 관한 것, 요컨대 적합한 행동(의무)[3]
과 관련된 영역으로, 이는 질서에 따라 합리적이면서도 주의를 게을리
하지 않고 행동할 수 있도록 하는 것이다. 세 번째는 오류의 회피[4]와 성

---

1   이 담론은 에픽테토스의 실천 윤리의 세 가지 주제 프로그램에 대한 완전한 설명을 제
    공하고 있다. 논리학을 포함한 철학 연구에 영역에 대한 그의 표준적 견해를 말해 주고
    있다. 표준적인 그의 철학에 대한 개념은 논리학은 잠재적으로 가치가 있는 것이지만,
    논리학이 실제적 삶에서 윤리적 진보를 이끌어 갈 수 있을 때만 가치가 있다는 것이다.
    논리학을 다루고 있는 제2권 제17장 참조.
2   제1권 제4장에서도 사람이 훈련해야 할 세 가지 영역(토포스)이 언급되었는데, 여기에
    서는 이에 대한 철저한 논의가 이루어진다.
3   원어는 to kathēkon이다. 문자적으로는 '적절한 행위'의 의미로, 사람으로서 당연히 해
    야 할 행위(의무)를 말한다. 제논이 처음으로 사용한 개념이다.
4   원어는 anexapatesia로 속이지 않는 것, 즉 오류를 저지르지 않음을 말한다.

급한 판단의 회피[5]와 관련된 것, 일반적으로 승인[6]에 관련된 영역이다.

3     이것들 중에서 가장 중요하고 가장 긴급한 것은 감정(pathos)에 관련된 영역이다.[7] 왜냐하면 감정이 생기는 것은 욕구하지만 그 목적을 달성하지 못하는 경우이거나 혹은 회피하지만 거기에 빠져 버리는 경우일 수밖에 없기 때문이다. 이것이 우리에게 불안, 혼란, 불운, 불행을 초래하고, 슬픔과 탄식과 시기심을 일으켜 다른 사람에게 시기와 부러움을 안겨 주는 것이며, 그러한 감정 때문에 이성에 귀를 기울일 수 없게 되는 것이다.

4     두 번째 영역은 적합한 행동(의무)에 관련된 것이다. 즉 나는 조각상처럼 무감정해서는 안 되며, 오히려 신을 공경하는 사람으로서, 아들로서, 형제로서, 아버지로서, 시민으로서 타고난 관계와 태어난 후에 획득된 관계를 유지해야만 한다.

5     세 번째 영역은 이미 진보된 사람들에게만 속하는 것으로, 그것은 방금 언급한 문제들[즉, 다른 두 영역에 의해 포섭되는 문제들]을 확실하게 해내는 일에 관여하고 있는데, 이는 수면 중이든 술 취한 상태이든 우울할 때이든 간에, 뭔가 검사(음미)받지 않은 인상이 알지 못한 채로 스며들지 않도록 하기 위함이다.[8]

   '그것은 우리의 능력 밖입니다'라고 누군가가 말하네.

---

5  원어는 aneikaiotēs(신중, 분별)이다.

6  '승인'(sugkatathesis)이란 나타나는 인상을 정신이 음미(검사)하고, 이를 받아들이는 것을 의미한다.

7  세 영역 중 첫 번째인 '욕구와 회피에 관한 영역'이다(제1권 제4장 2절 참조).

8  세 번째 철학의 영역에 해당하는 논리학에 대한 에픽테토스의 입장에 대해서는 제2권 제17장의 해당 각주와 '해제'의 해당 주제에 대한 논의 참조.

그러나 오늘날 철학자들은 탐구의 첫 번째 영역과 두 번째 영역의 일 6
을 소홀히 하고, 세 번째 영역에 전념하고 있다. 즉 전환 논증,[9] 질문하
는 방식을 통해 결론을 이끌어 내는 추론, 가언적 논증, 거짓말쟁이 역
설의 변형들[10]에 관련된 것들을 다룬다.

'예, 이런 종류의 논리적 주제를 다룰 경우에도 남에게 기만당하지 7
않도록 조심해야 하기 때문이지요'라고 그 사람이 말했다.

누가 그래야만 하는 것이지? [이미] 덕이 있고 좋은 사람[만이]. 그렇 8
다면 그런 점에서 너에게 부족한 것이 그 일인가? 다른 탐구 분야는 벌
써 훈련을 마무리했는가? 너는 돈 때문에 속은 일은 없는가? 예쁜 소녀
를 보면 그 인상을 견딜 수 있는가? 네 이웃이 유산을 물려받았을 때, 번
민할 일은 없는가? 현재 너에게는 마음이 굳건하다는 것[11] 외에 빠진 것
은 없는 것일까? 가련하게도, 자네는 실제로 지금 한 말을 배우는데 흠 9
칫 놀라서, 누군가가 자신을 멸시하지 않을까 하는 생각에 불안에 떨거
나, 누군가가 자신에 대해 뭔 말을 하지 않겠느냐고 묻기도 하고 있는
것이네. 그리고 만일 누군가가 와서, '철학자 중 누가 가장 뛰어나느 10

---

9 전환 논증(metapiptontes logoi)이란, 소피스트식의 논증으로 논의 도중 용어의 의미를
다른 의미로 전환시켜 상대를 혼란스럽게 하는 것이다. 일종의 모호성의 오류를 말한
다. 제1권 제7장 1절 참조.

10 "네가 거짓말을 하고 있다고 참이라고 말하면, 너는 거짓말하고 있는 것인가, 아니면
참을 말하는 것인가?(LS 37H 참조). 첫 번째 영역에 학생들이 집중할 것을 말하는 경
우에, 에픽테토스는 이것을 경멸적으로 말하고 있다(제2권 17장 34절, 제1권 제18장
18절, 제2권 제21장 17절 참조).

11 원어는 ametaptōsia(견고한 마음, 안정된 상태)이다. 세 번째 영역에 이르러야 비로소
도달할 수 있는 마음의 상태이다(제3권 제26장 14절["사물에 흔들리지 않기 위한 부동
심[ametaptosia]이라는 철학의 최종 영역"]는 참소).

는 얘기가 나왔을 때, 그 자리에 있던 누군가가 "그 친구[너]야말로 유일한 철학자"라고 말했다면, 손가락 크기 정도에 불과한 너의 작은 혼은 1완척[12] 정도가 될 것이네.[13] 그러나 거기에 있던 다른 누군가가 말하길, '바보 같은 소릴 하는 거 아냐. 그 친구의 말 따위는 들을 가치가 없어, 그가 뭘 알아? 아주 초보라서 그 주제의 첫 번째 기초만 알 뿐, 그 이상은 아무것도 몰라'라고 말한다면, 너는 꼭지가 돈 나머지, 창백해져서, 금세 쉰소리를 내며 이렇게 소리칠 것이다. '내가 어떤 사람인지, 내가 위대한 철학자임을 그에게 보여 주겠다!' 바로 그 행동으로부터, 네가 어떤 사람인지를 알 수 있게 되네! 왜 너는 다른 방식으로 그것을 보여 주고 싶어 하는가? 너는 모르는가? 디오게네스[14]가 소피스트 중 한 사람에게 가운뎃손가락을[15] 치켜세우고, 그 남자를 분노로 미치도록 만들었을 때, 디오게네스는 '바로 저 사람이야, 나는 너에게 그 인물을 보여 주었다'라고 말한 것이야! 인간은 돌이나 나무 조각처럼, 손가락으로 가리켜 보일 수 있는 것이 아니라, 그의 판단이 어떠한지를 보여 줄 때 비로소 그 사람을 한 인간으로서 무엇인지를 나타낸 것이다.

13   너의 판단도 살펴보도록 하자. 자네는 분명히 너 자신의 의지에 가치를 두고 있지 않고, 자신의 의지와 관계없는 것들, 즉 아무개가 자신에

---

12 팔꿈치에서 가운뎃손가락 끝까지의 길이 약 46~56cm.

13 이것은 모욕하는 제스처로 간주된다. 2 센티미터도 안 되는 크기에서 저 정도로까지 커진다는 것이다.

14 견유학파 디오게네스의 일화이다. DL 제6권 34 참조. 연설가 데모스테네스를 손가락으로 가리키며 "여기 아테네의 대중 선동가가 간다"라고 했다고 한다.

15 요즘도 그렇지만 가운뎃손가락을 사용하는 제스처는 모욕하는 행동이다. 외설적이고 성적인 것을 암시한다.

관해 무슨 말을 하는지, 자신이 어떤 사람으로 생각되는지, 학자로 보이든, 아니면 크뤼시포스와 안티파테르[16]를 읽은 사람으로 보이든, 네가 사람들에게 어떤 인상을 줄지를 신경 쓰고 있는 것이 분명하지 않은가? 그리고 네가 그것들을 읽었을 뿐 아니라 아르케데모스[17]를 더해서 읽었다면 완벽할 텐데. 너는 달 위에 떠 있는 것이네.[18] 너는 왜 네가 누구인지를 우리에게 보여 주지 못할까 봐, 여전히 안달을 부리는 것이냐? 네가 너 자신을 어떤 사람으로 보여 줬는지 나에게 말해 줄 수 있겠는가? 스스로를 천박하고, 불평을 터뜨리며, 성미가 급하고, 겁이 많고, 모든 일에 그 탓을 찾고, 모든 사람에게 불만을 터뜨리는 자로 내세우고, 그리고 결코 침착하지 못한 허풍선이에 불과한 것이네. 네가 우리에게 보여 준 것은 그런 성격이네. 이제 여기서 내가 아르케데모스를 읽어 보게. 그런 다음 쥐가 아래로 떨어져 소리를 내면, 너는 겁에 질려 죽고 말 것이네. 너를 기다리는 건 그런 죽음이냐? 누구였던가? 크리노스[19]도 그렇게 죽었던 것이네. 이 남자도 아르케데모스를 이해했다고 신이 났었

14

15

16 타르소스의 안티파트로스는 기원전 2세기 스토아학파의 철학자. 바빌로니아의 디오게네스의 제자로 스승의 사후 스토아학파의 제6대 수장이 된다.

17 아르케데모스는 타르소스 출신의 스토아 철학자이거나(Plutarchos. *de Exil.* 14), 아리스토텔레스의 『수사학』의 일부에 대한 주석한 수사학자일 수 있으나(Quintilianus, III 6.31 및 33), 어떤 경우이든 잘 알려진 인물은 아니다. 아르케데모스도 안티파트로스와 동시대에 활동한 타르소스 출신의 스토아 철학자였다. 헤르쿨라네움에서 출토된 '스토아파에 대하여'라는 파피루스에 이름이 있는 것으로 보아 이 사람도 바빌로니아의 디오게네스의 제자일 것으로 추정된다.

18 즉 '모든 것을 넘어서는 것이네'.

19 그다지 유명하지 않은 스토아 철학자, 그는 벽에서 떨어지는 쥐에 대한 공포로 인한 발작성 뇌졸중으로 사망했다고 한다. 논리학과 관련된 자료에만 이름이 오르내린다(*SVF* 제3권 1~5 참조).

지.

16      가엾게도, 너는 자신과 아무런 관련이 없는 일들을 버릴 생각이 없는가? 그런 것은 불안한 마음 없이 그것을 배울 수 있는 사람들에게 적합한 것이다. 그들은 이렇게 말할 수 있기 때문이다. '나는 분노하지도 않고, 괴로워하지도 않고, 시기하지도 않고, 방해받지도 않으며, 강제당하지도 않네. 나에게 남겨진 것은 무엇인가? 나에게는 여유가 있고, 마

17      음의 평화가 있다네. 논증 전환에 대해 어떤 식으로 전환해야 하는지 보게나. 가정을 어떻게 세워야 사람이 엉뚱한 결론에 빠지지 않을 수 있는

18      지 보기로 하자.' 이런 일들은 바로 그런 종류의 사람들[20]의 일이다. 이것이 잘 된 사람은 불을 켜고, 점심 식사를 하는 것이 좋다. 그렇게 하고자 하는 기회가 있으면, 심지어 노래하고 춤춰도 되는 것이네. 하지만 네 배가 이미 가라앉고 있는데, 나에게 와서 돛을 올려달라고 하는 것이냐!

---

**20** 감정과 마음의 혼란으로부터 자유로운 사람.

# 좋은 사람이 다루어야만 하는 대상(재료)이 되는 것은 무엇이며, 특히 무엇을 목적으로 훈련해야만 하는가[1]

덕이 있고(아름답고) 좋은 사람의 대상(재료)이 되는 것은 자신의 지도     1
적 중심 부분[2]이며, 의사나 레슬링 훈련가[3]의 대상은 인간의 몸이고, 농
부의 대상은 밭이다. 또한 덕이 있고 좋은 사람의 임무는 인상을 자연에
맞게 사용하는 것이다. 더욱이 모든 혼의 본질은 진리에 동의하고, 거짓     2
된 것을 부정하며, 불분명한 것에 대해서는 판단을 유보하며, 마찬가지
로 좋음에 대해서는 욕구하며, 나쁨에 대해서는 회피하며, 좋음도 나쁨
도 아닌 것에 대해서는 욕구하지도 회피하지도 않는 것이다. 환전상이     3

---

1  윤리 훈련에 대한 에픽테토스의 논의는 모든 인간은 일종의 '화폐'(주화)로 제시되
   는 좋은 것을 인식하고, 이에 반응할 수 있는 자연적인 능력을 소유하고 있다는 스토
   아적 입장을 전제하고 있다. 덜 중요한 가치를 갖는 다른 유형의 '화폐'를 참조(1~4절,
   11~13절). 그 핵심 기준은 '우리에게 달려 있는' 것과 그렇지 않은 것을 구별하는 것이
   다(14~15절). 그는 우리의 사회적 또는 가족 역할에 따라 행동하는 것 역시, '좋음'에
   대한 우리의 이해와 양립할 수 있는 한에만 가치가 있다고 주장한다(5~9절). 제1권 제
   2장, 제2권 제10장 참조. A. A. Long, pp. 237~238 참조.
2  지도적 중심 부분(지도적 부분, hegemonikon)은 스토아학파의 주요 개념 중 하나로 '이
   성'을 가리킨다.
3  apaleiptou로 읽음(슈바이크호이저, 쉔클 참조).

나 청과물 장수에게는 카이사르가 정한 주화를 거부하는 것이 허용되지 않으며, 만일 그것을 내놓는다면 원하든 원하지 않든 그것과 교환해 팔리는 것을 반드시 넘겨줘야만 하는 것처럼, 혼에 대해서도 마찬가지
4  로 해당되는 것이기 때문이다. 다시 말해 좋음이 앞에 나타나자마자, 즉시 혼을 자기 쪽으로 끌어당기고, 나쁨은 혼을 그 자체로부터 떼어 놓는 것이다. 사람이 좋음의 명석한 인상을 결코 거부하지 않는 것은, 카이사
5  르가 정한 화폐를 거부하지 못하는 것과 다를 바가 없다. 인간과 신의 모든 동기(움직임)는 이것에 달려 있다.

　이런 이유로 좋음은 친족 관계보다 더 우선시되는 것이다. 나와 아버지는 아무 관련이 없고, 오히려 좋음과 관련이 있다.—'당신은 그렇게 냉혹한 사람인가요?'—그렇게 태어났기 때문이네. 이것이 신이 나에게 부여해 준 화폐인 것이네.

6  　그러므로 만일 좋음이 아름다움(옳음)이나 정의와 다르다면, 아버지도, 형제도, 조국도, 그리고 나머지 이런 모든 것들은 다 없어지고 마는
7  것이다. 아니, 오히려 네가 좋음을 자신의 것으로 만들 수 있도록, 내 좋음을 가볍게 여기고 너에게 양보하기로 할까? 무엇 대신에? '나는 너의 아버지이다.' 하지만 나의 좋음이 아니다. '나는 너의 형제다.' 하지만
8  나의 좋음은 아니다. 하지만, 만일 우리가 좋음을 올바른 의지에다 두게 되면, 친족 관계를 유지하는 것 자체가 좋음이 된다. 게다가 어떤 외적
9  인 것들을 포기하는 사람은 그것을 통해 좋음을 얻게 되는 것이다. '아버지가 제 재산을 거두어 가실 거예요.' 하지만 그 일이 너를 해치지는 않을 거야. '내 형제가 나보다 농토의 더 많은 몫을 차지하려고 해요.' 그가 원하는 만큼 가져가도록 하라. 그가 겸손함이나 성실함이나 형제
10  애를 더 많이 취하는 것은 아니지 않은가? 이런 것들의 소유를 누가 빼

앗을 수 있겠는가? 제우스도 할 수 없을 것이네. 제우스에게는 그런 마음도 없었고, 오히려 그는 그 모든 것을 내 힘이 미치는 것으로 만들었으며, 심지어 스스로가 그것을 소유하고 있는 것처럼, 방해받지 않고, 강제되지 않으며, 제약받지 않는 것으로 이것들을 주었던 것이네.

그런데 사람마다 화폐가 다를 경우, 각각에 따른 화폐를 내놓으며 그 대가로 팔리는 것을 받게 되는 것이네. 도둑이 지방 총독으로 이 속주(屬州)에 왔다네. 그는 어떤 화폐를 사용하는가? 은화. 은화를 내밀어 원하는 것을 가져가는 것이 좋다. 간음자가 도착했다. 그는 어떤 화폐를 사용하는가? 예쁜 소녀들. 누군가는 '화폐를 받고 그 작은 물건을 나에게 팔아줘'라고 말한다. 돈을 줘라. 좋아하는 것을 사가라고 그가 말한다. 또 소년에 대한 취향에 열중하는 사람도 있다. 판매자에게 화폐를 주고 원하는 것을 받는 것이 좋다. 다른 사람은 사냥을 좋아한다. 그에게 아름다운 작은 말과 좋은 사냥개를 내미는 것이다. 그러면 그 사람은 눈물을 흘리고 한숨을 쉬면서, 그것과의 교환으로 네가 원하는 것을 팔 것이다. 왜냐하면 이 화폐를 정한 또 다른 힘이 내부로부터 사람을 강제하기 때문이다.

사람은 무엇보다 이런 종류의 일에 대해 스스로를 훈련시켜야만 한다. 날이 밝아 집을 나서자마자, 네가 보는 상대방이 누구든 음미하고, 질문을 받은 것처럼 대답하도록 하라. 너는 무엇을 보았는가? 잘생긴 남자 혹은 아름다운 여자? 판단의 기준을 적용하라. 그것이 의지의 영역 안에 놓여 있느냐, 아니면 그것 바깥에 놓여 있느냐? 바깥에. 그것을 던져 버려라. 무엇을 보았는가? 자식의 죽음을 슬퍼하는 사람? 판단 기준을 적용하라. 죽음은 의지의 영역 바깥에 있는 것이네. 그것에서 떨어져라. 집정관을 만났느냐? 판단 기준을 적용하라. 집정관이란 어떤 것

11

12

13

14

15

인가? 의지의 영역 바깥에 있는 것이냐, 아니면 그것 안에 있는 것이냐? 바깥에 있는 것. 그것도 또한 던져 버려라. 그것은 시험을 견뎌 내지 못하네. 그것을 던져 버려라. 그것은 자네와 관계가 없는 것이네. 만일 우리가 이런 식으로 실행하고, 날이 밝아 올 때부터 밤까지 이 훈련을 실천했다면, 신들께 맹세코, 우리는 무언가를 성취했을 것이네. 그러나 실제로 우리는 곧장 다가오는 모든 인상에 대해 입을 쩍 벌린 채 순식간에 붙잡히는 것이 실상이며, 도대체 눈을 뜨고 있다고 하더라도 그것은 학교에 있는 얼마 안 되는 동안 잠시일 뿐이네. 그 후에는 밖으로 나갔다가 슬퍼하는 사람을 보면, 우리는 '완전히 끝난 사람이군', 집정관[4]을 보면 '엄청나게 축복받은 사람', 추방당하는 사람이라면 '가엾은 사람', 거지라고 하면 '불쌍해, 먹을 게 없어'라고 소리치는 것이네.

그렇다면 이러한 나쁜 판단들은 우리가 발본색원해야만 하는 것들이며, 다음과 같은 일에 우리가 온 마음을 다해 집중해야만 하는 것이네. 즉 무엇 때문에 울고, 신음하는 것이냐? 판단이다. 불운이란 무엇이냐? 판단이다. 시민들의 싸움(내란), 분열, 흠잡기, 비난, 불경건, 어리석음이란 무엇인가? 이 모든 것은 판단일 뿐, 다른 그 이상의 어떤 것도 아니다. 더구나 우리의 의지 영역 바깥에 있는 것들에 대해 '좋은 것이야' 혹은 '나쁜 것이야'라고 말하게 되는 판단들이네. 이러한 판단들을 자신의 의지 영역 안에 놓여 있는 것들로 옮기도록 하는 것이다. 그렇게 하면 그 사람 주위의 사물이 무엇이든지와 관계없이 자신의 견고한 마음(마음의 안정)을 얻을 것이라는 점을 나는 보증하네.

---

4   콘술(consul)은 로마 내정의 최고 책임자를 말한다.

오히려 정신은 물이 담긴 사발과 같고, 인상은 그 물 위에 꽂히는 한 20
줄기 빛과 같은 것이다. 물이 흔들릴 때, 광선도 방해를 받아 움직이는 21
것처럼 보이지만, 실제로는 광선은 움직이지 않는다. 따라서 눈이 부시 22
더라도 혼란에 빠지는 것은 기술과 덕(아레테)이 아니라, 그것을 담고
있는 혼(프네우마)인 것이네. 혼이 다시 안정되면, 그것들도 안정되게
되는 것이다.

# 제4장

# 극장에서 볼썽사납게 가세한 자들에 대해서[1]

1  에페이로스의 총독(행정장관)[2]이 다소 볼썽사나운 방식으로 어떤 희극
배우를 편들어 줬고, 그렇게 함으로써 대중에게 욕을 먹었다. 이후에 자
신이 욕먹은 것을 에픽테토스에게 알려 주고, 자신을 욕한 사람들에게
격한 분노를 표했을 때, 에픽테토스는 이렇게 말했다. 그러면 그 사람들
이 한 행동에 무슨 잘못이라도 있었습니까? 그들 또한 당신이 했던 것
처럼 같은 편을 들어 주었는데! 이것에 대해 그 사람이 이렇게 물었다.

2  '그렇다면 그것이 그들의 편애를 보여 주는 그런 방식입니까?'

그들의 통치자요, 카이사르의 친구이자 행정관인 당신이 그런 식으
로 편드는 것을 보았을 때, 그들도 동일한 방식으로 편을 들 수밖에 없

---

1  에픽테토스는 이 장에서 총독에게 연극 경연대회에서 불편 부당을 유지하는 것에 대해
실질적인 조언을 내놓고 있다. 그래야 청중으로부터의 욕을 피할 수 있다는 것이다. 그
러면서도 경쟁에서 다른 사람들의 성공을 보장하려고 하기보다는, '우리에게 달려 있
는 것'을 자연과 조화로움을 유지하는 데 집중해야 한다는 스토아학파 핵심 주제를 논
의한다(9~11절).

2  프로큐라토르(procurator)로 에페이로스 등 속주에서의 행정장관(총독)을 말한다. 에
페이로스는 헬라스 북서부에 있는 속주로 중심 도시는 니코폴리스로 에픽테토스의 철
학 학교가 있었다. 이 당시에는 독립된 행정 장관이 통치하고 있는 지역이었던 것 같다.

는 것 아니겠습니까? 그런 식으로 한쪽 편을 들어선 안 된다면, 당신도   3
그렇게 해서는 안 되기 때문입니다. 그러나 그들이 그렇게 할 수밖에 없
다면, 그들이 당신을 본뜬다고 해서, 화를 낼 이유가 무엇이란 말인가
요? 지위가 높은 당신들 말고 대중들이 누구를 흉내 낼 수 있겠습니까?
그들이 극장에 갔을 때, 당신 이외의 누구에게 눈을 돌리겠습니까?

'보라! 카이사르의 행정관이 무슨 연극을 보고 계시나. 큰소리치고   4
계시네. 그럼 나도 외칠 것이네. 그가 자리에서 뛰어오르네. 그럼, 나 또
한 뛰어오르는 걸로 해야겠네. 그분의 노예들이 극장 여기저기에 흩어
져 앉아서 소리를 지르고 있네. 자, 나는 노예가 없으니, 모두에게 지지
않도록 되도록 한껏 큰소리로 외치기로 하자!'

그렇기에 당신이 극장에 들어갈 때는, 다른 사람들이 어떻게 극을 봐   5
야 하는지에 대한 행동의 기준이자 본보기임을 명심해야 합니다. 그렇   6
다면 왜 그들이 당신을 욕할까요? 사람은 자신의 앞을 가로막는 것은
무엇이든 싫어하기 때문입니다. 그들은 어떤 한 사람이 영예로운 관을
차지하길 원했고, 당신은 다른 누군가가 그렇게 되길 원했습니다. 그들
은 당신의 길을 막고 있고, 당신은 그들의 길을 막고 있었던 셈이죠. 그
런데 당신이 더 힘이 강한 것을 알아서, 그들은 자신이 할 수 있는 일을
했던 겁니다. 다시 말해, 방해자를 욕하는 것이지요. 그런데, 당신은 무   7
엇을 하고 싶은 겁니까? 자신은 하고 싶은 일을 해도, 그들은 하고 싶은
말조차 하지 못하게 하는 겁니까? 그런데 그것에 무슨 이상한 점이 있
습니까? 농부들은 제우스에게 방해를 받았을 때,[3] 신을 욕하지 않습니

---

3  제우스는 하늘의 신이므로, 날씨의 주재자인 제우스가 강우(降雨)를 결정한다고 생각
  되었다.

까? 선원들도 신을 욕하지 않습니까? 사람들이 카이사르(황제)를 욕하는 것을 멈출 수 있을까요가? 그럼 어떤가요? 제우스는 이 사실을 모르고 있을까요? 카이사르에게는 사람들의 말이 귀에 들어오지 않은 것일까요? 그러면 카이사르는 어떻게 할까요? 자신을 욕하는 사람을 모조리 처벌한다면, 자신이 통치할 사람이 아무도 남지 않을 것임을 잘 알고 있습니다. 그럼 어떤가요? 극장에 들어갈 때, '자, 소프론[4]에게 영예로운 관을 쓰도록 하라'고 말했어야 했을까요?

아니, 오히려 '이런 경우에도 자신의 의지를 자연 본성에 맞게 유지하도록 해야 하는 것이네'라고 말해야 합니다. 나에게 나보다 더 친한 것은 없는 것입니다. 그래서 다른 사람이 희극 배우로서 승리할 수 있도록 나 자신을 다치게 한다는 것은 우스운 일입니다. '그럼 나는 누가 이기기를 원해야 하는 것인가요?' 승리자입니다. 그런 식이면 내가 원하는 사람이 항상 이길 것입니다.

'하지만 나는 소프론이 영예로운 관을 차지하기를 원합니다.'

자신의 집에서라면, 당신이 원하는 축제에서 경쟁하게 해서, 그 사람을 네메아, 퓌티아, 이스트미아, 올륌피아[5] 축제의 우승자로 선언하는 것이 좋을 겁니다. 그러나 공공장소에서는 마땅히 주어지는 것 이상을

---

4  연극배우로 추정됨. 희극 배우의 이름으로 거론되고 있지만, 딱히 누구라고 특정되는 인물은 아니다.

5  이 4개의 축제는 각기 다른 장소에서 열리던 경쟁을 포함하는 통례적인 범헬라스 축전이었다. 네메아 경기는 펠로폰네소스 반도 북동부 아르골리스 지방 네메아에서, 이스트미아 경기는 코린토스 해협 이스트미아에서 각각 2년에 한 번씩 열렸고, 퓌티아 축제는 델포이에서, 올륌피아 축제는 펠로폰네소스 반도 북서쪽 엘리스 지방의 올륌피아에서 각각 4년에 한 번씩 개최되었다.

요구하지 말며, 또 공통의 것을 당신의 것으로 빼앗아서는 안 됩니다. 그렇지 않으면 욕을 먹어도 참아야만 합니다. 왜냐하면 당신이 대중과 12 같은 일을 할 때는, 당신 스스로를 그들과 같은 위치에 놓게 되기 때문입니다.

# 제5장

# 병 때문에 학교를 떠난 사람들에 대하여[1]

1 '여기에서 아팠기 때문에, 집으로 돌아가고 싶어요.' 누군가[2]가 말했네.

2 집에서는 아프지 않았는가? 이 땅에서 너 자신의 의지가 개선될 수 있도록 무언가 도움이 될 만한 일을 하고 있는지 생각하지 않는가? 아무것도 이루지 못했다면, 여기에 온 것조차 헛수고가 되고 마니까 말이

3 네. 돌아가거라, 너희 집안일이나 신경 쓰는 게 좋을 거야. 자네의 지도적 부분을 자연 본성에 따르게 할 수는 없더라도, 작은 밭일 정도는 할 수 있겠지. 너는 얼마간의 돈을 늘리고, 노년의 아버지를 돌보고, 광장이나 어슬렁거리며, 관직을 맡게 될 것이네. 너는 성격이 나쁜 사람이

4 니, 그 후에 무엇을 해도 나쁜 일이 되겠지. 그러나 네가 어떤 나쁜 판단을 없애 버리고, 대신 다른 판단을 취해서 자신의 입장을 의지와는 아무런 관계가 없는 것들로부터 의지와 관련 있는 것들로 대체해서, '아!'라

---

1 에픽테토스는 아프기 때문에 집에 가고 싶어 하는 누군가(아마도 학생인 듯한)에게 건강이 좋든 나쁘든 중요한 것은 소크라테스가 그랬고, 다른 사람들에게 그렇게 하라고 촉구한 것처럼 더 나은 사람이 되기 위해 계속 노력하는 것이라고 충고함으로써 응답하고 있다.

2 에픽테토스 학교에 소속된 학생.

고 한탄하는 한이 있더라도, 그것은 아버지나 형제를 위해서가 아니라, '나 자신를 위해서'라는 것을 스스로 이해한다면, 아직도 네 병에 대해 왈가왈부할 일이 있겠는가? 자네는 모르는가? 질병과 죽음은 우리가 5 무엇을 하든 우리를 덮쳐 온다는 것을? 그것은 쟁기질하는 농부도, 항해하는 뱃사람도 습격하는 것이다. 너는 무엇을 하고 있을 때, 습격당하 6 기를 바라는가? 애당초 무엇을 하든 간에, 너는 반드시 습격당하기 때문이다. 지금보다 더 나은 일을 하고 있을 때 습격당하는 것이 가능하다면, 그 편이 나을 것이다.

내 편에서는, 사물에 흔들리지 않는 마음을 가지고, 방해받지 않고, 7 강제되지 않으며, 자유롭기 위해, 내 의지만을 돌보고 있을 때, 죽음이 나를 덮치기를 바라고 싶다. 내가 내 의지에 관여하고 있을 때, 질병이나 8 죽음이 나를 사로잡았으면 좋겠다. 그것은 내가 신에게 다음과 같이 말씀드리기 위함이네.

'제가 어떤 식으로든 당신의 명령을 어겼습니까? 제가 당신이 내려준 수단을 다른 것을 위해 사용하지 않았겠지요? 제 감각이나 선개념[3]'을 잘못 사용하지 않았겠지요? 제가 어떤 점에서든 당신을 탓한 적이 있었던가요? 당신의 지배를 비난하거나, 그 어떤 불만을 제기한 적이 있었습니까? 당신이 원했기 때문에, 저는 병에 걸렸습니다. 다른 사람들도 병 9 에 걸리겠지만, 저는 기꺼이 그렇게 된 것입니다. 당신이 원하셨기에 가난했지만, 그것도 기꺼이 그렇게 된 것입니다. 당신의 바람이 아니었기 때문에, 전 관직을 맡지 않았습니다. 또한 한 번도 관직을 원한 적이 없

---

3  선개념(prolêpsis)이란 '사물에 대해 미리 마음속에 형성되어 있는 관념'을 말한다. 제 1권 제22장 참조.

었습니다. 그것 때문에, 어떤 식으로든 제가 언짢아진 것을 당신은 본 적이 있으십니까? 저는 당신이 무엇을 명령 내릴지, 무엇을 보여 줄지 기대하면서, 늘 기쁨으로 빛나는 얼굴로 당신께 다가가지 않았습니까? 당신은 이제 제가 이 축제에서 떠나가기를 바라고 계십니다.[4] 저는 여기서 떠나가지만, 제가 이 축제에 당신과 함께 참여하고, 당신의 작품을 보고, 당신의 통치 질서를 따르도록 허락해 주신 것에 대해 깊이 감사드립니다.'

11  이런 식으로 내가 생각하고, 쓰고, 읽을 때, 죽음이 나를 사로잡았으면 하는 것이다.

12  '하지만 여기에 있으면 제가 아플 때, 엄마가 내 머리를 받쳐주지 않을 거예요.' 그렇다면 자네 어머니가 있는 집으로 돌아가라. 자네가 아

13  플 때 자네의 머리를 잡아줄 만한 그런 사람이니까.——'하지만 집에는 눕기에 좋은 작은 침대가 있습니다.'——그 작은 네 침대로 돌아가라. 하기는 네가 좋은 건강을 유지할 때조차도, 자네는 그런 침대에 누워 잘 만한 가치가 있는 사람이야. 그러니 집에 있어도 할 수 있는 일을 여기에서도 하지 않는 일이 없도록 해라.

14  그러나 소크라테스는 무엇이라고 하는가? 소크라테스는 말하네. '어떤 사람은 자기의 농토를 개량하는(훌륭하게 만드는) 데에 기뻐하고, 다른 사람은 자기 말을 개량하는(훌륭하게 만드는) 데 기뻐하듯이, 나는 나 자신이 더 나아지고 있다는 것을 보면서 날마다 기뻐한다네.'[5]——'어떤 점에서 더 좋은 거죠? 사소한 말투에서겠죠?'——쉿! 인간

---

4  이곳에서 인생이 축제(제례)에 비유되고 있다(제2권 제14장 23절 참조).

5  크세노폰, 『회상』 제1권 제6장 8, 9 참조("그러니 당신은 이 모든 것에서 오는 즐거움이

아! 말을 삼가는 게 좋겠어.—'그럼, 멋진 철학 이론을 제시하는 데서 <sup>15</sup>는 아니겠지요?'—뭔 말을 하는 겐가?—'글쎄요, 저는 철학자들이 도 <sup>16</sup>대체 무슨 일을 하면서 시간을 보내는지를 알지 못하겠어요.'—누구나 그것이 신이든 인간이든, 누구에 대해서도 결코 탓하지 않는 것, 아무도 비난하지 않는 것, 또 사람이 나갈 때나 돌아올 때나 항상 같은 얼굴 표정을 짓는다는 것 역시 자네에겐 아무것도 아닌 것으로 보이는가? 이것들이 소크라테스가 알고 있던 것이었지만, 그럼에도 그는 뭔가를 <sup>17</sup>알고 있다거나 가르친다는 말을 결코 하지 않았네. 그러나 누군가가 멋진 구절이나 멋진 이론을 찾고 있다면, 그는 그 사람을 프로타고라스나 히피아스[6]에게 데려갔네. 왜냐하면 누군가가 채소를 구하러 왔다면, 그는 그 사람을 시장 원예사에게 데려갔을 테니까. 그렇다면 너희들 중 누 <sup>18</sup>가 소크라테스와 같은 목적(각오)을 가지고 있겠는가? 너희들이 그런 목적을 가졌다면, 기꺼이 병들고 굶주리고 죽을 것이네. 너희들 중 누군 <sup>19</sup>가가 예쁜 소녀와 사랑에 빠진 적이 있다면, 내가 진실을 말하고 있다는 것을 알 수 있을 것이네.

자신이 더 나아지고 있고, 더 훌륭한 친구들을 얻고 있다고 생각하는 데서 오는 즐거움만큼 많다고 생각하나요?" "이 모든 것에서 오는 즐거움이 자신이 더 나아지고 있고, 더 훌륭한 친구들을 얻고 있다고 생각하는 데서 오는 즐거움만큼 많다고 생각하나요?"). 플라톤, 『프로타고라스』 318a 참조("나와 함께 지내게 된 바로 그날, 자네는 더 나은 사람이 되어서 집에 가게 될 거야. 그다음 날도 마찬가지고, 그래서 나날이 항상 더 나은 쪽으로 진전을 보일 것일세.")

6  이들은 기원전 5세기 유명한 소피스트들이다. 이들은 수사술을 가르칠 수 있고, 더 나은 사람으로 만들 수 있다고 주장하였다. 플라톤의 소크라테스는 젊은이들을 이것들을 배우도록 이런 소피스트들에게 보냈다(『프로타고라스』 311a, 314e~316a) 프로타고라스는 트라키아 남해안 도시 압데라 출신의 소피스트(B.C. 490~420경). 히피아스는 펠로폰네소스 반도 북서쪽 도시 엘리스 출신의 소피스트(B.C. 5세기 후반).

# 제6장

# 약간의 잡담들[1]

1 　 누군가가 그에게 요즘은 논리학 연구에 예전보다 더 많은 노력을 기울
2 　 이고 있지만, 왜 과거에 더 큰 진보가 있었는지를 묻자, 에픽테토스는
　 　 이렇게 답하며 물었다. 오늘날 어떤 영역이 열심히 연구되고 있고, 또
　 　 어떤 영역에서 이전 시대에 더 큰 진보가 있었는가? 왜냐하면 지금 우
　 　 리가 열심히 연구하고 있다면, 그 영역에서 오늘날에도 더 큰 진보가
3 　 있을 것이기 때문이다. 즉 지금 우리 시대에 추론의 해법을 위해 열심
　 　 히 연구가 이루어지고 있으며, 그로 인해 실질적인 진보도 볼 수 있지
　 　 만, 반면에 이전에는 지도적 중심 부분이 자연 본성에 따르도록 유지하
4 　 는 것이 연구되고 있어, 그에 관련해서는 진보가 이루어졌던 셈이네. 그
　 　 러므로 이것들을 혼동해서는 안 되며, 어떤 것을 열심히 연구할 때 다른
　 　 영역에서의 진보를 추구해서는 안 되는 것이네. 그러나 우리 가운데 누
　 　 가 자신의 삶을 자연 본성에 순응시키려고 애쓰면서도 진보를 하지 못
　 　 하는지를 살펴보라. 실제로 진보를 하지 못하는 누군가도 찾아볼 수 없

---

1　이것은 『엥케이리디온』에 있는 것과 같은 친숙한 주제에 대한 짧은 구절 모음이다.

을 것이기 때문이다.

훌륭한 사람은 무적이네. 사실상[2] 훌륭한 사람은 남들보다 뛰어나지    5
않다는 점에서[3] 경쟁하지 않을 것이기 때문이다. '내 농토에 있는 것을    6
원하면, 가져가라. 내 종들을 데려가라, 내 관직을 맡아라, 내 불쌍한 작
은 몸을 취하는 것이 좋다. 그렇다고 내가 원하는 것을 얻지 못하거나,
내 혐오를 회피하고자 하는 것에 떨어지도록 할 수는 없을 것이다.' 이    7
것이 뛰어난 사람이 참가하는 유일한 경쟁으로, 의지의 영역 안에 놓여
있는 것들에 관련된 것이네. 그렇다면 어떻게 그가 무적이 아닐 수 있겠
는가?

어떤 사람이 '일반 지성'[4](상식)이 무엇을 의미하는지 물었을 때 그    8
는 이렇게 대답했다. 단순히 소리들을 판별하는 청각은 '공통적'이지
만, 반면에 음악적 소리를 구별하는 청각은 '기술적인' 것이다. 그와 마
찬가지로 전적으로 왜곡되지 않은 사람들이 그들 공통의 능력을 통해
아는 것이 있네. 정신의 이러한 상태를 '공통의 지성'이라고 부르는 것
이네.

연약한 젊은이에게 철학을 권유하기는 쉬운 일이 아니네. 낚싯바늘    9
로 연한 치즈를 낚을 수는 없으니까.[5] 무엇보다 천부적인 재능이 풍부
한 사람이라면, 설령 단념한다고 해도 지성을 떠나지 못하는 법이네. 그    10

2   hē gar(S 사본) 대신에 kai gar(Upton)의 수정안을 받아들인다.

3   S 사본에는 ei mē hopou kreissōn이라는 말이 이어지고 있는데 삭제하고 읽는다.

4   원어로는 ho koinos nous인데, 보통 사람이 가지고 있는 일반적 '지적인 능력'을 말한다.

5   디오게네스 라에르티오스 제4권 47 참조("낚싯바늘로 부드러운 치즈를 낚을 수 없지
    않은가?") 비온의 에피소드에서도 젊은이들을 교육하는 것의 어려움을 말하기 위한 비
    유로 사용되고 있다.

래서 루푸스[6]는 대개의 경우에 재능이 풍부한 자와 그렇지 못한 사람을 구별하는 시험으로 이 방법을 사용함으로써, 상대방을 단념시키곤 했던 것이네. 그는 이렇게 말하곤 했다. '돌이 공중에 던져지면, 그 자체의 성향에 따라 땅으로 떨어지는 것인데, 그와 마찬가지로 재능이 풍부한 자도 사람이 그자를 쫓아낼수록 더욱더 그의 본성이 본래 가는 방향으로 나아가기 마련인 것이네.'

---

6 가이우스 무소니우스 루푸스(30년~101년경)는 스토아 철학자로 북이탈리아 윌시니 (Volsinii, 현재의 토스카나 지방) 출신의 철학자 에픽테토스의 철학 선생이었다.

# 제7장

# 에피쿠로스주의자인 자유인 도시의 총독에 대하여[1]

어떤 총독[2]——이 사람은 에피쿠로스주의자였다——이 그에게 찾아왔을          1
때, 에픽테토스는 이렇게 말했다. 우리와 같은 보통 사람들이 너희 철학
자들에게 묻는 것은 마치 낯선 도시에 온 사람들이 그 도시에 밝은 시민
들에게 물어보는 것과 딱 어울리는 일입니다. 즉 이 우주에서 가장 뛰어
난 것은 무엇인가. 이런 식으로 묻는 것은, 우리가 스스로 찾아 도시에
있는 것들을 구경하는 사람들처럼 그것을 구경하기 위해서입니다.

실상 인간에게 영혼과 신체, 외적인 것들이 있다는 것에는 거의 어          2

---

1  다른 곳에서와 마찬가지로 에픽테토스는 쾌락이 최고의 선이라는 주장은, 덕이 있는
   행동과 태도 및 기타 유익한 동기를 배제한다고 가정하면서 에피쿠로스 윤리학에 대한
   조잡하고 단순한 견해를 제시하고 있다(제1권 제23장 참조). 신체의 좋음들과 정신의
   좋음들 사이의 일반화된 대조(2~10절)는 스토아학파와 에피쿠로스학파 모두에게 정
   신이 육체적 실체라는 사실을 무시한다. LS 16, 53; C. Gill(2006), pp. 29~66 참조.

2  트라이아누스(Caesar Nerva Traianus) 황제 때부터 생긴 '자유 도시'를 관리하기 위해
   파견된 행정장관(디오르토테스, corrector(라틴어)는 속주의 행정을 감독하기 위한 직
   책)으로 원로원 급의 특별 관리였다. 황제가 임명하고 일반 시민 당국의 일반적인 권한
   밖에 있는 문제에 대한 행정 개혁을 수행할 책임이 있었다. 이 관리 이름은 정확히 알려
   져 있지 않다. 3절에는 막시무스라는 인물이 나온다

떤 사람도 이견을 내놓지 않을 것입니다. 따라서 당신의 일이 되는 것은 그 중 '어느 것이 가장 나은 것이냐?'라는 질문에 답하는 것입니다.

3 사람들에게는 뭐라고 대답했을까요? 살(肉)인가요? 이것을 위해, 즉 고기를 즐기기 위해 막시무스[3]가 그의 아들과 함께 카시오페까지 배를 타

4 고 겨울에[4] 항해해서 왔던 것인가요? '맹세코! 그런 일은 없으면 좋겠네요'라고 말하면서 상대방이 그것을 거부했을 때, 에픽테토스는 계속해서 이렇게 말을 이어갔다. 그렇다면 우리에게 가장 뛰어난 일에 열심인 것은 적합한 것이 아닙니까? '무엇보다도 적합한 일이군요.'—그럼, 우리 안에 살보다 더 나은 것으로 무엇을 가지고 있습니까? 그 사람이 '혼이군요'이라고 말했다.—그렇다면 가장 뛰어난 것의 좋음이 더

5 나은가, 아니면 열등한 부분의 좋음이 더 나은 것입니까?—'가장 뛰어난 부분의 좋은 것들이죠.'—그런데 혼의 좋음은 의지와 관련이 있는 것인가요, 아니면 의지와 무관한 것입니까?—'의지와 관련된 것입니다.'—그럼, 혼의 쾌락은 의지의 관련된 것입니까? 상대방이 이에 동

6 의했다.—그 쾌락은 무엇에서 생기는 것인가요? 쾌락 자체에? 아니오, 그것은 상상할 수 없는 노릇이지요. 왜냐하면 우리는 좋음의 어떤 본질이 앞서 존재하고, 그것을 획득했을 때 혼에서 쾌락을 느끼게 되기 때문

---

3 적어도 당시에 막시무스란 이름을 가진 두 사람이 있었다고 한다. 둘 중의 어느 쪽인지는 분명하지 않다, (1) 막시무스(L. Appius Maximus Norbanus)는 트라이아누스 황제 때 파르티아(페르시아 중부) 원정에 나가 그곳에서 죽었다고 한다. 이 자가 에피쿠로스학파였는지는 불분명하다. 아니면, (2) 아르카이아의 자유 도시의 총독이었던 플리니우스(23/24년~79년, 자연철학자, 해군 사령관)의 친구를 가리키는 것일 수도 있다. 카시오페(Cassiope)는 에픽테토스가 살고 있던 에페이로스 지방의 항구이다. 오늘날의 코르프(Corfu)이다.

4 당시에 겨울 항해는 위험을 동반했다.

이지요.──이 점도 상대방이 동의했다.──그렇다면 무엇에서 이 혼의    7
쾌락을 느낄까요? 혼의 좋음에서 느낀다면, 좋음의 있음이 발견되기 때
문입니다. 좋음과 우리가 그것에서 이치에 맞는 방식으로 기쁨을 느끼
는 것이 다른 것일 수는 없는 것이고, 먼저 있는 것이 좋음이 아닌데, 결
과적으로 생기는 것이 좋음일 수도 없는 노릇이기 때문입니다. 즉 결과
적으로 생기는 것이 이치에 맞으려면, 먼저 있는 것은 좋음이어야 합니
다. 그러나 당신들이 분별이 있는 한, 그런 말은 하지 않을 것입니다. 당    8
신들이 말하는 것은, 에피쿠로스와도, 당신들의 다른 학설과도 모순되
는 것이기 때문입니다. 그래서 남는 것은 혼의 쾌락을 신체적인 것에서    9
느낀다고 말하는 것입니다. 그렇기에 신체적인 것이 우선이 되고, 좋은
것의 참된 본질이라는 것이지요.

　　그러므로 막시무스가 살 이외의 것, 즉 가장 뛰어난 것 이외의 것을    10
위해 항해했다면 어리석은 행동을 했을 것입니다. 또 어떤 사람이 재판    11
관으로 앉아 있을 때 남의 재물을 빼앗을 수 있는데도 이를 삼갈 수 있
었다면 어리석은 짓을 한 셈이 될 것입니다. 그러나 만일 당신이 원한다
면, 은밀하게, 또 안전하게, 남들에게 알려지지 않도록 그것만을 고찰해
보기로 합시다. 에피쿠로스 자신도 도둑질을 나쁘다고 선언하지 않고,    12
단지 잡히는 것을 나쁨으로 여기기 때문이지요. 그리고 '도둑질하지 말
라'5라고 말한 것은 단지 발각되지 않는다는 보증을 얻을 수 없기 때문
입니다. 그러나 당신에게 말해 두지만, 능숙하게 몰래 행한다면, 드러나    13

5　LS 22 A (4~5) 참조. 하지만 이런 에픽테토스의 말은 정의에 대한 에피쿠로스의 생각
　　을 지나친 단순화로 보인다(LS 22, M[4] 참조).

지 않을 것이라고 생각합니다.[6] 게다가 우리에게는 로마에 남자든, 여자든, 강력한 친구가 있고, 또 헬라스인들은 기력이 없으니, 이런 일 때문에 굳이 로마까지 올 사람은 없을 것입니다. 어찌하여 당신은 자신의 좋음에서 멀어지는 것입니까? 그것은 어리석고 또 바보 같은 짓입니다. 아니, 당신이 자신의 좋음에서 멀어진다고 말해도, 당신의 말을 믿지 않을 것입니다. 거짓으로 보이는 것을 승인하거나, 진실을 부정하는 것이 불가능하듯이, 좋음인 것으로 보이는 것에서 멀어지는 것도 마찬가지로 불가능하기 때문입니다. 또한 부는 좋은 것이며, 그것이 쾌락을 확보하는 데 가장 도움이 되는 것이라고 말할 수 있습니다. 왜 당신은 그것을 자기 것으로 만들려고 하지 않는 겁니까? 그리고 들키지 않아도 된다면, 왜 이웃의 부인을 유혹해서는 안 되는 것입니까? 그녀의 남편이 이쪽을 욕한다면, 남편의 목까지도 부러뜨리면 되지 않을까요? 이것은 당신이 자신의 교리에 충실한 철학자이고, 게다가 완벽한 철학자이며, 당신의 설명에 따르게 된다면 그렇게 해야 합니다! 그렇지 않다면, 당신은 스토아 철학자라고 불리는 우리와 조금도 다르지 않을 것입니다. 즉 우리도 또한 이렇게 말하고, 다른 식으로 행동합니다. 우리는 아름다운 것을 말하되, 부끄러운 짓을 행합니다. 당신은 이와 반대로 추악한 교설을 세웠으나, 아름다운 일을 행하는지라!

---

6 에피쿠로스에 따르면, 부정행위는 그 자체로 악이 아니라 그런 부정행위를 처벌하는 사람에게 들키지 않을까 두려워하는 마음속에 악이 있다고 한다(DL 제10권 151 참조; "부정의는 그 자체로 나쁜 것이 아니다. 그것은 다만 그와 같은 부정의를 처벌하는 임무를 맡는 자들의 눈을 피하지 못할 것이라는 우려에 따른 두려움에서 성립하는 것이다.").

신의 이름으로 당신에게 묻지만, 에피쿠로스학파의 도시[7]를 상상할
수 있을까요? '나는 결혼하지 않을 것이다.' '나도 그래, 결혼해서는 안
되는 거니까.' '아이도 낳지 않을 것이다.' '또한 어떤 정치적 활동도 하
면 안 되는 거야.'[8] 그러면 어떤 일이 일어날까요? 시민들은 어디에서
옵니까? 누가 그들을 교육하나요? 누가 청년들의 감독관이 됩니까? 누
가 체육장 관리자가 될까요? 그러면 청년들에게 어떤 교육을 할 것입니
까? 스파르타인이 받는 교육입니까, 아니면 아테나이인이 받는 교육입
니까? 제발 한 젊은이를 데려다가 당신의 교리들에 따라서 지도해 보
십시오. 하지만 당신의 교리는 나쁜 것입니다. 그것은 도시를 파멸하고,
가족을 파괴하며, 또 여성에게도 적합하지 않습니다. 인간아,[9] 그럼 그
런 것은 버리는 게 좋을 겁니다. 당신은 제국의 도시에 살고 있으며, 다
스려야만 하고, 올바르게 판결을 내려야 합니다. 다른 사람들의 소유물
에 손을 대지 말고, 당신의 아내 외에는 어떤 여자도 아름답다고 생각해
서는 안 되고, 아이도, 어떤 은그릇이나 금그릇이라도 내 것이 아닌 것

---

7  스토아학파는 현인들로 이루어진 도시 국가를 상정하고 있었지만, 에피쿠로스학파는
   '숨어서 살아라'(lathe biōsas)는 말이 있듯이 정치적인 활동을 좋게 여기지 않았고, 또
   결혼을 부인했다고 한다(DL 제10권 119 참조). 그러면서도 그는 "삶의 상황에 따라서
   는 언젠가 결혼할 수도 있다"라고 말하기도 한다.

8  이것들은 에피쿠로스학파를 대표하는 견해들이다. 결혼에 대한 거부와 공적인 삶에 참
   여하지 않는 에피쿠로스적 견해에 대해서는 DL 제10권 119 참조. 그러나 친애에 대한
   긍정적인 평가(LS 22 F~I, O)와 임종 시의 유언 편지에서 친구의 자녀에 대한 에피쿠
   로스의 관심(LS 24 D)을 염두에 두어야 한다. 이 주제에 대한 에피쿠로스적 사고에 대
   한 보다 공감적인 논의는 E. Brown, Politics and Society, in J. Warren (ed.), *The Cambridge
   Companion to Epicureanism*, Cambridge, 2009; J. Warren, *Facing Death: Epicurus and his
   Critics,* Cambridge, 2004, 5장 참조.

9  즉 '여보시오'라는 말쯤에 해당한다.

22 을 아름답다고 생각해서는 안 되는 것입니다. 당신은 지금 한 말에 합치된 교리를 찾아야만 하며, 그 교리들을 지침으로 삼으면, 우리를 유혹하고, 우리를 엉뚱한 방향으로 이끌어 가는 일들로부터 벗어날 수 있을 것

23 입니다. 그렇지만 방금 언급한 것들의 유혹에 더하여, 우리가 뭔가 당신이 말하는 철학을 발견하고, 우리를 이쪽으로 향하도록 조장하는 일이 있다면, 그 결과는 무엇일 수 있을까요?

24 　무엇이 공예품에서 가장 뛰어난 것입니까? 은그릇에서 은이라는 소재입니까, 아니면 기술입니까? 손의 본질은 단지 살(肉)에 불과하지만,

25 우선시되는 것은 손이 만드는 그 일입니다. 그런데 '적합한 행위'(의무, kathēkonta)[10]에는 세 종류가 있습니다. 첫째 존재(있음)와 관련된 것이고, 둘째 성질과 관련된 것, 셋째 우선시되는 것 그 자체이다. 그렇다면

26 우선시되는 것은 무엇이겠는가? 그것은 공적인 일에 종사하고, 결혼하고, 아이를 낳고, 신을 공경하고, 자신의 부모를 돌보고, 한마디로 말해 욕구하고, 회피하고, 충동을 느끼고, 혐오감을 가질 때, 그것들 각각을 마땅히 해야만 하고, 즉 자연에 따라 행하는 것입니다. 그렇다면 자연을

27 따른다는 것은 무엇입니까?[11] 자유롭고, 고귀하며, 염치를 아는 사람이 된다는 것. 그렇다면 다른 어떤 동물이 얼굴을 붉히겠습니까? 다른 어

---

10　여기서 이 분류는 불명확하고 적합하지 않아 보인다. 첫째, 둘째는 외적인 것과 관련된 것으로 보인다. 셋째는 그 자체적인 가치를 지닌 행위를 지시하는 것으로 보인다. 스토아 철학의 '적합한 행동'의 이 3단계 구분(스토아학파에서 중요한 범주)은 다른 곳에서와 나란히 하고 있지 않다. 스토아 철학에서의 '적합한 행동'(의무)에 대해서는 LS 59 참조. 스토아학파의 용어인 '우선시되는 것들'(proēgoumena)에 관해서는 SVF 제1권 p. 192 및 제3권 p. 127 참조.

11　혹은 '어떻게 우리는 자연을 타고 난 건가?'

떤 동물이 부끄럽다는 인상을 가지겠습니까? 쾌락은 우리의 열성을 불 러일으키고, 자연 본성에 따른 행동으로 이끌기 위해 종, 수행자로서[12] 이러한 의무들에 종속시키는 것이 좋을 것입니다.

'그러나 저는 부자이고 아무것도 필요한 것이 없어요.'

그러면 왜 아직도 당신은 철학하는 척하는 겁니까? 금은 그릇이면 충분합니다. 왜 철학적 교리가 필요합니까?

'그렇소만, 나는 또한 헬라스인들의 재판관이기도 하니까요.'

당신은 어떻게 판단하는지를 아십니까? 어떻게 그런 지식을 얻었습 니까?

'카이사르가 내 신임장[13]을 써 주셨습니다.'

그가 당신에게 음악의 심사위원임을 증명하는 신임장도 써 주길 바 랍니다! 그러면 그것이 당신에게 무슨 도움이 되는 건가요? 그런데 어 떻게 재판관이 되셨습니까? 누구의 손에 키스했습니까? 쉼포루스 손인 가요, 누메니오스의 손입니까?[14] 누구의 참실 앞에서 잠을 잤습니까?[15] 누구에게 선물을 보냈습니까? 그리고 판사라는 직책은 정확히 누메니 우스만큼 가치를 매기는 것일 뿐이라는 것을 깨닫지 못합니까?

'하지만 내가 원하면 누구든지 감옥에 집어넣을 수 있습니다.'

28

29

30

31

---

**12** 여기서 에픽테토스는 '덕'이 쾌락에 '동반하는 것'(즉, 덕이 쾌락에 도구적이어야 한다) 이라는 에피쿠로스학파의 주장을 뒤집고 있다(LS 21 O 참조).

**13** codicillus는 황제가 직접 서명한 친서를 말한다.

**14** 여기서 이름이 언급된 이 사람들은 로마의 고위 관리로 법정에서 영향력을 가지고 있 는 자유인으로 보인다.

**15** 고위 관리의 침실 앞에서 잠을 자면, 다음 날 아침 인사(salutatio)에 가장 먼저 참여할 수 있게 해 준다. 아침 인사는 권력자에게 다가가기 위한 가장 효과적인 방법이었다.

당신이 돌 던지듯이 말인가요.

32 　'하지만 내가 원하는 사람은 곤봉으로 때릴 수도 있습니다.'

　당나귀를 때리듯이 말인가요. 하지만 그건 인간을 다스리는 것이 아

33 닙니다. 우리에게 유익한 것을 보여 줌으로써 우리를 이성적으로 다스
리는 것입니다. 그러면 우리는 그것에 따를 것입니다. 우리의 유익에 반
하는 것이 무엇인지를 보여 주는 것입니다. 그러면 우리는 그것을 피할

34 것입니다. 소크라테스가 자기 자신을 신봉하는 사람이었던 것처럼, 우
리를 당신을 신봉하는 사람으로 만들어 주십시오. 그분이야말로 인간
들의 욕구와 회피, 행동하거나 행동하지 않으려는 충동(충동과 반발)을
자신에게 복종하도록 이끌었기 때문에 동료 인간을 인간으로 다스리는
진정한 사람이었습니다.

35 　'이것을 하라, 저것을 하지 말라, 그렇지 않으면 감옥에 처넣어 버리
36 겠다.' 이것은 더 이상 이성적인 존재를 다스리는 것이 아닙니다. 오히
려 그 대신에, '제우스가 정한 대로 하십시오. 그렇지 않으면 벌을 받을
것이고, 해를 입을 것입니다.' 어떤 종류의 해입니까? 마땅히 해야 할 일
을 하지 않은 것 외에는 아무런 해도 없습니다. 당신은 당신에게 있는
성실함, 부끄러움을 아는 마음(염치), 예의를 깡그리 잃을 것입니다. 이
보다 더 큰 해를 달리 찾을 수는 없을 겁니다.

제8장

# 인상에 대해서는 어떻게 훈련해야만 하는가?[1]

우리 자신이 소피스트적 질문을 다루기 위해 훈련하는 것처럼, 우리는    1
또한 인상들에 대해서도 매일 훈련해야만 하는 것이네. 인상들도 또한    2
우리에게 다양한 문제를 내놓기 때문이네.

　'이러저러한 사람의 아들이 죽었습니다.'——그것은 의지(선택의 영
역)와 무관한 것이니 나쁨이 아니네라고 대답하라.

　'이러저러한 자에게 그 아버지가 상속권을 박탈했습니다.' 너는 어떻
게 생각하는가?——그것은 의지와 무관한 것이니 나쁨이 아니네.

　'카이사르가 그를 정죄했습니다.'——그것은 의지와 무관한 것이니
나쁨이 아니네.

　'그는 그런 일로 고통을 겪고 있습니다.'——그것은 의지와 관련된 일    3
이니 나쁨이네.

　'그는 그것을 고상하게 버텼습니다.'——그것은 의지의 관련된 일이

---

1　에픽테토스는 우리 스스로가 인상을 검토하고, 그것이 '우리에게 달려 있는 것'의 범주
　에 속하지 않는 한, 그것을 '좋은' 혹은 '나쁜'으로 판단하는 것을 피하기 위해서, 어떻
　게 우리 자신을 훈련할 수 있는지에 대한 구체적인 예를 이 장에서 제시하고 있다.

니 좋음이네.

4    이제 이런 식으로 습관을 들이면, 우리는 진보할 것이네. 왜냐하면 그 인상이 파악될 수 있는 것(kataléptikē phantasia)[2] 이외의 어떤 것에 대해서도 승인하지 않기 때문이네.

5    '그의 아들이 죽었습니다.'——무슨 일이 일어났느냐?——그의 아들이 죽은 것이네.——다른 것은 없느냐?——'그 이상은 아무것도 없습니다.'

'그의 배가 침몰했습니다.'——무슨 일이 일어났느냐? 그의 배가 가라 앉았다.

'그가 감옥으로 끌려갔습니다.'——무슨 일이 일어났느냐? 그는 감옥으로 끌려간 것이네. 그러나 '불행하다'라는 명제는 각 사람이 스스로 덧붙인 어떤 것이네.

6    '그러나 제우스는 이 모든 일에서 정당한 것이 아닙니다.'——왜 그럴까? 그분이 너에게 견디는 능력을 주시고, 원대한 마음을 품게 하셨기 때문에, 그런가. 그분이 그것들이 나쁨이 아니게 해서, 그런가. 네가 그런 일을 당해도 여전히 행복할 수 있게 해서, 그런가. 그분이 너에게 일

---

2   kataléptikē는 '실재에 대한 파악'으로 '정신에 붙잡힌 것(포착)'을 말한다. 인상(판타시 아)이란 혼에 각인(刻印)되면 파악될 수 있는 것(카타렙티케)과 그렇지 않은 것이 된다. 현실적으로 존재하는 것과 같이 각인되면, 그것은 '파악될 수 있는 인상'이 된다(DL 제7권 45~46 참조). 흔히는 '파악 인상'(phantasia kataléptikē)으로 옮기기도 한다. 스토 아 철학의 기술적 용어로서, '매우 뚜렷하고 생생하며, 일관되고 영구적인 인상으로 그 자체의 확실성에 대한 확신을 담지하며, 진리에 대한 그 자체 기준이 되는 인상'을 말한 다. 다시 말해, 스토아 철학에서 '적합한 인상'(혹은 '파악 인상')은 해당 대상에 대한 앎 과 참을 자명하게 부여하는 인상이다(LS 40). 하지만 에픽테토스는 여기서 그 말을 사 용하여 '우리에게 달려 있는 것'과 '달려 있지 않은 것'에 대한 물음에 그 초점을 맞추고 있다.

이 잘 풀리지 않을 때, 너를 위해 문을 열어 놓았기 때문에,[3] 그런가? 인간아, 나가라,[4] 그리고 한탄하지 말라.

만일 그것이 궁금하다면 로마인들이 철학자들에 대해 어떤 인상을 가지고 있는지를 물어보라.[5] 그들 사이에서도 철학자로서 매우 높은 평판을 얻었던 이탈리코스[6]는, 언젠가 내가 있는 곳에서 견디기 힘든 일을 겪은 것처럼 그의 친구들에게 화가 나서, 나를 가리키며 '나는 참을 수 없다. 너희들은 나를 죽일 생각이냐? 나를 이런 남자로 만들 생각이냐'라고 말한 것이네.[7]

7

---

3  '문을 열어 놓는' 것은 자살 가능성을 열어 놓았다는 것을 의미한다. 세네카는 '자살'은 인간의 자유를 위한 유일한 도피처로 본다.

4  '죽는 것'을 의미한다.

5  일반적으로 로마인들은 말재주를 부리기보다는 실천을 선호하는 경향이 있었다. 아마도 이런 취향 때문인지 철학자를 싫어하는 경향은 뿌리가 깊다고 하겠다. 학자를 싫어했던 보수주의자인 대(大) 카토(Marcus Porcius Cato Censorius, B.C. 234~149)의 예에서 알 수 있듯이, 일반적으로 로마인들은 변설(辯說)을 늘어놓기보다는 실천을 선호하는 뿌리 깊은 경향이 있었고, 그 때문에 철학자들은 여러 차례 로마에서 추방당했고, 에픽테토스도 그중의 한 명이었다.

6  이 사람이 누구인지는 알려져 있지 않다. 일화의 정확한 요점이 무엇인지, 담화의 앞부분과의 어떤 연관성이 있는지도 불분명하다. 로마인들은 전통적으로 철학의 가치에 대해 회의적이었다. 아마도 이탈리코스는 철학자가 된다는 것이 무엇을 의미하는지에 대해 아마추어적이거나 제한적인 이해를 가졌을 것으로 추정된다.

7  조금은 어리둥절하게 만드는 일화는 이탈리코스(Italicus)가 분명히 아마추어적인 철학자로 로마 사람들 사이에서 어느 정도 지역적 명성을 누렸던 인물로 보인다는 점이다. 그렇지 않고, 전혀 알려지지 않은 인물일 수도 있다. 그는 자신의 친구들로부터 진정으로 철학적인 방식으로 어떤 고난에 따를 것을 촉구받았고, 그가 실제로 비천하고 해방 노예인 에픽테토스와 같은 철학자라는 암시를 받고 분개한 것으로 보인다. 그래서 아마도 에픽테토스를 찾아가 이런 일화를 남긴 것으로 보인다. 당시 로마인들 사이에 퍼져 있는 철학에 대해 시니는 내중적 느낌이란, 철학의 취향에 대해서 '지나치게 철학에

탐닉하지 말라'는 엔니우스(Ennius) 충고가 잘 반영되어 있었을 것이다. 또 플라우투스
(Plautus)의 조언으로 알려진, 철학이란 무모한 로맨스에 비하면 '철학자는 지금 단순
히 거짓말하고 있는 것이 아니라, 그는 '철학'을 하고 있을 뿐이네'라는 정도의 일반적
느낌을 로마인들은 가지고 있었다(W. A. Oldfather, p. 63 각주 4 참조).

# 제9장

# 재판을 위해 로마로 가려는 한 웅변가에 대해서<sup>1</sup>

어떤 사람이 자신에게 주어지기로 한 명예(공적 지위)에 관련된 재판으          1
로 로마에 가는 길에 에픽테토스를 방문했을 때, 그는 그 사람에게 여행
의 이유에 대해 물었다. 그리고 그 사람이 그 문제에 대해 어떤 의견을
갖고 있는지를 묻자 에픽테토스는 이렇게 말했다. 만일 당신이 나에게          2
로마에서는 무엇을 해야 하는지, 또 이 재판이 성공할 것인지. 실패할
것인지 묻는다면 나에게는 내놓을 지침을 가지고 있지 않습니다. 하지
만 당신이 어떻게 행동해야 하느냐고 묻는다면, 당신이 옳은 판단을 갖
고 있으면 잘 될 것이지만, 그 판단이 틀리면 나쁘다고 말할 수는 있습
니다. 왜냐하면 모든 일에 있어서 행동의 원인이 되는 것은 어떤 판단이
기 때문입니다. 당신이 크노소스인들의 장관<sup>2</sup>으로 임명되고 싶었던 이          3
유는 무엇인가? 당신의 판단입니다. 그리고 현시점에서 로마로 가려는

---

1  에픽테토스는 그의 철학적 가르침이 철학에 피상적으로만 관심이 있는 사람에게도 전
   파될 수 있음을 설명하고자 노력하고 있다(제1권 제12장 14절 참조).
2  로마인이 로마에서 거래할 때, 크노소스(크레타섬의 북안 중앙부에 위치한 주요 도시,
   궁정 문명의 발생지로 잘 알려져 있나) 사람들을 내표하는 것은 권위 있는 역할이나.

이유는 무엇입니까? 당신의 판단입니다. 게다가 폭풍우를 무릅쓰고, 위험에도 불구하고, 경비를 들여서 그런가요?

'네, 그럴 수밖에 없는 거죠.'

4     누가 당신에게 그렇게 하라고 하던가요? 당신의 판단입니다. 그러므로 모든 원인이 판단에 있다면, 사람이 나쁜 판단을 가진다면 그 결과도
5 그 원인과 비슷해질 겁니다. 그렇다면 우리 모두, 당신과 당신의 소송 상대도 건전한 판단을 가지고 있을까요? 가지고 있다면, 왜 당신들은 싸우는 것일까요? 아니, 오히려 당신이 상대보다 건전한 판단을 가지고 있습니까? 그건 왜 그럴까요? 당신이 그렇다고 생각하기 때문입니다. 상대방도 그렇게 생각하고, 미치광이도 그렇게 생각합니다. 이는 나쁜 판단 기준입니다.

6     자, 그렇다면, 당신이 자신의 판단에 대해 어떤 고찰과 배려를 했는지를 나에게 보여 주십시오. 당신은 지금 크노소스인들의 대리인[3]이 되기 위해 로마로 항해하고 있으며, 당신이 이미 가지고 있는 지위대로 집에 머무르는 것으로 만족하지 못하고, 더 크고 더 빛나는 지위를 열망하고 있지만, 지금까지 자신의 판단을 검토(음미)하고, 만일 뭔가 건전하지 않은 판단이 있다면 이것을 포기하기 위해 항해를 한 적이 있었습니
7 까? 그런 목적으로 누구를 찾아간 적이 있었습니까? 자신을 위해 어떤 시간을 할애했습니까? 그게 몇 살 때입니까? 만일 나에 대해 부끄럽다고 생각한다면, 스스로 자신을 위해 당신의 삶을 되돌아보도록 하십시
8 오. 당신이 아이였을 때 자신의 판단을 검토해 보았나요? 당신이 예전

---

3   공동체의 이익과 권리를 옹호하고 대변하는 직책(prostatēs, 라틴어 Patrons에 상당).

에 하던 일을 지금 무슨 일이든 하고 있는 것처럼, 해 왔다는 것이 아닙니까? 젊은이가 소년일 때, 웅변가의 강의를 듣고 스스로 연습할 때, 자신에게 무엇이 부족하다고 상상했습니까?

청년이 되어 정치에 참여하기 시작해서, 재판으로 변론을 하며 명성을 날렸을 때, 누가 당신 못지않은 역량을 갖췄다고 생각했습니까? 어디서 당신이 잘못된 판단을 하고 있다는 사람의 비판을 달게 받아 본 적이 있습니까? 당신은 도대체 나에게 무슨 말을 해 주기를 원합니까?

'재판의 사안에서 나를 도와주었으면 합니다.'

그러기 위한 이론을 가지고 있지 않습니다. 만일 당신이 그것 때문에 나에게 온 것이라면, 철학자가 있는 곳이 아니라 청과물 상인이나 신발 가게에 왔다고 생각하는 것입니다.[4]

'그렇다면 철학자들이 갖고 있는 이론은 무엇을 목적으로 하는 것입니까?'

그것은 무슨 일이 일어나든 영혼의 지도적 중심 부분이 자연 본성에 따라 그렇게 살기 위한 것입니다. 그것이 사소한 일이라고 당신은 생각합니까?

'아니오, 가장 중요한 일이지요.'

그렇다면 어떨까요? 그것은 단지 얼마 안 걸리는 것으로, 틈틈이 얻을 수 있는 것일까요? 당신이 그것을 할 수 있다면, 얻으면 됩니다. 계속해서 당신은, '나는 에픽테토스를 만났는데, 마치 돌과 동상과 함께 있는 것과 같았습니다'라고 말할 것입니다. 즉 당신은 나를 보았지만, 그

9

10

11

12

---

4  어쨌든 소송에는 아무런 도움이 되지 않는다는 의미.

이상의 것은 아무것도 없었던 것입니다. 상대방의 판단을 배우고, 이번에는 자신의 판단을 보여 주는 사람이야말로 인간을 인간으로 만나고 있는 것입니다. 내 판단을 아는 법을 배우고, 나에게 당신 자신의 판단을 보여 주십시오. 그렇게 하고 나서, 당신은 나를 만났다고 하십시오. 서로 논박⁵을 해봅시다. 만일 내가 나쁜 판단을 품고 있다면 없애 버리고, 당신에게 무슨 판단이 있으면 여기 내놓아 봅시다. 이것이 바로 철학자와 만난다는 겁니다. 하지만 그게 아니라, 당신은 '여행하는 김에, 배를 임대할 때까지 기다리는 동안, 에픽테토스를 만날 수도 있어. 도대체 그가 어떤 말을 하는지 한번 만나 보자'라며 찾아오는 것입니다. 그런 다음 이곳을 떠날 때는, '에픽테토스는 아무것도 아니었어, 그의 말은 엉망이었고, 상스러운 표현⁶을 사용하더라'라고 말하게 되는 것입니다. 당신은 또 어떤 판단을 내리기 위해 왔는가?

그러나 누군가가 말한다. '하지만 그런 것에 신경을 쓴다면, 나는 당신처럼 농지도 가지고 있지 않고, 당신처럼 은그릇도 없으며, 당신처럼 가축도 없다는 것을 알게 될 것입니다.' 이에 대해서는 '나는 그런 것들이 필요하지 않지만, 당신은 많은 것을 가지고 있어도, 여전히 다른 것들을 필요로 할 것입니다. 원하든 원하지 않든 간에, 당신이 나보다는 더 가난에 시달릴 것입니다'라고 말하면 아마도 답변으로 충분할 것입니다.

'그러면 제게는 무엇이 필요합니까?'

지금 당신에게 없는 것. 즉 평온함, 마음을 자연 본성에 맞추는 것, 동

---

5  원어로는 elegxō([소크라테스적] 엘렝코스를 행하다)이다.

6  혹은 '나쁜 헬라스어를 말하고, 이민족인 말을 사용한다.'

요로부터 벗어남입니다. 대리인이 된다든가, 안 된다든가에 대해, 왜 내
가 궁금해야 할까요? 하지만 당신은 그것에 신경 쓰고 있습니다. 내가
당신보다 더 부유하다는 것. 카이사르가 나를 어떻게 생각할지 신경 쓰
지 않으며, 그래서 누구에게도 아부하지 않습니다. 그것들을 나는 은과
금그릇 대신 가지고 있는 것입니다. 당신은 금그릇을 가지고 있지만, 당
신의 이성, 판단, 승인, 충동, 욕구는 모두 토기에 불과합니다. 그러나 그
것들을 자연 본성에 맞게 내가 갖고 있는데, 내가 왜 이성에 대해 수고
를 다 기울이지 않는 일이 있을까요? 나는 그럴 여유가 있기 때문입니
다. 내 마음은 이성 이외에는 달리 향할 수도 없고, 다른 데로 향할 수 없
다면 나는 무엇을 해야만 할까요? 이 일보다 더 인간다운 가치 있는 일
을 찾을 수 있을까요? 당신 쪽에서는 할 일이 없으면, 시간을 보내기 위
해 극장에 가곤 하는데, 왜 철학자는 자신의 이성을 단련하지 않은 것일
까? 당신은 수정 꽃병을 가지고 있고, 나에게는 '거짓말쟁이 역설'의 논
증이 있습니다. 당신에게는 모자이크 유리 그릇(뮐라)이 있고, 나에게
는 '부정하는 사람의 논증'이 있습니다.[7] 당신에게는 당신이 가진 모든
소유물이 작게(사소해) 보이지만, 나에게는 내가 가진 모든 것이 크게
(소중해) 보입니다. 당신의 욕망은 물릴 줄 모릅니다. 하지만 내 욕망은
이미 충족되었습니다. 이런 일은 아이들이 목이 좁은 항아리에 손을 넣
어 견과류와 무화과를 꺼내는 것과 같은 것입니다. 그들은 손에 가득 차

---

7  무리나(mourrina) 유리 제품은 색이 진하고 매우 비쌌다. 뮐라(myrrha), 즉 몰약은 아프
   리카산 수목에서 채취되는 향기로운 고무 수지이다. '거짓말쟁이 역설', '부정하는 사람
   의 논변' 모두 크뤼시포스가 다룬 역설이다. '부정하는 사람의 논변'은 크뤼시포스에 의
   해 광범위하게 연구되었다고는 하지만, 그 내용은 분명하지 않다(DL 제7권 197 참조).

면, 꺼낼 수가 없어서 울음을 터트립니다. 그중 몇 개를 떨어뜨리면, 꺼낼 수 있습니다. 당신도 욕망을 떨구십시오. 너무 많은 것을 욕망하지 마십시오. 그러면 당신이 원하는 것을 얻을 수 있을 겁니다.

# 제10장

# 어떻게 질병을 견뎌 내야만 하는가?[1]

어떤 판단이든 필요할 때, 그 준비를 해 둬야만 한다. 점심 식사[2] 때에는    1
점심에 대한 판단을, 목욕할 때에는 목욕에 대한 판단을, 취침 때에는
취침에 대한 판단을 준비해 두어야 한다.

피곤한 눈으로 잠들지 말도록 하라. 낮의 각각의 행동을 되돌아보기 전    2
까지는.
어디서 잘못 밟았으며, 무엇을 했으며, 해야만 될 일 중 무엇을 하지 않    3
았는가? 이 점에서부터 시작해서, 자신의 행동을 되돌아보고, 그런 다
음 나쁜 짓이라면 자책하고, 잘했다면 기뻐하라.[3]

---

1  에픽테토스는 철학이 근본적으로 중요한 유일한 것은 '우리에게 달려 있다'는 것을 다
   룬다는 것이며(10절, 18절), 질병과 죽음을 포함하여 우리에게 일어나는 일(14절)들은
   '우리에게 달려 있지 않은' 것이므로 상대적으로 아무런 중요성을 갖지 않는 것임을 강
   조함으로써, 우리가 질병에 적절하게 견딜 수 있도록 훈련할 수 있다고 논의하고 있다.

2  원어는 ariston으로, 예전에는 아침을 의미했지만 에픽테토스 시절엔 점심의 의미로 쓰
   였다고 한다.

3  전통적으로 기원전 6세기 철학자 퓌다고라스의 작품으로 전해지는 『황금 잠언(황금

4

5

이 시구들을 유용하게 써야 하지만, 그것은 '찬미 아폴론!'[4]을 목청껏 외치기 위해서가 아니다. 게다가 열병에서는 그것에 대한 판단을 준비해 두어야 한다. 열병에 걸렸다면 모든 것을 포기하고, 잊어버리는 것이 아니라, 오히려 더구나 '철학할 수 있다면 무엇이든 마음대로 일어나게 놔두는 것이 좋다. 어쨌든 나는 이 보잘것없는 작은 신체에 대해 배려하기 위해 어딘가로 떠나가야만 한다'라고 말해야 한다. 거기에 적어도 열병이 가지 않는다고 한다면![5]

6

철학한다는 것은 무엇을 의미하는가? 닥쳐오는 모든 사태에 대해 마음의 준비를 해두는 것이 아닌가? 그렇다면 '만일 내가 일어나는 일을 태연하게 견딜 마음의 준비가 되어 있다면, 무엇이든 하고 싶은 대로 일어나는 것이 좋다'라고 말하는 것과 같다는 것을 이해하지 못하는가?

---

시)』(40~44행)에서 인용한 것이지만, 현존하는 『황금 잠언』(알렉산드리아의 히에로클레스, 『황금 잠언 주해』)와는 약간 다르게 읽는다. 『황금 잠언』(*Chrusea Epē[Aurea Carmina]*)은 헥사메트론(장단단의 육각운) 운율로 된 71행으로 이루어진 '도덕적 권유 모음집'이다. 그러나 이 작품은 훨씬 나중에 쓰인 것이 확실하다(B.C. 3세기). 잠자리에 들기 직전의 '밤의 성찰'과 '자기반성'의 관행은 헬레니즘과 로마 철학에서 널리 채택되었다. 세네카의 『분노에 대하여』 3.36 참조("하루가 저물고 저녁의 휴식으로 돌아와서 그는 자신의 혼에게 물었습니다. '너는 오늘 너의 어떤 악을 고쳤는가? 어떤 악행을 삼갔는가? 어떤 점에서 너는 나아졌는가?' […]"). 여기서 에픽테토스는 우리는 이 관행을 우리 삶의 일부에 포함시켜야 하며 단순히 제의적인 외침('찬미 아폴론!')으로 그쳐서는 안 되며, 마음속에 깊이 새겨 두고 실천에 옮겨야 한다고 강조한다.

4  파이안(Paian)은 아폴론 신의 별칭으로 '치유하는 자'라는 뜻이다. 병이 치유되기를 간절히 바란다고 해서 그 이름이 불렸다.

5  다소 이해하기 어려운 대목이 이어진다. 열병에 걸렸든 걸리지 않았든, 그것을 피할 곳은 없다. 어떤 곳으로 가더라도 고통을 피할 길은 없다. 그렇다면 철학을 공부하면서, 또 자신을 돌보면서 닥쳐온 고난을 그대로 받아들일 준비를 하는 것이 좋다고 말하고 있는 듯하다.

하지만 포기해 버리는 것은 마치 한 방을 맞았기 때문에, 판크라티온⁶
경기를 내던져 버리는 것과 같다! 하지만 판크라티온의 경우는 시합을          7
포기해 얻어맞지 않도록 하는 것은 허용되지만, 지금의 경우 철학을 포
기한다면 그것이 우리에게 무슨 이득이 있겠는가? 그렇다면 철학자는
어려운 상황에 직면할 때마다 뭐라고 말해야만 하는 것인가? 즉 '그것
을 목적으로 나는 훈련을 거듭했고, 이를 위해 나는 단련해 왔다는 것이
다.' 신은 자네에게 말하네. '네가 규칙에 따라서 경기를 해 왔는지, 또          8
적당한 양을 먹었는지, 올바른 연습을 해 왔는지, 그리고 네가 훈련 교
사의 지시에 따라 훈련했는지, 그 증거를 보여라.' 그런 다음, 막상 행동
해야 할 때가 오면, 자네는 겁쟁이처럼 꽁무니를 뺄 것인가? 지금이 열
병을 앓을 때라면, 그것이 훌륭하게 일어나도록 하라. 갈증을 겪을 때라
면, 훌륭하게 겪어 보도록 하라. 굶주릴 때라면, 훌륭하게 굶어 보도록
하라. 그것은 너에게 달려 있는 것이 아니냐? 누가 자네를 방해할 수 있          9
겠느냐? 의사는 마시는 것을 금지하겠지만, 훌륭하게 갈증을 겪는 것을
금지할 수는 없는 것이다.

   '하지만 철학을 배울 수가 없어요?'                                      10

   어떤 목적으로 그것을 배우는 것이냐? 노예여, 행복하게 하기 위해
서가 아니냐? 평온하게 살기 위해서가 아닌가? 자연의 본성에 따라 살
아가기 위해서가 아닌가? 열병에 걸렸을 때, 혼의 지도적 중심 부분을          11
자연 본성과 일치시키는 데에 방해하는 것은 무엇인가? 사안에 대한 음
미도, 철학하는 사람의 시련도 이 점에 달려 있다. 즉 이것 또한 삶의 일

---

6  이에 내해서는 세3권 세1장 5절 참소.

부이지, 열병은 산책이나 항해, 여행과 다를 바가 없는 것이다. 산책할 때, 책을 읽는 일은 없을 것이네, 그렇지 않나?——'없습니다.'——열병이 났을 때도 또한 읽지 않을 것이네. 그러나 훌륭하게 산책하고 있으면, 산책하는 사람에게 제대로 된 일을 하고 있는 것이네, 훌륭하게 열병에 걸렸다면, 열병 환자로서 역할을 다하는 것이네. 그러나 훌륭하게 열병에 걸린다는 것은 무슨 의미인가요? 그것은 신이나 인간을 비난하지 않고, 일어나고 있는 일에 괴로워하지도 않고, 잘 또 훌륭하게 죽음을 받아들이고, 명령받은 일을 이루며, 의사가 도착해도 무슨 말을 할까 두려워하지도 않고, '만사가 순조롭게 진행되고 있네'라는 말을 들어도 지나치게 기뻐할 것도 없는 일이네. 의사가 자네에게 어떤 좋은 말을 했는가? 자네가 좋은 건강에 있을 때, 자네에게 어떤 좋은 일이 있었단 말인가? 마찬가지로, '나쁜 상태에 있구나'라는 말을 들어도 낙담하지 말라. 나쁜 상태에 있다는 것을 무엇을 의미하는가? 혼이 몸으로부터 분리되는 순간[7]이 가까워졌다는 것이다. 왜 그것이 두려울까? 지금 그것에 가까이 가지 않으면, 나중에 가까이 갈 수 없다는 것인가? 자네가 죽으면, 우주가 뒤집어지기라도 한단 말인가? 그렇다면 왜 자네는 의사에게 아첨을 하는 것인가? 왜 자네는 '주여,[8] 당신이 마음만 먹으면, 저는 건강해질 거예요'라고 말하는가? 왜 자네는 그에게 눈썹을 치켜세울 기회를[9] 주는 건가? 발에 관해서는 신발장이에게, 집에 관해서는 건축가에게 상응하는 평가를 하듯이, 의사에게도 이 가련한 작은 몸, 즉 내 것이

---

7 즉 죽음.

8 의사한테도 '주여'라고 불렀다.

9 즉 '오만하게 거드름 피운다'는 의미이다.

아닌, 자연 본성적으로 시체일 뿐인 것[10]——에 관해서 상응하는 평가를 하지 않는 것인가? 열병에 걸린 사람에게는 이와 같은 일을 할 기회가 주어지고 있다. 만일 이 모든 것을 완수한다면, 그 사람은 자신에게 알맞은 것을 얻은 것이다.

철학자의 일은 이들 외적인 것들, 즉 얼마 안 되는 포도주라든가, 올   16
리브기름이라든가, 가여운 몸을 돌보는 것이 아니다. 그럼 무슨 보살핌을 받을 것인가? 내 자신의 혼의 지도적 부분이네. 외적인 것에 대해서는 어떻게 해야 하는가? 그것들로 인해 이성을 잃고, 흔들리지 않을 정도로 말이네. 그렇다면 더 이상 두려워하거나, 화를 내야 할 때는 어떤 때인가? 자신의 것이 아닌 것, 아무런 가치도 없는 것으로 두려움을 가   17
져야 할 때는 어떤 때인가? 우리가 항상 손 가까이 두어야만[11] 할 두 가   18
지 원칙이 있기 때문이네. 즉 하나는 의지와 무관한 것은 좋음도 나쁨도 아니라는 것이고, 다른 하나는 일을 먼저 움직이려 하지 말고, 오히려 그것을 따르라는 것이네.

'내 형제는 나에게 이런 식으로 대하지 말았어야 했어.' 아니네, 그 사   19
람도 언젠가는 알게 될 것이네. 하지만 어떤 식으로 행동하든, 나는 그 사람을 마땅히 해야만 하는 태도로 대할 것이다. 그것은 내가 해야 할   20
일이며, 그 사람이 하는 일은 내가 모르는 일이기 때문이네. 아무도 다른 사람이 하는 일을 방해할 수 없지만, 자신의 일은 방해할 수 있는 것이네.

---

10 생명 활동의 중심은 몸이 아닌 영혼에 있다고 생각되었다. 몸을 시체라고 말하고 있는
『단편』 26('너는 시체를 메고 있는 작은 영혼') 참조.

11 원어로는 procheira echein이나, 즉 '마음의 준비'를 해 둬야 하는 것.

# 제11장

# 약간의 잡담들[1]

1  신의 질서에 따르지 않는 사람들에게는, 말하자면 법[2]으로 정해진 어떤

2  징벌이 있다. 즉 '누구든지 의지의 영역 안에 있는 것들 이외의 다른 어

떤 것을 좋음으로 생각하는 사람이 있으면, 부러워하고, 욕망에 굴복하

며 아첨하게 하고, 근심하도록 하라. 누구든지 다른 사람의 것을 악으로

3  간주하는 사람이 있으면, 고통, 슬픔, 탄식, 불행하도록 하라.' 그러나 우

리는 이토록 가혹한 징벌을 받고 떠날 수 없다.

4      시인[3]이 낯선 사람에 대해 말하고 있음을 명심하도록 하라.

---

**1**  다음의 두 가지 점은 인간 삶을 위한 도덕적 틀을 제공하는 신적 질서에 대한 스토아학
파의 사상과 연결되어 있다(LS 63 C(3~4)). 1~2절에서 에픽테토스는 우리의 정념이
의지와 무관한 것(의지의 영역 바깥에 있는 것)에 있는 '좋은 것'과 '나쁜 것'을 취급하
는 데서 비롯된다는 표준적인 스토아학파의 견해를 신성한 법으로 재구성해 내고 있다
(LS 65 B, D). 4~6절에서는 에픽테토스는 호메로스의 『오뒷세이아』 제14권 56~58행
을 인용하면서 신들의 아버지인 제우스가 자신의 아버지에 대한 합당한 존경을 나타내
는 도덕적 기초를 제공한다고 제안한다.

**2**  신에 의해 정해진 '법'을 말한다(제2권 제16장 28절 참조).

**3**  후기 고대에 흔히 '시인'은 호메로스를 가리킨다. 『오뒷세이아』 제14권 56~58행 참조.
돼지치기인 에우마이오스가 구걸하는 모습을 한 오뒷세우스에게 하는 말이다. '더 나

'나그네여, 비록 그대보다 나쁜 사람이 온다고 해도
나그네를 업신여기는 것은 허용되지 않는 것이지요.
어느 누구라도 제우스가 보낸 것이라면,
설령 나그네라든가 거지들조차도.'

이 시구는 아버지에 대해서도 적용할 수 있도록 손 가까이에 놓아두    5
어야 하는 것이다. '설령 저런 나쁜 사람이 온다고 해도, 아버지를 업신
여겨서는 안 된다. 누구나 제우스, 아버지의 신이 보낸 것이라고 한다
면' 형제의 경우에도 마찬가지다. '누구나 동종의 신 제우스가 보내신    6
것이다.' 이렇게 생각하면, 우리는 다른 사회적 관계에서도 제우스가
수호신임을 발견할 것이다.

쓰다'는 '더 초라하다'는 의미이다.

제12장

# 훈련에 대하여[1]

1 훈련이 자연 본성에 어긋나는 색다른 관행으로 행해져서는 안 된다. 그
경우에는 철학자라고 공언하면서도 곡예사가 하는 일과 다를 바가 없
2 어지기 때문이다. [곡예사의] 줄타기는 힘들고 어려울 뿐만 아니라 위
험하기도 하기 때문이다. 이런 이유로 우리는 훈련을 위해 줄타기를 하
거나, 대추야자 나무를 세우거나, 조상(彫像)을 끌어안거나 하는 연습
3 을 해야만 하는가?[2] 결코 그렇지 않다네. 어렵거나 위험한 모든 일은 훈

---

**1** 윤리적 훈련에 대한 조언을 제공하면서, 에픽테토스는 욕망(4~12절), 충동(동기,
13절), 승인(14~15절)에 초점을 맞추고 실천 윤리의 세 가지 주제 프로그램을 다시 언
급하고 있다. 제3권 제2장 1~5절 및 제2권 제17장 16절 참조. 그는 또한 사치스럽거나
과장된 윤리 훈련 방식을 권장하지 않으며, 특정 견유학파적 관행을 염두에 두고 있는
것으로 보인다.

**2** 앞의 두 가지는 순전히 곡예나 일종의 운동으로 보인다. 문자적으로 '대추야자 나무 세
우기'는 대추야자 나무를 오르는 사람처럼 오르막 나무를 세우고 손과 발로만 장대를
오르는 경기를 의미하는 것으로 보인다. 루키아노스(125~180)의 『쉬리아 여신에 대하
여』(Peritēs Suriēs Theou; De Dea Syria) 29에도 언급되어 있다. 세 번째는 추운 날씨에 알몸
으로 눈 덮인 조상(彫像)을 껴안는 훈련을 말하는 것으로, 이것은 견유철학자인 디오게
네스가 자신을 단련하는 훈련으로 돌려지던 것이다(DL 제6권 23['여름에는 뜨거운 모
래 위에 몸을 굴리는 훈련'], 『엥케이리디온』 제47장["또한 신체적 수고를 견디도록 단

련에 적합하지 않으며, 정해진 일을 해내는 데 알맞은 것이 적합하다. 정해진 일을 해낸다는 것은 어떤 일인가? 욕구할 때나 회피(혐오)할 때에도, 어떤 방해를 받지 않고 행동하는 것이다. 그것은 어떤 것인가? 욕구해도 원하는 것을 얻는 데에 실패하지 않고, 회피해도 회피하고 싶은 것에 빠지지 않는 것이다. 따라서 우리의 훈련도 그러한 목적을 위해 해야만 하는 것이다. 우리의 욕구가 욕구하는 것을 얻는 데 실패하지 않거나, 우리의 혐오가 회피하고자 하는 것에 빠지지 않도록 하는 것은 힘들며 끊임없는 훈련이 없이는 불가능하기 때문에, 너의 훈련이 외부의 것으로, 의지의 영역 바깥에 놓여 있는 것들을 향하도록 허용한다면, 욕구하는 대상을 얻을 수도 없을 것이고, 또한 회피하고자 하는 것을 회피할 수도 없을 것이네. 또한 단지 우리의 의지와 관련 없는 것들에 대해서만 욕구하거나 회피하도록 습관화될 수 있을 정도로 습관의 힘은 강력하기 때문에, 우리는 이 습관에 반대되는 습관을 대립시켜야만 하고, 인상이 우리를 가장 잘 미끄러져 빠져들게 만들기 쉬운 곳에서는, 거기에 대항해 훈련하는 습관을 가져야만 하는 것이다.

4

5

6

'나는 쾌락으로 기울어지는 경향을 갖고 있다. 이런 습관에 대해서, 나는 훈련을 위해 흔들리는 배의 반대 방향으로 정도 이상으로 나를 향하게 할 것이다.[3] 나는 힘든 일을 회피하는 경향을 갖고 있다. 이런 습관

7

---

련하고 있을 때에는 외부의 것을 위해서가 아니라 너 자신을 위해서 하는 것이다. 조상(彫像)을 얼싸안지 말라."] 참조). 에픽테토스는 이러한 훈련 관행을 결합하여 아마도 우스꽝스럽게 보이게 만들 것이다. 남에게 보여 주려는 의도로 억지로 훈련하는 것을 탓하는 것이다.

3   '반대의 방향으로'라는 것은 윤리적 훈련의 방법이다. 이에 대해서는 아리스토텔레스, 『니코마코스 윤리학』 1109b1~7 참조. 아리스토텔레스는 행위와 감정에서 '어떻게 중

에 대하여, 나는 그런 종류의 모든 것으로부터의 회피를 억제하기 위해 나의 인상을 단련하고 훈련할 것이다.' 훈련하는 사람은 어떤 사람인가? 욕구를 억누르는 훈련을 하는 사람이며, 의지의 영역 안에 있는 것들에 관련된 것에 대해서만 자신의 회피를 활용하도록 훈련하는 사람이고, 그리고 숙달하기가 어려운 일들에서 특히 열심히 훈련을 쌓는 사람이다. 따라서 각자는 각기 다른 일들에 관련해서 더욱 열심히 훈련해야만 할 것이다. 그렇다면 여기에 대추야자 나무를 세우거나, 가죽 천막을 치거나, 절구와 절굿공이를 들고 다니는 것은 무엇 때문인가?[4] 인간아, 네가 성마르기 쉬운 사람이라면 욕을 먹어도 참을 수 있고, 모욕을 당할 때도 기분을 상하지 않도록 너 자신을 훈련하도록 하라. 그러면 설령 누군가가 너를 때리더라도 스스로 자신을 향해 '조상을 품고 있다고 상상해 보라'라고 자신에게 말할 정도까지 너는 진보할 것이네.

다음으로, 자신을 훈련해서 술(포도주)을 적당히 마시도록 하되, 많은 양을 마시면 안 된다.—이에 대해서도 서투르게 연습하는 사람들이 있기 때문인데—오히려 처음에는 술을 가까이하지 않도록 하는 것이 좋다. 그리고 나서 예쁜 소녀도 또 달달한 과자도 삼가는 것이 좋다. 그런 다음 어느 날인가에 좋은 기회가 주어진다면 인상이 이전에 그랬던

용을 맞출 것인가'를 배움의 방법으로 사용되고 있다.

4   '가죽 텐트', '절구'와 '절굿공이'에 대해서는 자세한 내용은 알 수 없으나 마찬가지로 신체를 단련하기 위한 도구에 대한 언급으로 보인다. 일반적으로 견유주의자들은 이곳 저곳을 돌아다니면서 '단순한 생활 방식'에 필요한 몇 가지 물품을 가지고 다녔다. 여기에 언급된 항목은 이러한 목적을 위해서는 과도한 면이 있다. 여기서 에픽테토스는 견유학파의 생활 방식을 패러디하고 있는 것 같다. 제3권 제20장 10절에서도 '절굿공이'(huperos)가 운동 훈련에 사용되지만 여기서 그것이 의미하는 바는 분명하지 않다.

것처럼 여전히 너를 이길지 알기 위해 너 자신을 음미해 보는 것이다. 처음에는 너보다 강한 것에서 멀리 벗어나는 것이 좋다. 이제 막 철학을 12 시작하는 젊은 사람에게는 아름다운 젊은 소녀와는 어울리지 않는 싸움이 된다. 사람들이 말하는 바처럼, '흙항아리와 돌항아리는 어울리지 않는 법이다'[5]라는 것은 바로 이 말이다.

욕망과 회피 다음에는 행위하거나 행위하지 않는 동기(즉 충동과 반 13 발)에 관한 두 번째 영역[6]이 있다. 그것은 이성에 잘 따르기 위해서이며, 적절한 시기, 적절한 장소, 다른 그와 같은 적절한 경우를 놓쳐 행동하는 일이 없도록 하기 위함이다.

세 번째 영역은 승인(동의)에 관한 것으로, 그럴듯하고 사람을 끌어 14 들이는 것에 관한 것이네. 소크라테스가 음미되지 않은 삶(anexetaston 15 bion)을 살아서는 안 된다고 말하곤 했던 것처럼,[7] 우리는 음미되지 않은 어떤 인상도 받아들여서는 안 되며, 그것에 대해 '잠시만 기다려, 네가 누구인지 또 어디에서 왔는지 나에게 보여라'[8]라고 말해야만 한다.──야간 파수꾼들이 '당신의 식별 표시[9]'를 나에게 보여라'라고 말하

<hr />

5  바브리오스(Babrios, 혹은 Gabrias A.D. 2세기경)는 헬라스의 우화 수집가이다. 이것들 대부분은 아이소포스(이솝) 우화로 알려져 있다. 『이솝풍의 우화집』 193(Crusius)에 수록되어 있다. 그곳에서는 '흙 항아리'와 '청동 항아리'로 되어 있는데, 흙 항아리는 청동 항아리와 부딪치면 부서지는 것처럼 약자는 강자에 의해 그 생활이 파괴되는 것으로 비유되고 있다. 여기도 이와 같은 종류의 속담적 표현으로 보인다.

6  철학의 영역의 구분에 대해서는 제3권 제2장 1절 아래 참조. 여기서는 철학의 영역 대신에 '훈련'을 위한 3개 영역(토포스)에 대해 논의되고 있다.

7  플라톤, 『변명』 38a. 제1권 제26장 18절, 제3권 제2장 5절 참조.

8  제2권 제18장 24절 참조.

9  '사각형 패'(sunthēmata, 라틴어 tessera)로 진영에서의 지령 전달이나 야경(夜警)에서

는 것과 마찬가지로.──'받아들일 수 있는 모든 인상이 반드시 가져야만 하는 자연 본성으로부터의 그 표식을 너는 가지고 있는가?'라고 그 인상에게 물어야 한다.[10]

16    그리고 결론적으로, 인상에 대해 훈련을 하는 사람들이 신체에 적용하는 모든 관행이 욕망과 회피로 어떤 식으로든 쏠려 있다면, 그것들도 훈련에 도움이 될 수 있을 것이다. 그러나 그것이 단지 겉치레만을 위해서라면, 마음이 밖을 향해 엉뚱한 것을 쫓아다니거나, '오, 이 얼마나 위대한 사람인가!'라고 외쳐 줄 구경꾼을 찾는 사람과 다를 바가 없는

17    것이다. 그래서 아폴로니오스[11]가 '네가 자신을 위해 훈련하려고 할 때는 무더운 날씨로 목이 마르면 찬물을 입에 머금었다가, 다시 뱉으면 될 뿐, 그것을 아무에게도 말하지 않는 것이 좋다'라고 말한 것은 아주 옳은 말이다.

---

의 순찰 확인 등에 사용되었다(폴뤼비오스, 『역사』 제6권 36 참조).

10  이 대목은 인상의 올바른 사용에 대한 언급이다.

11  신(新)퓌타고라스학파인 튀아나(아나톨리아의 카파도키아) 출신의 아폴로니오스(A.D. 1세기)일 것으로 보이나 정확한 것은 아니다.

# 제13장

# 고독이란 무엇이며, 어떤 사람이 고독한 사람인가?[1]

고독은 의지할 것이 없는 사람의 마음 상태를 말한다. 그것은 사람이 혼                    1
자 있다고 해서 곧바로 고독한 것이 아닌 것처럼 여러 사람 사이에 있다
고 해서 고독하지 않다고 말할 수 없는 것과 마찬가지이기 때문이다. 어                    2
쨌든 우리와 함께 살던 형제나 아들, 신뢰하던 친구를 잃었을 경우, 비
록 로마에 있고, 많은 군중을 만나고, 많은 사람과 함께 집에 살고 있거
나, 때로는 많은 노예를 소유하고 있더라도, 우리는 외톨이로 남겨졌다
고 말하는 경우가 흔하다. 즉 고독한 사람은 그 말의 의미에 따르면 의
지할 것이 없어서 자신에게 해를 끼치려는 사람들에게 노출된 사람이
기 때문이다. 그래서 여행을 하고 있다가 도적의 손에 떨어졌을 때, 특                    3
히 자신이 외로움을 느낀다고 말한다. 왜냐하면 고독한 마음이 사라지
는 것은 단지 사람의 시각에 머물러 있기 때문이 아니라, 신뢰할 수 있

---

1  에픽테토스는 스토아학파의 원리가 우리에게 자기 충족적이도록 가르치면서(6~7절),
   죽음을 포함하여 우리에게 일어날 수 있는 모든 일을 수용하기 때문에(14~17절), 고독
   과 절망감을 피할 수 있는 유일한 안전한 기반을 제공한다고 주장한다. 그는 우리가 죽
   을 때 해체되는 물질적 요소들로 구성되어 있다는 표준적인 스토아학파의 견해를 가정
   하고 있다.

4 고, 겸손하고, 도움이 되는 사람의 시각에 머물러 있기 때문이다. 외톨
이가 되는 것이 외롭기 위한 충분한 조건이라면, 제우스도 우주의 대화
재 시대에는 외롭고 스스로에게 탄식한다고 말해야만 할 것이다.[2] '나
는 얼마나 비참한가, 헤라도, 아테나도, 아폴론도 없으며, 한마디로 형
5 제도, 아들도, 손자도, 다른 어떤 친척도 없어졌구나.'[3] 실제로 제우스가
우주 연소로 혼자 있게 되었을 때 이렇게 슬퍼한다고 말하는 사람들이
있다. 이는 우리가 자연 본성적으로 사회적이며, 서로 우호적이고, 사람
들과 교제하기를 좋아하는 것이라는 자연적인 원칙에서 출발하기 위
6 해, 어떻게 홀로 외로운 삶을 사는 것을 이해하지 못하기 때문이다. 그
러나 우리는 이에 대해 조금도 뒤떨어지지 않고 스스로 자신에게 만족
할 수 있고, 스스로 자신과 어울릴 수 있도록 준비해야만 하는 것이네.
7 마치 제우스가 자신과 함께 살고, 자신에게 있어 평화롭게 지낼 때조차
도, 그 자신의 지배 본질이 어떤 것인지를 생각하고, 자신에게 어울리는
계획을 세우는 것처럼,[4] 우리 또한 스스로 자신과 대화할 수 있어야 하

---

2 제우스는 스토아학파 이론에서 우주에서의 능동적 원리(프네우마, 또는 불 같은 공
기)와 동일시되었다. 우주는 다른 모든 요소가 불같은 공기로 바뀔 때 주기적인 대화
재(ekpurōsis)를 겪는다(LS 46~7). 엑크퓌로시스는 스토아 사상에서 세계는 불에서
활동을 시작하여 마지막으로 만물을 다 태우는 대화재에 의해 소멸되고 불로 돌아가
며, 주기적으로 이를 영원히 반복하는 것을 말한다(*SVF* 제1권 pp. 107~109, 제2권 pp.
596~632 참조).

3 헬라스 신화에서 헤라는 제우스의 아내이고, 아테나와 아폴론은 그의 자식들이다. 제
3권 제13장 7절에서 제우스는 신과 신적 질서의 구체화(LS 54)로서 인간의 합리성과
자급 충족의 모델로 받아들여진다.

4 아리스토텔레스의 최고의 행복으로서 신적인 삶인 '관조적 삶'을 떠올리게 하는 대목
이다. 『니코마코스 윤리학』 제10권 제7장 참조.

며, 남을 필요로 하지 않으며, 삶을 살아나가는 데 어려움을 겪지 않도록 해야만 하는 것이다. 우리는 신적 통치 질서와 자신과 다른 것들과의 관계의 본질에 대해 반성하고, 지금까지 자신에게 일어난 일에 대해 어떤 태도를 취했으며, 현재는 어떤 태도를 취하고 있는지, 또 우리 자신을 괴롭히는 것이 무엇이며, 어떻게 하면 이것들에 대해서도 치유받을 수 있는지, 어떻게 하면 제거될 수 있는지를 생각하고, 이것들 중에서 완성되어야 할 일이 있다면 그것들에 내재된 이성의 원리에 따라 완성해야만 한다. [8]

이제 보라, 카이사르가 우리에게 큰 화평을 가져다준 것처럼 보인다![5] 더 이상의 전쟁도 없고, 전투도, 큰 규모의 도적단도, 해적단도 없어져서, 어떤 계절이든 육로로 여행이 가능하며, 해가 뜨는 곳으로부터 해가 지는 곳까지 항해도 가능하다. 하지만 카이사르가 또한 열병과 난파로부터, 대화재와 지진, 번개로부터 우리에게 평화를 가져다줄 수 있을 것인가? 자, 그가 우리에게 애욕으로부터 화평을 가져다줄 수 있을 것인가? 그는 할 수 없네. 슬픔으로부터? 할 수 없네. 시기심으로부터? 할 수 없네. 요컨대 이러한 것들 중 어느 것도 할 수 없네, 절대로. 그러나 철학자들의 가르침은 앞으로도 그러한 모든 것들로부터 우리에게 화평을 가져다줄 것을 약속하고 있다. 그렇다면 어떤 말을 하는가? '인간들아, 너희들이 만일 내 말에 귀를 기울인다면 어디에 있든지, 무 [9] [10] [11]

---

5 최초의 로마 황제인 아우구스투스는 로마 제국 전체에 평화를 가져왔다고 주장했으며, 이것은 에픽테토스가 여기에서 언급한 후기 황제들의 염원(때로는 성취됨)이었다. 트리아누스 황제는 다키아 전쟁(101~102년, 105~106년) 후에 로마의 판도를 넓혀 평화를 실현하였다.

엇을 하든지, 고통도, 분노도 느끼지 않을 것이네. 아무런 강제나 방해를 받지 않을 것이네. 감정에 흔들리지 않고, 모든 것에서 자유로워져서 화평하게 살 수 있을 것이네.' 누군가가 그에게, 이 평화는 카이사르에 의해 선포된 것이 아니라,──어떻게 카이사르가 그렇게 할 수 있겠는가──오히려 신에 의해 이성을 통해 선포된 것이지만, 사람이 만일 이 것을 얻게 되면 비록 홀로 있을 때에도 만족스럽지 않겠는가? 그 사람은 스스로를 되돌아보면서 다음과 같이 생각하기 때문이다.

'이제 나에게는 어떤 나쁜 일도 일어날 수 없습니다. 나에게는 강도나 지진도 있을 수 없으며, 모든 것이 화평으로, 평정으로 가득 차 있습니다. 모든 길이, 모든 도시가, 모든 동료 여행자, 이웃, 동료가 아무런 해가 없습니다. 그 돌봄을 맡고 있는 다른 이(신)⁶는 나에게 음식을 주셨고, 다른 신은 의복을 주셨으며, 다른 사람은 나에게 감각과 선개념을 주셨습니다. 그가 더 이상 필요한 것을 주지 못할 때는 권할 만한 것을 보여 주고, 그는 문을 열어 놓고 "오라!"고 너에게 알린다네. 어디로? 조금도 무서운 곳이 아니라, 네가 온 그곳으로, 너에게 친근하고 동족적인 것, 즉 기본 요소 안으로 가는 것이네.⁷ 너희 중에 불이었던 것은 불로, 흙이었던 것은 흙으로, 공기이었던 것은 공기로, 물이었던 것은 물로 돌아가는 것이네. 거기에는 하데스도 없고, 아케론 강도 없으며, 코큐토스 강도, 퓌리프레게톤 강도 없다네. 오히려 모든 것이 신들과 신령(다이몬)으로 가득 차 있네.'⁸

---

6  allos(다른 이)는 신에 대한 존경의 표현이다(제3권 제1장 43절 참조)

7  죽음을 말한다.

8  에피쿠로스학파와 마찬가지로, 스토아학파는 여기에 인용된 이름과 관련된 저승 세계

이런 것을 묵상하고, 바다와 달과 별을 바라보며 그리고 육지와 바다 <sup>16</sup>를 즐기는 사람은 조금도 외롭지 않고 의지할 것이 없는 것도 아닌 것이네. '그럼, 나 혼자 있을 때 누군가가 날 습격해서 죽이면 어떡하지요?' <sup>17</sup>아니, 이런 바보 같으니라고, 그자는 네가 아니라 너의 보잘것없는 몸을 죽이는 것이네.

그러면 아직도 어떤 고독이 남아 있으며, 어떤 곤란한 일이 남아 있 <sup>18</sup>겠는가? 왜 우리는 자신을 어린아이보다 못한 것으로 만드는가? 아이는 외톨이로 남겨졌을 때 무엇을 하는가? 도자기 파편과 나무 재를 모아 그것들로 무엇인가를 만들고, 그것을 다시 부수고 또 다른 것을 만든다네. 이런 식으로 그들은 시간을 보내는 데 결코 곤란할 일이 없는 것이네. 너희들이 항해를 떠나면 주저앉아서, 홀로 남았고 그런 식으로 외 <sup>19</sup>로워졌다고 해서 내가 울어야 하는 것일까? 나에게는 도자기 파편도 재도 없는 것일까? 아이들이 그런 놀이를 하는 것은 어리석은 탓이고, 우리가 불행한 것은 지혜 때문일까?

〈지하 세계〉에 대한 전통적인 믿음을 받아들이지 않았다. *SVF* 제1권 pp. 152~171, 제2권 pp. 1008~1105 참조. 스토아학파는 우주 전체가 신적 행위와 섭리로 가득 차 있다고 생각했다(LS 46, 54). "우주는 살아 있으며, 다이몬으로 충만해 있다."(DL 제1권 27, 탈레스) 스토아학파에서 다이몬은 몸에서 떨어져 나온 혼을 말하며, 좋은 혼은 좋은 다이몬으로, 나쁜 혼은 나쁜 다이몬이 된다고 여겼다(*SVF* 제2권 p. 1101) 하데스는 죽은 자의 혼이 가는 저승 세계를 가리킨다. 다음에 언급되는 세 개는 함께 저승을 흐르는 강이다. 아케론(슬픔) 강은 에페이로스 지방을 흐르는 강인데, 황천의 나라로 통한다고 믿어져 저승의 강 이름이 되었다. 코큐토스 강도 아케론 강의 지류로서 실제로 있지만, '코큐토스'(탄식)의 의미에서 저승의 강이 되었다. 퓌리프레게톤 강(혹은 퓌레게톤 강)은 '불길에 타오르는 강'을 의미한다. 이 밖에도 스튁스 강, 레테 강(망각의 강)을 더해져서 다섯 개의 강이 지승에 있다고 믿었다.

큰 힘은 모두 초보자에게는 위험한 것이다.[9] 그러므로 이런 것들은 자신의 능력에 따라서 되도록이면 참도록 하되, 자연 본성에 따라서 […][10] [어떤 행동은 건강한 사람에게 적절할 수 있지만,] 폐병에 걸리면 그렇게 되지 않는 것이네. 너희는 언젠가 건강한 생활을 할 수 있도록, 때로는 병든 사람으로 살도록 노력해야만 하는 것이네. 식사를 거부하고, 물만을 마시도록 하게. 언젠가는 이성에 맞는 욕구가 생길 수 있도록, 때로는 모든 일에서 욕구를 자제하도록 하게. 그러나 이성에 맞는 방식으로 네가 그렇게 한다면, 너희 자신 속에 좋은 것이 있을 때 너의 욕구는 훌륭하게 욕구하고 있는 것이네.

20
21

그런데 그렇지 않고, 우리는 당장에 지혜로운 사람과 같은 삶을 원하고, 다른 사람들에게 유익을 베풀려고 하네. 어떤 이익인가? 너는 무엇을 하고 있는가? 자신에게 유익을 베푼 적이 있는가. 아니, 너는 다른 사람들을 진보시키려고 하는가. 왜, 자신을 진보시킨[11] 적이 있는가? 너는 그들에게 유익함을 베풀기를 원하는가? 너는 너 자신의 예를 통해 철학이 어떤 인간을 만드는지를 그 사람들에게 보여 주어야만 하네. 그리고 헛소리를 멈춰라! 먹을 때는 같이 먹는 사람에게 유익함을 줘라. 마실 때는 함께 마시는 사람에게 유익함을 줘라. 그리고 모두에게 양보하고, 복종하며, 참음으로써, 그런 식으로 남들에게 유익함을 주라. 자신의 침

22
23

---

9   내용상 앞서 이어지지 않는 아래 단락의 나머지 부분의 담화는 제3권 제13장에 첨부되어 있는 별도 담화로 보인다. 아마 다른 담론이 여기에 섞여 들어 갔을 것이다.

10   전승된 사본에 탈문이 있었던 것으로 생각된다.

11   '진보시키다'('좋음 삶으로 이끌다')로 옮긴 원어는 protetrepsai이다.

을 그들에게 날려 보내서는 안 된다!¹²

# 제14장

# 약간의 잡담들[1]

1 　서문[2] 비극 합창단 배우가 혼자 제대로 노래하지 못하고, 여러 사람과
2 함께 노래하듯이, 혼자서 걸을 수 없는 사람들도 있다. 인간아, 네가 한
인간이라면, 혼자 걷고, 자신과 이야기하고, 코로스 안에 숨지 않도록
3 하라. 네가 어떤 사람인지 알 수 있도록, 때때로 스스로를 놀림을 받거
나, 빤히 쳐다보기도 하고, 흔들려 보는 것이 좋을 것이다.

4 　　사람들이 물만을 마시거나 다른 훈련을 하고 있을 때, 온갖 기회를
포착해 모두에게 '나는 물 외에는 아무것도 마시지 않는다'라고 말한
5 다.[3] 왜, 너는 물을 마실 목적으로만 물을 마시는가? 인간아, 물을 마시

---

1　이 담화에는 에픽테토스의 전형적인 논의 주제에 대한 언급들의 모음이 실려 있다.

2　볼프 이래로 kakoi로 읽어 왔다. 어떤 사본은 kaloi(우수한)로 읽기도 한다(Loeb 판,
　Oldfather 참조). 올드파더는 아리스토텔레스의 정치학 제3권 제13장 1084b11~13("마
　찬가지로 코로스 장[長]은 전체 코로스보다 더 크고 더 아름다운 목소리를 가는 자를
　합창단에 참여하는 것을 허용하지 않을 것이다.")을 들어 합창단의 효과를 위해서 뛰어
　난 솔로 보이스를 사용하지 않았다는 점을 지적하고 있다(p. 96).

3　철학자는 종종 훈련을 위해 물만 마시는 생활을 했다. 여기서는 자못 자신이 철학자인
　것처럼 보이게 하는 잘못을 말하고 있다.

는 것이 너에게 유익한 것이라면, 마시는 것이 좋은 것이네. 그렇지 않으면 이상한 짓을 하고 있는 셈이다. 그러나 만일 너에게 유익하기 때문에 물만을 마시는 것이라면, 그런 사람들을 불쾌하게 생각하는 사람들에게는 잠자코 있어야 하는 것이다. 뭐라고? 자네는 바로 그런 사람들을 기쁘게 하고 싶은 것인가?[4]

행위들 가운데, 어떤 것은 우선적으로, 어떤 것은 그 상황을 위해서, 어떤 것은 실제적 업무를 위해서, 어떤 것은 다른 사람에 부응하기 위해서, 혹은 어떤 것은 제도에 따라서 행해진다.

인간에게서 뿌리 뽑아내야 할 두 가지 것이 있다. 바로 자만심과 불신이다. 자만심은 필요한 것이 아무것도 없다고 생각하는 것이다. 불신(자신감의 결여)은 이렇게 어려운 상황에서는 일이 잘 풀리기가 불가능하다고 생각하는 것이다. 그런데 자만심을 제거하는 것은 '논박'(엘렝코스)이며, 소크라테스가 이것의 제일인자였네. […][5] 그러나 이런 일이 불가능하지 않다는 것을 고찰하고 탐구하도록 하라. 이러한 탐구는 너에게 아무런 상처도 주지 않을 것이네. 대체로 철학을 한다는 것은 이것인데, 즉 방해받지 않고, 어떤 식으로 욕구와 회피를 할 수 있는지를 탐구하는 것이다.

6

7

8

9

10

---

4  즉, 물만 마시는 것은 자신을 기쁘게 하기 위한 것이며, 다른 사람들에게 깊은 인상을 주기 위한 것이 아니다. 특히 물을 마시는 것을 싫어하는 사람들에게 깊은 인상을 주려는 것이 아니다(W. A. Oldfather, p. 97)

5  탈문(lacuna)이 있는 것으로 보인다(Reiske). 자만심을 없애기 위해 고안된 소크라테스식 논박(엘렝코스)에 대해서는 플라톤, 『뤼시스』 210e, 『소피스테스』 230a~d 참조. 아마도 생략된 부분에는 플라톤의 대화편에 관한 에픽테토스의 주석이 있었을 것으로 추정된다.

'내가 너보다 우월한 것은, 내 아버지가 호민관[6]이니까.'[7] 다른 사람은 '나는 호민관인데, 너는 그렇지 않다'라고 말한다. 만일 우리가 말(馬)이라면, '내 아버지가 더 빨랐다'라거나, '나에게는 보리와 건초가 많이 있다'라거나 또는 '나는 예쁜 [말 장식을 위한] 목줄을 하고 있다'라고 말할 수 있을 것이다. 네가 이런 식으로 말했을 때, 내가 '뭐, 그건

그렇고, 한 번 달려 보자'라고 대답했다면 어떻게 하겠는가? 자, 생각해 보게. 말의 경주에서 어느 말이 나쁜 말인지 좋은 말인지를 그것으로 판별할 수 있는 그러한 것이 인간의 경우에는 없는 것일까? 명예, 성실

함, 정의와 같은 것이, 그것이 아닌가? 네가 인간으로서 우월하기 위해 이러한 것들에서 우월하다는 것을 보여 주도록 하라. 하지만 네가 '나는 강력한 발차기를 할 수 있다'[8]라고 말하면, 내 편에서는 '당나귀가 할 수 있는 일에 대해 자랑하고 있는 거야'라고 대답할 것이다.

---

6  호민관(hupatikos, tribunus plebis)은 평민을 보호할 목적으로 창설된 로마의 공직으로 원로원 결정에 대한 거부권을 갖는 힘을 가지고 있었다.

7  이러한 예를 들고 있는 『엥케이리디온』 제44장, 『단편』 18 참조.

8  발길질은 권투와 레슬링을 결합한 판크라티온 선수들이 사용하는 기술 중 하나였다.

제15장

# 무슨 일이든 신중하게 행해야 할 일[1]

어떤 일이든, 그에 앞서 있을 것과 나중에 일어날 일을 생각하고 나서,   1
그것에 종사하는 것이 좋다. 그렇지 않으면 뒤따라 일어날 일에 대해 아
무 생각도 하지 않았기 때문에, 처음에는 열정적으로 하다가도, 나중에
뭔가 어려운 일이 생겨나면 추태를 부리면서 그곳을 떠나게 될 것이다.

'저는 올륌피아 경기에서 우승하고 싶어요.' 하지만 그에 앞선 사항   2
과 그 후에 따라 나오는 결과를 생각해서 그렇게 한 다음에, 그것이 너
에게 어떤 유익이 된다면 그 일에 손을 대는 것이 좋을 것이다. 너는 질   3
서를 지키고, 식이요법에 따라 과자 먹는 것을 삼가야 하며, 강제적으로
무더위에도 혹한에도 정해진 시각에 맞춰 엄격하게 몸을 단련하고, 찬
물을 마시지 않으며, 어쩌다 마실 기회가 있더라도 포도주를 마셔서는

---

1   '먼저 오는 것과 그것에 따르는 것을 생각하라'는 이 담화의 주제를 논의하는 『엥케이
리디온』 제29장 참조. 이 담화는 내용 면에서는 『엥케이리디온』 제29장과 얼추 비슷하
다. 에픽테토스는 스토아학파가 되기 위해 필요한 '훈련'을 올륌피아 경기에서 승리를
목표로 삼는 데에 필요한 한결같고 엄격한 준비와 비교하고 있다. 이 주제에 대해서는
제3권 제25장 1~5절 참조. A. A. Long, pp. 107~112 참조.

안 되는 것이다.[2] 요컨대 의사에게 몸을 맡기듯이 너 자신을 훈련 교관에게 맡겨야만 하는 것이다. 그런 다음, 경기에 출전하게 되면 서로 맞대고 손을 파고들기 시작해야 하고,[3] 때로는 손목이 탈구되거나 복사뼈를 삐거나, 많은 양의 모래를 들이마시거나[4] 얻어맞아, 끝내는 패배하기도 할 것이네! 이것들을 잘 따져 본 후에도, 그래도 네가 여전히 원한다면 운동선수가 되는 일에 착수할 수 있을 것이다. 그렇지 않으면 너는 아이들로 되돌아가 어떤 때는 레슬링 선수로 놀다가, 어느 때는 검투사로 놀다가, 다른 때는 트럼펫을 불기도 하고, 그런 다음에는 이전에 보았고 감탄했던 장면을 놀이하는 비극의 연극 놀이를 할 것이다. 이와 마찬가지로 너도 어떤 때는 운동선수가 되고, 또 한때는 검투사가 되고, 심지어 철학자로, 심지어 연설가가 될 때도 있지만, 진심으로는 아무것도 되지 않을 것이다. 오히려 마치 원숭이처럼 눈에 보이는 것은 무엇이든지 흉내 내며, 늘 차례차례로 여러 가지 것들이 네 마음을 사로잡을 수 있지만, 그것에 익숙해지는 즉시 익숙한 것들은 너를 즐겁게 하지 못할 것이다. 왜냐하면 곰곰이 생각해 보고, 모든 사항 전체를 조사하고, 음미한 후에 착수하는 것이 아니라, 되는대로 쉽게 깨지기 쉬운 마음으

---

2 같은 내용과 충고를 주고 있는 『엥케이리디온』 제29장 2.5 참조.

3 원어인 parorusseshai는 '서로 판다'는 의미이다. 판크라티온 경기에서 서로 집어 던지기 위해서 어깻죽지를 파고드는 것을 말하는 듯하다. 판크라티온 경기 때 엄지손가락으로 상대를 찌르는 것을 말하는 것으로 여겨진다("사람을 팔꿈치로 찌르거나 다리로 차거나 하며 경쟁하는데"[DL 제6권 27 참조]). 다만 상대의 눈을 파는 것은 금지된 행위였다. 시합 전에 몸에 진흙이나 모래를 칠하는 것이라는 해석도 있지만(W. A. Oldfather, p. 100), 이 해석은 받아들이지 않는다.

4 경기자가 서로를 잡기 쉽게 몸에 뿌리는 모래.

로 그렇게 하기 때문이다.

그래서 어떤 사람들이 철학자를 보았고, 에우프라스테스[5]처럼 말하    8
는 것을 들으면—하지만 누가 그와 같이 말할 수 있겠는가?—스스로
도 철학을 해야겠다는 생각이 드는 것이다. 인간아, 먼저 네가 착수하려    9
고 하는 일이 어떤 것인지를 잘 생각하고, 그런 다음 네가 그 일을 감당
할 수 있을지 자신의 소질을 살펴보도록 하는 것이다. 레슬링 선수가 되
고 싶다면, 자신의 어깨나 허벅지나 허리를 살펴보는 것이 좋다. 사람들    10
각자는 자연 본성상 서로 다른 일에 적합하도록 타고나는 법이다.[6] 너
는 지금처럼 행동하면서도 철학자가 될 수 있다고 생각하는가? 남들처
럼 똑같이 먹고, 똑같이 마시고, 똑같이 화를 내고, 똑같이 짜증을 내도
된다고 생각하는가? 오히려 잠을 자지 않고 지내야 할 것이고, 뼈를 깎    11
는 노력을 기울이고, 욕망을 이겨 내고, 집안사람들로부터 떨어져, 노예
의 자식들에게 멸시를 당하고, 너를 만난 사람들에게서 비웃음을 받고,
관직, 명예와 법정 등 모든 것에서 더 멀어져야만 한다.

이 모든 것들을 깊이 곰곰이 생각한 후, 만일 그것으로 적합하다고    12
결정을 내리고, 이런 것들을 기꺼이 버리는 대가로 사물에 동요하지 않
는 마음(아파테이아), 자유, 마음의 평정을 얻고 싶다면 철학으로 접근

---

5  에우프라테스는 무소니우스 루푸스가 가르쳤을 가능성이 있는 기원후 1세기의 유명한
   스토아 철학 선생이었다고 하며, 신퓌타고라스주의자인 튀아나(Tuana) 출신의 아폴로
   니오스(Apollonios)의 혹독한 비평가였다고 한다. 그의 연설의 일부가 제4권 제8장의
   17~20절에 나온다.『엥케이리디온』제29장 4는 사본마다 Euphratēs 대신에 eu Sōkratēs
   로 나오기도 한다.

6  『엥케이리디온』제29장 5 참조("인간아(친구야), 먼저 그 일이 어떤 것인지를 살펴보
   라. […] 사람은 각자 본성상 서로 다른 일에 적합하도록 타고나기 때문이나.")

하는 것이 좋네. 그렇지 않으면 가까이 가지 말라. 어린아이처럼 지금은 철학자이지만, 나중에는 세리(稅吏)로, 그다음은 연설가로, 또 그다음에는 카이사르의 임명한 태수가 되고 싶어 해서는 안 된다. 이것들을 혼자서 겸할 수는 없다. 너는 좋은 사람이든 나쁜 사람이든, 한 인간이어야 한다. 너 자신의 지도적 중심 부분이나 외적인 것들 중 하나를 완성하도록 전심전력을 기울여야 한다. 내적인 것에 힘쓰든지, 외적인 것에 힘쓰든지, 즉 너는 철학자이든지 일반인이든지, 어느 한쪽의 입장을 취할 수밖에 없다.[7]

14 갈바[8]가 살해당했을 때, 누군가가 루푸스[9]에게 '지금 우주가 섭리 아래 지배되고 있습니까?'라고 묻자, 루푸스는 이렇게 대답했네, '지나가는 말로든, 내가 갈바를 예를 들어 우주가 섭리의 의해 지배되고 있음을 증명하는 일은 없겠지?'

---

7 철학자가 되는 조건으로 철학자가 될 '성향'을 강조하며, 보통 사람(idiotēs)의 주눅 들린 마음의 상태를 벗어나라고 지적하고 있다.

8 갈바(Servius Sulpicius Galba)는 네로가 자살한 후, 황제로 즉위했으나 불과 몇 달 만에 서기 69년 1월('네 황제의 기간')에 암살되었다. 이 담화의 제목은 본문의 나머지 부분(14절)과 내용상 관련이 없는 것 같다.

9 에픽테토스는 자기의 스승인 무소니우스 루푸스(Musonius Rufus)에게서 지대한 영향을 받았다.

# 제16장

# 사회적 교제는 신중하게 해야 할 것

대화나 연회를 위해, 또는 일반적으로 공동의 삶을 위해 사람들과 상례 1
적으로 교제하는 사람은 자신을 그들과 닮게 하거나, 아니면 다른 사람
을 자신의 생활 방식에 맞게 바꾸거나 둘 중 하나가 될 수밖에 없을 것
이다. 왜냐하면 네가 꺼져 버린 숯이라도 타고 있는 숯 곁에 두면 죽어 2
버린 숯이 타고 있는 숯을 끄거나, 아니면 타고 있는 것이 꺼져 버린 숯
을 태우거나 둘 중의 하나이기 때문이다. 그만큼의 위험이 있으므로, 일 3
반인과 이런 교제를 할 때는 조심하고, 그을음이 묻은 사람과 몸을 맞대
면 자신도 그을음으로 얼룩질 수밖에 없음을 기억해야만 한다. 만일 상 4
대방이 검투사나 말, 또는 운동선수에 대해 이야기하거나, 더 나쁜 것은
인간 자체에 관해 평가하기 시작하면서, '그놈은 나쁘지만, 이놈은 좋
은 놈이야. 이건 잘 됐지만, 저건 형편없었어'라고 말하면, 게다가 비웃
거나 놀림감으로 삼거나, 악의적인 면을 보인다면 너는 어떻게 하겠는
가? 잘 연주하는 사람은 뤼라를 들고 조율이 안 된 현을 건드리면 바로 5
장단이 맞지 않는다는 것을 알아차리고 그 악기를 조율하는데, 너희 중
에 그런 준비 자세가 되어 있는 자가 있을까? 아니면, 소크라테스는 어
떤 힘을 가지고 있었기에 모든 교제에서 함께하는 사람들을 자기 쪽으

로 끌어들일 수 있었을까? 너희들은 어디에 그런 힘이 있느냐? 오히려 너희들은 일반인에게 끌려다니기 마련이다.

그렇다면 왜 일반인이 너희보다 더 힘이 있을까? 그것은 썩어빠진 일이라도 그들은 자신의 판단에 따라 이야기하지만, 너희는 멋진 일이라도 입술에 의해 이야기하기 때문이다. 그래서 그 말은 기운이 빠져 활력도 없으며, 너희들의 권고적 논의나 여기저기서 요란스럽게 떠들어대는 '덕'에 관한 너희들의 가없은 이야기를 들으면 구역질이 나게 되는 것이다. 그리하여 일반인이라도 너희들을 압도하는 것이네. 판단은 어떤 경우에도 힘을 갖는 것이며, 결코 지지 않는 것은 판단이기 때문이다. 그러므로 너희 중에 좋은 생각들이 굳게 자리 잡고 안정되기 위해 필요한 힘을 획득하기 전까지는, 일반인들과의 교제에 신중할 것을 너희들에게 충고하네. 그렇지 않으면, 너희가 학교에서 뭔가를 기록해 놓아도 날마다 햇볕을 쬐는 밀랍처럼 녹아 버리게 될 것이다. 그러니 너희가 밀랍에 쓴 생각을 가지고 있는 한,[1] 햇볕으로부터 멀리 떨어진 곳으로 물러나야 한다. 이런 이유로 철학자들은 우리에게 고향을 떠나라고 충고하는데, 그것은 오래된 습관이 우리를 방해하고, 그와는 다른 습관들이 생겨나기 시작하도록 허락하지 않기 때문이고, 우리를 만난 사람들에게서 '이봐, 이런 자가 철학하고 있네. 전에는 그다지 별 볼 일 없는 인간이었는데'라고 말하는 것을 견딜 수 없기 때문이네. 이와 마찬가지로 의사들도 만성 질환자를 다른 고장으로, 다른 기후로 보내는 것인데, 이 조치는 옳은 것이다. 그리고 너희도 오래된 습관 대신에 다른 새로운

---

[1] 강의 노트는 일반적으로 밀랍을 칠한 서판이 사용되었다.

습관을 들이도록 해서, 자신의 생각을 굳건히 하고, 그 안에서 자신을 단련하도록 하라.

아니, 좀처럼 그렇게 되지 않는다. 오히려 너희들은 여기에서 극장, 검투사 쇼, 체육관,[2] 원형경기장[3]으로 갔다가, 항상 같은 인간인 채로 거기서 이곳으로 돌아왔다가, 다시 이곳에서 저쪽으로 돌아가는 형편이다. 그리고 좋은 습관은 하나도 없으며, 자신에 대해 주의나 관심을 기울이지 않는다. 또, '나에게 나타나는 이러한 인상을 어떻게 다루어야 하는가? 자연 본성에 따르고 있는가, 아니면 거스르고 있는가? 나는 인상들에 어떻게 대답했을까? 내가 해야만 하는 대로 또는 하지 말아야만 하는 대로? 의지의 영역 밖에 있는 것들에 대해서는 그것들이 나와 아무 상관이 없는 것이라고 말해야 할까?'라고 묻는 일도 없는 것이다. 만일 너희가 아직 이런 마음의 상태에 빠지지 않았다면, 지금까지의 습관에서 도망쳐라. 만일 언젠가 어떤 한 인간이 되기 시작한다면, 일반인과의 교제에서 도망쳐라.

14

15

16

---

2 겨울이나 나쁜 날씨에 운동할 수 있는 주랑으로 된 건물의 체육관(xustos).
3 원어는 라틴어의 circus에 해당하는 것으로 타원형의 경주로를 가리키며 전차 경주 등이 행해졌다.

제17장

# 섭리에 대하여[1]

1 네가 섭리에 대해 비난할 때마다 그 일을 잘 생각해야 한다. 그러면 일
어나는 일이 이성에 따른 것임을 알 수 있을 것이다.

2 　'그렇지만 부정의한 사람이 더 이득을 얻어요.'

　어떤 점에서 그런가? 돈에서. 그렇다면 그 점에서 그 사람이 너보다
나은 셈이다. 즉, 남에게 아부를 하고, 부끄러워하지도 않고, 조심스러
3 운 점이다. 거기에 무슨 놀랄 일이 있는가? 하지만 성실이라는 점에서
그 사람이 너보다 더 많은 것을 가지고 있는지, 신중하다는 점에서 더
많은 것을 가지고 있는지를 살펴보는 것이다. 그렇지 않다는 것을 너는
알게 될 것이기 때문에, 오히려 네가 그보다 우월한 곳에서는 네가 더
많이 가지고 있다는 것을 알게 될 것이다.

4 　언젠가 나도 필로스토르고스는 행복한 사람이라고 분개하는 사람에

---

1　에픽테토스는 스토아 철학에서 중요한 주제인 '섭리'(pronoia)에 대해서 자주 언급하고
　있다. 특히 이 장과 같은 제목을 가진 제1권 제6장 및 제1권 제16장, 제2권 제14장 11절
　참조.

게 '너는 술라와 함께 자고 싶은가?'라고 말한 적이 있다.[2] ─'절대로,  5
그럴 날은 오지 않을 거예요'라고 그는 대답했네.─그렇다면 그 사람[3]
이 자신이 파는 것의 대가를 챙겼다면, 왜 너는 분개하는가? 혹은 네가
혐오하는 수단을 통해 부를 얻은 사람을 행복하다고 말하는가? 아니면,
더 나은 자에게 더 나은 것을 준다면, 섭리가 무슨 나쁜 짓을 저지르고
있단 말인가? 아니면, 겸손함이 부보다 나은 것이 아닌가? 그는 동의했
네. 인간아, 네가 더 나은 것을 가지고 있는데, 어찌하여 분개하는가? 그  6
러므로 우월한 사람이 자신이 낫다는 점에서 열등한 사람보다 더 많은
갖는 것이 자연의 법칙임을 항시 기억하고 명심하라. 그러면 너는 결코
다시는 분개하지 않을 것이다.

'그런데 내 아내가 저를 너무 심하게 대합니다.'  7

괜찮네. 만일 누군가가 너에게 무슨 일이냐고 묻는다면, '내 아내가
나에게 심하게 대한다'라고 말하면 되는 것이네.─'다른 것은 없나
요?'─그 이상은 아무것도 없네.

'아버지가 나한테 아무것도 주지 않아요.' [그게 어쨌다는 것인가? 아  8
버지는 나한테 아무것도 주지 않는다고 말할 뿐이네.][4] 너는 자신의 마음

2   특정한 정보가 전해지지 않는 필로스토르고스는 플라비우스 왕조(Flavian dynasty,
     69~96년) 시대에 도미티아누스 황제 밑에서 원로원 의원을 지냈던, 아마도 팔푸리우
     스 술라에 아부하고 동침해서 부(富)를 얻을 준비가 되어 있었던 인물로 보인다(수에
     토니우스[Gaius Suetonius Tranquillus, 69년~130년?)], 『로마황제전』, 『도미티아누스
     전』, 13 참조).
3   즉, 에픽테토스의 대화 상대방이 비난했던 부정의한 인물.
4   이곳에 탈문이 있는 것으로 보인다. 볼프(Wolf)에 따라 'ti esti touto; ho patēr moi ouden
     didōsin'으로 보충해 읽는다.

에 그것이 나쁜 것이라는 것을 더하고, 또한 거기에 거짓말을 더해야만 하는가? 그렇기에 네 마음에서 쫓아내야 하는 것은 가난이 아니라 가난에 대한 너의 판단이다. 그렇게 하면 우리의 삶은 순조롭게 풀리게 될 것이네.[5]

5  즉 행복한 삶을 살게 될 것이다.

제18장

# 소식으로 인해 혼란스럽게 돼서는 안 될 것[1]

뭔가 너의 마음을 혼란스럽게 하는 일이 일어났을 때마다, 네 가까이에 　　1
놓아두어야만 생각[2]은, 그 소식이 의지에 속하는 어떤 것과도 관련되는
것이 아니라는 것이다. 사람들이 네가 잘못 받아들이고 또 그릇된 욕망 　　2
을 갖게 하는 그런 소식을 전할 수 없기 때문이겠는가?—'절대로 그렇
지 않습니다.'—그러나 누군가가 죽었다는 소식을 전할 수도 있을 것
이다. 그런데 그것이 너와 무슨 관계가 있는 것인가? 누군가는 너에 대
해 나쁘게 말한다. 하지만 그게 너하고 무슨 관계가 있는 것인가? 너희 　　3
아버지가 무슨 계획을 준비하고 있다네. 무엇에 대해서인가? 너의 의지
에 대해서는 아니겠지? 어떻게 그럴 수 있겠는가? 오히려 너의 보잘것

---

1 　에픽테토스는 우리가 경험할 수 있는 유일한 해악은 윤리적으로 나쁜 사람이 되는 것
　뿐이라고 강조한다. 이는 외적 상황이 아니라 자신의 의지에 달려 있다. 이 아이디어에
　대해서는 소크라테스가 플라톤에서 제시한 논증에 대해서는 『고르기아스』 472~479
　참조. A. A. Long(2002), pp. 70~74 참조.
2 　즉 원칙(원리). procheiron(손 가까이에 놓아 두다)란 말을 에픽테토스는 이 책에서 자
　주 사용하고 있다. 이 말은 '행위의 원칙'을 말로만 옮는 것이 아니라, 실천적으로 사용
　할 수 있도록 '늘 미음에 준비혜 두어야 한다'는 외미로 사용된다.

없는 몸에 대해, 작은 가엾은 소유물에 대해서이네. 그럼, 너는 안전한 게지. 너에 대해서가 아니니까.

4 　그러나 재판관은 너에게 불경죄를 선고했다네. 소크라테스[3]의 경우에도 재판관들이 바로 그와 동일한 판결을 선고하지 않았을까? 그런 판결을 선고하는 것은 당연히 너의 일이 아니겠지? '물론 아닙니다.'——그렇다면 왜 너는 그런 일에 더 이상 관심을 가지는 것이냐?

5 　너의 아버지에게는 마땅히 해야 할 일이 있고, 그 일을 완수하지 않으면 아버지라는 것을 잃어버리고, 곧 가족에 대한 사랑과 온유함을 잃어버리게 되는 것이다. 그러나 그것 때문에 너는 아버지가 다른 어떤 것이든 잃기를 바라서는 안 된다. 왜냐하면 누군가가 어떤 일로 잘못을 저

6 지르더라도, 다른 일로 해를 입을 일은 결코 없기 때문이다.[4] 게다가 네가 해야 할 일은 확고하고, 신중하며, 격정에 사로잡히지 않고 자신을 변명하는 것이네. 그렇지 않으면 너도 아들이라는 것[5]을 잃고, 겸손과

---

3 　소크라테스는 기원전 399년에 불경죄(더 정확하게는 아테네 폴리스에서 숭배하는 신을 숭배하지 않는다는 것)로 정죄를 받았다(플라톤, 『변명』 참조). 에픽테토스는 정죄가 부당하다고 제안한다. 어쨌든 소크라테스는 그것을 중요하게 생각하지 않았다.

4 　모든 사람은 자신의 좋음과 나쁨에 대해 배타적인 책임을 진다. 왜냐하면 한 사람이 잘못을 저지르고, 다른 무고한 사람이 고통을 겪는 도덕적 질서를 상상하는 것은 불가능하기 때문이다. 제1권 제28장 10절 참조("그러므로 인간에게 그 현재의 인상이 모든 행동의 척도라는——게다가 그것이 잘 형성될 수 있거나 잘못 형성될 수 있는 것인데, 옳은 경우라면 비난의 대상이 아니지만, 잘못되었다면 한 사람은 잘못된 방향으로 접어들고, 또 다른 사람이 그 대가를 치른다는 것은 불가능하기 때문에, 그 사람 자신이 징벌을 받게 된다——이 사실을 명심하는 사람은 누구든지 누구에게나 결코 화를 내지 않고, 결코 욕해대지 않으며, 결코 비난하지 않으며, 결코 미워하지 않고, 또 결코 누구를 기분 상하게 하지도 않을 것이네.").

5 　에픽테토스는 사회적 또는 가족적 역할을 적절하게 수행하는 것은 '덕'에 따라 그렇게

고상한 마음을 잃어버리게 되는 것이다. 그렇다면 어떤가? 재판관 자 <sup>7</sup>
신은 위험에서 면제되고 있을까? 아니네. 그도 똑같은 위험을 감수하
고 있네. 그렇다면 왜 너는 여전히 그가 어떤 판결을 내릴지 두려워하는
것인가? 내 것이 아닌 다른 사람의 악이 자네와 무슨 상관이 있겠나? 너 <sup>8</sup>
의 악이란 잘못된 변명을 하는 것이다. 오직 그 일만을 경계하도록 하
라. 그러나 네가 죄를 선고받느냐 마느냐가 다른 사람의 일이듯이, 따
라서 그것은 다른 사람의 악인 것이네.──'누군가가 당신을 위협하고 <sup>9</sup>
있습니다.'──나를? 아니네. 그럴 일은 없을 것이야.──'당신을 비난하
고 있습니다.'──그 사람이 자신의 일을 어떻게 할지는 스스로 알 것이
네.──'그자가 당신에게 부당하게 정죄하려고 합니다.'──가련한 사람
이네!

하는 것으로 생각한다(제3권 제3장 참조).

# 제19장

# 일반인의 태도와 철학자의 태도는 어떤 것인가

1 　일반인과 철학자의 첫 번째 차이점은, 일반인은 '아, 내가 내 아이 때문에, 내 형제 때문에 얼마나 불행한가, 아버지 때문에 나는 얼마나 불행한가'라고 말하지만, 철학자는 '아, 나는 정말 불행하구나'라고 말해야

2 만 한다면, 잠시 생각한 후에 '나 때문에'라고 덧붙여 말한다. 왜냐하면 의지만이 의지 자신을 방해하고 해치지, 그것을 제외하고 의지와 관계없는 것이 의지를 방해하고 해를 입힌다는 것은 가능하지 않기 때문이

3 다. 그래서 우리가 길을 잘못 들었을 때는 스스로를 탓하고, 우리 자신의 판단 외에는 마음의 불안이나 동요의 원인이 되는 것이 없다는 것을 기억해서, 자신도 의지의 힘에 마음을 기울이도록 한다면, 모든 신들에게 맹세코 너희에게 말하지만, 우리는 진보한 것이다.

4 　그러나 사실상 우리는 처음부터 완전히 다른 길을 걸어왔다. 예를 들면, 우리가 아직 어린아이였을 때 입을 벌리고 걷다가[1] 뭔가에 걸려 넘어지면, 유모는 우리를 꾸짖지 않고 그 돌을 내리치곤 했다. 도대체 돌

---

1　즉 '뜬구름 잡는 공상에 빠져 있는 모습'을 말한다. 엉뚱한 생각을 하며 걷는 아이 모습을 상상하면 된다.

이 무슨 짓을 했단 말인가? 자네 아이의 미련한 행동 때문에 돌이 피했어야 했는가? 또, 우리가 목욕탕에서 돌아왔을 때 먹을 것이 없으면, 아 5 이를 수행하는 하인은 우리의 욕망을 억누르려고 하지 않고, 대신 요리 사를 때릴 것이다. 인간아,[2] 우리는 너를 요리사의 수행인으로 삼은 것이 아니라, 우리 아이들의 수행원으로 삼았으니, 아이를 훈육하고, 아이를 위하는 일을 하면 되는 것이다. 이처럼 우리는 어른이 되어도 어린아 6 이와 같아 보인다. 왜냐하면 음악을 모르는 자는 음악에서 어린아이이고, 읽고 쓰는 법을 모르는 자는 읽고 쓰는 데에서 어린아이이고, 교육이 없는 자는 인생에서 어린아이이기 때문이다.

---

2 노예 신분인 '아이 수행원'(paidagōgos)에게 말을 걸고 있다. 아이를 학교를 데리고 다니면서 돌보며, 아이의 훈육을 맡던 노예이다.

# 제20장

# 모든 외적인 것으로부터 유익한 것을 얻을 수 있는 것[1]

1 지적인 인상[2]과 관련하여, 거의 모든 사람은 좋음과 나쁨이란 우리 자
2 신 안에 있는 것이며, 우리 밖에 있는 것이 아니라고 인정한다. 아무도
'낮이다'라는 명제가 좋다거나 '밤이다'가 나쁘다고 하지 않으며, '3은
3 4이다'라는 명제가 가장 큰 나쁨이라고 말하지도 않는다. 그렇다면, 오
히려 뭐라고 하는가? 지식은 좋음이고, 오류는 나쁨이라는 것이다. 따
라서 거짓 자체에 관해서도 좋음이 성립하는 것이다. 즉 거짓이라는 지
4 식은 좋음인 셈이다. 그러면 인생에서도 마찬가지여야 한다. 즉 건강은
좋음이고, 질병은 나쁨인가? 아니네, 인간아. 그럼 어떤가? 올바르게 사
용하면 건강한 것은 좋은 것이고, 나쁘게 사용하면 건강한 것은 나쁜 것
이다.

---

1 에픽테토스는 좋음과 나쁨이 우리의 의지(또는 우리가 사물을 사용하는 방식)에 달려
있고, 다른 모든 것은 '무관심의 문제'(또는 에픽테토스가 말하는 '외적 사물')라는 스
토아학파의 핵심 주장을 다시 논의하고 있다. LS 58 참조.

2 theōrētikōn phantasiōn은 '실재에 대응하는 인상을 가리키는 것으로 보인다. 스토아학
파는 인상을 두 종류로 나누어 '파악할 수 있는 인상'(실재에 대응하는 인상)과 '그렇지
않은 인상'으로 나눈다(제3권 제8장 참조).

'그러면 병으로부터도 이득을 얻을 수 있을까요?'

신에 맹세코 말하지만, 죽음에서도 이익을 얻을 수 있지 않을까? 그리고 다리가 불편해도,[3] 그렇지 않겠는가? 메노이케우스[4]가 자신의 죽음을 통해 얻은 것은 작은 이익에 불과하다고 생각하는가?

'누구든지 그런 말을 하는 자는 메노이케우스가 얻은 것과 같은 이익을 얻었으면 하는 것입니다!'[5]

이봐, 인간아, 그는 조국을 사랑하고, 원대한 마음을 갖고, 성실하고, 고상한 성격을 가진 사람이 아니었을까? 그리고 만일 그가 살아남아 있었다면 이 모든 것을 잃지 않았을 것인가? 그는 그것들과는 정반대되는 성격을 갖지 않았나? 즉, 비겁하고, 천박하고, 조국을 싫어하며, 자기 목숨에 미련을 갖는 사람의 성격을 취하지 않았겠나? 자, 너는 그가 죽음으로써 얻은 이익이 작았다고 생각하는가? 그렇지 않을 것이네. 오히려 아드메토스[6]의 아버지는 그렇게 천박하고, 비참한 방식으로 살았지만 큰 이득을 얻었을까? 그리고 나중에 그는 어떤 경우든 죽지 않았나?

---

3  에픽테토스가 자신의 '절름발이'를 암시하고 있는지도 모른다. pērōseōs(불구가 되다) 대신에 plērōseōs(충족)으로 읽는 사본도 있다.

4  헬라스 신화에 나오는 메노이케우스는 자신의 도시인 테바이를 구하기 위해 목숨을 바쳤다. 전설상의 테베의 클레온 왕의 아들로 테베 공격하는 7명의 장수가 쳐들어왔을 때 예언자 테일리시아스가 '스파르토이의 후예'(테바이인)인 남자가 희생되지 않는 한, 테베는 패배할 것이라고 말하는 바람에 스스로 성벽에서 몸을 던져 죽었다고 한다.

5  '죽어 버려라'는 비아냥대는 대답으로 보인다.

6  펠라이 폴리스의 창건자 페레스를 말한다. 에우리피데스의 『알케스티스』에서 페레스 자신은 매우 늙었음에도 불구하고, 아들 아드메토스에게 죽음이 가까워졌을 때 아들의 생명을 구하기 위해 아폴론의 신의 신탁을 거부하고 죽기를 거부했다(제2권 제22장 11절 참조). 그래서 아드메토스의 아내 알케스티스가 대신 죽음을 택했다(에우리피데스, 『알케스티스』 참조).

8  신들에게 맹세코 내가 너희에게 이르노니, 모든 것에 놀라지 말라. 무엇보다도 먼저 자신을 사물의 노예로 만드는 것을 그만두라. 그런 다음, 모든 것을 위해 그것들을 주거나 빼앗을 수 있는 사람들의 노예가 되는 것도 그만두라.

9  '그러면 그 모든 것으로부터 이익을 얻을 수 있습니까?'

물론, 모든 것들로부터 이익을 얻을 수 있네.

'당신을 욕하는 사람에게서도요?'

레슬링 선수는 훈련 파트너로부터 어떤 이익을 얻을까? 대단히 큰 이익이다. 그리고 나를 욕하는 사람도 나를 단련시키는 상대가 된다. 즉,

10  내 인내와 화를 내지 않는, 온화한 성격을 단련시켜 주는 것이다. 너는 그렇지 않다고 하지만, 내 목을 잡고 허리나 어깨를 교정해 주는 사람은 나에게 이익을 주고, 레슬링 교사는 나에게 '양손으로 절굿공이[7]를 들라'라고 하고, 그 절굿공이가 무거우면 무거울수록 그만큼 더 많은 이득을 내가 얻게 되는 것이다. 그런데도 누군가가 나에게 성내지 않도록

11  단련해 준다면, 그 사람은 나에게 이득을 주지 않는 것인가? 네가 그렇게 생각하는 것은 다른 사람들에게서 이익을 얻는다는 것을 모르기 때문이다. 옆에 있는 사람이 나쁘다고? 그 사람에게는 그렇더라도 나에게는 좋은 사람이다. 즉, 나의 관대하고 공정한 성격을 단련해 주는 것이다. 아버지가 나쁘다고? 그 사람에게는 그렇더라도 나에게는 좋은 사

12  람이다. 즉, 그것은 헤르메스의 작은 마술 지팡이인 것이다. '네가 원하는 것을 만져 보라.' 그러면 '황금으로 변할 것이다'라는 말이 있네. 아

---

7  제3권 제12장 9절 참조.

니네, 그렇지 않네. 차라리 네가 원하는 것이 무엇이든지 나에게 가져오라. 그러면 나는 그것을 좋은 것으로 만들 것이다. 병을 가져오고, 죽음을 가져오고, 빈곤을 가져오라. 중상을 가져오라, 사형을 가져오라. 헤르메스의 마술 지팡이[8]를 사용하면, 이 모든 것이 유익하게 될 것이다.

'그리고 당신은 죽음을 어떻게 할 것입니까?' 13

그것은 너에게 영예를 안겨 주거나, 스스로 자신의 행위를 통해 자연의 바람(의지)에 따라 인간이란 어떤 것인지를 보여 주기 위한 것 이외의 다른 어떤 것이란 말인가? '그리고 당신은 병을 어떻게 할 것입니 14 까?' 나는 그것의 본성을 보여 주고, 병에 걸려도 나는 그것을 참아 내며, 확고부동하며, 평온함을 유지할 것이고, 의사에게는 아첨하지 않을 것이고, 죽기를 기도하지 않을 것이다. 너는 무엇을 더 요구할 것인가? 15 네가 주는 모든 것을, 나는 축복받은 것으로, 행복한 것으로, 존중해야 하는 것으로, 부러워하는 것으로 만들 것이다.

그런데, 그게 아니라, 넌 '병에 걸리지 않도록 조심하라, 그것은 나쁜 16 것이네'라고 말하네. 그것은 마치 누군가가 '3이 4와 같다는 인상을 갖지 않도록 조심해라, 그건 나쁨이니까'라고 말하는 것과 같은 것이네. 인간아, 왜 나쁜 것이냐? 만일 내가 마땅히 생각해야만 하는 대로 병에 대해 생각한다면, 어떻게 그것이 나를 해칠 수 있겠는가? 오히려 나에

---

8  신들의 전령사 역할을 한 것이 헤르메스이다. 이 신은 자루에 두 마리의 뱀이 감긴 지팡이 소지하고 있었다. 본문에서는 '작은 지팡이'라고 되어 있는데, 일명 kērukeion(라틴어 caduceus)이라고도 하며, 수성(mercury)를 나타내는 천문학적 상징으로도 사용되며, 후기 고대엔 전령사의 (바뀌어 상업 혹은 교역의) 지팡이로 사용되었으나, 후대에는 점성술이나 연금술의 유행 속에서 마법 지팡이의 의미를 나타내게 되었다. 그 뿌리가 메소포타미아와 연결된다는 주장도 있다.

17 게 이익이 주는 것은 아닐까? 그러니까 만일 내가 가난에 대해서, 질병에 대해서, 관직이 없는 것에 대해서 마땅히 생각해야 할 것을 생각하고 있다면, 그것으로 충분하지 않겠는가? 이 모든 것이 나에게 유익한 것이 되지 않겠는가? 그러면 왜 더 이상 외적인 것들에서 내가 좋음과 나쁨을 구해야 하겠는가?

18 그러나 실제로는 어떤가? 이러한 생각들은 여기까지뿐이지,[9] 아무도 그것을 집으로 가져가는 사람은 없다. 집에 돌아오자마자, 자기 노예 소년이나 이웃과 다투고, 우리를 조롱하는 자들과 비웃는 자들과 다투고

19 있는 형편인 것이네. 레스비우스[10]에게는 다행히 그렇다네. 매일같이 나에 대해 아무것도 모른다고 반박하고 있으니까.

---

9 즉, 단지 학교 교실에서뿐.

10 분명히 에픽테토스에 대해 비판하고, 비난하는 자로 생각된다. 강의를 청강하는 사람들에게는 이미 알고 있는 인물인 것 같다. 이 구절 이외에는 아무런 정보가 없다.

제21장

# 경솔하게 철학 강의를 시작하려는 사람들에 대해서[1]

철학 이론을 삼켰을 뿐인 사람들은 곧장 그것을 토해 내려고 하는 것으       1
로, 이는 위병을 앓는 사람이 음식물을 토해 내는 것과 비슷하다. 먼저       2
이것들을 잘 소화하는 것이다. 그렇게 하면 더 이상 토해 '낼 일이 없을
것이다. 그렇지 않으면 정말로 그것들은 토사물이 되어, 불결하고[2] 먹
기에 적합하지 않은 것이 되고 만다. 하지만 그것들(이론들)을 소화했       3
다면, 너 자신의 주도적 중심 부분이 변화한 것을 보여 주도록 하라. 그
것은 마치 운동선수들이 훈련을 거듭하고 음식물을 섭취한 결과인 그
어깨를 보여 주고, 숙련된 장인(匠人)이 배운 결과를 보여 주는 것과 같
은 것이다. 목수가 찾아와서, '목수의 기술에 대해 내가 말하는 것을 들       4

---

1   여기서 다시 에픽테토스는 스토아학파의 교사가 되려면 특별한 타고난 능력(18절),
    준-종교적 헌신(12~16절), 그리고 성격과 삶의 방식에 실질인 변화를 가져오는 종
    류의 지속적인 훈련이 필요하다고 강조한다(3~6절, 8~9절, 22~23절). 즉 제시함(프레
    젠테이션)과 주석의 형태로 다시 '토해 낼 수 있는' 특정 지적 기술과 아이디어를 피상
    적으로 숙달하는 문제가 아니다(1~2절, 10절, 16절, 24절).
2   akatharton 대신에 katharon(S 사본)으로 읽으면, '깨끗한 음식은 그저 토사물이 되어 먹
    기에 석합하지 않는 것이 되는 것이네'라는 의미로 새겨실 수 있다.

으세요'라고 말하지는 않지만, 오히려 그는 집을 짓는 계약을 맺고 실제로 그 집을 짓는 행위를 통해 그 기술을 갖고 있음을 보여 주는 셈이네. 자네도 뭔가 그와 비슷한 종류의 행위를 하도록 하라. 사람답게 먹고, 사람답게 마시고, 옷차림을 가다듬고, 결혼하고, 자녀를 낳고, 시민으로서의 공적인 일을 다하며, 욕을 먹어도 참고, 철이 없는 형제도 견디며, 아버지에게도, 아들에게도, 이웃에게도, 동료 여행자에게도 참아내는 것이다. 네가 실제로 철학자들에게서 무엇인가를 배웠다는 것을 우리가 알 수 있도록 이것들을 보여 주도록 하라.

하지만 너는 그러지 않고, 오히려 '이리 오게, 내가 해석을 말할 테니 들어 보십시오'라고 하는 것이네. 가서, 너와 같이 토할 사람을 찾아라. '자, 저는 다른 누구도 할 수 없는 것처럼 크뤼시포스의 저작에 대해 아무도 미치지 못하는 해석을 해서, 그의 문체를 더할 나위 없이 명료하게 분석하고, 게다가 안티파트로스나 아르케데모스의 풍부한 표현도 덧붙이도록 하겠습니다'라고. 그렇다면 젊은이들이 자신의 조국이나 부모를 떠나는 것은 자네의 하찮은 문체 해석을 들으러 오기 위해서인가? 오히려 집으로 돌아갈 때는 참을성 있고, 협력을 아끼지 않고, 정념에 흐트러지지 않는 평정한 마음을 가진 사람이 되어야 하며, 그러한 일에서 출발하여 일어나는 일을 훌륭하게 견뎌 내고, 그것으로 자신을 꾸밀 수 있는 인생에서 필요한 것을 젊은이들이 구비하기 위한 것이 아니겠는가? 어떻게 자네는 자네 자신도 갖지 못한 것을 그들에게 나누어 줄 수 있겠는가? 그렇다면 자네는 배우기 시작할 때부터 추론이나 전환 논증(다의적 논증)이나 질문을 통해 결론을 도출하는 논의가 어떻게 하면 풀릴지 하는 문제로 시간을 보내는 것 이외의 일을 해 본 적이 있는가?

'하지만 누구는 자기 학교를 가지고 있어요, 저라고 가지지 못할 이

유가 없잖아요?'

노예야, 쓸데없는 소리를 하는군. 학교란 아무렇게나 할 수 있는 것<sup>11</sup>
도, 우연히 할 수 있는 것도 아닌 것이네. 적절한 나이와 어떤 생활 방식
을 따라야 하며, 이를 이끌어 주는 신이 필요한 것이네. 너는 그렇게 생<sup>12</sup>
각하지 않겠지만, 항구에서 출항할 때[3] 먼저 신들에게 희생 제물을 바
치고, 가호(加護)를 빌지 않는 사람은 없으며, 데메테르[4]에게 기도하지
않고, 사람이 밭에 파종하는 일은 없는 것이네. 이토록 큰일에 종사하는
데 신들의 도움 없이 무사히 착수할 수 있겠는가? 그리고 그 교사한테<sup>13</sup>
오는 사람들도 그렇게 잘 지낼 수 있을 것인가? 인간아, 자네는 다음과
같이 말해서, 비의(秘儀)[5]를 더럽히는 것 이외에 다른 무엇을 하고 있단
말인가? '엘레우시스[6]에는 신전(성소)이 있는데, 보라, 여기 학교에도
있네, 저기에는 비의의 해석자(히에로판테스)[7]가 있네. 나도 비의 해석

---

3  apo limenos로 읽는다(Wolf). 사본에는 apo lipomenos(떠남)로 되어 있다(S 사본).

4  곡물과 대지의 생산을 관장하는 여신.

5  다음에 나오는 엘레우시스의 '비의'(mustēria)을 가리킨다.

6  엘레우시스는 아테네 북서쪽 18*km* 정도 떨어져 있으며, 데메테르 숭배의 중심지였던
   이곳엔 제우스와 데메테르의 딸 코레(korē)인, 페르세포네를 모시는 신전이 있어 밀의
   (密儀) 종교인 엘레우시스의 비의가 자리 잡았다. 페르세포네는 그녀의 삼촌인 지하세
   계의 신 하데스에게 납치되어 명계(冥界)의 여왕이 되었다. 입교자는 사후 명복을 약속
   받았기 때문에 헬라스 전역에서 모여들었으며 의식의 내용을 들어서는 안 된다고 여겨
   져 자세한 내용은 알 수 없다.

7  종교 신비에서 숭배를 시작하는 여사제. 따라서 사제는 신성한 비의의 해석자이다.
   hirophantēs는 ta hiera('신성한')와 phainein('보여 주다')이 결합해서 만들어진 말이다.
   '히에로판테스'는 필라이다이 혹은 에우몰피다이 가문이 세습하던 엘레우시스의 최고
   신관직이었다고 한다. 여기에 언급된 이 역할과 다른 역할은 Eleusis(아테네 근처)에서
   옥수수, 농업, 생명의 재생의 여신인 네메테르(Demeter)와 같은 신비 숭배와 연결되어

자를 두어야겠네. 저기에는 전령사[8]가 있네. 여기에도 전령사를 임명하겠네. 저기에는 횃불을 담당하는 사람이 있네.[9] 나도 여기에서 횃불을 담당하는 사람을 하나 둬야겠네. 저기에는 횃불들이 있네. 그렇다면 여기에도 있을 것이네. 말해진 말도 마찬가지이네. 그렇다면 그곳에서 일어나는 일과 여기서 일어나는 일 사이에 무슨 차이가 있단 말인가?' 불경하기 짝이 없는 인간이군. 정말 아무런 차이가 없다고? 장소가 달라도, 시간이 달라도 이러한 조치[10]들이 동일한 효험이 있다는 말인가? 아니네. 오히려 희생을 바치고, 기도를 하며, 미리 몸을 정결케 한 다음에, 신전으로, 게다가 옛 신전으로 나아가려는 마음을 가져야만 하는 것이네. 이렇게 해서 비의에서 효험이 생겼고, 이렇게 해서 우리는 이러한 비법이 삶의 교육과 교정을 위해 고대 사람들에 의해 확립되었다는 생각에 이르게 되는 것이네. 그러나 너희는 이 비의를 적절한 때와 장소도 가리지 않고 희생 제의도 없이, 또 순화 제의도 행하지 않고 모든 사람에게 누설하고 그 흉내를 내고 있네. 비의 해석자가 입어야 할 옷도 입지 않고, 머리도 가다듬지 않고, 머리띠도 하지 않으며, 마땅한 목소리도 없고, 마땅한 나이도 아닌 것이다. 그와 같이 몸을 깨끗하게 하지도 못하면서도, 오직 그 말만 외우고, 이를 말하는 것이다. 그러면 말이란

있다. 철학의 진리를 '신비'로서 제대로 이해하려면 집중적인 훈련과 준비가 필요하다는 생각에 대해서는 플라톤,『향연』210~211,『파이돈』69c, 81a 참조.

8   원어는 kērux(전령사)인데, 문맥에서 엘레우시스의 히에로케뤼코스(hierokērux; 입회자를 위한 전령사)를 말하는 것으로 보인다.

9   엘레우시스의 비의로 횃불을 가진 신관을 말한다. 엘레우시스의 비의를 담당할 때의 역할에는 이상의 세 가지 외에 '제단을 관장하는 담당관'이 있었다고 한다.

10   비의로 행해진 사항.

그 자체만으로 신성한 것일까?

우리가 이러한 문제에 접근하는 것은 완전히 다른 방식이어야만 한다. 이 일은 중대한 일이며, 엄숙한 제의이고, 우연히 아무한테나 가볍게 주어져서는 안 되는 것이다. 참으로, 젊은이를 가르치는 데는 우연히 똑똑하다는 것만으로 충분한 것이 아니다. 오히려 그러기 위해서는 어떤 특별한 적성과 소질을 가져야만 하며, 제우스에게 맹세코, 어떤 종류의 신체와 무엇보다도 이 역할을 수행하려면 신의 권유(소명)가 있어야 하는 것이다. 그것은 마치 소크라테스에게는 사람을 논박하는 역할을, 디오게네스에게는 왕처럼 남을 질책하는 역할을, 제논에게는 사람을 교육하고 철학적 교설을 만드는 역할을 권유받은 것과 같은 것이네.[11] 그러면 너는 약 외에는 아무것도 없이 의원을 여는 격으로 약을 어디서, 어떻게 사용해야 할지도 알지 못하며, 애써서 연구한 적도 없다. '보라, 저 사람이 눈에 바르는 연고를 가지고 있지만, 나도 똑같은 것을 가지고 있어.' 그렇다면 설마 자네가 연고를 사용할 능력을 가지고 있다는 것은 아니겠지? 그것이 언제, 어떻게, 그리고 어떤 사람에게 도움이 될지를 아는 것은 아니겠지?

그런데도 왜 이렇게 중요한 일로 주사위 놀이를 하고, 그렇게 안일하게 살면서, 자네에게 전혀 어울리지 않는 일에 손을 대고 있는가? 그 일

17

18

19

20

21

22

---

11 여기서 에픽테토스는 특히 소크라테스와 디오게네스의 견유학파의 시니컬니즘, 스토아학파의 창시자 제논(B.C. 334~262, 퀴프로스섬 키티온 출신의 스토아 철학자)과 관련된 철학의 세 가지 기능을 구별하고 있다. A. A. Long(pp. 56~58)은 에픽테토스의 담론에서는 제시된 윤리적 가르침에서 세 가지 기능을 모두 결합하는 것을 목표로 했다고 제안하고 있다. '마음'(제3권, 제2장 20절)을 위한 '치료'의 한 방식으로서의 철학에 대한 생각은 제2권 제21장 22절 참조.

은 잘 할 수 있는 사람에게, 훌륭하게 그 일을 수행할 수 있는 사람에게 맡기는 것이 좋다. 자네 자신의 행위 때문에 또한 철학을 욕되게 해서도 안 되며, 그 일을 헐뜯는 사람들에 가담해서도 안 되네. 오히려 네가 철학 원리에 끌린다고 하면, 가만히 앉아서 그것에 대해 너 스스로 곰곰이 생각하고, 너 자신을 결코 철학자라고 부르지 말아야 하며, 다른 사람들이 너에게 그렇게 말하는 것을 허용해서도 안 된다. 오히려 '이 사람은 틀렸다. 내가 욕구하고, 충동을 느끼고, 승인하는 것은 이전에 품었던 것들과 아무런 차이가 없으며, 일반적으로 나의 인상의 사용에서도 이전 상태와 조금도 다르지 않다'라고 말해야 하는 것이네. 자네가 자신에 대해 생각하고 말해야 할 것은 이런 것이네. 만일 자네가 알맞은 것을 생각하려고 한다면 말이네. 그렇게 하지 않는다면, 주사위 놀이를 계속하고, 지금 하고 있는 대로 계속 일을 하면 되겠지. 그게 자네한테 어울리는 일이니까.

# 제22장

# 견유학파의 철학에 대하여[1]

에픽테토스의 지인(知人)으로, 분명히 퀴니코스적인 삶으로 기울어져 있던 한 사람이 '퀴니코스[2]학파 사람들은 어떤 사람이고, 퀴니코스학파

1

---

1  이 장은 가장 긴 담론 중 하나로 여기서 에픽테토스는 그 임무가 제대로 수행된다면 퀴니코스의 임무의 자연적 성격을 강조하고 있다. 디오게네스(B.C. 412?403?~324?321?)가 창시한 퀴니코스주의는 생활 방식의 극도의 단순성과 인간 생활에서 단지 관습적인 모든 것을 거부하면서 자연을 따르는 이상을 특징으로 하는 급진적 철학 운동이었다. 이 퀴니코스주의는 초기 스토아학파에 중요한 영향을 미쳤으며, 후기 헬레니즘 시대에는 그 중요성이 사라졌지만, 세네카, 무소니우스 루푸스, 에픽테토스를 비롯한 서기 1세기 스토아 철학자들은 엄격하고 금욕적인 생활 방식으로 이 사상을 진지하게 받아들였다. 이 담론에서 퀴니코스는 스토아의 철학적 사명(에픽테토스가 종종 강조하는 요구)의 이상화된 해석에 가깝다고 할 수 있다. 그렇지만 여전히 독특한 냉소적 특징이 많이 있다. 퀴니코스의 철학자들은 동양의 성자, 금욕주의자, 금욕적 수도사들을 닮아 비타협적이고 타협하지 않는 도덕주의자였다. 이 담론에서 그들을 일부 초기 기독교 성자처럼 일종의 완전한 현자라고 생각하면서, 에픽테토스는 그들을 어느 정도 이상화하고 있지만, 그들의 생활 방식이 모든 사람에게, 실제로 그렇게 겸손한 사람에게도 실용적이지 않다는 점을 매우 분명하게 지적해야만 한다. 에픽테토스는 실제로 그들처럼 검소한 삶을 살았다.

2  퀴니코스파는 시노페 출신의 디오게네스(안티스테네스[B.C. 445~365], DL 제6권 1~2 참조)를 시조로 하는 헬레니즘 시대의 철학 유파이다. 퀴니코스는 문자적으로 '개 같은'이란 의미를 갖고 있으며, 관습을 거부하고 자연(퓌시스)에 따라 살며, 허례허식을

에 대한 선개념은 무엇인지?'를 물었을 때, 에픽테토스는 다음과 같이

2 대답했다. 여유를 갖고 그 문제를 생각해 보기로 하자. 하지만 나는 이 것만큼은 충분히 말할 수 있다. 신의 도움이 없이 이렇게 중대한 일에 착수하는 자는 신의 분노를 불러일으킬 것이며, 그는 세상 사람에게 치욕을 보여 주는 것 이외의 다른 것을 바라는 것이 아닐 것이다. 왜냐하

3 면 잘 정돈된 집에 누군가 찾아와 '내가 이 집의 관리자가 아니면 안 된 다'고 스스로에게 말하는 사람은 없을 것이기 때문이다. 그렇지 않으면 집주인이 돌아와서 잘난 척하는 그 사람을 보면 밖으로 끌어내서 때려

4 눕힐 것이다. 이 우주라는 큰 폴리스에서도 같은 일들이 일어나고 있다. 왜냐하면 이곳에도 집주인³이 있고, 그가 각각의 사물을 그 자리에 배

5 치하고 계시기 때문이다. '너는 태양이며, 너는 하늘을 운행하며, 나이 와 계절을 만들고, 땅의 열매를 키우고, 바람을 불러일으키고, 또 진정 시키며, 인간의 몸을 적당히 따뜻하게 할 수 있는 힘을 갖고 있다. 이제 가라, 너의 천체의 운행 길을 돌고, 그렇게 해서 가장 큰 일에서부터 최

6 소의 작은 것에 이르기까지 모든 것을 움직여 가는 것이다. 너는 송아지 라, 사자가 나타나면 네가 마땅히 해야만 하는 대로 할 일을 하라. 그렇 지 않으면 너는 울부짖게 되리라. 하지만 너는 황소다.⁴ 앞으로 나가 싸

---

거부하는 삶을 살았다. 여기서 에픽테토스는 그 학파의 삶의 방식을 약간 이상화하고 있는 측면이 있다. 디오게네스가 죽은 기원전 324년은, 알렉산드로스 대왕의 죽은 해인 기원전 323년과 더불어 헬레니즘 시대의 도래를 알리는 분기점이 되었다고 할 수 있다.

3 우주에서 일어나는 모든 일에 대한 섭리적 보살핌과 연결된 신에 대한 스토아적 생각 (LS 46, 54 참조).

4 즉, 특별한 선물을 줄 수 있는, 즉 인간에게 특별한 이익을 주는 특별한 재능을 가진 사 람(키케로, 『목적에 관하여』 3,66 참조)을 말한다. 가령, 호메로스의 『일리아스』에서 테

워라. 그것이 너의 일이며, 너에게 적합하고, 너의 능력 안에 있기 때문이다. 그리고 너는 일리온[5]으로 군대를 이끌고 나갈 수 있다. 아가멤논이 되어라. 너는 헥토르와 한판 승부를 벌일 수 있다. 아킬레우스가 되라.' 그러나 만일 테르시테스[6]가 찾아와 통수권을 요구한다면, 그는 이것을 손에 넣을 수 없거나, 손에 넣더라도 그는 여러 증인들 앞에서 망신을 당하거나, 그 둘 중의 하나일 것이다.

따라서 자네도 이 문제[7]에 대해서 곰곰이 생각해 보도록 하라. 그건 자네가 생각할 만한 게 아니다. '나는 지금도 너덜너덜한 외투[8]를 입고 있고, 앞으로도 입을 것이다. 지금도 딱딱한 잠자리에 누워 있고, 앞으로도 그럴 것이다. 또 자루와 곤봉[9]을 들고 돌아다니며, 게다가 만나는

---

르시테스에 비교해서 아가멤논, 아킬레우스의 영웅적 지도자들을 그렇게 말해진다. 테르시테스는 추악한 인물로 무장들에게 욕을 해대는 건방진 성격으로 묘사되어 있다. 그는 다리가 구부러지고 절름발이로, 어깨가 안쪽으로 움푹 들어가고, 머리는 머리카락으로 뒤덮여 끝이 뾰족한 기형의 모습으로 그려지는 군인이었다(『일리아스』제2권 참조). 황소의 비교에 대해서는 제3권 제22장 7~8절 참조.

5 일리온(일리오스)은 트로이아의 다른 이름이다. 아가멤논은 트로이아 전쟁에서 헬라스군을 지휘했던 지도자이다. 이 전쟁에서 아킬레우스는 헥토르와 한판 승부를 벌이다가 쓰러졌다. 아킬레우스는 트로이아의 지도자 헥토르를 죽인 가장 위대한 헬라스 전사이다.

6 호메로스의 『일리아스』에서 잘 알려진 인물로, 종종 에픽테토스가 예로 사용했다. 트로이아 전쟁에 참가한 헬라스 군인들 중 가장 추악한 인물로, 아가멤논의 권위에 도전하고 또 다른 무장들에게 욕설을 퍼부어 대는 거만한 성격으로 묘사되고 있다. 그는 헬라스의 지도자인 오뒷세우스에 의해 진압된 열등한 전사였다(『일리아스』제2권 211~277행 참조).

7 퀴니코스적인 생활 방식을 가리킨다.

8 시노페의 디오게네스를 비롯한 퀴니코스파 철학자는 모두 이 외투를 입고 있었다.

9 퀴니코스파 철학자가 소지하고 다니던 물품.

사람에게 구걸하거나 욕설을 해대기 시작할 것이다. 그리고 누구든지 지신의 체모를 뽑거나, 머리카락을 쓸어 올리거나, 주홍색 의상[10]을 입고 다니는 것을 보면 호통을 쳐 줄 것이다.'[11] 그런즉 만일 네가 이 문제를 그와 같은 어떤 것으로 생각하고 있다면, 그런 생각에서 벗어나야 하는 것이다. 가까이 가서는 안 되고, 그건 자네와는 아무 관계가 없는 것이다. 하지만 만일 이 문제를 있는 그대로 생각하고, 게다가 자신을 그에 걸맞지 않은 인간으로 판단하지 않는다면, 자신이 얼마나 큰 일에 손을 대고 있는지를 잘 생각해 볼 일이다.

우선, 너 자신의 일과 직접적으로 관련이 있는 것과 관련해서는 어떤 일이든, 네가 지금 하고 있는 일과 더 이상 다를 바가 없다고 생각해서는 안 된다. 신이나 인간을 비난하는 것은 그만둬라. 너의 욕구를 완전하게 억제하고, 너의 회피를 너의 의지의 영역 안에 놓여 있는 것들로만 돌리도록 해서, 격정, 분노, 질투, 연민을 일으키지 말아야 한다. 너는 소녀나, 작은 명예나, 소년이나, 달달한 과자[12]를 탐탁하지 않게 여겨야만 하는 것이다. 왜냐하면 너는 이 점을 잘 알아 둬야만 하는데, 다른 사람들은 이런 종류의 일을 감행할 때 그것들을 보호하기 위한 벽과 집이나, 어둠이 있어서 몸을 숨길 수 있는 것을 적지 않게 가지고 있기 때문이다. 한 남자는 문을 닫고 침실 앞에 누군가를 세워 놓고 '누군가가 오면, 안 계시다거나 바쁘다'라고 말하라고 시킨다. 그러나 퀴니코스 교도들

---

10 귀족들이 입는 옷.

11 어디에도 소속되지 않은 디오게네스의 '세계시민'으로서의 유목적 삶(nomadic life)을 기술하고 있다.

12 모두 욕구의 대상으로 여겨지는 것이다.

은 모든 이러한 짓을 하는 대신 자기 존중[13]을 자신의 방어책으로 삼아야 한다. 그렇지 않으면 그는 벌거벗은 몸으로 하늘 아래에서 부끄러운 짓을 하게 될 것이다. 퀴니코스 교도들에게는 자기 존중(aidōs)은 그의 집, 그의 문, 그의 침실 앞에 선 하인이며, 그의 어둠(그늘)이네. 그는 자신의 것을 숨기려고 해서는 안 되기 때문이다. 그렇지 않으면 하늘 아래 자유인인 '퀴니코스다움'은 파괴되고, 외부의 것[14]을 두려워하며, 몸을 숨길 것이 필요해지기 시작한다. 또 그가 몸을 숨기기를 원하더라도, 그럴 수 없을 것이다. 그렇다면 그가 어디에, 어떻게 몸을 숨길 수 있단 말인가? 그리고 만일 일반 대중의 교사, 이 교육자[15]가 우연히 계략에 빠지는 일이 생기면, 무슨 일을 당해야만 하는 것인가! 그래서 그런 두려움을 마음에 품고 있으면, 어떻게 여전히 성심성의껏 다른 사람을 돌볼 수 있겠는가? 말도 안 되는 일이네. 그것은 불가능한 일이네.

16

17

18

그래서 우선 너는 다음과 같은 삶의 지침에 따라,[16] 너 자신의 지배적 부분(헤게모니콘)을 깨끗하게 해야만 한다.

19

"이제부터 내가 붙들고 씨름해야 할 질료(소재)는, 목재가 목수에게 또 가죽이 제화공에게 질료이듯이 나의 정신이다. 그리고 그 일은 인상

20

---

13 퀴니코스학파 사람들의 생활 방식은, 떠돌아다니는 노숙자의 삶으로, 최소한의 의복과 물품으로 모든 신체적 필요를 충족시킨다. 이러한 생활 태도는 대중에게는 때때로 '뻔뻔함' 내지는 '부끄러움을 모름'(anaideia)을 표현하는 것으로 간주되었다. 그러나 여기서 에픽테토스는 퀴니코스 교도들의 내적 수치심, 즉 '자기 존중'(aidōs)을 자신의 보호 수단으로 제시하고 있다.

14 entos(S 사본)를 ektos(Wolf)로 읽는다.

15 소크라테스와 같은 인간이 상정되고 있다.

16 kai 대신에 kata(Schweighäuser)로 읽는다.

들을 올바르게 사용하는 것이다. 그러나 이 작은 몸은 나에게 아무것도 아니다. 신체의 모든 부분은 나에게 아무것도 아니다. 죽음? 그 전체이

든 부분이든 오고 싶을 때 오도록 그냥 놔두라. 추방? 도대체 어떤 사람이 어디로 나를 내동댕이치겠다는 것인가? 우주 밖으로는 그렇게 할 수는 없는 노릇이다. 하지만 내가 어디로 나가든 거기에는 태양이 있고, 거기에는 달이 있고, 거기에는 별이 있으며, 꿈이 있고, 징조가 있고, 신들과의 친교가 있다."

다음으로, 이상과 같은 준비가 되어 있어도 진정한 퀴니코스의 교도라면 그것으로 만족하는 것은 허용되지 않는다. 오히려 사람들이 선악에 대해 전적으로 길을 잘못 들어서 선악의 본질을 그것이 없는 다른 곳에서 찾고 있으며, 그것이 있는 곳에서 찾는다는 생각을 전혀 하고 있지 못하고 있음을 알리기 위해 자신이 제우스로부터 인간들에게 보내졌음을,[17] 또 카이로네이아 전투[18] 이후에 첩자(스파이)로서 필립포스에

게 끌려간 디오게네스처럼, 첩자로 보내졌음을 알아야 한다.[19] 왜냐하면 퀴니코스파의 교도란 진실로 사람들에게 어떤 것들이 친애적이고,

---

**17** 퀴니코스파의 철학의 임무에 대해서는 K. Ierodiakonou, The Philosopher as God's Messenger, in Scaltsas and Mason (2007) 참조.

**18** 카이로네이아 전투는 기원전 338년 필리포스 2세가 이끄는 마케도니아군과 아테네와 테바이 연합군이 보이오티아의 카이로네이아 근교에서 벌인 전쟁으로 마케도니아군의 승리로 끝났다. 전투 후 필리포스 앞으로 끌려간 퀴니코스파의 디오게네스는 '네가 누구냐'고 묻는 왕에게 '당신의 끝없는 욕망을 찾는 첩자'라고 답했다고 한다(DL 제6권 43 참조). 플루타르코스, 『추방에 대하여』 606C 참조.

**19** 제1권 제24장 3~10절 참조. 철학자들은 지상을 정찰하기 위해 세상에 보내진 일종의 첩자(스파이)이다. 그래서 그의 임무는 이 세상에서 샅샅이 살펴본 후에 인간에게 어떤 것들이 좋은 것이고 나쁜 것인지를 보고하는 것이다.

어떤 것이 적대적인지를 탐색하는 첩자이기 때문이다.[20] 그는 두려움에
넋을 잃고 적이 아닌 사람을 적이라고 하거나, 어떤 다른 방식으로 그의
인상에 현혹되거나 혼란스러워하지 말고 스스로 정확히 관찰한 뒤 돌
아가서 진실을 보고해야만 한다.

그렇다면 만일 그렇게 할 기회가 주어진다면, 그는 비극의 무대에
등장해서 목청껏 소크라테스처럼 말을 전할 수 있어야 하는 것이다.[21]
"오, 인간들이여. 너희들은 어디로 허둥대며 가고 있는가?[22] 무엇을 하
고 있는가, 가여운 자들이여? 눈먼 사람들처럼 너희들은 아래위로 헤매
고 있으며, 참된 길을 버리고 잘못된 길로 가고 있구나. 너희들은 잘 되
어감(순조로움)과 행복[23]을 그것이 없는 다른 곳에서 찾고, 다른 사람
들이 그것들이 있는 곳을 가르쳐 줘도 너희들은 믿지 않는다. 왜 너희
는 행복한 삶을 밖에서 찾는 것인가? 신체에는 그것이 없네. 믿지 못한
다면 뮈론을 바라보고, 오펠리오스[24]를 보라. 소유물 안에도 그것은 있

---

20 퀴니코스학파 사람은 인간의 삶에서 중요한 것에 대한 진실을 알아내기 위해 난관
   과 위험을 겪으며 이를 사람들에게 보고하기 때문에 스파이와 같은 역할을 수행
   한다. 제1권 제24 3~10절 참조. M. Schofield, Epictetus on Cynicism, in Scaltsas and
   Mason(2007), pp. 75~80 참조.

21 소크라테스에 대한 설명과 연설의 시작에 대해서는 플라톤, 『클리토폰』 407a~b 참조.
   비극의 무대에 나오는 '기계장치의 신'(deus machina, 크레인과 같은 무대장치를 타고
   등장하는 신을 말함)처럼 소크라테스가 청중에게 말하는 장면이 설정되어 있다. 아래
   의 인용의 첫머리의 말은, 플라톤의 같은 책에 같은 곳에서 나오는 말이다.

22 플라톤, 『클레이토폰』, 407a~b 참조. 플라톤의 이 대화편은 진작(眞作)의 여부가 의심
   된다.

23 원어로는 to euroun kai to eudaimonikon이다.

24 뮈론(Murōn)과 오펠리오스(Ophellios)는 문맥상 당대의 유명한 운동가나 검투사로 비
   참한 최후를 마친 인물로 보이나 알 수는 없다. 뮈론은 제1권 제2장 37절에서 언급된 데

지 않네. 믿지 못한다면 크로이소스[25]를 보라. 오늘날의 부자들을 보라. 그들의 생애가 얼마나 비탄으로 가득 차 있는가. 행복한 삶은 관직 안에 있지 않네. 그렇지 않았다면 집정관을 두 번 세 번 차지했던 사람은 행

28  복해야 했을 테지만, 실제로는 그렇지 않네. 이 문제에 대해 우리는 누구의 말을 믿어야 하는가? 그들이 가진 것을 밖에서 바라보고, 그 인상

29  에 현혹되어 있는 너희들인가, 아니면 그들 자신인가?[26] 그들은 뭐라고 말하는가? 그들이 비탄해 할 때, 신음할 때, 바로 그 집정관직과 그들의 명성, 그들의 영광 때문에 더 불행하고 더 큰 위험한 처지에 있다고 생

30  각할 때 그들의 말을 들어 보는 것이네. 행복한 삶은 왕권에 있는 것이 아니네. 그렇지 않았다면 네로나 사르다나팔로스[27]는 행복했을 것이네. 하지만 아가멤논조차 사르다나팔로스나 네로보다 더 나은 사람이었지만 행복하지 못했네. 나머지 다른 사람들이 코를 골며 자고 있는 동안, 그는 무엇을 하고 있었는가?

---

슬링 선수인 밀론(Milōn)의 오기일 수도 있다.

**25** 제1권 제2장 37절에서도 언급된 뤼디아 왕 크로이소스는 치세 중에는 영화를 자랑했으나 마지막에는 퀴로스가 이끄는 페르시아군에 멸망당했다(헤로도토스, 『역사』 제1권 71 아래 참조).

**26** 여기서 에픽테토스는 플라톤, 『국가』 577a에서 참주적 성격 유형의 진정한 가치를 판단한다는 이미지를 일으키는 언어(특히 '외관에 현혹되다')를 사용하고 있다.

**27** 폭군으로 알려진 네로는 로마 제국의 제5대 황제(54~68)였다. 그의 통치 말년에 그는 극단적이고 폭군이 되었다. 이 책에서 여러 차례 언급되었다. 사르다나팔로스(B.C. 9세기경)는 흔히 전설상의 앗시리아 왕이었으며 사치스러운 생활 태도로 유명했다. 그는 여장을 즐겨 궁녀와 환관들과 어울려 온갖 쾌락을 추구했다고 한다. 아리스토텔레스의 『니코마코스 윤리학』 제1권에서도 그는 향락적 삶의 표본으로 제시되었다.

'자신의 머리에서 그는 많은 머리카락을 뿌리째 뽑아냈다.'²⁸

그리고 그 자신은 뭐라고 하는가?

'나는 이렇게 돌아다니고 있네.'²⁹

그러면서 이렇게 그가 말하네.

'난 심히 불안하오. 내 심장은 가슴 밖으로 튀어나올 것만 같아.'³⁰

가련한 인간아,³¹ 너의 무엇이 나쁜 것인가? 재산인가? 그렇지 않다.        31
몸인가? 그렇지 않다. 하지만 너는 '황금과 청동이 풍부하네'.³² 그렇다
면 너의 무엇이 나쁜가? 그것은 네가 소홀히 하고, 망치고 있는 것, 즉
우리가 그것을 통해 욕구하고, 회피하고, 행동하려는 충동(동기)과 행
동하지 않으려는 거부를 행사하는 능력이네. 어떤 식으로 이 능력을 소        32
홀히 했느냐? 이 능력이 그것 때문에 생겨나고 있는 좋음의 본질과 나
쁨의 본질에 대해 알지 못하고, 무엇이 내 것이고 무엇이 남의 것인지
알지 못하는 것이네. 그는 남의 것이 나쁜 상태에 있을 때마다, '이게 웬
일이냐, 헬라스 군이 위험에 처해 있네!'³³라고 말하는 것이네. 불쌍하        33
다. 지도적 중심 부분이여, 이것만이 소홀히 남겨져 있으며, 보살핌을
받지 못한 채 남아 있구나! '그들은 트로이아 군의 손에 죽임을 당하고,

---

**28** 호메로스, 『일리아스』 제10권 15행. 아카이아(헬라스) 병사들이 잠들어 있을 때 아가멤
논만은 불안에 사로잡혀 잠을 잘 수가 없었다. 이어지는 인용도 그 묘사의 일부이다.

**29** 호메로스, 『일리아스』 제10권 91행

**30** 호메로스, 『일리아스』 제10권 94~95행. 아래는 아가멤논과 에픽테토스 사이의 가상 문
답이다.

**31** 호메로스, 『일리아스』 제18권 289행.

**32** 호메로스, 『일리아스』 제10권 315행 참조.

**33** 아가멤논이 처한 현재의 상황을 암시하고 있다.

죽임을 당할 참이네!' 하지만 트로이아 군이 그들을 죽이지 않는다면, 그들은 결코 죽지 않는다는 것은 아니겠지? '그들은 죽을 것이지만, 모두가 한꺼번에 죽지는 않을 것이네.' 그게 무슨 차이가 있는 것인가? 죽는 것이 나쁜 것이라면, 한꺼번에 죽든 따로따로 죽든 마찬가지로 나쁜 것이네. 죽음으로 우리의 가련한 몸에서 혼이 분리되는 것[34] 이외에 다른 어떤 일이 일어나는 것일까? '그것 말고는 아무것도 없네.' 그리고 헬라스군이 죽어갈 때, 너의 문은 닫혀 있는가?[35] 너에게 죽는 것이 허용되지 않는 것인가? '허용되네.' 그렇다면 왜 이러한 탄식을 하는 것인가? '아, 나는 왕인데, 제우스의 왕홀[36]을 가지고 있는데!' 불행한 신이 존재하지 않는 것과 마찬가지로 불행한 왕도 존재하는 않는 것이네.[37] 그럼 너는 누구인가? 진정한 양치기![38] 왜냐하면 너는 양치기와 마찬가지로 늑대가 자신의 양 떼 중 한 마리를 낚아채 갔을 때 탄식하기 때문이네. 그리고 너의 휘하의 군사들이야말로 바로 그 양 떼인 것이다. 그렇다면 왜 너는 트로이아 원정을 온 것인가? 설마 너의 욕구나 회피, 너의 충동이나 충동에 대한 거부(반발)가 위험에 처했던 것은 아닐 것이네? '아니네. 그렇지 않다. 하지만 나의 형제의 아내가 납치되었다네'[39]

---

**34** 죽음은 플라톤 이래로 흔히 볼 수 있는 신체와 혼의 분리이다(플라톤, 『파이돈』 64C 참조).

**35** 자주 언급되는 '문은 열려 있다'는 표현은 자살을 암시한다.

**36** 권위의 상징으로 제우스가 준 물건.

**37** 왕이 본래 있어야 할 왕이니까 불행하지 않다. 불행한 왕은 본래 있어야 할 왕이 아니다. 왕이 불행한 것은 그의 신하들과 백성들이 안녕하지 않을 경우이다.

**38** 통치자를 '인민의 양치기'로 표현하는 것은 호메로스에서 일반적으로 언급됨.

**39** 아가멤논의 동생 메넬라오스의 아내 헬레네가 트로이아의 왕자 알렉산드로스(파리스)

라고 그가 말하네. 그렇다면 간음한 아내가 없어졌으니 다행이 아닌가?    37
'그러면 우리가 트로이아인들로부터 경멸을 받아야 하는가?' 트로이아
인들은 어떤 사람들인가? 사려 깊은 사람들일까, 아니면 무모한 사람
들일까? 만일 그들이 사려 깊은 사람들이라면, 왜 그들과 전쟁을 하는
가? 그들이 무모한 사람들이라면, 왜 너는 그런 사람들에게 신경을 쓰
는가?[40]

   그렇다면 이러한 것들 가운데 좋음이 없다면, 좋음은 무엇 속에 있는    38
것인가? 제우스의 사자(使者)이자, 첩자[41]이신 분이시여, 우리에게 가
르쳐 주시지 않겠습니까? 네가 생각하지도 못한 곳, 그것을 찾고 싶지
않은 그곳에 있다. 만일 너희들이 찾고자 한다면, 그것은 너희 자신 안
에 있음을 발견했을 것이고, 또 바깥에서 헤매거나 남의 것을 내 것으
로 믿고 찾는 일은 없을 것이기 때문이네. 스스로 너 자신을 돌아보고,    39
너 자신이 가지고 있는 선개념을 잘 살펴보도록 하시게. 좋음에 대해 어
떤 종류의 것을 상상하는가? 순조롭고, 행복하고, 방해받지 않는 것이
네. 자, 좋음이란 자연 본성에서 위대한 것이라고 상상하지 않는가? 소
중한 것으로? 해를 입지 않는 것으로 상상하지 않는가? 그렇다면 그 순    40
조롭고, 방해받지 않는 것을 어떤 일 속에서 찾아야 하는가? 예속적인

---

   에게 납치된 것이 트로이아 전쟁의 원인이 됐다.

**40** 33절부터 여기까지, 에픽테토스는 '죽음'과 다른 '무관심'의 대상들이 실제로 나쁜 것
   이 아니라는 스토아학파의 주장에 비추어 아가멤논(트로이아 군에 대항하여 헬라스 군
   대를 이끈 지도자)과 같은 왕의 격정에 대해 논평하고 있다. 이러한 상상적 대화를 통해
   자신의 생각을 전하는 '수사 기법'은 에픽테토스에게 특유한 것이다.

**41** 철학자는 인간에게 무엇이 선이고 무엇이 악인지를 찾기 위해 신이 보낸 첩자로 여겨
   진다. 앞의 24절 참조.

것에서인가, 아니면 자유로운 것에서인가? ─ '자유로운 것에서입니다.' ─ 그렇다면 너희들이 가진 가련한 몸은 자유로운 것인가, 아니면 예속적인 것인가? ─ '우리는 모릅니다.' ─ 신체라는 것이 열병이나 통풍, 눈병, 이질, 참주, 불이나 철에, 즉 그것보다 강한 모든 것에 예속되

41 는 것을 모르겠는가? ─ '네, 그것은 저들에 예속되어 있습니다.' ─ 그렇다면 몸에 속하는 모든 것이 어떻게 방해받지 않을 수 있겠는가? 자연 본성상 죽는 것, 흙이나 진흙에 불과한 것이라면, 어떻게 위대하고 소중하다고 할 수 있겠는가? 그렇다면 어떤가? 너희들은 무엇 하나 자

42 유로운 것을 가지고 있지 않은가? '아마도 아무것도 없겠지요.' ─ 그렇다면 누가 너희들에게 거짓으로 생각되는 것을 승인하도록 강요할 수 있는가? ─ '아무도 할 수 없겠지요.' ─ 또는 누군가가 너희들이 참이라고 생각되는 것을 승인하지 않도록 강요할 수 있는가? ─ '아무도 할 수 없겠지요.' ─ 그러면 거기서 너희들은 자신 안에서 자연 본성적

43 으로 자유로운 무언가가 있다는 것을 볼 수 있네.[42] 또한 너희들 중 누가 유익하거나 적합하지 않은 것에 대한 인상을 갖지 않은 채로, 욕구하거나, 회피하거나, 충동을 일으키거나, 충동을 거부하거나, 무엇을 준비하고 무언가를 하기로 계획할 수 있을까? ─ '아무도 할 수 없겠지요.' ─ 그러면 너희들은 그것들 중에도 방해받지 않는 자유로운 뭔가

44 를 가지고 있는 것이네. 가련한 자들아, 이것을 일로 삼아, 그것에 전념하고, 거기서 네 좋음을 찾도록 하라.

---

**42** 의지에 대한 우리의 능력은 근본적으로 제약을 받지 않거나 '자유롭다'는 에픽테토스의 주장은 이 책에서 반복되고 있다. 스토아학파의 '자유' 개념에 대해서는 제4권 제1장 참조.

게다가[43] 어떻게 벌거벗고, 집도 몸을 덥힐 불도 없이, 불결하게, 하 45
인도 폴리스도 없는 빈털터리 인간이 순조로운 삶을 지낼 수 있겠는가?
보시게, 그렇게 사는 방식이 가능함을 행위로 보여 주려는 사람[44]을 신 46
께서 너희에게 보내셨다. '나를 보라, 집도 없고 폴리스도 없으며, 재산 47
도 없이, 하인도 없이, 땅바닥에 누워 자며, 처자도 없으며, 작은 저택
도 없이, 오직 땅과 하늘과 한 장의 작은 외투만이 있을 뿐이네.[45] 그래 48
도 나에게 무엇이 부족할까? 나에게는 고통과 두려움도 없는 것이 아닌
가? 나는 자유롭지 않은가? 너희 중에 누군가가 내가 욕구하는데 얻지
못하거나, 회피하고 싶은 것에 빠지는 것을 본 적이 있었는가? 내가 언
제 신이나 인간을 비난한 적이 있었는가? 내가 누군가를 탓할 때가 있
었는가? 너희들 중 누구라도 내가 시큰둥한 얼굴을 하고 있는 것을 본
적은 있는가? 너희가 두려워하거나 경탄하는 상대에게 내가 어떻게 대 49
우했는가? 내가 그들을 노예처럼 대우하지 않는가? 누가 나를 보고 자
신의 왕과 주인을 보고 있다고 생각하지 않는 사람이 있는가?'[46]

---

**43** 여기서 아가멤논과의 가상의 문답을 떠나 화제가 퀴니코스 교도들의 삶의 방식으로 옮
겨 간다.

**44** 시노페의 디오게네스와 같은 퀴니코스 교도.

**45** DL 제6권 38 참조. Dio Chrysostom 4.13 참조("그는 부유한 사람들처럼 집이나 화로가
없었지만 도시를 자기 집으로 삼고 그곳에서 공공건물과 신에게 바쳐진 성소에서 살았
으며, 결국 인간의 공통된 난로이자 영양분이 되는 넓은 세상을 화덕으로 삼았다.").

**46** 디오게네스는 노예에게 팔렸을 때 너는 '어떤 일을 할 수 있느냐'는 질문을 받고 '인간
을 지배하는 것'이라고 답했고, 매매 고시원을 향해 '누군가 자신을 위해 주인을 사려는
사람이 없는지 고시해 주시게나'라고 말했다고 한다(DL 제6권 29). 퀴니코스주의자들
은 자신이 자신의 주인이기 때문에 '왕'인 반면(즉, 자신의 행복에 영향을 미칠 수 있는
모든 것을 스스로 통제할 수 있기에), 전통적인 왕은 외부 환경에 종속될 수밖에 없다.
또한 93~96절, 제3권 제21장 19절 참조. M. Schofield, pp. 80~84(제3권 제22장 24절에

보라, 이것이 퀴니코스 교도들의 말이요, 그 성격이요, 그들의 삶의 의도이다! 아니네, 그게 아니라, 너희는 오히려 비참한 배낭, 곤봉과 큰 턱[47]을 가진 것이 퀴니코스 교도라고 말하네. 또는 그에게 주는 모든 것을 삼키거나 또 자루에 넣거나, 만나는 사람들을 시도 때도 없이 욕하고, 멋진 두 어깨를 과시하기도 하네.[48] 너는 어떤 마음가짐을 가지고 얼마나 큰 일을 착수하려는지 알고 있는가? 먼저 거울을 들고, 너의 어깨를 보라. 허리와 넓적다리를 살펴보라. 인간아, 너는 올림피아 게임에 이름을 등록하려는 것이네. 결코 어떤 시시껄렁하고 공연(空然)한 경기 축제는 아니네. 올림피아 게임에서는 단순히 패하고 그 자리를 떠나기만 하면 될 수 있는 게 아니네. 우선, 아테네와 라케다이모니아, 니코폴리스[49] 사람들뿐만 아니라, 전 세계인들이 주시하는 가운데 창피를 당해야 하는 것이네. 다음에는 아무런 생각 없이 경기 축제에 참가한 사람은 채찍으로 맞아야 하지만,[50] 채찍으로 맞기 전에 갈증이 일어나고 무

대한 주석 참조) 참조.

47 당시의 통속적인 퀴니코스 교도의 모습이다. 큰 턱은 남의 식탁에서 게걸스럽게 먹는 것을 비꼬는 것이다. 아테네오스, 『식탁의 현인들』 제3권 113 아래 참조.

48 에픽테토스는 여기서 퀴니코스에 대한 대중적인 고정 관념의 일부를 형성하는 복장, 태도 및 체격의 특징을 나열하고 있다. 그러면서 그는 퀴니코스를 진정한 퀴니코스로 만드는 것은 그런 외적인 것이 아니라 윤리적인 성격과 이해의 문제임을 지적한다.

49 라케다이모니아은 스파르타의 다른 이름이다. 니코폴리스는 헬라스 북서부 에페이로스 지방의 도시로 에픽테토스가 59년경 로마에서 쫓겨나 이 땅에 와서 그곳에 철학 학교를 개설했다.

50 "메이봄(Meibom)의 추측인 eiselthonta는 '아무런 생각이 없이 경기 대회에 참가한 사람'을 의미할 것이다. 그러나 채찍질의 징벌은 아마도 최종적으로 그 명단에 이름을 올리지 못한 사람에게만 준비될 것이다. 모든 사람은 한 달 동안 그 자리에서 예비적인 훈련을 받아야 했고, 그 기간 동안 참가했던 사람은 아래에 설명된 불편을 겪을 것이기 때

더위를 겪으며 많은 모래 먼지를 마셔야 하는 것이네.[51]

이 문제를 더 신중하게 생각하고, 너 자신을 알라. 신령(다이몬)[52]에게 자문을 구하라. 또 신의 도움이 없이는 이 일을 착수하지 말라. 왜냐하면 신이 너에게 이 길을 택하라고 충고할 경우에, 너는 큰 영광을 차지하거나, 혹은 많이 맞거나 둘 중 하나를 원한다는 것을 알아야만 하기 때문이네. 사실상 바로 이 일이 퀴니코스 교도들의 삶의 방식으로 짜인 매우 아름다운 수실인 것이네. 그는 당나귀처럼 매질을 당해야 하네. 그리고 맞으면서도 그는 자신을 때리는 사람을 모든 사람의 아버지로, 형제로 사랑해야만 하네. 아니네. 누군가가 너를 때리면 너는 주위 사람들이 보는 앞에서, '오, 카이사르여, 당신의 평화로운 세상에 내가 무슨 봉변을 당하고 있습니까? 총독[53]에게 데려다 달라'고 아우성을 치는 것이네. 그러나 퀴니코스 교도들에게 카이사르란 무엇이며, 총독이란 무엇인가, 혹은 자신을 이 세상에 보내고, 자신이 섬기는 제우스 이외의 사람들은 무엇인가? 그가 제우스가 아닌 다른 것에 호소하겠나?[54] 아니

53

54

55

56

---

문이다."(W. A. Oldfather, pp. 148~149) 하드(R. Hard)는 "정당한 이유 없이 떠나가는 사람들"로 번역하고 있다.

**51** 올륌피아 경기에 참가하는 사람들의 노고에 대해서는 제3권 제15장에서도 언급되어 있다.

**52** '다이몬의 표시'(daimonion)란 다이몬이 개인에게 나타내는 신호로, 소크라테스가 자신의 생애 동안 종종 생겼다고 말하는 '다이몬의 목소리'가 잘 알려져 있다. 다이몬은 우리가 '양심'이라고 말하는 것과 공통성을 가진다.

**53** 집정관격 총독(proconsul)은 집정관 대리의 뜻으로 로마의 속주를 감독한다.

**54** 디오게네스가 왕(필립포스와 알렉산드로스와 같은)을 무관심이나 경멸로 대하는 것을 보여 주는 많은 일화가 있습니다. 예를 들어 참조 제3권 제22장 90~92절 및 제3권 제22장 24절 참고.

네. 오히려 그가 견뎌야 하는 이 모든 고통 속에서 제우스가 자신을 단
57    련하고 있을 것이라고 믿는 것이 아니겠는가? 이제 헤라클레스[55]는 에
우뤼스테토스[56]에 의해 단련되었을 때, 자신을 비참하다고 생각하지 않
았네. 오히려 주눅 들지 않고 부과된 모든 것을 수행했던 것이네. 그런
데도 디오게네스의 왕홀[57]을 가질 만한 자격이 있는 퀴니코스 교도들이
제우스에 의해 단련을 받고 훈련을 받게 되었을 때, 울부짖으며 불평을
58    토해 내겠는가. 디오게네스가 열병으로 누워 있는 동안, 행인들에게 뭐
라고 말했는지를 들어 보라. 그는 이렇게 말했네. '이 머리 나쁜 놈들아,
게 멈추지 않겠느냐? 경기 선수가 목숨을 잃거나 서로 다투는 것을 보
기 위해 그렇게 먼 길인 올륌피아까지 가면서도, 너는 열병과 인간의 싸
움을 보려고 하지 않는가?'

59      아마 이런 인간이라면 역경을 오히려 자랑스럽게 여기고, 자신을 행
인의 구경거리라고 우길 정도이니, 자신을 이 세상에 보내 준 신에 대해
자신을 상응하게 대우해 주지 않는다고 틀림없이 비난하지도 않을 것
이네! 도대체 어떠한 점에서 신을 비난할 수 있겠는가? 신이 나무랄 데
없는 삶을 살고 있다는 점일까? 무엇을 탓하는가? 스스로의 덕에서 더
60    욱 빛나고 있는 점일까? 자, 그럼 디오게네스가 가난, 죽음, 노고에 대해
무엇이라고 말했는지를 보자. 그가 자신의 행복을 페르시아 대왕의 행

---

**55** 헤라클레스는 헬라스 신화 중 가장 큰 영웅이다. 실수로 처자와 동생의 아이를 살해하
고 죄를 정화하기 위해 델포이로 갔고, 그 신탁에 따라 티륀스의 왕 에우뤼스테우스 밑
에서 12가지 과업을 견뎌냈다고 한다.

**56** 제1권 제6장 32절, 제2권 제16장 45절 참조.

**57** 물론 가지고 다니는 지팡이를 왕홀에 올려놓은 것이지만 디오게네스의 진정한 후계자
라는 뜻이다.

복[58]과 어떻게 비교하고 있는가? 오히려 그 점에서 그와 비교할 수 없다고 생각한 것은 아닐까. 불안, 고뇌, 두려움, 충족되지 않는 욕구, 회피하고자 원하는 것에 빠지는 혐오, 시기와 질투가 있는 곳, 그 어디에 행복의 여지가 있을까? 그리고 썩은 판단이 만연한 곳이라면, 이 모든 것이 필연적으로 존재하는 것이네.

그런데 그 청년[59]이 아플 때, 한 친구가 그 사람에게 치료의 돌봄을 받으러 그의 집으로 오라고 하면, [퀴니코스 교도로서] 그 제안을 받아들여야만 하는지를 묻자, 에픽테토스는 다음과 같이 대답했네. 하지만 어디에 퀴니코스 친구가 있는지를 나에게 보여 달라? 그런 사람이 그의 친구 중 한 명으로 꼽히기에 적당하다면, 또 다른 퀴니코스 교도여야 하니까 말이네. 마치 디오게네스가 안티스테네스[60]의 친구였고, 또 크라테스[61]가 디오게네스의 친구였던 것처럼, 그의 친구가 될 만하다고 여겨지려면 그와 왕홀과 왕국을 공유하는 신하가 될 만해야 한다. 아니면, 너는 어떤 사람이 단지 퀴니코스 교도에게 찾아와 인사하는 것만으로 이제 그의 친구가 되어, 퀴니코스 교도가 그를 그의 집으로 들어올 만한 자격이 있다고 생각하는가? 따라서 네가 그런 생각을 하고 그러한 식으로 그 문제를 생각하고 있다면, 오히려 괜찮은 똥더미라도 찾아내 열병이 있는 동안 둘러싸여서, 몸이 차가워지지 않도록 북풍으로부터 너를

61

62

63

64

65

---

**58** 현생에서의 최고의 행복을 누림을 의미한다.

**59** 이 장의 서두에 나온 퀴니코스적인 삶에 마음 끌리는 청년이다

**60** 소크라테스의 제자. 제1권 제17장 12절 참조.

**61** 크라테스(B.C. 365~285)는 테바이 출신의 퀴니코스파 철학자이다. 부유한 가문 출신이었지만 디오게네스의 청빈한 삶을 보고 그의 제자가 된다. 후년 스토아학파의 시조 키티온 출신의 제논에게 철학을 배워 철학의 길로 들어섰다.

막아 줄 피난처를 찾는 편이 너에게 좋을 것이네. 아무래도 너는 배를 채우기 위해 잠시 동안 아무 집이나 들어가는 것을 더 좋아할 것이라고 나는 생각하네. 그렇다면 그런 큰 일에 손을 대는 것이 자네와 무슨 상관이란 말인가?

'결혼이나 아이를 갖는 것이 퀴니코스 교도에 의해 우선적인 문제로 받아들여야만 하는 것입니까?'[62]라고 젊은이가 물었다. 만일 네가 나에게 현자들의 나라[63]라는 것을 인정해 준다면, 아마도 사람들은 손쉽게 퀴니코스적인 삶으로 나아가지 않을 것 같다고 에픽테토스가 대답

했다. 그렇다면 무엇 때문에 그런 삶의 방식을 받아들이기도 하는 것인가? 그럼에도 퀴니코스적 삶을 사는 사람이 있다고 가정한다면, 그자가 결혼하고 자녀를 갖는 데는 아무런 지장이 없을 것이네. 왜냐하면 그의 아내도 그와 같은 또 다른 사람이듯이, 그의 장인(丈人)도 다른 퀴니코스 교도가 되고, 그의 아이들도 그와 방식으로 양육될 것이기 때문이

네.[64] 그러나 세상이 지금처럼 세워진 사물의 질서로 말하자면, 즉 전투 상황에 있는 상황에서 보면, 퀴니코스 교도들은 방해받지 않고, 신에 대한 봉사에 전념하며, 사적인 의무에 얽매이지 않고, 여러 연루——그와 관련된 일을 그만두면 그의 성격을 아름답고 좋은 사람으로 유지할 수 없으며, 이와 반대로 그와 관련되면 신들의 사자, 첩자, 전령이기를 그

---

**62** 스토아학파는 일반인에게 결혼을 권장했으나, 이 점에서는 에피쿠로스학파와는 대조적이다(제1권 제23장 참조).

**63** '현자들의 나라'는 제논의 『국가』(LS 67 A~B)에서 논의된 스토아적 이상적 국가이지만, 그런 국가가 실현된다면 굳이 퀴니코스적 생활에 들어갈 필요가 없을 것이다. 여기서는 퀴니코스 교도가 결혼해야 하는지의 여부에 대한 물음과 연결되어 있다.

**64** 제3권 제22장 참조.

만둘 수밖에 없는 것—에 휘말리지 말고, 사람들 사이를 자유롭게 오 70
고 갈 수 있어야 하지 않겠는가? 이렇다는 것을 생각해 보라. 그런 연루
가 있으면, 장인에게 자신이 성심성의껏 어떤 의무를 다하는 모습을 보
여야 하고, 아내의 다른 친척이나 아내 자신에게도 마찬가지이며, 심지
어 마침내는 그의 소명을 닫아 버리고 자신의 가족을 위해 병을 돌보고
돈벌이에 분주하게 될 수 있기 때문이네. 다른 것은 둘째치고 욕조에서 71
아이를 목욕시키고 씻겨 주려면 물 끓일 주전자가 필요하고, 아이를 낳
는 아내를 위해서는 양털과 올리브기름, 아이의 잠자리와 물통이 필요
할 것이네. 이것만으로도 많은 가구일세. 다른 일로도 바쁘고, 기분 전 72
환도 필요하네. 저 공적인 일에 전념해 줄 왕[65]은 어디에 있는가?

'백성을 돌보고 그토록 많은 일을 돌봐야 할 몸이라면.'[66]

그 왕은 결혼한 자, 아이를 낳은 자 등 다른 모든 사람들에 대해, 누가
자기 아내를 아끼고, 누가 학대하는지, 누가 다투고 있는지, 어느 집이
화평하고, 어느 집이 그렇지 않은지를 감독해야 하는데, 마치 의사가 순
회하면서 맥을 짚고는, '열이 있네, 두통이 있네, 통풍이네, 금식하게, 먹 73
어라, 목욕을 해서는 안 되네, 절제해야겠네, 소작(燒灼)해야겠네'라고
말하는 식이네. 개인적인 의무에 얽매여 있는 사람에게 어디 그럴 틈이 74
있을 수 있겠는가? 자신의 아이들을 위해 옷을 만들어 줘야 하지 않겠
는가? 자, 아이에게 필기용 작은 서판과 철필을 들려서 읽고 쓰는 선생
님께 보내 주어야 하고, 게다가 어린이용 침대도 준비해야 하지 않겠는

---

65  여기서 퀴니코스 교도를 왕으로 본다. 사사로운 일에 관여하지 않는 자가 왕이 될 수 있
   을지라는 의미.
66  호메로스, 『일리아스』 제2권 25행. 아가멤논 왕에 대해서 했던 말이다.

가? 왜냐하면 그들은 어머니의 자궁을 나오는 순간부터 퀴니코스 교도일 수는 없기 때문이네! 하지만 그렇게 해 줄 수 없다면, 태어날 때 그들을 버리는 것이[67] 그런 식으로 멸망하도록 내버려 두는 것보다 나았을 것이네. 생각해 보라. 우리가 우리의 퀴니코스 교도를 어느 정도로 타락시키고, 어떻게 그에게서 왕의 품격을 빼앗는지를?

76

'그렇습니다만, 크라테스는 결혼했습니다.'[68]

네가 나에게 말하는 것은 '사랑'(연애)에서 나온 특별한 경우이고, 게다가 그 여자는 또 다른 크라테스인 것이네.[69] 그러나 우리가 탐구하는 것은 특별한 사정이 없는 일반적인 의미의 결혼에 관련된 것이네. 그런 맥락에서 우리는 현재 상황에서 결혼이 퀴니코스 교도들에게 우선적 사항이라는 것이 찾아지지 않는다는 것이네.

77

'그렇다면 퀴니코스 사람들은 어떻게 사회 공동체를 존속할 수 있을까요?'라고 젊은이가 물었네. 신에 맹세코 말하지만, 자기 대신에 두세 명의 못생긴 콧등을 가진 아이들을 세상에 내놓은 인간들이, 모든 사람이 무엇을 하고 있는지, 어떻게 살고 있는지, 무엇에 관심을 기울이며, 의무를 저버리고 무엇을 소홀히 하는지를 가능한 한 감시하는 사람보다 더 큰 기여를 행하고 있는 것인가? 또 자기 자식을 남겨 둔 많은 사람

78

---

**67** 당시에는 여러 가지 이유로 아이를 유기하는 관습이 있었다.

**68** 크라테스는 같은 퀴니코스의 교도인 히파르키아를 아내로 두었다(DL 제6권 96 참조). '또 다른 크라테스'란 말은 그녀 역시 퀴니코스 교도였다는 뜻이다.

**69** 퀴니코스 교도였던 남편 크라테스와 결혼해서 퀴니코스가 된 예외적인 여성으로 히파르키아가 있다. 이들의 '로맨틱한 사랑을 통한' 두 사람의 결혼에 관련된 일화에 대해서는 DL 제6권 96 참조.

들이 자식 없이 죽은 에파미논다스[70]보다 테바이에 더 큰 이익을 가져 다줬을까? 그리고 50명의 하찮은 아이들을 둔 프리아모스나 다나오스 나 아이올로스가 호메로스보다 더 많이 공동의 좋음에 공헌했을까?[71]

게다가 장군이나 책을 쓰는 일[72]을 하다 보면, 결혼이나 자식을 낳는 일 에서 멀어지게 될 것이고, 자식이 없었던 것에 대한 대가로 아무런 가치 가 없었다고 생각하지 않겠지만, 퀴니코스 왕권의 품격이 자녀가 없는 것과 동등한 가치를 갖지 못하는 것일까? 어쩌면 우리가 진정한 퀴니코 스 교도들의 위대함을 인식하지 못하고, 또한 디오게네스의 성격에 대 한 진정한 가치를 그려 내고 있지 못하고 있는 것이 아닌가? 오히려 아 마도 공공장소에서 방귀를 뀌는 것[73] 외에 그 무엇 하나 고대의 사람들 을 흉내 내는 일이 없으며, '식탁의 파수꾼들'[74]에 지나지 않는 현재의

---

70 에파미논다스(B.C. 420~362경)는 테바이의 장군으로, 레우크트라의 전쟁(B.C. 371), 만티네이아 전투(B.C. 362)에서 스파르타군을 물리쳤으나 청빈을 감수하고 평생 독신 으로 살았다고 한다.

71 세 사람 모두 호메로스의 작품 속에 등장한다. 헬라스 신화에서 트로이아 왕인 프리아 모스는 50명의 자녀를 두었고, 다나우스는 50명의 딸을, 아이올로스는 바람을 바위굴 에 가둬 놓고 뜻대로 조종하는 힘을 제우스에게서 부여받은 것으로 알려진 인물로 6명 의 아들과 6명의 딸이 있었다고 한다.

72 각각 에파미논다스와 호메로스를 말한다.

73 뤼케이온의 테오프라스토스의 제자였던 마로네이아의 메트로클레스(Metroklēs, B.C. 325경 활동)가 연설 연습 중에 방귀를 뀌어 완전히 낙담해 있을 때, 퀴니코스학파의 크 라테스가 찾아와 그것이 지극히 자연스러운 것임을 보여 주기 위해 스스로 방귀를 뀌 어 보였다. 히파르키아가 메트로클레스의 여동생이었다(DL 제6권 94). 이후 메트로클 레스는 크라테스의 제자가 됐다. 에픽테토스의 언급은 이 일화를 근거로 한 것이라고 생각된다.

74 호메로스, 『일리아스』 제22권 69행. '퀴니코스'는 '개 같은'을 의미하며, 매우 단순하고 사실상 동물적인 삶의 방식을 나타낸다. 에픽테토스는 디오게네스를 이상(理想)으로

81　퀴니코스의 교도에게 우리의 시선을 빼앗기고 있는 것은 아닐까? 그렇지 않으면, 우리는 이러한 퀴니코스의 방식에 당황해하지도 않을 것이며, 퀴니코스 교도들이 결혼하지 않거나 자식을 낳지 않는다고 해서 이상해 하고 놀라지도 않았을 것이네. 인간아, 그들은 전 인류의 친부모이고, 남자는 아들이며, 여자는 딸인 그런 마음으로 모든 사람에게 다가가 모든 사람을 돌보려고 하는 것이네. 아니면, 너는 그들이 쓸데없는 참견

82　때문에 만나는 사람들을 욕한다고 생각하는가? 오히려 아버지로서, 형제로서, 그리고 우리 모두의 아버지인 제우스를 섬기는 사람으로서 그

83　일을 행하고 있는 것이네. 괜찮다면, 나에게 퀴니코스 교도가 정치적 공

84　무에도 참여해야 하는지를 물어보시게.[75] 얼간이야,[76] 너는 퀴니코스 교도가 이미 참여하는 정치체제[77]보다 더 큰 정치체제를 요구하고 있는 가? 아니면, 아테네인, 코린트인, 로마인에게나 마찬가지로 전 인류를 상대로 재원과 세입이나, 평화와 전쟁에 대해서가 아니라, 행복과 불행에 대해, 좋은 운과 불운에 대해, 예속과 자유에 대해 대화해야 할 인간

85　이 아테나이 민회에 나와서 세입이나 재원 얘기를 할까? 누군가가 이와 같은 중요한 큰 정치에 몸담고 있을 때, 너는 나에게 그가 정치에 몸담

---

　　내세우면서도 윤리적 실체 없이 '개 같은' 방식을 채택하는 당대의 거리를 배회하고 있던 퀴니코스들을 무시하고 있다. 그는 이들을 고대의 디오게네스나 크라테스 등과 명확하게 구분하고 있다.

75　스토아학파는 정치적 공무에 참여하는 것을 거부하지 않는다(SVF 제3권 pp. 694~698). 이것은 스토아학파의 현명한 사람의 표준적인 기대였지만(LS 57 F[8], 67 W[3]), 에픽테토스가 설명하는 것처럼 퀴니코스는 정치 참여에 소극적이라고 생각되고 있다. 여기에서 에픽테토스는 초기의 퀴니코스파를 이상화해서 생각하고 있다.

76　직역하면 '좆대가리야'(membrum virile) 정도에 해당한다.

77　우주 규모의 국가를 가리킨다.

고 있는지를 묻는 것인가? 묻는 김에, 그가 공직을 맡아야 하는지를 물어보겠는가? 다시 한번 너에게 말하겠네. 바보야, 그가 이미 맡고 있는 공직 이상으로 더 중요한 어떤 공직을 말하는가?

그럼에도 이런 인물에게도 적절한 종류의 신체가 필요하네. 왜냐하면 그가 폐병을 앓고 마르고 창백한 모습으로 찾아왔다면,[78] 그의 증언은 더 이상 그와 비슷한 무게를 갖지 않기 때문이네. 그 사람은 일반인들에게 혼의 상태를 보여 줌으로써 특별히 그들이 그렇게 쌓아 둔 것들이 없어도 아름답고 좋은 사람일 수 있음을 증명할 뿐만 아니라, 자신의 신체를 통해서도 하늘 아래에서 단순하고 검소한 생활이 신체를 해치는 것이 아님을 보여 주어야만 하는 것이네. '보라, 나와 내 몸이 그 진리에 대한 증거다.' 이런 식으로 디오게네스는 처신했던 것이다. 왜냐하면 그는 건강하게 빛나는 몸으로 돌아다니고, 그의 몸매만으로 많은 사람들의 주목을 끌 수 있었던 것이기 때문이네.[79] 그러나 퀴니코스 교도가 연민을 불러일으킨다면 거지로서 여겨질 것이네. 모두가 그에게서 고개를 돌리고, 모든 사람이 불쾌감을 느낄 것이네. 요컨대 불결하기 짝이 없는 것으로 생각되어, 그 일로 사람들을 쫓아내 버리는 일은 없어야 하네. 오히려 그의 궁핍 자체가 깨끗하고, 사람을 끌어들이는 것이어야만 하는 것이네.

게다가 퀴니코스 교도에게는 이것에 더해서 타고난 매력과 재치가

86

87

88

89

90

---

78 어떤 학자는 이 대목이 앞의 84절의 젊은이에게 말하는 sanniōn(좆대가리야)이란 말로부터의 그릇된 추론이 있다고 제안하기도 한다.

79 "디오게네스는 늘 몸에 오일을 바르고 있어서 언제나 윤기가 있어 보였다고 한다."(DL 제6권 81 참소).

적지 않게 필요하네.──그렇지 않으면 그냥 멍텅구리[80]에 불과한 것이 네.──그것은 자신에게 닥치는 일에 즉각적으로 기민하게 대처하기 위

91  해서이네. 그래서 어떤 사람이 '너는 신들의 존재를 믿지 않는 저 디오 게네스가 아니냐?'라고 말한 사람에 대해, 디오게네스는 '그럼, 왜 나는

92  당신을 신들의 적으로 생각하는 걸까?'라고 응수했던 것이네.[81] 또, 심 지어 알렉산드로스 대왕이 잠들어 있는 디오게네스 편에 서서 '남에게 조언하는 자는 밤새 잠을 자서는 안 된다'라고 한 데 대해, 아직 반쯤 잠 이 든 상태에서 그는 이렇게 말한 것이네. '백성을 맡아서 돌보고 여러 가지로 많은 일을 걱정해야 할 몸이라면.'[82]

93  그러나 무엇보다도 먼저 그의 지도적 중심 부분은 태양보다 더 순수 해야 한다. 그렇지 않으면, 그는 필연적으로 스스로 나쁜 일에 연루되면

94  서 다른 사람을 비난하는 도박꾼과 불량배가 될 수밖에 없을 것이네. 어 떤 것인지 생각해 보라. 이 세상의 왕들과 참주들은 호위병과 무기가 있 기 때문에, 설령 자신들이 나쁘더라도 남을 질책하거나 잘못을 범한 자 들에게 징벌을 가할 수 있지만, 퀴니코스 교도의 경우에는 무기나 호위 병 대신에 양심(to suneidos)이 이런 권능을 부여해 주는 것이기 때문이

---

80  말 그대로 '콧물'을 뜻하는데 여기서는 '머리가 둔하다'는 것을 의미한다.
81  이 일화에 대해서는 DL 제6권 42 참조. 이 일화는 아리스토파네스의 『기사들』 32~34행 에도 나온다.
82  호메로스, 『일리아스』 제2권 24~25 참조. 알렉산드로스 대왕과 디오게네스가 만났을 때, 필요한 것이 없느냐고 묻는 대왕에게 햇볕을 쬐게 가리지 말라고 했다는 이야기가 유명한데(DL 제6권 38 참조), 본문에 나와 있는 에피소드에 대해서는 알렉산드리아의 소피스트인 아이리오스 테온(Ailius Theōn, 기원후 1세기 후반)이 연설 연습용으로 엮 은 *Progumnasmata/praeexercitamina*, 5에도 나온다. 이 일화의 요지는 디오게네스가 반쯤 깨어 있을 때에도 어느 정도 적절한 말을 할 수 있다는 것이다.

네. 그의 동료 인간을 위해 밤잠을 설치고, 노고를 거듭하여, 깨끗한 상 95
태로 잠들었다가 잠이 든 후에는 더욱 깨끗함을 유지하고, 그의 가슴으
로는 신들의 벗으로, 하인으로 제우스의 지배에 참여하는 자로서 생각
하며, 모든 경우에도 기꺼이 '나를 이끄소서, 오, 제우스여, 그리고 그대
운명의 신이시여'[83]라는 시구를 외우면서, '그것이 신들의 마음을 기쁘
게 한다면, 그렇게 되었으면'[84]이라는 말을 해야 한다는 것을 알면서도,
어떻게 그의 형제와 아이들에게, 한 마디로 모든 친족에게 아낌없이 솔 96
직하게 말할 용기가 생기지 않을 수 있겠는가?

이런 이유로 이러한 마음의 상태에 있는 사람은 쓸데없는 일이나, 참 97
견하는 일이 없는 것이네. 왜냐하면 인간이 하는 일을 감시할 때는 남의
일로 참견을 하는 것이 아니라, 오히려 자기 일을 하는 것이기 때문이
다. 그게 아니라면, 장군이 그의 군대를 감시하고, 열병하고, 지켜보고,
질서를 어지럽히는 자들을 처벌할 때, 그가 참견을 하고 있다고 하면 되
는 것이다. 그러나 만일 네가 소매 밑에 과자를 숨기고 남을 비난한다 98
면, 나는 너에게 이렇게 말하겠네. 너는 차라리 구석에 가서 네가 훔친
것을 먹으려고 하지 않느냐? 다른 사람의 일이 너와 무슨 상관이 있는 99
가? 원래 너는 누구냐? 너는 황소이거나, 아니면 여왕벌인가? 여왕벌이
라면, 자연 본성에서 비롯된 권위의 징표를 나에게 보여라. 하지만 여왕
벌의 지위를 참칭하는 수벌이라면 꿀벌[85]들이 수벌을 쓰러뜨리듯이, 동

---

**83** 클레안티스, 『제우스 찬가』. 제2권 제13장 42절 참조. 『엥케이리디온』 제53장 참조. 클
레안티스는 초기 스토아학파의 제2대 수장이었다.

**84** 플라톤, 『크리톤』 43D 참조.

**85** 꿀벌은 일하는 벌을 말한다. 생식에만 관계된 수벌늘은 곧 일벌늘에 의해 죽임을 당한

료 시민들이 너를 쓰러뜨릴 것이라고 생각하지 않는가?

100 퀴니코스 교도는 대중으로부터 무감각하고 돌과 같다고 생각할 정
도의 인내력[86]을 가지고 있어야 한다. 아무도 그를 욕할 수 없고, 아무도
그를 타격할 수 없으며, 아무도 그를 괴롭힐 수 없다. 그의 보잘것없는
101 몸은 원하는 누구에게나 마음대로 처분하라고 내맡겨 놓는다. 더 열등
한 사람은 그 열등한 점에서 필연적으로 더 나은 사람에게 질 수밖에 없
다는 것, 또 신체에서는 많은 사람보다 더 약한 사람이 더 강한 사람보
102 다 뒤진다는 것을 그는 명심하고 있기 때문이네. 그래서 그는 자신이 패
배할 수도 있는 이 경쟁에는 뛰어들지 않고, 자신과 관계없는 일로부터
는 즉각적으로 멀어지고, 노예적인 일에 대해서는 아무런 주장을 하지
103 않는 것이네. 그러나 한편으로 의지나 인상을 사용하는 능력에 관련되
는 곳에서는, 아르고스[87]는 그와 비교하면 장님이라고 말할 수 있을 정
도로 그가 그렇게 많은 눈을 가지고 있다는 것을 너는 알게 될 것이네.
104 그에게는 승인이 성급하거나, 충동이 무모하거나, 욕구가 빗나가거나,
회피가 피하고자 하는 것에 떨어지거나, 계획이 좌절되거나, 남을 비난
105 하거나, 모욕하거나, 질투하는 일은 없을 것이다. 그는 이런 장면에서는
많은 사람들에게 주의를 기울이고 긴장하지만, 그 외의 일에 관련해서
는 반듯이 누워 코를 골며, 완전히 평화로워지는 것이네. 의지에는 도적
도 없고, 참주도 없는 것이네.[88] 하지만 보잘것없는 몸에는 어떤가? 물

다(아리스토텔레스, 『동물지』 제9권 제40장 625a15 참조).
86 디오게네스가 인내심이 강했던 것에 대해서는 DL 제6권 2, 7, 23, 34 참조.
87 100개의 눈을 갖고 있다는 신화상의 인물.
88 마르쿠스 아우렐리우스 『자기 자신에게 이르는 것들』(제11권 36)에서도 인용되고 있

론 있고말고. 그의 비참한 재산에 대해서는 어떤가? 물론 있고말고. 그
리고 지배와 명예에도 마찬가지로 있는 것이네. 그렇다면 그가 그것들
과 무슨 관련이 있다는 말인가? 그런 것들 때문에 그를 겁주는 사람이
있으면, 그는 이렇게 말한다네. '여기서 나가, 아이들을 찾아보게. 아이
들은 가면 탈을 두려워하지만, 나는 그것이 진흙으로 만들어진 것이며,
그 안에 아무것도 없다는 것을 알기 때문이네.'

네가 숙고하는 일의 본질은 이런 것들에 대한 것이네. 그러므로 신에
게 맹세코 말하지만, 네가 마음을 먹으면 퀴니코스 교도가 되는 결정을
잠시 미루고, 우선 너에게 그럴 마음가짐이 되어 있는지를 살펴보기를
요청하네. 헥토르가 아내 안드로마케에게 뭐라고 했는가를 보라. '집으
로 돌아가서 베를 짜도록 하라.'


'그러나 전쟁은 남자의 일이네.
남자들 모두의, 특히 내 몫이네.'[89]


이처럼 헥토르는 자신의 마음가짐과 아내의 무력함을 자각하고 있
었던 것이네.




다. 즉 누구도 프로하이레시스(의지)를 빼앗아 갈 수 없으며, 또한 그것을 지배할 참주
도 없다는 것이다.

89 호메로스, 『일리아스』 제6권 492~493행. 헥토르와 안드로마케의 이별하는 장면에서
눈물을 흘리는 아내에게 상냥하게 건네던 말이다.

# 제23장

# 과시할 목적으로 낭송하고 토론하는 사람들에게[1]

1　네가 어떤 사람이 되고 싶은지를, 먼저 너 자신에게 말하라. 그렇게 하고 나서 네가 하는 일을 그에 따라서 행하면 된다. 거의 다른 모든 경우

2　에도 그렇게 행해지는 것을 볼 수 있기 때문이다. 경기 선수는 먼저 자신이 어떤 선수가 되고 싶은지를 결정하고, 그런 다음 이를 따르는 일

---

1　에픽테토스는 이 담론을 통해 '진정한 철학 교사의 역할'을 그의 당대(55~135)에 잘 알려진 역할인 '소피스트'(소피스테스) 또는 '과시하는 연설가'의 역할과 대조하고 있다. 에픽테토스는 우리가 헬라스-로마 문화사에서 두 번째 소피스트 운동과 연관되는 시기의 초기, 즉 60~230년에 살았다. 과시 또는 과시 연설(웅변)을 전개하는 소피스트는 판과 무우사(11절)의 ekphraseis(언어적 그림)를 제시하고, 그리고 신화적 또는 서사적 이야기(아킬레우스의 죽음[35절]) 또는 역사에서의 극적인 에피소드(페르시아와의 전쟁[38절])를 다시 이야기한다. 이와 대조적으로 소크라테스(21~22절, 25절)나 무소니우스 루푸스(29절)와 같은 철학 교사는 겉으로는 덜 매력적이지만, 훨씬 더 가치 있는 담론, 즉 마음(혼)의 치료(27~31절)를 제공한다. 이 장의 제목에 나오는 '과시 연설'(epideiktikos logos)에 대해서는 아리스토텔레스 『수사학』 제1권 제3장 1358b6 아래 참조. 아리스토텔레스에 따르면, 연설에는 세 가지 종류가 있으며, 민회 참가자를 대상으로 하는 심의적 연설(sumbouleutikon), 법정에서의 고발이나 변론을 목적으로 행하는 법정 연설(dikanikon), 관중 내지는 청중을 대상으로 행하는 과시 연설(epideiktikon) 등이다. 과시 연설은 소피스트가 사용하는 것으로 누군가를 칭찬하거나 비난하는 것을 목적으로 하는 것이다.

을 한다. 만일 장거리 주자가 되고 싶다면, 그에 걸맞은 음식과 산책과 마사지와 훈련을 채택해야 한다. 만일 단거리 주자가 되고 싶다면, 그에 걸맞은 다른 많은 것들이 필요하다. 누군가가 5종 경기의 선수가 되고 싶다면, 더욱 다른 것이 필요하다. 기술의 경우에도 이와 마찬가지라는 것을 너는 발견할 것이다. 목수가 되고 싶다면, 그에 걸맞은 이런저런 일이 필요할 것이고, 대장장이라면 그에 맞는 일이 있을 것이네. 우리가 행하고 있는 모든 일마다 어떤 목적에도 관여하지 않았다면, 우리는 마구잡이 행동을 하는 것이 될 것이다. 또 목적으로 해서는 안 되는 것을 목적으로 한다면, 우리는 잘못된 행동을 하는 것이 될 것이다. 3

게다가 목적에는 일반적인 것과 개별적인 것이 있다. 첫 번째는 인간 으로서의 목적이다. 여기에는 무엇이 포함되어 있는가? 비록 행실이 얌 전하다고 할지라도, 양처럼 행동하는 것은 아니며, 야수처럼 해로운 행 동을 하는 것도 아니다. 개별적인 목적은 각자의 삶의 영위와 의지(프 로하이레시스)와 관련되어 있다. 키타라 연주자는 키타라 연주자로, 목 수는 목수로, 철학자는 철학자로, 연설가는 연설가로 행동한다. 그래서 네가 '이리 와서 내가 여러분에게 낭독하는 것을 들으세요'라고 말할 때는, 먼저 자신이 마구잡이로 행동하고 있지 않은지를 생각하라. 다음 으로, 자신이 목적을 갖고 행동하고 있다는 것을 알게 되면, 그것이 적 절한 목적인지를 생각하라. 4 5 6

너는 이익을 얻고 싶은 것인가, 칭찬을 받고 싶은 것인가? 그러면 너 는 즉시 그 사람이 '제가 대중으로부터 칭찬을 받는 것이 무슨 문제인 가요?'라고 말하는 것을 듣게 된다. 잘 말한 것이네. 왜냐하면 음악가에 게 음악가인 한, 그런 칭찬은 큰 문제가 아니며, 가하학자에게도 마찬 가지이기 때문이다. 그렇다면 니는 이익을 얻고 싶은가? 어떤 점에서인 7 8

가? 우리에게 그것을 말해 줘라. 그러면 우리는 스스로 너의 강의실로 달려갈 것이네. 그런데 사람이 자기가 이익을 얻지도 않았는데, 남에게 이익을 줄 수 있을까? 그렇지 않네. 목수가 아닌 자가 목수의 기술로 이끌지 못할 것이고, 제화공이 아닌 자가 구두 만드는 기술로 이끌지 못할 것이기 때문이다.

9     그러면 네가 어떤 이득을 얻고 있는지 알고 싶은 것인가? 철학자여, 네 판단을 내놓아 보게나. 욕구가 약속하는 것은 무엇인가? 욕구하는 것을 얻는 데 실패하지 않는 것. 회피가 약속하는 것은 무엇인가? 회피

10 하고자 하는 것에 빠지지 않는 것. 자 이제, 우리는 그들이 약속한 것을 충족하고 있을까? 나에게 진실을 말해 주게. 네가 진실을 말하지 않는다면, 내가 너에게 말할 것이다. 얼마 전 너의 청강자들이 다소 무관심한 모습으로 모여들어 너에게 박수갈채를 보내지 않았을 때, 너는 의기

11 소침한 채로 걸어 나왔다. 또 다른 날에는 환호를 받았을 때, 그 근처를 돌아다니며, 모든 이에게 이렇게 물은 것이네.

'내 강의를 어떻게 생각했나?'

'선생님, 진심으로 말씀드리지만, 그것은 정말 훌륭했습니다.'

'그 구절의 이야기는 어땠어?'

'어느 곳이었나요?'

'내가 판과 님페²를 그려 보인 대목이지.'³

'그것 엄청났지요.'

12     그래서 내가 너에게 묻는데, 너는 욕구와 회피에서 자연을 따르고 싶어 하는 행동을 하고 있는가? 여기서 나가서 다른 사람을 설득해 보라

13 구! 그리고 요전 날에는, 너는 자신의 신념에 반해서 누군가를 칭찬하지 않는가? 그 원로원 의원에게 아부하지 않는가? 네 아이가 그런

사람이 되었으면 좋겠다고 생각하지 않았나?——'절대 아닙니다.'

그렇다면 네가 그 사람을 칭찬하거나 비위를 맞추는 것은 무엇 때문 **14**
인가?

'그는 소질이 있는 젊은이고, 강의를 듣고 싶어 하는 거죠.' 어떻게 너
는 그런 것을 알 수 있는가?

'그가 나를 찬양하니까요.'

너는 증명을 해보인 셈이다. 그렇다면 너는 어떻게 생각하고 있는
가? 그들은 남몰래 너를 경멸하고 있는 것이 아닌가? 즉, 아무런 좋은 **15**
일을 한 적도 또는 생각해 본 적도 없다고 생각하는 사람이, '너는 훌륭
한 재능을 가졌네. 솔직하고 순수한 사람이네'라고 자신을 칭찬하는 철
학자를 만났을 때, '이 사람이 어떤 식으로든 나를 이용할 속셈이군'이
라고 자신에게 타이르는 것 이외에 다른 일을 한다고 생각하는가? 그렇 **16**
지 않으면, 나에게 말해 보게. 그 청년이 재능을 가지고 있음을 보여 주
는 일을 해 보였는가? 보게나. 그는 이렇게 오랜 시간을 너와 함께 있었
고, 너의 문답을 듣고 강의를 청강한 셈이네. 그래서 그가 침착해지고

---

2 판(Pan)은 펠로폰네소스 반도 중앙지대의 아르카디아 지방의 목신(牧神)으로 상반신
은 털이 많은 인간의 모습으로 뿔을 가지며, 하반신은 염소 모습을 하고 있었다. 한낮
에 나무 그늘에서 잠을 자고 이를 방해하는 자를 공포에 빠뜨렸다(panic의 어원). 넘페
(numphē)는 산천초목에 있는 모든 것이 의신화된 것으로 젊고 아름다운 여성들의 모
습으로 표상된다. 이들은 불사는 아니지만 매우 장수했다.

3 에픽테토스가 살았던 시대는 이른바 제2차 소피스트 운동이 한창일 때였고(1차는 말
할 것도 없이 소크라테스의 시대이다), 소피스트들 사이에서 그림의 주제를 말로 표현
하는(ekplasis = 도상화) 일이 자주 이루어졌다. 이를테면, 판, 넘페(11절), 아킬레우스
의 죽음(35절), 페르시아 전쟁(38절) 등이 도상(圖像)의 예로 거론되는데, 이것은 소크
라테스(21절, 25절), 루푸스(29절)의 진정한 학자의 태도가 비교된다.

자신을 들여다보게 됐는가? 어떤 악덕에 빠져 있다는 것을 깨닫게 되었
는가? 자신의 자만심을 내팽개쳤는가? 그는 자신을 가르칠 사람을 찾
고 있는가?

'네, 찾고말고요.' 그 사람이 말했네.

어떻게 살아야 하는지를 가르쳐 줄 사람인가? 아니네, 이 어리석은
사람아. 그게 아니라, 어떻게 수다를 떨어야 하는지를 가르치는 사람일
것이네! 그것 때문에 네 일에도 감탄하고 있는 것이네! 그가 무슨 말을
하는지 들어 보게. '이 사람은 매우 기교를 부리는 글을 씁니다. 심지어
이 사람은 디온[4]보다 훨씬 더 잘합니다.' 완전히 잘못 알고 있는 것이네.
'이 사람은 신중하고, 성실하고, 평정을 잃지 않습니다'라고 말하는 것
이 아니지 않은가? 설령 그런 말을 했다고 해도, 나는 그에게 '이 사람
이 성실하다면, 성실이란 정확히 무엇인가'라고 물을 것이다. 그가 이
물음에 답하지 못하면, 이런 말을 덧붙일 것이다. '우선 네가 무슨 말을
하는지 배우라. 그런 다음 그렇게 말하면 되는 것이네.'

그러면 너는 그런 나쁜 상태이면서도, 칭찬해 줄 사람을 갈망하고,
청강생의 수를 셈으로써 남에게 이익을 베풀려고 하는가?

'오늘은 꽤 많은 사람들이 내 강의를 들으러 왔네.'

'분명히 많은 청중이 왔습니다.'

'아마 오백 명쯤은 됐을 거예요.'

'말도 안 되는 소리, 천 명으로 해 둡시다.'

---

4  이 시대의 연설가로 알려진 소아시아 프루사 출신의 소피스트인 디온 크뤼소스토모스
   (Diōn Chrusostomos, 40~115)를 말한다. 19절도 참조. 크뤼소스토모스는 '황금의 입'
   을 뜻하는 별명을 가진 뛰어난 웅변가로, 몇몇 작품이 현존한다.

'디온에게도 결코 이만한 청강생이 없어.'

'왜 그에게는 없습니까?'

'그들은 멋들어진 논설[5]을 지각하고 있다네.'

'선생님, 아름다움은 돌도 움직일 수 있다는 것이군요.'[6]

보라, 이것이 철학자의 말이다. 보라, 이것이 동료 인간에게 이익을 [20]
주고자 하는 자의 마음의 상태다! 이것이 이성에 귀를 기울이고, 소크
라테스 말을 소크라테스의 말로 [큰 소리로] 읽으며, 뤼시아스나 이소
크라테스[7]의 것인 양 읽지 않는 자이네! '나는 진작부터 이상하게 생각
했지만, 도대체 "어떤 몇 가지 논의에 의해서…."' 아니네, 오히려 '어떤
논의에 의해서'라고 말하는 편이 표현이 더 부드러워진다.[8] 너는 그 말 [21]
을 시구라고 생각하고 읽었는가? 만일 네가 마땅히 해야만 하는 올바른

---

5  즉 수사적으로 탁월한 문체로 장식된 상투적인 말투들.

6  이것은 진지한 칭찬의 의도로 받아들여지고 아마도 대중적인 '속담'(Upton이 제안한
   것처럼 '음악이 매력을 지닌 것처럼' 또는 '바로 그 돌이 소리를 지를 것이다')으로 간주
   된다. 나무들이 오르페우스의 아름다운 음악을 듣기 위해 따라갔으며, 또는 돌들이 스
   스로 테베의 성벽을 쌓았다고 하는 신화와도 연관이 있다. 후자는 헬라스 신화에 암피
   온과 제토스 쌍둥이에 의한 테베 도시 건설 이야기와 관련이 있다. 음악이 뛰어난 암피
   온이 뤼라를 어루만지면, 돌이 스스로 움직이기 시작해서 성벽을 쌓았다는 것이다, 요
   컨대, '아름다운 것은 모든 것을 감동시킨다'는 뜻으로 쓰인다. 그러나 '연설가가 진정
   한 철학자가 해야 하는 것처럼 명예(to kalon, 아름다움)와 덕을 설교했다면, 청중에게
   성공을 거두지 못했을 것이다.'

7  뤼시아스(B.C. 459?445?~380?378?경)와 이소크라테스(B.C. 436~338)는 기원전 5세
   기 말과 4세기에 활동한 유명한 아테나이의 연설가(수사학자)들이다.

8  수사학자들은 크세노폰의 『회상』의 시작하는 단어("어떤 몇 가지 논의에 의해서…")가
   복수 logois 대신 단수 logō를 사용하면 더 좋아지지 않았을지의 여부에 대해 논쟁했을
   것이다. 요컨대, '논의'(logos)는 복수형보다 단수형이 낫다는 뜻이다. 여기서는 철학자
   말의 진의를 헤아리기보다 연설가처럼 수시 표현에 신경을 쓰는 예로 꼽힌다.

방식으로 읽었다면, 너는 그런 사소한 일에 관여하지 않고, 오히려 다음과 같은 말에 눈을 돌렸을 것이기 때문이네. '아뉘토스와 멜레토스도 나를 죽일 수 있지만, 나를 해칠 수는 없을 것이네.'[9] 그리고 또, '나란 사람은 늘 그렇겠지만, 곰곰이 생각해 보고 내가 최선이라고 생각할 만한 논의가 아니라면 내 안의 다른 어떤 것에도 따르지 않겠다.'[10] 그런 이유로 소크라테스가 '내가 무언가를 아는데, 내가 그것을 가르쳐 주겠다'라고 말하는 것을 들은 사람이 있는가? 오히려 소크라테스에게 와서 그에게 철학자에게 소개해 달라고 부탁하자, 소크라테스도 그 사람을 데려가 소개해 주곤 했던 것이네.[11] 아니네, 오히려 그들을 보내면서 '오늘은 내가 콰드라투스[12]의 집에서 문답하는 것 들으면 좋겠다'라고 말할 것이다. 나는 너에게서 어떤 이야기를 들을까? 너는 나에게 단어들을 멋지게 늘어놓는 모습을 보여 주고 싶으냐? 인간아, 물론 너는 그렇게 잘하겠지만, 그것이 너에게 무슨 좋은 일인가?

'어쨌든 저를 칭찬해 주세요.'

---

9  이 구절은 플라톤, 『변명』 30c(제1권 제29장 18절, 제2권 제2장 15절 참조)에서 소크라테스의 말을 인용하고, 『엥케이리디온』 제53장에서도 인용되고 있다. 에픽테토스가 좋아하는 말이다.

10  플라톤, 『크리톤』 46b를 수정해 인용하고 있다.

11  제3권 제5장 17절 참조. 소크라테스가 젊은이들을 프로타고라스나 히피아스와 같은 당시 저명한 소피스트에게 데려간 사실은 플라톤 『프로타고라스』 311a, 314e 아래 등에서 확인할 수 있다.

12  로마 제국에서는 부자들의 문인들을 집으로 초대해서 글을 암송하는 것이 일반적이었다. 콰드라투스(Quadratus)는 이러한 낭송으로 문인들을 초대한 주인에 대한 이름으로 사용되고 있다. 콰드라투스가 누구인지도 알려져 있지 않으며, 그러한 부자의 한 사람으로 여겨진다. 당시에 맞는 설정인지는 모호하다.

칭찬해 달라는 게 무슨 뜻인가?—'"대단해"라든가, "놀랍네"라고 <sub>24</sub>
말해 주세요.'—그래 좋아, 그렇게 말하지, 그러나 칭찬이 철학자들이
좋음의 범주에 속한다고 말하는 것과 같다면, 나는 너의 어디를 칭찬해
야 할까? 올바르게 말하는 것이 좋음이라면, 그것에 대해 나에게 가르
쳐 주게. 그러면 너를 칭찬해 줄 것이다.

'그렇다면 어때요. 그런 얘기를 듣는 게 즐거우면 안 되나요?' 절대 <sub>25</sub>
로 그렇지 않네! 나도 즐거움이 없이는 뤼라 연주를 듣지 않네. 그렇다
고 해서 내가 일어서서 뤼라를 타야만 하는 걸까? 소크라테스가 뭐라고
말했는지 들어 보라. '또한 실제로 배심원 여러분, 이 나이에 젊은이처 <sub>26</sub>
럼 여러분 앞에 나서서 이야기를 꾸며대는 것은 적합하지 않을 것입니
다.'¹³ '젊은이처럼'이라고 소크라테스는 말한다. 사실상, 멋진 말을 골
라 모아서 그것들을 나열하거나, 그것들을 능숙하게 읽거나 말하거나,
혹은 읽는 도중에, '맹세코 말하지만, 이러한 논의에는 많은 사람이 따
라갈 수 없어'라고 말하는 기술은 훌륭한 것이니까.

철학자는 자신의 강의를 듣도록 사람들을 초대하지 않나요? 아니네, <sub>27</sub>
오히려 마치 태양이 자기 쪽으로 그 자양분을 이끌어 들이는 것처럼,¹⁴
그렇게 철학자들도 혜택을 보려는 사람들을 자기 쪽으로 끌어당기는
것이 아닌가? 어떤 의사가 누군가에게 자신에게 치료받으러 오라고 초

---

13  플라톤, 『변명』, 17c. 소크라테스는 재판에서 변명을 시작하기에 앞서 미사여구로 장식
된 말이 아닌, 자연스럽게 나오는 말로 이야기하고 싶다고 말한다. "내가 젊은 애처럼
말을 지어내면서 여러분 앞에 나선다는 건 분명 적절하지 않을 일일 테니까요."

14  스토아학파는 태양은 그 자양분을 공급하기 위해 거대한 바다로부터 끌어올려진 증기
로 구성되어 있다고 생각했다(제1권 제19상 11설 참조). DL 제7권 145 참조.

대한 적이 있는가? 오늘날 로마에서는 의사들이 초대하는[15] 것으로 내
가 듣고 있긴 하지만, 오히려 내가 있었을 때에는, 초대받는 것은 의사
들이었네! '내가 너희들을 초대한 것은 여기 와서 너희들의 상태가 좋
지 않고, 너희들이 모든 일에 조심해야 할 것 이외의 것에 신경을 쓰고
있고, 무엇이 좋은 것인지 나쁜 것인지를 구별하지 못하고, 너희들이 비
참하고 불행한 상태에 있다는 것을 듣게 하기 위해서이네.' 이것은 얼
마나 멋진 초대인가! 그렇지만 철학자의 이야기에 이러한 효력이 없다
면, 그 말도 생명이 없는 것(시체)이며, 그것을 말하는 사람도 또한 그
런 것(시체)이네. 루푸스[16]는 '만일 너희에게 나를 찬양할 충분한 겨를
이 있다면, 나도 아무런 의미가 없는 말을 하고 있는 셈이네'[17]라고 말하
기 일쑤였다네. 그래서 실제로 그는 우리 각자가 앉아 있을 때, 누군가
가 자신을 비난하고 있다고 생각하는 그런 식으로 이야기하곤 했네. 그
런 식으로 실제로 우리가 행하는 일에 관여했고, 그런 식으로 각자의 결
점을 눈앞에 생생하게 드러낸 것이었네.[18]

인간아, 너희 철학 학교는 치료를 하는 곳이네.[19] 너는 즐거워서가 아

---

15 자기에게 치료받으라고 '광고하는' 것을 뜻한다.

16 에픽테토스가 무소니우스 루푸스에게서 철학을 배우고 있다

17 A. Gelluis, 『아티카의 밤』 5.1.1 참조.

18 이 대목은 에픽테토스의 가르침과 그 이유, 학생으로부터 받기를 바라는 그의 기대를
표명하고 있다. 의사로서의 철학자인 에픽테토스의 임무는 학생들의 정신적, 도덕적
결점을 식별하는 것이며, 그가 말하는 가르침의 목표를 이해하고 실천하기를 고무시키
는 것이었다.

19 알렉산드로스 도서관 현관에는 "혼의 치료소"(iatreion tēs psuchēs)라는 현판이 있었다
고 한다.

니라 괴로워하며 돌아가야만 하는 것이네. 즉 그건 너희가 왔을 때 건강한 상태로 온 게 아니라, 한 사람은 어깨가 탈구(脫臼)되었고, 또 한 사람은 종기가 났고, 다른 사람은 염증이 있으며, 또 다른 사람은 머리에 열이 생겨서 찾아오는 것이네. 그런 다음, 내가 거기서 의자에 앉아 대 31 수롭지 않은 생각이나 멋들어진 말을 하고 있는데, 그것은 너희들이 나를 칭찬하고, 왔을 때와 같은 어깨 상태에서, 똑같이 두통이 오고, 종기가 있는 채로, 누관(瘻管)[20]을 가진 채로 돌아가기 때문일까? 너희가 사 32 소한 말을 했을 때, 내가 '좋네'라고 말하기 위해, 젊은이들은 고향을 떠나 부모나 친구, 친척이나 재산과 작별을 고하고 찾아오는 것일까? 소크라테스나 제논이나 클레안테스가 했던 일이 그런 일이었을까?

'그러면 어때요, 논의에는 권고적 양식(스타일)이라는 게 있지 않습 33 니까?'

누가 그것을 부정하는가? 그것은 마치 논박적인 양식이나 교훈적인 양식이 있는 것과 같은 것이네. 그러나 이것들과 함께 네 번째 것으로서 누가 과시 연설용 양식이 있다는 것을 누가 말했는가?[21] 권유적 양식 34 이란 어떤 것인가? 그것은, 한 개인이든 또는 많은 사람에 대해서든, 그

---

20  누관(fistula)이란 염증성 질환에 의해 체내에 생기는 관 모양을 말한다.

21  '과시적 연설'은 법정의 양식과 심의적 양식과 함께 수사술에서 인정된 양식이다. 그러나 에픽테토스는 이것이 철학적 가르침의 네 번째 논의 방식이 아니라고 강조한다. 여기서는 논의를 권유적 논의(프로트렙티코스), 논박적 논의(엘렝코스), 교사적 가르침의 논의(didaskalokos) 세 가지로 구분하고 있다. 그러나 네 번째 '과시적 연설'(epideiktikos)은 소피스트적 연설 양식일 뿐이다. 담론에서 볼 수 있듯이 앞서 언급한 세 가지 논의 방식이 에픽테토스의 윤리적 가르침 방식에 결합되어 있다는 제안에 대해서는 A. A. Long, pp. 54~57 참조. 그리고 이러한 스타일과 소크라테스 및 제논과 같은 철학자 간의 연결에 대해서는 제3권 제21장 19절에 대한 주석을 참조.

들이 얽혀 있는 모순을 보여 주거나, 자신이 원하는 것 이외의 모든 것에 그들의 마음을 쓰고 있다는 사실을 보여 줄 수 있는 것이네. 그들은
35  행복을 가져다주기를 바라지만, 그것을 다른 곳에서 찾고 있는 것이네. 이것을 지적하기 위해, 천 개의 좌석을 마련해 청강생을 초빙해 멋진 외투와 옷을 입고 강단에 올라 어떻게 아킬레우스가 죽었는지 말해 주는 것이 필요한 것인가? 신들에게 맹세코, 너희에게 이르되 훌륭한 말이
36  나 행위를 더럽히는 일은 되도록 하지 말라. 강의하는 자가 청강자들에게 너희를 필요로 한다고 털어놓는 것만큼 더 권유적인 것은 없는 것이
37  네.[22] 아니면, 나에게 말해라. 너의 낭독과 문답을 듣고, 청강자 중의 누가 자신에 대해 관심을 갖게 되거나, 자신에게 돌아서거나,[23] 혹은 물러나갈 때, '이 철학자가 나를 제대로 포착해 냈어. 이제 더 이상 이러면
38  안 된다'라고 말했는가? 아니, 오히려 네 평판이 매우 높다면, 그는 사람들을 향해 '그 선생님은 크세르크세스를 멋지게 묘사했습니다'라고 말하고, 다른 사람은 '아니, 테르모퓔라이 전투[24]에 대한 그의 설명이 더 훌륭했습니다'라고 말하는 것일까? 이것이 철학자가 하는 강의인가?

---

**22** 이 구절은 과시적 연설과 연설가가 서사시의 영웅의 예를 길게 이야기함으로써 권유할 수 있게 하는 많은 청중이 필요하다는 것을 옹호하는 가상의 학생의 에픽테토스에 대한 반박으로 이해하기도 한다(A. A. Long, p. 54). 요컨대 신이 자신의 능력을 발휘할 우주가 필요하듯이 선생은 학생이, 연설가는 청중이 필요한 것이다. 서로는 서로를 필요로 한다는 말이겠다.

**23** 즉, 반성하거나.

**24** 테살리아와 로크리스 사이의 통로로, 스파르타의 왕 레오니다스는 300명의 병사로 페르시아 왕 크세르크세스의 맞서 싸웠던 전투이다(B.C. 480).

제24장

# 우리에게 달려 있지 않은 것들에
# 집착하지 않아야만 한다는 것[1]

다른 사람이 자연 본성에 반하는 상태에 있다고 해서, 그것이 너에게 나    1
쁨이 되지 않도록 해야 한다. 왜냐하면 남들과 함께 비굴하거나 불운한     2
것이 아니라, 함께 좋은 행운을 공유하도록 태어났기 때문이다. 하지만
불운을 겪은 사람이 있다면, 자기 자신의 탓으로 불운하다는 것을 기억
하라. 신이 모든 사람을 행복하며 평안하도록 창조하셨기 때문이다. 이    3
목적을 위해 신은 그것에 이르는 시작으로 어떤 것을 각자에게 고유한

---

**1**  이 다소 긴 담론('우리에게 달려 있지 않은 것들에 집착하지[prospaschein] 않아야만 한
다는 것')은 스토아학파의 삶을 영위하려는 사람의 대인 관계를 관리하는 문제에 중점
을 두고 있다. 또한 이것은 외적인 우연이 행복에 영향을 미쳐야 한다는 주장을 반박하
는 논의를 전개하고 있다. 가령, 여행을 가야 할 합당한 이유가 있다면(예를 들어, 철학
학교에 다니기 위해, 78절), 친척을 그리워하거나 어떻게 지내는지 걱정한다고 해서 단
념해서는 안 된다(4절, 18절, 22절, 27절). 우리는 궁극적으로 우리의 행복이 그들의 계
속되는 삶에 달려 있지 않다는 것을 인식하는 방식으로 다른 사람들에게 애정을 가져
야 한다(58~68절, 82~88절). 우리는 또한 일생 동안 사회적, 정치적 활동에 완전히 참
여해야 하지만, 윤리적 원칙을 손상시키지 않아야 한다(44~56절). 이러한 주제에 대해
서는 제1권 제2장, 제2권 제10장 참조. A. A. Long, pp. 232~250 특히 pp. 248~249 참조.

것으로, 어떤 것을 타인에게 속하는 것을 부여해 주었다. 즉 방해받는 것, 빼앗기는 것, 강제적인 것은 각자에게 고유한 것이 아니지만, 방해받지 않는 것은 각자에게 고유한 것이다. 그리고 신은 우리를 배려하고 아버지처럼 지켜보는 자답게, 좋음과 나쁨의 본질(소유, ousia)을 우리에게 고유한 것 속에 두었던 것이다.

4    '하지만 나는 누구와 헤어졌는데, 그가 슬퍼해요.'[2]

왜 그 사람은 자기와 관계없는 일을 자기 일로 생각했는가? 왜 그 사람은 너를 보고 기뻐했을 때, 너는 죽어야 할 것이고, 다른 곳으로 떠날 수도 있다는 것을 생각하지 않았는가? 그래서 그는 단지 자신의 어리석음에 대한 벌을 받고 있는 것이네. 너는 무슨 대가로, 무엇을 목적으로 슬퍼하고 있는가? 아니면, 너는 또한 그러한 일들을 잘 생각하지 못하고, 하찮은 부녀자처럼 어떤 장소, 인간과 삶의 방식 등 네가 기뻐하는 모든 것을 영원히 지속할 수 있을 것이라고 생각하고 대했는가? 그래서 너는 같은 사람을 더 이상 볼 수 없고, 같은 곳에서 더 이상 살 수 없다며 앉아서 눈물을 흘리고 있다. 그러면 까마귀와 갈까마귀가 원하는 곳으로 날아와 다른 곳에 둥지를 틀고 바다를 넘을 수 있어도 처음 만난 것을 두고 한탄하거나 섭섭해할 일은 없지만, 너는 그런 새보다 더 비참한 것이 제격에 맞는 셈이네.

7    '그렇지만, 새들이 그렇게 느끼는 것은 이성이 없기 때문이지요.'

그렇다면 우리가 신들로부터 이성을 부여받은 것은 우리가 불운하고, 불행하며, 비참하고, 한탄하면서 살기 위해서인가? 아니면, 모두가

---

2  사람과의 이별과 같은 외적인 사건으로 사람은 슬퍼하거나 기뻐할 수 있으며, 그것이 행복 불행에 관계되는 것은 아닌가 하는 이의를 제기하고 있다.

불사가 되어, 누구라도 그 자리를 떠나지 않고, 마치 뿌리내린 식물처럼 한자리에 머물러야 하는가? 또 아는 사람들 중 한 명이 떠난다면, 우리는 앉아서 눈물을 흘리고, 반대로 그 사람이 돌아오면 마치 어린아이들처럼 날뛰며 박수갈채를 보내야 할까?

우리는 이제 젖을 떼고 철학자들에게서 들은 것을 되새겨야 할 때가 아니겠는가? 적어도 그 말을 기도사의 주문처럼 듣는 것이 아니라면 말이네. 그들은 이렇게 말하네.[3] 이 우주는 단 하나의 도시(폴리스)이며,[4] 우주가 그로부터 형성되는 실체도 하나이다. 그리고 필연적으로 어떤 주기가 있으며, 어떤 것이 다른 것에 자리를 양보하고, 해체되는 것이 있으면 생겨나는 것이 있고, 같은 장소에 머무는 것이 있으면 변화하는 것도 있는 것이다. 모든 것은 친애적인 것으로 가득 차 있으며, 즉 우선은 신들이, 다음에는 인간들로 가득 차 있으며, 인간은 서로 자연 본성적으로 동족인 것이다. 어떤 사람들은 서로 장소를 공유하고 있으며, 다른 사람들은 떨어져 나가야 하지만, 우리는 함께 있는 것을 기뻐해야 하며, 떠나는 것을 보고 속상해해서는 안 되는 것이다. 또 인간은 본성적으로 고상한 마음을 갖고 의지의 바깥에 있는 모든 것들을 경시하지만, 거기에 더해 땅에 뿌리를 내리고 이에 집착하는 일을 하지 않고, 어떤 때는 특정한 필요의 압력을 받으며, 어떤 때는 그저 구경만 하고 때에 따라 한 장소에서 다른 장소로 옮겨갈 수 있는 것이다.[5]

9
10
11
12

---

3 아래는 스토아 철학의 사상을 보여 주고 있다.

4 세계국가(코스모폴리스)에 대해서는 제2권 제5장 26절, 제15장 10절 참조.

5 여기서 에픽테투스는 스토아학파의 세계관이라는 더 넓은 맥락에서 여행의 도전이라는 주제를 설정한다. 그는 우주가 신의 대리인이나 이성(또는 신과 인간의 도시)에 의

13      오뒷세우스 또한 뭔가 그런 일을 겪었네.

'많은 사람들의 마을을 보고, 그 심정을 알았다.'[6]

또 그 이전에는 사람이 거주하는 전 세계를 횡단한 헤라클레스가 그랬던 것이네.

'인간의 무법과 질서 있는 행동을 보면서.'[7]

14      무법을 추방하고 깨끗하게 하면서 질서를 가져온 것이네.[8] 그럼에도 헤라클레스가 테바이에서, 아르고스에서, 아테나이에서, 그리고 여러 나라를 돌면서 얼마나 많은 수의 친구를 얻었다고 생각하는가? 어쨌든 그는 좋은 기회라고 생각했을 때는 아내를 찾아 결혼하고 아이를 낳고, 아이들과 헤어질 때에도 한탄도 없이 아쉬움을 남기지도 않았고, 또한

15      고아로 남겨 둔다는 느낌도 갖지 않았다네.[9] 이는 그가 어떤 사람도 고아가 아니며, 모든 사람을 항상 끊임없이 돌보는 아버지가 있다는 것을

16      알았기 때문이네. 그는 제우스가 사람들의 아버지라는 사실을 소문을

---

해 움직이는 단일 실체로, 분해와 변화는 물론 주기적인 중단을 경험한다는 생각을 언급하고 있다(LS 46-7; 또한 57 F(3) 참조).

6  호메로스, 『오뒷세이아』 제1권 3행.

7  호메로스, 『오뒷세이아』 제17권 487행.

8  이 말은 호메로스에서는 신들에 대해 사용되고 있다. 다른 곳과 마찬가지로 오뒷세우스와 헤라클레스는 스토아학파의 '지혜'의 가능한 구현과 모범적인 인물로 제시되고 있다. 또한 (헤라클레스에 관하여), 키케로, 『목적들에 관하여』 3.66 참조. 헤라클레스의 여성 대우는 헬라스 희극과 비극(소포클레스, 『트라키아의 여인들』)에서 14~15절에서보다 훨씬 덜 호의적으로 나타난다.

9  이러한 태도와 마음가짐에 대해서는 『엥케이리디온』 제11장 참조. 이것은 헤라클레스가 일종의 아서왕 기사인, 스토아학파가 이제까지 달성한 헤라클레스 신화의 가장 과감한 이상화일 것이다. 희극 시인들은 자연스럽게 그의 경력의 이러한 측면을 다소 다른 관점에서 제시했다.

통해 들은 것이 아니네. 적어도 그는 제우스를 자신의 아버지로 여겼고, 또 그렇게 불렀고, 제우스를 보고 자신이 한 일을 했기 때문이네. 그런 까닭에 그는 어디에 있든 행복하게 살 수 있었던 것이네. 그러나 행복과 17 실제 없는 것에 대한 갈망은 결코 함께 할 수 있는 것이 아니네. 왜냐하면 행복이란 원하는 모든 것을 소유하고 있으며, 완전히 만족하게 된 사람과 비슷해야 하기 때문이네. 그에게는 갈증이나 굶주림이 없어야만 하는 것이네.

'그렇지만, 오뒷세우스는 자신의 아내를 그리워하며 바위 위에 앉아 18 서 울고 있었습니다.'[10]

자네는 무슨 일이든, 호메로스나 그의 이야기에 휘둘린 생각인가? 아니면, 그가 정말 울고 있었다면 불행할 수밖에 없었을까? 하지만 아름답고 덕이 있는 사람은, 누가 불행할까? 참으로, 만일 제우스가 자신 19 의 동료 시민들을 신 자신과 마찬가지로 행복하다고 여기는 것이 아니라면, 세계 전체를 나쁘게 지배하고 있는 것이네. 그러나 그런 생각은 신의 규정과 어긋나서, 경건한 것이 아니네. 오히려 오뒷세우스가 눈물 20 을 흘리거나 울고불고했다면, 그는 좋은 사람이 아니었던 셈이네. 자신이 누구인지도 모르는 사람이 어찌 좋을 수 있겠는가? 그리고 생겨난 것은 멸망하고, 사람은 사람과 영원히 함께 할 수 없다는 사실을 잊어버린 자가 어떻게 자신을 알 수 있겠는가? 그렇다면 어떤가? 불가능한 것 21 을 바라는 것은 노예적인 것이고, 어리석은 것이며, 이방인이 혼자 싸울 수 있다고 생각하고 자기 힘으로 신과 싸우는 것과 같은 것이네.

---

10  호메로스, 『오뒷세이아』 제5권 82행.

22 '하지만 우리 엄마는 나를 만나지 못하면 슬퍼해요.'

그럼, 왜 그녀는 '이 원리들'을 배우지 않았을까? 그리고 나는 결코 그녀에게 슬퍼하지 말라고 말하는 것이 아니네. 오히려 남의 것을 무조
23 건 갖고 싶어 해서는 안 된다는 것이네. 남의 괴로움은 남의 것이고, 나의 괴로움은 나의 것이네. 그래서 나는 나의 고통을 무조건 억제할 수 있지만——그것은 나의 힘이 미치는 일이기 때문이네——, 다른 사람이 관련된 것은 가능한 한 노력해 보겠지만, 무엇이든 해 볼 수는 없을 것
24 이네. 그렇지 않으면 나는 신들과 맞서 싸우게 될 것이고, 나 자신을 제우스와 대립하는 것으로 놓고, 우주의 지배와 관련하여 신과 겨루게 될 것이네. 그리고 신과의 싸움과 불순종에 대한 대가는 내 아이의 아이들 [11]이 아니라, 나 자신이고, 낮이든 밤이든 꿈을 꾸다 퍼뜩 깨어나 당황하고, 어떤 소식에도 떨며, 자신의 평정심도 남의 편지에 달려 있게 되는
25 것이네. 로마에서 누군가가 도착했네. '무슨 나쁜 소식이 없기를 바랄 뿐입니다!' 네가 없는 곳에서 어떤 나쁜 일이 일어날 수 있을까? 헬라스에서 누군가가 찾아왔네. '무슨 나쁜 소식이 없기를 바랄 뿐입니다!' 그
26 런 식이라면 너에겐 모든 곳이 불운의 원인이 될 수도 있을 것이네. 너는 자신이 있는 곳에서 불운을 당하는 것만으로도 충분하지 않고, 바다를 넘어 편지에 의해서까지도 불운해야만 하는 것인가? 자네에게 사태가 그렇게 위태로운가?[12]
27 '그러면 거기에 있는 내 친구들이 죽으면 어떡합니까?'

---

11 즉 후손을 말한다.
12 24~26절에서는 '인간의 사회성'을 강조하고 있다. 에픽테토스의 말은 전형적인 스토아적 생각이다. 제3권 제24절 10~12절, 제4권 제1장 106절 참조

죽어야 할 자가 죽는 것 외에 무엇이 있겠는가? 어떻게 너는 노년에 이르기를 바라면서도 동시에 사랑하는 사람들 중 누구의 죽음도 보고 싶지 않을 수 있는가? 오랜 세월이 흐르면 반드시 온갖 종류의 일들이 일어날 수밖에 없으며, 어떤 자는 열병에 쓰러지고, 어떤 자는 도적에게 쓰러지고, 어떤 자는 참주에게 쓰러지는 것을 모른다는 말인가? 우리가 둘러싼 처지란 그런 것이고, 우리의 동료란 그런 것이기 때문이네. 추위, 더위, 몸에 맞지 않는 음식, 육로나 바다로의 여행, 바람의 방향, 여러 가지 고난, 이것들은 어떤 자를 멸망시키고, 어떤 자를 추방하고, 어떤 자를 사절로 내세우고, 어떤 자를 전쟁터로 내보내는 것이네. 그러므로 너는 그냥 앉아서 이 모든 일에 마음이 상하고, 슬퍼하고, 불운해지고, 불행해지는 것이 좋은 것이네. 그리고 자신 이외의 것에, 그것도 한두 개가 아니라, 몇 수만 것에 의지하는 것이 좋은 것이네.

네가 철학자들에게서 들은 것, 배운 것은 그런 것이었는가? 너는 이 인생이 군사적 업무와 같은 것임을 모르는가? 누군가는 보초를 서야 하고, 누군가는 정찰을 하러 가고, 누군가는 싸움에 나서야 하는 것이네. 모든 사람이 같은 장소에 머무는 것은 불가능하며, 또한 그래야 더 나은 것도 아닌 것이네. 그러나 너는 장군으로부터 부과받은 임무를 포기하고, 더 힘든 일이 닥친다고 불평하며, 너의 힘이 미치는 범위에서 군대가 어떻게 되는지를 깨닫지 못하고 있는 것이네. 만일 모든 사람이 너를 흉내 낸다면, 참호를 파는 사람도, 방벽을 쌓는 사람도, 보초를 서는 사람도, 위험을 무릅쓰는 사람도 없어질 것이고, 군대에 나가도 소용없게 될 것이네. 더욱이 선원으로 배를 타고 항해를 하더라도, 한곳에 정착하며 그곳에서 떠나지 않도록 하라. 돛대를 올려야만 한다면, 그렇게 하지 않도록 하라. 뱃머리까지 달려야 한다면 뛰지 말아야 하네. 그렇게

28

29

30

31

32

33

하면 어떤 선장이 너를 참아 주겠는가? 오히려 그는 쓸모없는 도구처럼 단순한 방해물, 다른 선원들의 나쁜 본보기에 불과한 것으로 배 밖으로 내팽개쳐져 버리는 것은 아닐까? 지금의 경우도 그런 것이네. 각자의 생활은 군사적 업무와 같은 것이고, 더구나 오랜 기간에 걸쳐 복잡한 것이네. 너는 병사의 일을 다하고, 장군의 지시에 따라 모든 일을 수행해야만 하는 것이네. 만일 가능하다면 그가 원하는 것을 간파하고 행하는 것이네. 왜냐하면 어느 장군[신]과 이 땅의 장군과는 힘의 세기에 있어서나 품성의 우월성에 있어서도 동등하지 않기 때문이네. 너는 제국의 도시에서 직책에, 게다가 낮은 직책이 아니라, 즉 종신 평의원의 자리에 붙어 있을 것이네.[13] 그런 사람은 집안일에 종사하는 시간이 거의 없어, 대부분의 시간을 집을 떠나, 지배하고 지배를 받거나 하면서, 어떤 공직에 봉사하거나, 원정길에 나가거나, 재판관으로 앉아 있어야 하는 것인가? 그래서 너는 식물처럼 같은 곳에 매달려 뿌리를 내리려고 하느냐?―'네, 그것은 즐거운데요.'―누가 즐겁지 않다고 하는가? 뿐만 아니라, 양념도 즐겁고, 아름다운 여성도 즐거운 것이네. 쾌락을 그 목적으로 하는 사람들은 그와는 다른 말을 하겠는가?

네가 사용했던 말이 어떤 사람의 말인지 깨닫지 못하는가? 에피쿠로스학파나 음란한 패거리들이 아닌가? 이들 패거리들의 행동을 하며, 그들의 이론을 받아들이는 주제에 우리에게는 제논이나 소크라테스의 말을 하는 것인가? 꾸며도 너와 전혀 어울리지 않는 그런 남의 것 따위

----

13  여기서 에픽테토스는 군사적, 정치적 언어를 사용하여 군사 행동이나 군사적 임무로서
   의 삶에 대한 스토아학파의 이상을 내세우고 있다. 그러나 스토아학파는 최고의 인간
   생활의 자연스러운 부분으로 정치적 참여를 제시한다(LS 57 F[8]).

는 가능한 한 멀리 내버린다는 생각은 안 드는가? 이런 무리들이 원하는 것은 방해받지 않고, 강제도 없이 잠자는 것, 침대에서 일어나면 여유롭게 하품을 하며, 세수를 하고, 다음에는 자신들이 좋아하는 것을 쓰고 읽으며, 심지어 의미 없는 수다를 늘어놓고, 이야기한 것은 무엇이든지 간에 친구들에게 칭찬을 받고, 그리고 산책을 나가서, 잠시 산책을 한 후에 목욕하고, 다음에 먹고, 다음에 잠자리를 찾고, 게다가 아마도 이런 무리들이 잠잘 수 있는 그런 잠자리에서 잠을 잘 것이네.[14] 더 이상 무슨 말이 필요할까? 쉽게 짐작이 가기 때문이네.

자, 진리와 소크라테스와 디오게네스의 숭배자여, 그대 자신이 동경 40하는 삶과 진실을 나에게 말해 주게. 너는 아테나이에서 무엇을 하고 싶은 것이냐? 내가 방금 말한 거겠지? 다른 것이 아닐 것이네. 그렇다면 41왜 너는 자신을 스토아학파라고 부르는 것인가? 로마 시민권을 사칭하는 자는 가혹한 처벌을 받는데,[15] 이토록 중대하고 고귀한 일과 이름을 사칭하는 자가 벌도 받지 않고 방면되어도 되는 것인가? 아니면, 그것 42은 불가능한 일이며, 신성하고, 전능하며, 도저히 피하기 어려운 법률이 가장 큰 죄를 저지른 자들에게는 가장 무거운 형벌을 부과한다는 것인가? 이 법을 뭐라고 하는가? '누구든지 자신과 관계없는 것을 칭하는 43자는 허풍쟁이로 삼고, 허영심이 강한 자로 삼아라. 신의 통치를 따르지 않는 자는 비열한 놈이며, 노예로 삼도록 하라. 이 자로 하여금 괴로워

---

14 여기에서도 다른 곳과 마찬가지로 에픽테토스는 에피쿠로스학파에게 쾌락 추구가 무엇을 의미했는지를 희화화하고 있다(LS 21, 특히 B[5] 참조).

15 로마의 시민권을 부정으로 횡령한 자는 참수형에 처해졌다(수에토니우스, 『로마 황제전』 클라우디우스전 25 참조).

하고, 시기심, 연민을 갖게 하고, 요컨대 불행하며, 신음하도록 하라.'

44    '그러면 제가 누구의 비위를 맞추고, 그 사람의 현관문에 가까이 가기를 원하십니까?'[16]

만일 이성이 조국을 위해, 동포를 위해, 인류를 위해 그것을 선택한다면 가지 않을 이유가 있겠는가? 네가 신발이 필요할 때 제화공의 가게를 가고, 양상추[17]가 필요할 때는 채소 파는 곳에 가도 부끄럽지 않

45    은데, 비슷한 어떤 것이 필요할 때 부잣집을 찾는 것은 왜 부끄러워하느냐?——'네, 부끄럽습니다. 신발가게에는 감탄할 것이 없으니까요.'——그렇다면 부자에게도 탐탁지 않을 것이네.——'그리고 내가 채소 파는 자에게 아첨할 수는 없잖아요.'——그럼 부자에게도 아첨하지 마

46    라.——'그러면 제가 필요한 것을 어떻게 얻으면 좋겠습니까?'——나는 '필요한 것을 얻기 위해 가라'는 것이 아니라, 오히려 그냥 '너 자신에 어울리는 일을 하기 위해 가라'고 말하는 것이 아닌가?

47    '그럼 제가 왜 계속 가야만 합니까?'

그곳에 가서 시민으로서, 형제로서, 친구로서 그 구실을 다 하기 위

48    해서이네. 게다가 이것도 잊어서는 안 되지만, 네가 신발 가게, 야채 파는 곳에 갔는데 아무리 비싼 값에 물건을 판다 할지라도 이 사람들은 아무런 큰 일도, 중요한 일도 할 수 없는 것이네. 네가 양상추를 원해서 그

---

16  그는 44~56절에서 주제를 다른 종류의 사회적 도전, 즉 어떤 목적을 위해 사회적으로 또는 정치적으로 중요한 사람을 소환하지만 윤리적 원칙을 손상시키지 않으면서 그렇게 하는 다른 종류의 사회적 도전으로 전환하고 있다. 전환은 가장 갑작스럽지만, 분명히 대화 상대는 그의 친구들에 의해 부유하고 영향력 있는 사람에게 아부할 것으로 예상되고 있다.

17  야생 양상추로 지중해 지역에서 풍부하게 채취되는 식물.

곳에 가더라도, 그것은 기껏해야 1오볼로스이지, 1탈란톤은 아닐 것이네.[18] 현재의 경우에도 이와 마찬가지이네. 사정이 있어서 그 사람의 현 49 관문에 갈 필요가 있는 것이네. 좋다, 내가 갈게. 또한 면담도 해야겠지. 좋다, 그렇게 하겠네. 게다가 손에 입을 맞추고, 칭찬도 하고, 아첨도 할 필요가 있을 것이네. 떠날 일이다! 그것은 한 탈란톤을 치르게 될 거야. 좋은 시민이자 친구를 파괴하는 것은 나에게나, 국가(폴리스)에게나, 친구에게나 이익이 되는 것이 아니네.

'하지만 성과를 내지 못하면, 사람들은 당신께서 열심히 하고 있다고 50 생각하지 않아요.'

또 네가 무엇 때문에 왔는지 잊고 있는가? 아름답고 좋은 사람은 자신이 어떻게 생각되느냐를 목적으로 아무 일도 행하지 않으며, 오히려 아름답게(훌륭하고) 행위하는 것을 목적으로 한다는 것을 너는 알지 못하느냐?

'그러면 그가 아름답게 행위함으로써 어떤 이득을 보나요?' 51

'디온'[19]이라는 이름을 마땅히 써야 할 것처럼 쓴 사람은 어떤 이득을 보는가? 바로 썼다는 것이네.

'그럼, 더 이상의 보상은 없는 것인가요?'

너는 좋은 사람에게 아름답고 올바른 행위를 하는 것 이상의 보상을 요구하는가? 올륌피아에서는 아무도 다른 것을 구할 필요가 없고, 올륌 52

---

18 오볼로스는 그리스 화폐 단위로 소액의 동전. 탈란톤은 3만 6000오볼로스에 해당한다. 헬라스의 화폐 단위는 탈란톤(talanton), 므나(mna), 드라크메(drachmē), 오볼로스(obolos)로 구성됐다. 1탈란톤은 60므나, 6000드라크메, 3만 6000오볼로스에 해당한다.
19 흔한 이름일 것이다. 제1권 제12장 13절 참고.

피아 왕관을 얻는 것으로 충분하다고 너는 생각하네. 사람이 아름답고 좋다는 것, 행복하다는 것이 너에게는 그리도 작고 아무런 가치도 없는

53 　것처럼 보이는 것이냐? 신들이 그 목적을 위해 너를 우주의 이 도시[20]로 보냈고, 이미 남자로서의 일을 하도록 의무화된 나이가 되어 있는데, 너는 여전히 유모와 어머니를 그리워하고, 어리석은 여자들의 우는 소리에 나약해지고, 훌쩍거리며 울고 있는 것인가? 그렇게 유치하고 앳된 행동을 그만둘 생각은 전혀 없는가? 어린아이처럼 구는 사람은 나이가 들수록 그만큼 우스꽝스러워진다는 것을 모르는가?

54 　　아테나이에서 그의 집을 방문했을 때, 너는 아무도 만나지 못했나?—'예, 제가 만나고 싶었던 사람입니다.'—여기서 다시, 그 사람을 만나고 싶다면 좋네. 그러면 네가 원하는 사람을 만날 수 있을 것이네. 단 비굴한 방식으로, 욕구나 회피만으로 하지는 말게. 그러면 너에게 일

55 　이 잘 풀릴 것이네. 그 결과는 찾아가는 것과 집 문간에 서 있는 것도 아
56 　니고, 네 안에 있는 판단에 달려 있는 것이네. 만일 네가 외적인 것들과 의지의 영역 밖에 있는 모든 것들을 경시하고, 그들 중 어느 것 하나라도 자기 것으로 생각하지 않고, 올바르게 판단하고, 이해하고, 충동을 느끼고, 욕구하고, 회피하는 것만을 자기 것이라고 생각한다면, 어디를

57 　가고, 아첨이나 자기 비하를 생각할 여지가 있겠는가? 왜 너는 여전히 그곳에서 누렸던 안일한 생활을, 또 왜 정든 곳을 그리워하는가? 조금만 기다려 볼 일이네. 그러면 이쪽도 다시 익숙해질 것이네. 그리고 나서 네가 그렇게 시시껄렁한 마음의 소유자라면, 이쪽을 떠나서도 또 눈

---

**20** '이 세상'을 말한다.

물을 흘리면 한탄하게 될 것이네.

'그렇다면 어떻게 제가 애정이 깊은[21] 사람이 될 수 있을까요?'  58

고귀한 정신의 소유자로, 좋은 행운의 사람이라면. 왜냐하면 이성은 결코 비굴한 것, 비탄에 잠긴 것, 다른 사람에게 의존하는 것, 신이나 인간을 비방하는 것을 요구하지 않기 때문이네. 이것들을 지키기 위해서 59 라면, 부디 네가 그러한 방식으로 애정이 깊은 사람이 되어 주기를 바라네. 그러나 네가 애정의 깊이라고 부르는 것이 어떤 것이든 간에, 그 애정의 깊이 때문에 노예가 되고 가련한 사람이 된다면, 애정이 깊어도 아무 이득이 되지 않는 것이네. 그리고 사람을 죽어야 할 것, 언젠가 너를 60 떠나야 할 것으로 인정하고 사랑하는 것을 방해하는 것은 무엇인가? 아니면, 소크라테스는 자신의 아이를 사랑하지 않았을까? 오히려 그는 자유인의 입장에서 사랑했는데, 첫째의 의무가 신들에게서 사랑받는 자여야 함을 잊지 않고 사랑한 것이네.

그렇기 때문에 소크라테스는 변명할 때도, 형량을 제안할 때도,[22] 그 61 리고 그 이전에 평의원이었을 때나 군인으로 복무했을 때에도 좋은 사람에게 어울리는 것을 무엇 하나 빠뜨리지 않았던 것이네.[23] 그러나 우 62

---

21 '애정의 깊이'(philostrogia)란 다음 소크라테스의 예에서 보듯이 특히 가족에 대한 애정이 깊은 것을 말한다. 이 주제('가족 사랑')를 논하고 있는 제1권 제11장 참조.

22 아테나이 법정에서는 우선 유죄냐 무죄냐를 결정하기 위해 변명이 이뤄진다. 유죄가 확정되자, 소크라테스 재판과 같은 불경죄에 관한 경우에는 양형을 더 정하기 위해 원고와 피고 양측의 변론이 이루어졌다. 소크라테스가 제안한 것은 시의 '영빈관'(프뤼타네이온)에서의 식사 대접(sitēsis)을 받는 일이었다(플라톤, 『변명』 36b~d 참조).

23 소크라테스는 배심원의 동정을 불러일으키기 위해 아테나이 법정에서 자주 행해지는 것처럼 그의 아내와 아이들을 법정에서 내놓고 간청하거나 탄원하지도 않은 것에 대해서는 플라톤, 『변명』 34c. 또 유죄 판결에 대한 그의 담대한 형량 제안에 대해서는(즉,

리는 비열한 인간이기에, 어떤 사람은 아이 때문이라고, 어떤 사람은 어머니 때문에, 다른 사람은 형제 때문이라고 온갖 핑계를 대고 발뺌하고 있는 것이네. 하지만 누구 때문에 불행하다는 것은 어울리지 않는 것이네. 오히려 모든 사람 덕분에, 특히 이 목적을 위해 우리를 창조한 신 덕분에 행복해야 하는 것이네. 자, 디오게네스가 그토록 온화했고 인간을 사랑했으며, 그 결과 인간 사회를 위해 매우 큰 노고와 육체의 고통을 기꺼이 감내한 사람인데도 누구도 사랑하지 않았단 말인가? 아니, 사람을 사랑했네만, 어떤 방식으로 사랑했던가? 그것은 제우스를 섬기는 자가 사랑해야 하는 마땅한 방식이네. 즉 그 인간들을 걱정하고 신을 대하듯 섬김으로써이네. 그렇기 때문에 그 한 사람에게 어느 특정한 땅이 아니라 온 대지가 그의 조국이었던 것이네. 그래서 해적들에게 포로로 붙잡혔을 때에도, 아테나이도 그 땅에서 친해진 친구들과 지인들도 그리워하지 않고, 오히려 정작 해적들과 친해져 그들의 마음을 바로잡기 위해 애를 썼던 것이네. 그리고 나중에 그가 코린토스에서 노예로 팔리고 나서도, 예전 아테나이에서와 다름없는 생활을 했고, 페라이비아인[24]들

평생 동안 공공비용으로 무료 식사 제공) 플라톤, 『변명』 36b~e 참조. 그의 이전의 군인 및 평의원 복무에 대해서는 28d~e, 32b 참조. 소크라테스는 '변명' 중 세 번의 종군에서 지휘관에 의해 죽음의 위험을 초래한 것(플라톤, 『변명』 28DIE), 평의원을 지낼 때에는 해전에서 표류자를 구출하지 않았던 것, 10명의 장군을 불법으로 재판에 회부하려 한 사람들에 대해 반대한 것(32b)을 거론하고 있다.

24 페라이비아(Perraibia)는 테살리아와 마케도니아 경계 지대의 산악 지역에 사는 부족으로, 멀리 떨어져 있거나 접근할 수 없는 지역을 나타낸다. 디오게네스와의 관계에 대해서는 자세한 사항이 알려져 있지 않다. 해적과 노예에 의한 디오게네스의 체포에 관한 사건은 그의 불굴의 정신을 보여 주기 위해 고안되었다. 이 사건에 대해서는 W. Desmond, *Cynics,* Stocksfield, 2008, pp. 20~21 참조.

에게 갔더라도 마찬가지 방식으로 처신했을 것이네.[25]

이런 식으로 하면 자유를 얻을 수 있는 것이네. 그래서 '안티스테네   67
스[26]가 나를 자유롭게 해 줬기 때문에 나는 더 이상 노예가 아니게 됐다'
고 말하곤 했던 것이네. 안티스테네스[27]는 어떻게 그를 해방시켰을까?   68
디오게네스가 어떻게 말하지를 들어 보자. '그는 내 것과 내 것이 아닌
것을 가르쳐 주었다. 재산은 내 것이 아니다. 친족, 가족, 친구, 명성, 친
숙한 장소, 다른 사람과의 대화, 이 모든 것들이 남의 것이라고 가르쳐
주었다.' 그러면 너의 것은 어떤 것인가? '인상의 올바른 사용. 그는 이   69
것이야말로 내가 방해받지 않고, 강제받지 않는 힘을 소유하고 있음을
가르쳐 주었다. 아무도 나를 막을 수 없다. 아무도 내가 원하는 것과 다
르게 인상을 사용하도록 강요할 수는 없다. 그렇다면 누가 여전히 나를   70
지배하는 힘을 가지고 있는가? 필리포스냐, 알렉산드로스냐, 페르디카
스냐,[28] 페르시아 대왕이냐? 그들은 어디에서 그런 힘을 얻었는가? 왜냐
하면 다른 사람에게 패배당하는 운명에 처한 사람은 오래전에 사물에

25 퀴니코스파의 시노페의 디오게네스는 아이기나(아테나이 남쪽 섬)로 항해하던 중 해
   적에게 습격당했다. 크레타섬에서 노예로 팔리게 되었는데, 바로 그때 코린토스 출신
   코린토스 사람 크세니아데스라는 인물이 디오게네스를 사들였기 때문에 이후에는 코
   린토스에서 살게 되었다(DL 제6권 74 참조). 가사 전반을 관리하는 것을 디오게네스를
   보고, 주인인 크세니아데스는 "좋은 신령이 내 집에 굴러들어 왔다"라고 했다고 한다.
26 금욕주의적 윤리학으로 유명한 안티스테네스가 디오게네스를 자신의 가르침을 통해
   상징적으로지만 해방시켜 주었다. 이런 의미의 '자유'에 대하여 제4권 제1장 참조.
27 디오게네스와 안티스테네스의 만남에 대해서는 DL 제6권 21 참조. 양자의 만남에 대한
   진실성을 의심하는 해석도 있다. 이어지는 디오게네스의 문답은 에픽테토스와의 가상
   의 대화 형식이다.
28 디오게네스 당대의 마케도니아 왕들이다. 페르디카스는 알렉산드로스가 임종 때 옥새
   를 맡긴 인물이다.

71 의해 패배당했을 것이 틀림없기 때문이네.' 그렇다면 쾌락에도 노고에
도 평판에도 부에도 압도당하지 않고, 자신이 그것으로 적절하다고 생
각할 때 이 작은 육신 전체를 상대에게 토해 내고 죽을 수 있는 사람이[29]

72 이제 와서 누구의 노예로, 누구에게 복종하겠는가? 그러나 만일 디오게
네스가 아테나이에서 안일하게 살고, 그곳에서의 생활에 빠졌더라면,
그와 관련된 일은 모든 사람의 수중에 있고, 더 강한 자가 그를 지배하

73 고 괴롭혔을 것이네. 도대체 왜 너는 그가 언젠가 아름다운 페이라이에
우스와 긴 장벽,[30] 아크로폴리스를 보기 위해 자신을 아테나이인 누군
가에게 팔아 달라고 해적들에게 아양을 떨었을 것이라고 상상하는가?

74, 75 노예야, 그런 걸 보다니, 넌 누구냐? 불쌍한 노예인가? 자네에게 무슨
이득이 있나?

'아니오, 자유인인데요.'

그럼 어떤 식으로 자유인인지를 보이라. 보라, 너를 평소의 익숙한
생활에서 떼어 놓은 사람이 있다면, 너를 붙잡고 이렇게 말하는 것이네.
'너는 나의 노예다. 네가 원하는 삶을 사는 것을 방해하는 것도 내 손에
달려 있고, 너를 풀어 주는 것도 내 손에 달려 있네. 내가 원할 때 너는

76 다시 쾌활해지고 의기양양해져서 아테나이로 갈 수도 있다. 너를 노예
로 취급하는 이 남자에 대해 너는 뭐라고 말하는가? 어떤 사람을 그로

---

**29** 아마도 아낙사르코스가 니코크레온에게 그의 혀를 잘라 내라고 명령했을 때, 그것을
잘라 상대방의 얼굴에 침을 뱉었다는 이야기에 대한 언급으로 보인다. DL 제9권 27, 59
참조. 자신의 혀를 깨물고 참주에게 뱉어 낸 철학자의 예는 엘레아의 제논과 압델라의
아낙사르코스(B.C. 380~320)에서 찾아볼 수 있다.

**30** 아테나이 외항과 아테나이 도심 사이를 잇는 이중의 장벽이 구축되어 있었다.

부터의 해방자[31]로 내세울 것인가? 아니면, 자네는 얼굴조차 제대로 보지도 못하고, 어떤 논의도 제쳐 놓고, 풀어 달라고 간청하는 것이 아닌가? 인간아,[32] 너는 기쁜 마음으로 너를 연행하는 사람들보다 앞서 서둘러서 감옥에 가야만 하네. 그게 어떤가? 그리고 나서 로마에 살기를 꺼려 하다니, 너는 헬라스를 그리워하는 건가? 그리고 막상 네가 죽어야 할 때가 되어, 우리에게 울며 겨자 먹기로 다시는 아테나이를 볼 수 없다거나 뤼케이온[33]에서 산책할 수 없다고 말하는 것이냐?

77

네가 고향을 떠난 것은 그 때문이었나? 누군가로부터 이익을 받기 위해서, 그 사람과 사귈 것을 요구한 것인가? 어떤 점에서 너에게 이익이 되었나? 추론 분석을 더 쉽게 하기 위해서인가? 아니면, 가설적 논증을 다룰 수 있기 위해서인가? 그리고 그런 이유로 너는 그것들을 배운 뒤 집으로 돌아가기 위해 형제나 조국, 친구나 집안사람들을 뒤로한 셈인가? 그렇다면 네가 고향을 떠난 것은 마음의 안정이나 평정심을 얻기 위해서가 아니었던가? 또 상대에게 상처를 주지 않는 사람이 되어, 더 이상 아무도 비난하지 않고, 누구에게도 불평을 하지 않도록 하고, 너에게 부정을 저지르는 사람이 없게 되어서, 이리하여 자신의 입장에 방해

78

79

---

31 원어로는 karpistēs이다. 그의 주인이 반대 주장을 하지 않는다면, 지팡이를 만짐으로써 노예가 자유롭게 되게 해 주는 사람. 이 단어는 제4권 제1장, 제7장에서 다시 사용된다. 재판관 앞에서 어떤 사람의 신분을 노예 혹은 자유인이라고 선언하는 사람을 라틴어로는 assertor라고 했다.

32 즉 '여보게'.

33 아테나이 동쪽 일리소스강 근처에 있던 성스러운 숲으로 체육장과 정원이 있어 아테나이 시민들에게 친숙한 곳이다. 아테나이의 공공의 체육관으로, 아리스토텔레스의 철학 학교가 있었던 상소이기노 하다.

80 받지 않고 사회적 관계를 유지할 수 있게 되는 것이 아니었는가? 네가 무역에서 가져온 상품은 추론, 전환논법, 가설논법이니 하는 훌륭한 것들이네! 그래, 괜찮다면 광장에 진을 치고 앉아 약국 판매처럼 간판을 내걸면 되는 것이네.

81 오히려 너는 자신이 배운 것이라도 철학 이론을 무용지물로 욕되게 하는 일이 없도록 그것을 모른다고 해야 하지 않겠는가? 철학이 너에게 어떤 나쁜 짓을 했단 말인가? 크뤼시포스는 자네에게 어떤 부정한 짓을 저질렀고, 그 때문에 너 자신의 행위로써 그의 노고가 무용지물이라고 반박하게 되었나? 네가 일부러 집을 떠나지 않아도 괴로움과 슬픔을 일으키는 원인이 되는, 얼마든지 거기에도 나쁨이 충분히 있는데, 그것만으로도 질리지 않고 더 많은 나쁨을 덧붙이고

82 있지 않았느냐? 그리고 네가 또 다른 동료나 친구를 둔다면 너는 더욱 한탄하는 원인을 늘릴 것이고, 다른 땅을 동경해도 마찬가지일 것이네. 그러면 너는 어떻게 살고 있는가? 고통에 고통을 거듭해 쌓아서, 그것 때문에 네가 불행해지게 되었는가? 그리고 너는 이것을 애정이라고 부

83 르는 것인가? 인간아, 어떤 종류의 애정인가? 만일 그것이 좋음이라고 한다면, 그것은 어떤 악의 원인이 될 수는 없을 것이네. 그게 나쁨이라면 그것은 나와는 아무 관련이 없을 것이네. 나는 나의 좋은 것들을 위해 태어난 것이지, 나쁜 것들을 위해 태어난 것이 아닌 것이네.

84 그렇다면 이 일을 위한 어떤 훈련이 있겠는가? 첫째, 최고의 가장 주요한 훈련으로 철학이 말하는 입구에 서 있다고 할 수 있는 것은, 네가 무언가에 애정을 품을 때마다[34] 그것을 빼앗기지 않는 것이 아니라, 흙

---

34 '무언가에 집착할 때마다'.

항아리나 크리스털 잔 같은 종류의 것으로 생각하고, 설령 깨져도 마음이 흐트러지지 않도록 그것이 어떤 것이었는지를 상기하는 것이네.

지금의 경우[35]도 마찬가지이네. 네가 네 자식이나 형제나 친구에게 키스할 때, 네 인상이 마음껏 발휘되어 기쁨의 감정을 원하는 대로 드러내는 것을 허락하지 말고, 오히려 이를 억제하고, 제지하여 개선장군 뒤에 서 있는 사람처럼, 그들도 인간임[36]을 상기시키도록 하라.[37] 이런 식으로 너도 이런 것을, 즉 네가 사랑하는 사람이 죽어야 한다는 것을, 너 자신의 것을 무엇 하나 사랑하는 것이 아니라는 것을 자신에게 상기시키는 것이네. 지금은 너에게 주어져 있고, 빼앗기지 않는다고 해도, 무화과나 포도처럼 한 해의 정해진 계절에 맞춰져 있을 뿐 일 년 내내는 아니네. 그래서 그것들을 겨울에 그리워한다면, 네가 어리석다는 말이 되는 것이네.[38] 이와 마찬가지로, 너에게 그들이 허락되지 않았을 때 너의 아들이나 친구를 그리워한다면, 그것은 겨울에 무화과를 그리워하는 것과 같은 것임을 너는 알아야 하네. 왜냐하면 겨울철과 무화과에 대한 관계는 전체(사물들의 모든 질서)에서 생기는 모든 상황(사태)이 그 상황(사태)에 따라 멸망하는 것들의 관계와 같기 때문이네.

85

86

87

---

**35** 애정 혹은 인생의 경우에서도.

**36** 즉 필멸의 존재임.

**37** 장군이 승리를 축하하는 개선식에서 거만해져서 신들의 분노를 사지 않도록 뒤에 노예를 세워 죽어야 할 몸임('죽는다는 것을 기억하라'[memento mori])을 중얼거리는 풍습이 있었다고 한다(테르툴리아누스(Quintus Septimius Florens Tertullianus), 『아폴로기아』33~34 참조).

**38** 마르쿠스 아우렐리우스 『자기 자신에게 향하는 것들』 제11권 33에 이 부분에 대한 언급이 있다.

88 　게다가 네가 뭔가를 즐기고 있을 때는, 그와 반대되는 인상을 떠올리도록 하라. 네가 너의 작은 아이에게 키스를 하는 중에 '너는 내일 죽을지도 모른다'라고 중얼거리는 것이 뭐가 나쁘냐? 친구들도 마찬가지여서, '내일 외국으로 떠나, 너와 내가 다시는 서로 만나지 못할 것이네'라고 중얼거리는 것이 뭐가 잘못됐나?[39]

89 　'하지만 그건 불길한 징조의 말이네요.'

　물론, 주문에도 그런 것들이 있으니까. 하지만 도움이 되기 때문에, 그저 그것들이 도움이 된다면, 나는 신경 쓰지 않네. 그런데 너는 뭔가 나쁜 것을 가리키는 것 외에 어떤 것을 불길한 것이라고 부르겠는가?

90 비겁함이라 하면 불길하고, 비천함도, 비애도, 고통도, 부끄러움 없음도 불길한 것이네. 그 말들은 불길한 것이네. 그렇다고 그 일 자체에 대해 조심하기 위해서라고 한다면, 우리가 이 말들을 말하는 것조차 꺼려 해

91 서는 안 되는 것이네. 그런데 너는 자연의 과정을 가리키는 것을 불길하다고 부르겠나? 옥수수의 이삭을 거두는 것도 불길하다고 하는가? 그것은 이삭의 옥수수의 소멸을 가리키는 것이니까. 그러나 그것은 우주의 소멸을 가리키는 것은 아닐 것이다. 나뭇잎이 지는 것도, 무화과가 건무화과가 되는 것도, 포도가 건포도가 되는 것도 불길하다고 말하라.

92 이 모든 것은 그 이전의 상태에서 다른 것으로의 변화이기 때문이네. 즉

93 그것은 소멸이 아니라 하나의 정해진 분배이자 지배인 것이네. 외국 여행도 그렇고, 작은 변화이네. 죽음도 그렇고, 지금 있는 것에서 없는 것

---

**39** 우리의 관계를 마치 '조상'과 같은 것으로 다루라는 에픽테토스의 요구이다. 이것이 사회적 관계에서 의무를 다하고, 애정을 가지라는 그의 요구와는 양립할 수 있을까? 마르쿠스 아우렐리우스 『자기 자신에게 향하는 것들』 제11권 34 참조

으로가 아니라, 지금 있지 않은 것으로의 더 큰 변화인 것이네.[40]

'그러면 저는 더 이상 존재하지 않게 되는 것인가요?' 94

너는 존재하지 않게 될 것이지만, 오히려 우주가 그때 필요로 하는 다른 것이 존재할 것이네. 왜냐하면 네가 원했을 때 태어난 것이 아니라, 우주가 너를 필요로 할 때 태어났기 때문이네. 그러므로 아름답고 95 좋은 사람은 자신이 누구이며, 어디에서 왔고, 누구에 의해 태어났는지를 기억하고 있으며, 어떻게 자신의 자리를 질서 있게, 신의 뜻에 따라 완수할 수 있는가 하는 것만을 목적으로 하고 있는 것이네. '당신은 아 96 직도 제가 존재하기를 원하십니까?[41] 나는 자유인답게, 고상한 마음을 가지고, 당신이 원하는 대로 존재할 것입니다. 당신은 나를 내 것 안에서 방해받지 않도록 만들었기 때문입니다. 그러나 이제 더 이상 나를 필 97 요로 하지 않으십니까? 당신의 뜻대로 하십시오, 나는 지금까지, 다른 누구를 위해서가 아니고, 당신을 위해서 이 세상에 머물러 있었습니다. 지금도 당신의 말에 순종하고 떠납니다.'——'어떻게 너는 떠나갈 것이 98 냐?'——'이번에도 또한 당신의 뜻대로, 자유인답게, 당신의 종으로서, 당신의 명령과 금지의 명령을 알아듣는 사람으로서. 그러나 내가 당신 99 을 섬기며 시간을 보내는 동안, 당신은 내가 어떤 사람이 되기를 바라십니까? 관리입니까, 평민입니까, 원로원 의원이나 인민입니까, 군인이나 장군입니까, 교사이니까 가장입니까? 어떤 장소나 위치를 부여해 주셔도 소크라테스가 말했듯이, 그 자리를 떠날 바에야 그 전에 몇천 번이라

---

[40] 마르쿠스 아우렐리우스 『자기 자신에게 이르는 것들』 제11권 35 참조.
[41] 아래는 참된 철학자와 신의 가상 문답이다.

100 도 죽을 것입니다.⁴² 그런데 당신은 내가 어디에 있기를 원하십니까? 로마입니까, 아테나이입니까, 테바이입니까, 아니면 귀아로스입니까?⁴³

101 그냥 그 자리에서 나를 기억해 주십시오, 만일 당신이 나를 인간의 자연 본성에 따라 생활할 수 없는 곳으로 보낸다면, 당신에게 반항하지 않고 오히려 나에게 퇴각 신호를 보냈다고 생각하고 이 세상을 떠나겠습니다. 나는 당신을 단념하지 않겠습니다. 결코 그렇지 않습니다! 그게 아니라 당신이 나를 더 이상 필요로 하지 않는다는 것을 깨달았기 때문입

102 니다. 하지만 나에게 자연 본성에 따라 사는 것이 허락된다면, 내가 지금 있는 곳 이외의 장소를 구하지 않고, 내가 함께 살고 있는 사람들 외에 다른 사람들을 구하지도 않을 것입니다.'

103 이상의 내성(內省)의 생각들을 밤낮으로 손 가까이에 두도록 하라. 그것을 쓰고, 거듭 읽도록 하라. 스스로 자신에게 이것에 관해 말을 건네고, 다른 사람에게도 이것에 대해 '이 문제에 대해 나에게 도움을 줄수 없겠습니까?'라고 말하고, 또 차례로 다른 사람에게 가야 하는 것이

104 네. 그런 다음 바람직하지 않다는 말을 듣는 일이 벌어지더라도, 그건 예상치 못한 일이 아니라는 생각이 곧바로 네 마음을 가볍게 해 줄 것이

105 네. 왜냐하면 '내가 낳은 아이가 죽을 수밖에 없다는 것을 알고 있다'⁴⁴는 말은 모든 경우에 중요하기 때문이네. 그렇게 하면 너는 또 '나는 내

---

42 플라톤, 『변명』 28d~29a 참조.

43 유명한 추방 장소로 헬라스의 에게해에 남쪽에 있는 섬. 아래의 109절 및 제1권 제24장 19절 참조.

44 아낙사고라스에게 혹은 솔론이나 크세노폰에게 돌릴 수 있는 말이다(DL 제2권 13). 헬레니즘 시대, 로마 시대에는 인구(人口)에 회자되던 말이었다(키케로, 『투스쿨룸의 대화』 제3권 13.28 참조).

가 죽어야 할 것임을 알았다'거나, '언젠가 집을 떠날 것을 알았다'거나, '내가 추방될 것을 알았다'거나, '감옥에 갇힐 것을 알았다'는 말을 하게 될 것이네. 그런 다음, 만일 네가 스스로를 돌아보고, 일이 벌어지고 있는 그 영역을 찾는다면, 즉시 '그것은 의지의 영역 바깥에 있는 것들로, 내 것이 아닌 것들에 속한다. 그러나 나와 무슨 상관이 있는가'라는 것을 기억하게 될 것이네. 그리고 이것이 가장 중요한 것인데, '누가 그것을 보내 주었는가?'라는 것이다. 그것은 지배자이거나 장군, 국가이거나 국가의 법률이네. '그렇다면 그것을 나에게 주십시오. 나는 언제나 온갖 일에서 법률에 복종해야만 하는 것이니까요.' 그리고 또, 인상이 너의 마음을 괴롭힌다면—그것은 너의 힘이 미치지 않기 때문인데—, 그것에 맞서 이성과 싸우는 것이네. 인상이 힘을 세게 해서 원하는 것을 원하는 대로 쌓아 올려 계속 나아가는 일이 없도록 이를 무찌르는 것이네. 만일 네가 귀아로스에 있다면, 로마에서의 생활 방식, 그 땅에서 생활하면서 누리고 있던 여러 가지의 즐거움, 또 그 땅으로 귀환한다면 누릴 수 있는 모든 즐거움, 그런 것을 상상하지 않도록 해라. 하지만 그 땅에 머물러 있다면, 귀아로스 사람이 살아야 할 것처럼 귀아로스에서 씩씩하게 살기 위해 노력해야만 하네. 만일 네가 로마에 있다면, 아테나이의 삶의 방식을 상상하지 말고, 오히려 그 땅에서의 삶만을 유일한 관심사로 삼도록 하라.

그리고 또, 다른 모든 즐거움 대신에 네가 신을 따르고 싶어 하는 것, 말이 아니라 행위에서 아름답고 좋은 사람의 의무를 다하고 있음을 의식(자각)하는 데서 오는 기쁨을 제일로 삼는 것이네. 그렇다면 자신이 자신에 대해 다음과 같이 말할 수 있다는 것은 얼마나 멋진 일인가.

'지금 나는, 학교에서 다른 사람들이 엄숙한 어조로 이야기하고, 역

106

107

108

109

110

111

설적인 형태로 이야기하고 있다고 생각하는 것을 실제로 행하고 있네. 그리고 그들은 거기에 앉아서 나의 여러 덕을 해석하거나, 나에 대해 논의하거나, 나를 찬양하기도 하는 것이네. 그리고 제우스는 내가 스스로 이 사실을 증명하기를 원했고, 또 그 자신이 마땅한 병사를, 적절한 시민을 얻었는지 알고 싶어 했고, 다른 사람에 대해서는 나를 의지와 관계없는 것에 대한 증인으로 내세울 것을 원하셨던 것이네. "이봐, 너희는 괜히 두려워하는구나. 너희는 자기가 원하는 것을 헛되이 원하고 있는 것이네. 좋은 것을 자기 밖에서 추구하지 말라. 차라리 너 자신 안에서 추구하라, 그렇지 않으면 너는 그것을 찾을 수 없을 것이네." 그것들 때문에 제우스는 나를 어떤 때는 이곳으로 인도하고, 어떤 때는 저곳으로 보내고, 여러 사람들 앞에 가난한 자로, 관직이 없는 자로, 병자로 나타나며, 때로는 귀아로스로 나를 유배해서 감옥에 갇히게 하는 것이네. 그가 나를 미워하기 때문이 아니네. 그건 있을 성싶은 일이네. 누가 자기 부하들 중 가장 뛰어난 자를 미워하겠는가? 또 주의를 게을리한 것도 아니네. 적어도 그는 아무리 사소한 것이라도 소홀히 하는 분이 아니기 때문이네. 오히려 나를 훈련시켜서, 다른 사람들을 위한 증인으로 활용하고 계신 것이네. 이렇게 봉사하도록 배정받았는데, 아직도 내가 어디에 있는지, 누구의 무리에 있는지, 사람들이 나에 대해 어떻게 말하는지 더 이상 궁금해할 일이 있겠는가? 내가 신께 모든 주의를 기울이고 그의 명령과 명령을 이행하는 데 집중해야 하지 않겠나?

이러한 생각들을 항상 마음에 두고, 너 자신 속에서 거듭해서 반성하고 손 가까이에 둔다면, 자신을 위로해 줄 사람도 격려해 줄 사람도 결코 필요로 하지 않을 것이네. 왜냐하면 먹지 못하는 것이 수치스러운 것이 아니라, 오히려 두려워하지 않고 고통스러워하지 않기 위해 충분한

이성을 갖지 못하는 것이 수치스러운 일이기 때문이네. 언제든 한 번 고<sup></sup>
통받지 않고, 두려워하지 않는 마음을 얻으면, 더 이상 참주이거나 호위
병, 황제의 측근이라도 너에게는 아무것도 아니게 될 것이네. 혹은 고위
관직의 임명이나 공무를 맡을 할 때 카피토리온[45]에서 희생을 바치는
사람들이, 제우스에게서 이토록 큰 임무를 맡은 사람을 괴롭힐 수 있을
까? 다만, 그 직무를 과시하거나 허풍을 떨지 않아야 하네. 그것을 행위
를 통해 보여 주어야 하는 것이네. 설령 네가 그것을 가지고 있음을 아
무도 인지하지 못하더라도, 자신이 건전하고 행복한 삶을 살고 있다는
것으로 만족해야 하는 것이네.

---

**45** 로마의 카피토리움(Capitōlium) 언덕에 자리 잡은 유피테르의 신전. 집정관 이하 정무
관들이 공무 취임에 즈음해 이곳에서 희생 제의를 치렀다고 한다.

# 제25장

# 계획한 바를 달성하지 못한 사람들에 대해[1]

1  처음에 계획한 것들 중 무엇을 달성하고 무엇을 달성하지 못했는지, 어떻게 회상했을 때 기쁨을 주는 것과 고통을 느끼는 것이 있는지, 이 일을 생각해 볼 일이다. 그리고 가능하다면, 손아귀에서 미끄러져 나간 것들조차 되찾아 보는 것도 좋은 일이다.

2  가장 큰 경기에 임하는 사람은 움츠러들지 말아야 하며, 얻어맞을 각
3  오도 해야만 하기 때문이다. 즉, 그 경기는 레슬링이나 판크라티온을 위한 것이 아니라,──이것들은 그 승패에 의해서 선수의 평가가 크게 오르거나 내리거나 할 수 있어서, 제우스에 맹세코 말하지만, 매우 운이 좋거나 나쁘거나 하는 것이지만──오히려 행운과 행복 그 자체를 위한
4  것이다. 그렇다면 어떤가? 설령 이 경기를 포기하는 한이 있더라도, 다시 경기를 재개하더라도 상관없으며, 다음 올림피아 축제[2]가 올 때까지

---

1  철학적 삶을 위한 준비와 올림픽을 위한 훈련(3~4절)의 비교는 제3권 제15장에 대한 주석 참조. 의식적으로 좋은 습관을 채택하여 적절한 태도를 구축하는 것의 중요성에 대한 강조는 제2권 제18장 참조.
2  헬라스에는 4년 주기(periodos)로 열리는 퓌티아, 이스트미아, 네메아, 올림피아의 경기축제가 있었다.

4년을 더 기다리지 않아도 된다. 오히려 회복되고 힘이 돌아오면 곧바로 예전과 다름없이 열의를 담아 경기를 할 수도 있다. 설령 또 지는 한이 있더라도, 다시 경기를 할 수 있고, 일단 승리를 거두면 한 번도 진 적이 없는 선수와 다를 바가 없다. 단, 습관대로 거듭 같은 일을 좋아해서 시작하는 일은 하지 말아야 한다. 그러면 결국에는 너는 삼류의 운동선수처럼, 각지를 돌며 4개의 운동 경기 축제 전부에서 매번 지고 밖으로 도망 다니는 메추라기와 같이 되기가 아주 쉬운 것이다.[3] '나는 아름다운 소녀의 인상에 졌다. 그게 어떻단 말인가? 전엔 진 적은 없었나?' '나는 어떤 사람을 비난하고 싶은 마음에 사로잡혀 있다. 전엔 비난한 적이 없었나?' 너는 마치 해를 입은 일이 없었던 것처럼 그렇게 말하는구나. 마치 의사가 어떤 사람에게 목욕을 금지했다고 해서, 그것에 대해 '예전에 목욕을 한 적이 없었느냐?'라고 말하는 식이네. 그러면, 그 의사는 '자, 목욕한 후에, 무슨 일을 겪었나? 열이 안 났나? 머리가 아프지 않았느냐?'라고 대답할 수 있다. 네가 예전에 누군가를 비난했을 때, 성격 나쁜 사람이 하는 짓을 한 것이 아닌가? 수다스러운 사람이 하는 짓을 한 것이 아닌가? 너는 그러한 성격을 예전의 그와 비슷한 행위를 비교하면서 키운 것이 아니었나? 또 네가 소녀에게 졌을 때, 해를 입지 않고 그 자리를 떠나갔나? 그러면 왜 너는 예전에 했던 일에 대해 이야기하는가? 오히려 노예가 매를 맞고 기억하는 것처럼, 너도 같은 잘못을 반복하지 않도록 예전 일을 떠올렸어야만 한다고 나는 생각하네. 그러나 두

5

6

7

8

9

10

---

3  싸우는 메추라기가 일단 패배하면 도망치는 경향(습관)이 더 크다는 것을 말하는 듯하다. 고대 헬라스인들은 즐겨 메추리를 싸우게 했다고 한다. 밖으로 쫓겨나면 지는 것이다. 이를 매번 패배하는 데에 습관이 들이는 선수들과 비교하고 있다.

사람의 경우는 닮지 않았네. 노예의 경우는 고통이 기억을 되살리는 것이지만, 너의 잘못의 경우에는 어떤 고통, 어떤 벌을 생각나게 하는가? 그리고 너는 언제 나쁜 짓을 하는 것을 피하는 습관을 들였는가?

제26장

# 곤궁함을 두려워하는 사람들에 대해[1]

너는 도망친 노예보다 겁이 많고 비천한 것을 부끄럽게 여기지 않느냐? 　1
노예들은 도망쳐 주인 곁을 떠날 때 어떤 땅을, 어떤 하인들을 의지하
는가? 처음 며칠을 보내기 위해 얼마 안 되는 것을 훔치면, 그들은 그 후
먹고살기 위해 이것저것 궁리한 끝에 육지와 바다를 건너지 않을까? 도 　2
망친 노예가 굶주림 때문에 죽은 자가 있었을까? 그런데도 너는 필요한
것이 부족해질까 봐 떨거나 밤잠을 설치는 것이네. 가엾은 자여, 당신은 　3
필요한 것이 부족하면 어떤 방향으로 나아가야 하는지를 모를 정도로
맹목적이 되는가? 그렇다면 어떤 방향으로 나아갈까? 열병에 걸리거나
혹은 돌이 네 머리에 떨어지면 가는 곳, 죽음으로 이끌 것이네.

　그러면 너는 스스로 이와 동일한 것을 동료에게 몇 번이나 말하지 않
았는가? 이런 것을 책으로 많이 읽고, 쓰고 또 적어도 죽는 것은 아무렇
지도 않다고 몇 번이나 허풍을 떨지 않았던가?

---

1　에픽테토스는 미래에 대한 두려움을 지닌, 스토아 철학의 진정한 의미에 대한 이해를
　아직 충분하게 습득하지 못한 누군가에게 단호하게 스토아적 삶의 방식을 권유하고 있
　다(13설, 15~20설, 39설).

4  '예, 하지만 우리 가족도 굶을 거예요.'

5  그럼 어떤가? 그들이 굶으면, 너와는 다른 곳으로 가게 될까? 내려가는 길은 같고, 아래 세계[2]도 같지 않은가? 그렇다면 너는 온갖 빈궁과 결핍에 맞서 용기를 내어 보려고 하지 않겠는가? 그곳은 아무리 부유한 사람이라도, 아무리 높은 벼슬을 얻은 사람이라도 왕들, 참주들조차 끝내는 내려가야 할 곳이 아닌가? 네가 우연히 곤궁한 일이 있으면 그곳에 내려가야 하고, 그들은 소화불량과 술주정 때문에 갈기갈기 찢어져 가는 곳이 아닌가?

6  너는 지금까지 늙지 않는 거지를 쉽게 본 적이 있는가? 너무 늙은 나이에 이르지 않은 거지를 본 적이 있는가? 그러나 밤이나 낮이나 추위에 얼어 땅 위에 잠자리를 마련하고, 필요한 분량의 것만 먹고도 그들은

7  거의 죽을 수조차 없는 상태에 이르렀다네. 그런데도 허우대가 멀쩡하고 손과 발이 있는 네가 그토록 굶주림을 두려워하느냐? 물 푸는 일은 못 하는가? 서기(書記)로 일하거나, 아이들을 학교에 데려다주는 일은 할 수 없는가? 남의 집 문지기는 할 수 없는 것이냐?

'그런데 그런 궁상(窮狀)에 의해 하는 일은 부끄러운 일입니다.'

그러면 먼저 부끄러운 것이 무엇인지 배워야 하는 것이다. 그러고 나서 우리에게 자신이 철학자라고 말하는 것이다. 그러나 현재로서는 다

8  른 누가 너에 대해 그렇게 말하는 것을 허용해서는 안 된다. 너의 행위가 아니라, 두통이나 열병과 같이 네 탓이지 않은 일, 우연히 너에게 찾아온 일이 너에게 부끄러운 것일까? 부모가 가난하다면, 혹은 부유하지

2  지하 세계, 저승을 가리킨다.

만[3] 다른 사람을 상속인으로 남겨 두고 평생 너에게 아무런 도움을 주지 않는다면, 그것이 너에게 부끄러운 일이겠는가? 이 일에 대해 너는 철학자들에게서 배웠던 것이냐? 부끄러운 것은 비난할 만한 것이고, 비난할 것은 비난받을 만하다는 것을 너는 한 번도 들어 본 적이 없는가? 또 자신의 행위가 아니라, 자신이 한 짓이 아닌 일에 대해 누구를 비난하겠다는 말인가? 그렇다면 네가 그런 사태를 초래하고, 아버지를 그런 사람으로 만들었나? 아니면, 아버지를 교정하는 일을 네가 할 수 있다는 것인가? 그것이 너에게 허락되어 있는가? 그렇지 않다면 어떤가? 너는 너에게 허락되지 않았기를 바라야 하는 것인가? 혹은 네가 얻을 수 없는 것으로 부끄러워해야 하는 것일까? 그렇게 해서 네가 철학을 배우는 동안 다른 사람에게 눈을 돌리고 자기 자신을 조금도 믿지 않는 습관을 들인 것인가? 그렇다면 한탄하고, 슬퍼하며, 내일은 먹을 것이 없어지지 않을까 걱정하며 먹는 것이다. 노예에 대해서는 뭔가를 훔치지 않을까, 도망치지 않을까, 죽지는 않을까 하고 떨고 있는 것이다. 너는 그렇게 살면 되고, 그렇게 하는 것을 결코 그만두지 않을 것이다. 이름만으로 철학에 접근하고, 철학에 관여해도 소용없고, 무익하다는 것을 보여 줌으로써 네가 할 수 있는 한에서 그 원리들을 욕되게 만들었으니까! 그러나 단 한 번도 너는 마음의 확고함(평정심), 평온함, 마음의 흐트러지지 않는 본연의 자세를 추구한 적이 없다. 이 목적을 염두에 두고 누구에게도 가르침을 받은 적은 없지만, 추론을 위해서는 많은 사람에게 가르침을 받은 것이다. 너는 한 번이라도 이들 인상 가운데, '어떤 것

9
10
11
12
13
14

---

3  ē plousioi men ēsan(슈바이그호이저와 셴클).

에 대해 내가 견딜 수 있을까, 그렇지 못할까? 무엇이 나에게 해야 할 일로 남아 있는가?'라고 자기 자신을 음미한 적은 없다. 그런데도 너는 만사가 순조롭고 평안하다고 생각하고, 사물에 흔들리지 않기 위한 부동심(不動心)이라는 철학의 최종 영역에 관여하고 있었다. 즉 너는 어떤 일에도 동요되지 않을 수 있는가? 비겁함, 비열한 정신, 부자에 대해 찬탄하는 것, 충족되지 않는 욕망, 회피하고 싶은 것에 빠지는[4] 혐오. 너는 이것들을 안전하게 확보하는 것에 마음을 써 왔다.

15    먼저 이성으로부터 뭔가를 획득하고, 다음으로 그것의 안정성을 확보했어야만 하는 것이 아닌가? 너는 건물 주위를 벽으로 둘러싸지 않고 처마 장식[5]을 만드는 사람을 본 적이 있는가? 그리고 돌볼 문이 없는 곳
16   에 어떤 문지기를 둘 수 있는가? 하지만 너는 논증을 할 수 있는 능력을 얻을 수 있도록 연습하고 있다. 무엇을 말인가? 너는 소피스트식 논변에 농락당하는 일이 없도록 연습하고 있다. 무엇으로부터 시작할 것인
17   가? 우선 나에게 무엇을 유지하고, 무엇을 측정하고, 무엇을 재는지를 보여 줌으로써 시작하게나.

그런 다음, 너의 저울과 곡식 측정 도구(저울)를 나에게 보여 주게.
18   너는 언제까지 재[6]를 재고 있을 셈인가? 오히려 네가 보여 줘야 할 것은 인간을 행복하게 하는 것, 일을 네가 원하는 대로 진행시키는 것, 그것

---

4  tēn periptōtikēn(Reiske 첨가)으로 바꾸어 읽는다.
5  이른바 코니스(cornice)로 건물의 최상부를 이루는 돌기물. 이것을 만들기 전에 먼저 기초가 되는 벽이 있어야 한다는 뜻(플라톤『국가』534e 참조). 이 텍스트의 수정에 대해서 W. A. Oldfather 참조(p. 232).
6  즉 별로 중요하지 않은 것.

을 위해 부단하게 누군가를 비난하거나, 누군가의 잘못을 찾지 말고, 오히려 전체(우주)의 지배를 따라야 하는 것이 아닌가? 그것들을 나에게 보여 주게.

'보세요, 그럼 당신에게 보여 주겠습니다'라고 그는 말한다. '당신을 위해 추론을 분석해 보겠습니다.'  19

노예야, 그것은 물건을 측정하는 데 사용하는 도구이지, 측정된 것은 아니네. 그러니 너는 철학을 소홀히 한 벌을 받고 있는 셈이다. 너는 떨려서, 밤잠을 설치고, 이 사람 저 사람과 상담하고 있는 것이다. 그리고  20 자신의 충고가 모두의 마음에 들지 않는다면, 그것은 나쁜 충고였다고 생각한다. 그리고 너는 굶주림을 두려워하는 것처럼 보인다. 하지만 네  21 가 두려워하는 것은 굶주림이 아니라, 너를 위해 요리해 줄 사람, 장보기를 해 줄 사람, 너의 신발 끈을 묶어 주는 사람, 옷을 입혀 주는 사람, 몸을 마사지해 주는 사람, 함께 따라와 주는 사람이 없어지지 않을까 하  22 는 것이다. 그것은 목욕탕에서 옷을 벗고, 마치 십자가에 못 박힌 사람처럼 몸을 쭉 펴고, 몸 여기저기를 마사지하게 하고, 오일을 바르는 사람이 옆에 서서, '몸을 돌려, 옆구리를 내밀어, 이 사람의 머리를 누르고, 어깨를 내밀라'고 말한 뒤, 목욕을 마치고 집으로 돌아오면 '아무도 먹을 것을 가져오지 않는가?'라고 외치고, 이어 '테이블을 치워라, 해면으로 닦아라'라고 말하기 위해서였네. 네가 두려워하는 것은 건강하지  23 않은 사람의 삶을 살지 못하게 되지 않을까 하는 것이다. 오히려 건강한 사람의 삶을 배우기 위해서는, 노예는 어떻게 생활하는지, 노동자는 어떻게 살고, 진정으로 철학하는 사람들은 어떤지, 소크라테스는 아내와 자식이 있으면서 어떻게 살았는지, 디오게네스는 어떻게 살았는지, 그리고 클레안테스는 언구와 물 퍼 니르는 장사 일을 동시에 하면서 이렇게 살았는지를 배우기만 하면 된다.[7] 네가 이런 삶을 원한다면, 너는 어디에서나 그것을 찾을 것이다. 그리고 너는 자신 있게 살게 될 것이다. 무엇에 대한 자신감인가? 그것은 사람이 그것에 대해서만 자신감을 가질 수 있는 것, 즉 신뢰할 수 있는 것, 방해받지 않는 것, 빼앗기지 않는 것, 즉 너 자신의 의지(프로하이레시스)이다. 그런데 왜 너는 아무도 너를 집에 들여보내려고 하지도 않고, 돌봐 주려 하지 않을 정도로 너 자신을 무용하고 무익하게 만들었는가? 흠 잡을 데 없이 유용한 도구가 밖으로 던져졌다면, 누구나 그것을 주워 이득을 봤겠지만, 너를 주워 든 사람은 한 명도 없으며, 오히려 모두 손해를 본다고 생각하는 것이다. 그리하여 너는 개나 수탉 노릇도 못하는 셈이다. 그런 사람이면서 왜 너는 여전히 살고 싶어 하는가?

좋은 사람이 자기가 먹는 것이 부족할까 두려워하겠는가? 눈이 보이지 않아도, 다리가 불편해도 먹는 데 부족함이 없다. 그렇다면 좋은 사람에게 그럴 수 있을 것인가? 좋은 병사에게는 급료를 주는 사람이 있으며, 노동자나 구두 수선공에게도 마찬가지이다. 그럼, 좋은 사람에게는 그런 사람이 없을 것인가? 신은 자신이 만든 하인들, 증인들을 얕잡아 보고 있는가? 오히려 배움이 없는 사람들에 대해 신이 존재한다는 것, 전체(우주)를 올바르게 다스리고 있다는 것, 인간과 관련된 일을 소홀히 하지 않는다는 것, 좋은 사람에게는 살아 있을 때나, 죽은 후에도 나쁠 것이 없다는 것을 보여 주기 위한 유일한 증거로서 그들을 이용하

---

7  DL 제7권 168에 따르면, 스토아학파의 두 번째 수장인 클레안테스는 가난에도 불구하고 제논과 함께 공부하는 데 매우 열중했기 때문에 밤에 정원에 물을 길어 대는 일을 하면서 낮에는 학업을 계속했다. 요즘 말로 주경야독한 인물인 셈이다.

고 있는 것은 아니겠는가?[8]

　‘그럼, 신이 먹을 것을 주지 않을 때는 어떨까요?’　29

　그것은 말하자면, 좋은 장군이 나에게 퇴각하라는 신호[9]를 주는 것과 같은 것이 아니라면 다른 무엇일 수 있는가? 나는 지도자를 찬양하고, 그의 일을 찬양하는 노래를 부르면서 그분에게 순종하고 따를 것이네. 왜냐하면 그가 그렇게 하는 것이 좋다고 생각했을 때, 나는 이 세상에　30 왔으며, 그가 좋다고 생각했을 때 다시 세상을 떠날 것이고, 살아 있는 동안에는 내 상대든, 한 사람 혹은 여러 사람이 상대이든 신을 찬양하는 노래를 부르는 것이 나의 일이기 때문이네.[10] 신이 내게 많은 것을 풍족　31 하게 주는 일을 하지 않으시고, 내가 사치스럽게 사는 것을 원치 않으시는데, 그것은 자신의 아들인 헤라클레스에게도 허락하지 않았기 때문이네. 오히려 다른 사람이 아르고스와 뮈케나이의 왕이 되었는데, 헤라클레스는 그가 명령한 대로 고생을 거듭하여 훈련을 받고 있었던 것이네.[11] 왕으로 되어 있던 사람은 에우뤼스테우스이지만, 사실 아르고스　32

---

8　"훌륭한 사람에게는 살아 있을 때든 삶을 마치고 나서도 어떤 나쁜 것도 없으며, 이 사람의 일들은 신들이 소홀히 하지도 않는다는 것 말입니다."(플라톤, 『변명』 41d)

9　죽음을 의미한다. 제1권 제9장 16절 참조.

10　제1권 제16장 15절 참조.

11　헤라클레스의 이른바 12가지 어려운 과업을 가리킨다. 영웅 헤라클레스는 제우스와 뮈케나이의 왕의 딸 알크메네의 아들이었다. 알크메네에는 남편 암피트뤼온이 있었는데 제우스가 그녀를 보기 시작하면서 남편의 모습으로 변신해 어울렸다. 그녀가 제우스의 아이를 낳자 제우스는 아르고스와 뮈케나이 왕이 태어나려 한다고 고한다. 알크메네와의 사이를 질투한 제우스의 처 헤라가 '출산 여신'에게 명해 출산을 늦추고 아직 7개월 밖에 안 된 에우뤼스테우스를 먼저 태어나게 했으므로 헤라클레스가 아닌 에우뤼스테우스가 아르고스와 뮈케나이의 왕이 되는 결과가 되었다.

와 뮈케나이의 왕은 아니었네. 자기 자신에 대한 왕도 아니었기 때문이다. 반면에 헤라클레스는 전 대지와 바다의 지배자와 지도자가 되어 부정의와 불법을 바로잡고, 정의와 경건을 이끌어 냈던 것이다.[12] 게다가

33 이 위업을 맨몸으로 혼자서 해치운 것이었다. 더욱이 오뒷세우스는 배가 난파되어 해변으로 던져졌을 때, 어려움이 그를 비굴하게 만들지도 않았고, 그의 기백을 잃어버리지도 않았잖은가? 오히려 어떤 식으로 그는 처녀들에게 다가가 남에게 부탁하는 것을 가장 부끄러운 것으로 여길 만한 필요한 것(먹을 것)을 요구했을까?[13] '산에서 자란 사자처럼.'[14]

34 그는 무엇을 믿었을까? 평판도 부도 관직도 아니었다.

오히려 자신의 힘, 즉 우리에게 달려 있는 것과 달려 있지 않은 것에

35 대한 판단을 믿어서였다. 그것들만이 우리를 자유롭게 하고, 방해받지 않는 것으로 만드는 것, 비굴해진 사람들의 머리를 들게 하는 것이며, 부자든 참주든 그 얼굴을 제대로 바라볼 수 있게 하는 것이기 때문이다.

36 이것이 철학이 줄 수 있는 선물이었지만, 너는 자신 있게 나가는 대신 옷차림과 은그릇 때문에 떨고 있는 것이다. 불쌍한 인간아, 너는 그렇게

---

12 에픽테토스는 제우스의 아들인 헤라클레스의 태도를 본보기로 삼아 12가지 노고로 인류를 이롭게 함으로써 진정으로 '왕 같은' 태도를 지녔음을 보여 주었지만, 이러한 노고를 수행하게 한 에우뤼스테우스는 그가 왕이 아니라는 것을 보여 준다. 그는 자신을 통치하지 않았기 때문에 진정한 왕이다. 자유와 왕권의 개념에 대한 스토아학파의 생각에 대해서는 제4권 제1장 참조.

13 오뒷세우스는 표류 후 파이아케스족의 나라로 흘러들어 갔고, 그곳에서 공주 나우시카아 등 처녀 시종들을 만난다(호메로스,『오뒷세이아』제6권 첫머리 참조).

14 호메로스『오뒷세이아』제6권 130행. 오뒷세우스는 벌거벗은 몸을 나뭇가지로 가리고, 파이아케스의 공주 나우시카아의 시종들에게 피난처와 음식을 요청함으로써 불굴의 정신을 보여 준다.

지금까지 시간을 낭비해 온 것인가?

'그러나 내가 아프기라도 하면 어떻게 됩니까?' 마땅한 대로 병에 걸 37
릴 것이다. '누가 나를 돌봐 주나요?' 신과 친구들이 돌봐 줄 것이다. '그
러나 딱딱한 잠자리에 누워 있군요.' 한 남자로서. '하지만 적절한 거주
지를 나는 갖지 못하는군요.' 적절한 거주지라면, 병에 걸리지 않을까.[15]
'누가 먹을 걸 만들어 주나요?' 다른 사람들에게 그걸 만들어 주는 사람
들이다. 너는 마네스처럼 병들게 될 것이다.[16] '병의 마지막은 어떻게 됩
니까?' 죽음 외에 또 무엇이 있을까? 그렇다면 인간에게 모든 악, 마음 38
의 비열함, 비겁함의 근원은 죽음 자체가 아니라, 죽음에 대한 공포라는
생각해 보면 어떨까? 하지만 이 두려움에 대해 너 자신을 훈련해야 하
는 것이다. 그리고 너의 모든 논의, 연습, 독서가 이것을 향하면 되는 것 39
이다. 그렇게 해야만 인간은 자유로워진다는 것을 너는 알게 될 것이다.


15  ou nosēseis로, 부정어를 보충해서 읽는다.
16  이 수수께끼 같은 문구는 분명히 제논이 아플 때 '마네스처럼', 즉 노예처럼 돌봐 달라
    고 요청한 제논의 말을 암시한다. 마네스는 흔한 노예의 이름이다. 무소니우스 「단편」
    18A(Hense의 판) 참조. 에픽테토스에게 의미의 가능한 추가 층은 마네스(manes)가 라
    틴어로 '시체' 또는 '그늘'을 의미한다는 것이다. 따라서 그 사람은 죽음에 대비하는 방
    식으로 돌봄을 받아아 한다. '인간 삶의 불가피한 최종 결과'(38질 참조).

제4권

# 제1장

# 자유에 대해서[1]

자신이 원하는 대로 사는 사람은 자유로우며, 그 사람을 강제할 수도, 방해할 수도, 강요받을 수도 없으며, 그 사람의 충동은 방해받지 않으며, 욕구는 그 목적을 달성하고, 자신이 회피하고자 하는 것에 빠지지 않는다. 그런데 누가 잘못을 저지르며 살기를 원할까?

1

---

1 매우 긴 이 담론은 진정한 자유는, 정말로 문제가 되는 모든 것은 '우리에게 달려 있다'는 것이며 '우리에게 달려 있지 않은' 것은 상대적으로 중요하지 않다는 것을 인식하는 데 있다는 하나의 생각에 중심을 두고 있다. 이 생각은 1~5절에 기술되어 있으며, 나중에 128~131절에 요약되고, 다시 174~176절에 거듭 요약되어 있다. 진정한 노예는 우리의 의지의 선택을 우리의 능력 밖의 것들, 예를 들어 성적인 욕망, 지위 또는 부(15~23절, 45~50절, 144~149절)와 같은 것에 내맡기는 데서 나온다. 이에 반해서 진정한 자유는 운명이나 신의 섭리적 일의 일부로 일어나는 모든 일을 받아들이는 데서 나온다는 것이다(99~106절, 131절). 이런 점들은 때때로 준-소크라테스적 문답법의 방식으로 제공되고 있다(45~56절, 132~137절). 에픽테토스는 이러한 자유 개념을 전통적인 법적 및 정치적 자유와 구별하고 있다(6~14절, 33~40절, 54~62절). 이 담론은 진정한 의미의 자유의 전형으로서 디오게네스와 소크라테스의 모습으로 끝맺고 있다. 하나는 관습적인 사회를 거부하고, 다른 하나는 그 안에서 원칙적인 삶을 사는 것이다(151~158절, 159~169절). A. A. Long, pp. 27~29, pp. 208~210 참조; 또한 S. Bobzien, *Determinism and Freedom in Stoic Philosophy*, Oxford, 1998, ch.7; M. Frede, *A Free Will: Origins of the Notion in Ancient Thought*, Berkeley, 2011, ch.5 참조.

'아무도 원하지 않아요.'

2    누가 속으면서, 성급하고, 부정하고, 방종하고, 불만 많은 비열한 생활을 원하겠는가?

'아무도 원하지 않아요.'

3    그러면 나쁜 사람은 자기가 원하는 대로 살지 않는다는 것이 된다.

4    따라서 그 사람은 자유롭지 않은 것이다. 또 슬퍼하며, 두려움을 갖고, 질투하고, 불쌍하고, 욕구해서 얻지 못하거나, 회피하지만 회피하지 못하고 살기를 누가 바라겠는가?

'아무도 없습니다.'

5    그러면 나쁜 사람 중에 고통이 없고, 두려움이 없으며, 회피하고자 하는 것을 회피하지 못하거나 못 얻는 사람이 있을까?

'한 명도 없습니다.'

따라서 그 사람은 자유롭지 않은 것이 된다.

6    이상의 이야기를, 두 번 집정관을 지낸 사람이 들었다고 해도 그 사람에게 '당신은 현명하다, 이런 이야기는 당신과 전혀 관계없는 일입니다'라고 덧붙여 두면, 그 사람은 너를 용서해 줄 것이다. 그러나 그에게

7    사실대로 털어놓으면, 즉 '당신 자신도 노예라는 점에서는 세 번 팔린 노예와 다를 바가 없어요'라고 말한다면, 자네가 얻어맞는 것 이외의

8    다른 무엇을 기대해야 하겠는가? '도대체 왜 내가 노예야? 내 아버지는 자유인이시고, 어머니도 자유인이다. 이 부모들로부터 나를 사들일 사람은 한 사람도 없다. 게다가 나는 원로원 의원이자 카이사르의 친구이자 집정관을 지냈으며, 노예도 많이 소유하고 있다'라고 그는 말한다.

9    우선, 오 훌륭한 원로원 의원님, 아마 당신 아버지도 같은 노예 상태에 계셨고, 어머니도, 할아버지도, 훨씬 거슬러 올라가 조상님들도 그럴

것입니다. 그러나 그 사람들이 아무리 자유롭더라도 당신과 무슨 관련      10
이 있는 것인가? 그들이 고귀하더라도 당신이 저속하다면, 그들은 용기
가 있는데 당신은 겁쟁이라면, 그들에게는 자제심이 있더라도 당신은
방종하다면, 어떨까요?

'그것과 노예라는 것이 무슨 관계가 있나요?'라고 누군가가 묻는다.      11

자신의 의지에 반하여 강제당하고, 한숨을 쉬며, 무언가를 하는 것이
노예인 것과 아무 관계가 없다고 생각하는가?

'그건 인정합니다. 하지만 우리 모두의 주인이신 카이사르를 떠나 누      12
가 나를 강제할 수 있겠습니까?'라고 그가 답했다.

그러면 당신 자신에게도 주인이 한 명 있다는 데 동의하는 셈이군요.      13
하지만 당신이 말하듯이, 그 사람이 우리 모두의 공통 주인이라고 할지
라도 그 일로 당신에게 위로가 되지는 않을 것입니다. 당신은 단지 큰
집안의 노예에 불과하다는 것을 인식해야 합니다. 그래서 니코폴리스      14
시민들도 그런 식으로 '그래, 카이사르의 도움으로 우리는 자유롭습니
다'라고 외치고들 있으니까요.[2] 그럼에도 당신이 좋으시다면, 로마의      15
카이사르에 대해서는 잠시 제쳐 두고, 나에게 이 점을 대답해 주기 바랍
니다. 당신은 누군가를 사랑한 적이 한 번도 없었나요? 귀여운 소녀이
거나 소년, 노예이거나 자유인도?

'그 일이 노예냐 자유인이냐 하는 것과 무슨 상관이 있습니까?'      16

당신은 사랑하는 사람에게서 자신이 원하지 않는 것을 명령받은 적      17
이 한 번도 없었나요? 당신이 귀여운 작은 노예에게 아부한 적은 없었

---

2  니코폴리스 시민으로서의 삶이 로마 황제(카이사르)의 신하임을 전제로 한다는 비아
   냥거리는 말이다.

나요? 그의 발에 키스를 한 적이 없었나요? 그럼에도 누군가가 강제로 카이사르의 발에 키스를 하라고 했다면, 그것을 모욕으로 여기고 또 지난친 폭정 행위로 간주할 것입니다. 노예적 행위라고 하면 또 뭐가 있을까요? 밤에 가기 싫은 곳에 나간 적은 한 번도 없었나요? 또는 내키지 않을 정도의 낭비를 한 적은 없었나요? 눈물을 흘리고, 한숨을 쉬며 이야기하거나, 욕을 먹고, 문을 닫고 참은 적은 없었던가요? 그러나 당신이 자신이 하고 있는 일을 인정하는 것이 부끄럽다면, 트라소니데스가 말한 것과 행위한 것을 보도록 하세요. 그는 아마 당신도 미치지 못할 정도로 몇 번이나 출정한 사람이었고, 처음에 노예인 게타스도 감히 가지 않을 것 같은 밤에 떠나갔는데, 만일 게타스가 그에게서 가라고 강요받았다면, 그는 소리를 지르고 괴로운 노예 신세를 한탄하며 떠났을 것입니다. 그리고 트라소니데스는 뭐라고 할까요?

'작은 하녀[3]가'

그가 말했다.

'천한 신분인데도 나를 노예로 삼았다. 적도 한 번도 노예로 삼을 수 없었는데.'[4]

---

3　트라소니데스가 전쟁 포로로 끌고 온 소녀. 아래의 각주 참조.
4　메난드로스의 잃어버린 작품 『미움받는 자』(Misoumenos)의 등장인물들이다. 주인공 용병 트라소니데스는 퀴프로스섬에서 전쟁 포로로 아테네로 데려온 소녀에게 호의를 품고 있지만, 소녀는 용병의 전리품 속에서 오빠가 들고 있던 칼을 발견했고, 오빠는 이 용병에게 살해당한 것으로 알고 있어 그를 미워한다. 이후 소녀의 아버지가 아테나이로 찾아와 용병의 집 옆에 머문다. 그리고 용병이 들고 있던 칼의 존재가 계기가 되어 부녀가 재회하고, 용병에 대한 혐의도 풀리며 두 사람은 경사스럽게 결혼한다. 게타스는 트라소니데스가 소유한 노예였다. W. Furley, *Menander "Misoumenos" or "The Hated Man", Introduction, Translation, and Commentary*, University of London Press, New edition,

가엾은 인간이여, 당신이 어린 소녀의, 게다가 천한 신분의 소녀의 <sup>21</sup> 노예가 되다니. 그런데도 스스로를 자유인이라고 부르니 어찌 된 일인 가요? 왜 당신의 종군 이야기를 꺼내는 것인가? 그런 다음, 트라소니데 <sup>22</sup> 스는 칼을 달라 하고 호의로 칼을 자기에게 넘겨주기를 거절하는 사람 에게 화를 내며, 자기를 미워하는 소녀에게 선물을 하거나 애원하며 울 기도 하는 것입니다. 다시, 조금이라도 잘 되면 신이 나는 것입니다. 하 <sup>23</sup> 지만 욕망과 두려움에서 벗어나는 법을 아직 배우지 않고, 어떻게 그 사 람은 자유로운 사람이 될 수 있을까요?[5]

이제 동물과 관련하여 우리가 어떻게 자유의 개념을 적용하고 있는 <sup>24</sup> 지를 생각해 봅시다. 길들인 사자를 우리에 넣어 먹이를 주거나, 심지 <sup>25</sup> 어 데리고 다니는 사람도 있습니다. 그러나 누가 그런 사자가 자유롭다 고 말할 수 있겠는가? 사자의 생활이 순해지는 만큼 노예적이지 않을 까요? 감각과 이성을 갖춘다면, 어떤 사자가 이런 사자들 중 하나가 되 고 싶어 할까요? 자, 저기 저 새들을 보라, 잡혀서 새장에 갇힌 채 키워 <sup>26</sup> 질 때 도망치려고 하니 얼마나 괴롭겠습니까? 새장 생활을 견뎌 낼 바 에는 오히려 굶어 죽어 버리는 새도 있을 것입니다. 살아남아 살 수 있 는 새라도 말라붙어 겨우 살아가고 있는 것입니다. 그리고 조금이라도 <sup>27</sup> 틈새를 찾을 수 있다면, 그들은 반드시 뛰쳐나올 것입니다. 그만큼 새들 도 자연의 자유를, 자립적 삶을, 또 얽매이지 않는 삶에 대한 욕구를 원 할 것입니다. 새장에 갇힌 생활 때문에 당신에게 어떤 나쁜 일이 있습니 <sup>28</sup> 까? '무슨 소리입니까! 나는 원래 원하는 곳이면 어디든지 날아가 집 밖

2021.

5  S 사본(apomathōn houtos eleutherıan an eıche;)

에서 살며, 내가 원할 때 노래하도록 태어났습니다. 당신은 나에게서 이 모든 것을 빼앗아 놓고, 나에게 "무슨 나쁜 일이 있느냐?"라고 묻는 것입니다.

29
30 그러므로 우리는 사로잡힌 몸을 견디지 못하고 잡혀가는 즉시 죽음을 통해 도망치려는 동물들만을 자유롭다고 말합니다. 디오게네스[6] 역시 어딘가에서 '자유를 위한 유일한 수단은 즐거운 마음으로 죽는 것'이라고 말하면서, 페르시아 대왕에게 '당신은 아테나이 도시를 노예화할 수 없다. 물고기를 노예로 삼을 수 없는 것과 마찬가지이다'라고 썼다.[7]—'어떻게? 내가 아테나이 시민을 잡을 수 없을까요?'—'당신이
31 그들을 잡으려고 한다면, 즉시 그들은 당신을 남겨 두고 떠날 것이고, 물고기도 마찬가지입니다. 당신이 물고기 중 한 마리를 잡으면 그 물고기는 곧 죽습니다. 아테나이 시민도 잡히면 죽고 만다면, 전쟁의 준비
32 를 하기로 무슨 이득을 얻을 수 있겠습니까?' 이것이야말로 그 문제를 진지하게 검토한 자유인의 목소리이다. 예상한 대로, 적절한 답을 찾았다. 그러나 네가 문제의 소재를 엉뚱한 곳에서 찾아본다면, 결코 찾지
33 못한다는 사실에 무슨 놀라움이 있겠는가? 노예는 당장 풀려나 자유의 몸이 되기를 바란다. 왜 그럴까? 5퍼센트(20분의 1)의 세금을 징수하는 사람들에게 자신의 돈을 넘겨주고 싶기 때문일까?[8] 그렇지 않네. 지금

---

6 견유학파인 시노페의 디오게네스. 헬레니즘 시대에 디오게네스의 가짜 서한이 많아졌는데, 그 일부를 인용한 것으로 보인다. 물론 이 편지들은 현재 전해지지 않는다.

7 아래는 디오게네스와 페르시아 대왕 사이의 가상 문답이다.

8 로마 노예 해방 의식에서는 그 주인에게 노예 몸값의 20분의 1 정도의 세금(5%; vicesima libertatis)이 부과되었다. 제2권 제1장 26절 해당 각주 참조.

까지 풀려나지 않았기에 방해받고 불행한 삶을 살았다고 생각하기 때문이네. '해방되면 당장 만사가 순조로워져서 나는 더 이상 누구에게도 신경 쓰지 않아도 되고, 누구라도 동등하고 똑같이 말하고, 원하는 곳으로 나갔다가 원하는 곳에서 원할 때 돌아올 수 있을 것입니다'라고 그가 말했다. 그 후 해방되면, 먹을 곳이 마땅치 않아 즉시 주위를 둘러보며 누구의 집에서 끼니를 구할 것인지 궁리하며 아첨할 사람을 찾게 된다. 그러다가 그는 몸을 팔며 일하며[9] 가장 무서운 일을 겪거나, 그가 먹을 음식을 구한다고 해도 예전보다 훨씬 더 힘든 예속된 상태에 빠지고 만다. 혹은 용케 돈을 벌더라도 형편없는 인간이기에 천박한 여자와 사랑에 푹 빠지고, 신세를 한탄하며 예전의 노예 신분을 그리워한다. '그때 나에게 무슨 나쁜 일이 있었나? 옷을 입혀 주는 사람이 있었고, 신발을 신겨 주는 사람도 있었고, 먹여 주는 사람도 있었고, 병간호를 해 주는 사람도 있었어. 게다가 얼마 안 되는 일로 그에게 봉사해 주면 되었어. 그런데 지금 나는 얼마나 가엾은가. 한 사람 대신에 많은 사람의 노예가 되어 얼마나 큰 봉변을 당하고 있는가' 그럼에도 그는 '내가 그 반지[10]들을 얻는다면, 그때는 상당히 여유롭고 행복한 삶을 누릴 수 있을 겁니다'라고 덧붙인다. 그래서 먼저 이 반지를 얻기 위해 그에 걸맞은 고생을 거듭하고, 다음에 그것을 손에 넣으면, 또다시 똑같은 고생을 겪게 된다. 그런 다음 그는, '내가 출정하면 이 모든 고생에서 풀려난다'라며 출정하는 셈인데, 거기서도 채찍을 필요로 하는 죄수가 겪는 일을 겪으면서, 그럼에도 그는 두 번째 출정, 세 번째 출정을 요청하는 것이

---

9 '매춘 같은 일로 몸을 파는 행위'(W. A. Oldfather, p. 254 참조)

10 로마에서 가장 높은 원로원 의원 아래의 기사 계급은 금반지를 착용할 권리가 있었다.

다.[11] 그리고 마침내[12] 원로원 의원으로 선출되면, 노예가 되어 원로원

에 가서 가장 화려하고 호화로운 노예 상태에 들어가게 되는 것이다.

어리석은 사람이 되지 않도록, 오히려 소크라테스가 자주 말하던 '각

각의 실재[13]가 무엇인가'를 배우도록 하고 그의 선개념을 개별적인 사

물(경우)에 대해 마구잡이식으로 적용하지 않도록 해야 한다. 왜냐하

면 공통의 선개념을 개별적인 사물(경우)에 잘 적용할 수 없는 것, 이것

이 인간에게 모든 나쁨의 원인이기 때문이다. 사람마다 나쁨에 대한 생

각이 다르다. 어떤 사람은 병을 앓는 것으로 생각한다. 결코 그렇지 않

고, 오히려 자신의 선개념을 잘못 적용하고 있을 뿐이다. 또 다른 사람

은 구걸하는 것으로 생각하기도 하고, 가혹한 아버지나 어머니를 둔 것

으로 생각하는 사람도, 카이사르로부터 자비를 받지 못하는 것으로 생

각하는 사람도 있다. 하지만 이것은 선개념을 잘 적용할 줄 모르는 것일

뿐이다. 그렇다면 나쁜 것(악)은 해롭고, 피해야 하는 것, 가능한 모든

수단으로 제거해야 할 것이라는 선개념을 누가 갖고 있지 않겠는가? 하

---

11 율리우스 카이사르의 법(B.C. 44)에 따르면 세 번의 군사 원정은 의원이 되기 위한 전
   제 조건이었다. 기병이라면 세 번, 보병이라면 여섯 번 출정한 경험이 있어야 했다. 제
   2권 제14장 17절 참조.

12 원어인 kolophōn(콜로폰)은 '마무리 터치'를 의미한다(제2권 제14장 19절 참조). 작품
   의 말미에서 제목, 다른 설명 자료를 나타내는 데 사용되는 한 단어이다. 이 말이 고대
   도시인 콜로폰(Kolophōn)에서 유래했다고도 하는데, 콜론폰이 보유한 효율적인 기병
   이 자신들이 참여한 모든 전쟁에서 '최후의 일격'을 가했다는 전통에서 나왔다고 한다
   (스트라본, 『지리지』16.1.28). 헬라어 사전(LSJ)에는 일반적 뜻풀이로 여기저기에서의
   출전을 언급하며 '끝', '정상', '마무리 지점'으로 풀이되어 있다(플라톤, 『에우튀데모
   스』301e; 『테아이테토스』153c 참조).

13 크세노폰, 『회상』4.6.1 참조("각각의 실재가 무엇인가"(ti hekastin eiē tōn ontōn). 이것
   은 또한 소크라테스 변증술적 탐구에 대한 플라톤적 표현에서 매우 일반적인 주제다.

나의 선개념은 다른 선개념과 충돌하지 않지만, 그것을 적용할 때 충돌 45
이 일어날 수 있다. 그렇다면 해롭고 피해야 할 이 나쁨(악)이란 무엇인
가?[14] 어떤 사람은 자신이 카이사르의 친구[15]가 될 수 없는 일이라고 말
한다.[16] 그 사람은 잘못 알고 있고, 적용을 잘못하고 있으며, 곤혹스러운
처지에 빠졌으며, 당면한 일과는 전혀 관계가 없는 것을 찾고 있는 것이
다. 사실상 그 사람이 카이사르의 친구가 되었다고 해도, 여전히 자신이
찾고 있던 것을 얻는 데 실패하기 때문이다. 우리 모두가 찾고 있는 것 46
은 무엇인가? 안정된 마음을 갖고, 행복하며, 모든 일을 원하는 대로 행
하고, 방해받지 않고, 강요받지 않고 사는 것이다. 이제 그가 카이사르
의 친구가 되었을 때, 방해받거나 강요당하는 일이 없어져, 안정된 마음
을 가지고 순조롭게 살아나가는 것일까? 이 일은 누구에게 들은 것일
까? 카이사르의 친구가 된 바로 그 사람 말고 누가 신뢰할 만한 사람이
겠는가?

자, 가운데로 나와서 우리에게 대답해 주세요. 당신이 언제 더 평안 47
한 잠을 잤는지, 지금인가, 아니면 카이사르의 친구가 되기 전인지를 알
려 주십시오. 즉시 대답을 듣게 될 것이다. '신들에게 맹세코, 제발 내
운명을 놀리지 말아 주세요. 당신은 내가 어떤 비참한 일을 당하고 있는
지 모르시잖아요. 잠이 나한테 찾아오는 일 따위는 없어요, 잇달아서 사
람이 찾아오고, 카이사르가 이미 깨어났다고, 그가 이미 나갔다고, 내

---

14 선개념에 대해서는 제1권 제22장 1~2절 참조.

15 이것은 현대 정부의 고문(persona grata)이나 장관이 되는 것과 같이 로마 제국에서 반
   공식적인 역할이었다.

16 신개념의 적용에 대해서는 제1권 제22장 참조.

게 말하는 겁니다. 그러다가 귀찮은 일이 생기고, 그 뒤에는 근심거리가 오는 겁니다.' 자, 그럼 식사는 어느 쪽이 편했는가? 지금인가, 아니면 이전인가? 이 문제에 대해 뭐라고 할지도 당사자에게 물어보기로 하자. 초대받지 않으면 괴로워하게 되고, 초대를 받으면 초대를 받았으니 노예가 주인 옆에서 식사를 할 때와 마찬가지로 바보 같은 소리를 하거나, 일을 저지르지 않을까 내내 좌불안석하는 것이다. 자네는 이 사람이 무엇을 두려워한다고 생각하나? 노예처럼 채찍질을 당하지 않을까? 어째서 그렇게 일이 잘 풀리지 않는가? 그러나 카이사르의 친구인 이만한 인물에 걸맞은 일이다. 즉 그는 목을 잃을까 봐 두려워하는 것이다.

## 50

당신은 언제 한가롭게 목욕을 했는가? 언제 더 여유롭게 몸을 단련했는가? 요컨대 당신은 오늘날의 삶과 과거의 삶 중 어떤 쪽을 살고 싶은가? 맹세코 말할 수 있지만, 그 누구라도 카이사르의 친구가 될수록 자신의 불행을 한탄하지 않을 만큼 무감각하게 자신을 속이는 사람은 없다는 것이다.

그러면 왕이라고 불리는 자들도 그 왕의 친구들도 원하는 대로 살지 못한다면 그 외에 누가 자유로운 것이냐? 찾아보면 찾을 수 있을 것이다. 너는 진리를 발견하는 수단을 자연으로부터 부여받고 있기 때문이다. 그러나 자신이 그 수단만으로 앞으로 나아가고, 그 뒤를 잇는 것을

발견할 수 없다면, 탐구해 본 경험이 있는 사람들에게 물어보라. 그들은 뭐라고 하는가? 너에게는 자유가 좋은 것이라고 생각되느냐?—'가장 큰 좋음입니다.'—그렇다면 이 가장 큰 것을 얻은 사람이 불행하거나 불운하게 되는 일이 있을 수 있을까?—'그렇지 않습니다.'—그러면 사람들이 불행하고, 일이 순조롭지 않고, 슬퍼하는 사람을 볼 때마다

그들이 자유롭지 못하다고 말하라.—'그렇다고 말하지요.' 그러면 이

제 우리는 노예의 매매라든지, 그런 재산을 얻기 위한 준비라든지 하는 얘기에서 벗어나기로 하자. 만일 이런 것들이 네가 동의한 대로라면 페르시아 대왕도 불행하며 자유롭지 못한 것이 되고, 소국의 왕도, 집정관도, 두 번 집정관을 지낸 사람도 자유롭지 못한 것이 되는 것이네.─'동의합니다.'

그렇다면 더 나아가 다음과 같은 점에 대해서도 대답해 주게. 자유 **54** 는 위대하고 고귀한 것으로 말할 만한 가치가 있다고 생각하는가? '어찌 그렇지 않을 수 있습니까?' 그토록 위대하고, 그토록 가치 있고, 고귀한 것을 손에 넣으면서 천박한 마음이 될 수 있는가? '그럴 수 없습니다.'─그러면 누군가가 자신의 생각과 다르게 남에게 아양을 떨거 **55** 나 아첨하는 것을 볼 때마다, 너는 그 사람 또한 자유롭지 않다고 자신 있게 말하라. 또 얼마 안 되는 식사를 하기 위해서뿐만 아니라, 지방 총독이나 집정관직을 위해 그런 태도를 취하는 사람도 자유롭지 못하다. 오히려 앞엣것은 작은 것을 목적으로 이런 짓을 한다는 의미에서 작은 노예, 뒤엣것은 그에 걸맞게 큰 노예라고 불러라.─'그것도 인정합니 **56** 다.' 그리고 자유는 자주적인 것, 자율적인 것이라고 자네는 생각하는가?─'어찌 그렇지 않겠습니까?'─그러므로 누구든지 다른 사람에게 방해받거나 강요를 당하는 사람은 자신 있게 자유롭지 않다고 말하라. 그리고 그 사람의 할아버지나 증조부를 보거나, 사고팔아 본 적이 **57** 있는지를 묻지 말고, 오히려 마음속 깊이 진심을 담아 '주인님'이라고 말하는 것을 들으면, 그것이 12 막대기의 파스케스[17]가 선도하는 사람

---

17 원어는 12개의 막대기(dōdeka rhabdoi)을 뜻하는데, 로마의 파스케스(fasces, '막대기의 다발 묶음'을 뜻하는 라틴어 fascis의 복수형)를 가리킨다. 파스케스란 도끼 가운데 두고

이더라도 그를 노예라고 부르라. 그리고 그가 '내가 가엾구나, 내가 무슨 고난을 받아야 하나!'라고 외치는 것을 듣는다면, 그를 노예라고 부르라. 혹은 불쌍하게도 내가 무슨 봉변을 당할까 하는 말을 들어도 그 사람을 노예라고 부르도록 하라. 요컨대 울고불고, 비난하고, 비참해하거나 하는 것을 보면 그를 줄무늬 자주색 옷[18]을 입은 노예라고 불러라.

**58** 그렇지만 그가 그러한 행동을 취하지 않아도, 아직 자유롭다고 말하지 마라. 오히려 어느 면에서 그 사람의 판단이 강제되고 있는지, 방해받는 것인지 또는 비참한 것이 아닌지를 살펴보는 것이 좋다. 그리고 그 사람에게서 그런 점을 찾게 된다면, 그를 사투르나리아 축제[19]에서 휴가를 보내는 노예라고 부르도록 하라. 주인이 집을 비우고 있을 뿐이라고 말해 주는 것이다. 그리고 주인이 돌아오면 어떤 일을 당할지 알 수 있을

**59** 것이라고 말하라. ─'누가 돌아올까요?'─자신이 원하는 모든 것에 대해 이것을 주거나 빼앗을 수 있는 권한을 가진 모든 사람이네. ─'그럼, 우리에게 그렇게 많은 주인이 있는 겁니까?'─그렇게 많네. 이 인간 주인들 앞에 사안(事案)이라는 주인이 얼마든지 있는 것이네. 그 수가 많다 보니 모든 일에 대해 권한을 갖는 사람도 주인일 수밖에 없는

**60** 셈이네. 즉 카이사르 그 사람을 두려워하는 사람은 아무도 없으며, 오히려 사형, 추방, 재산 몰수, 투옥, 시민권 박탈을 두려워하는 것이네. 카

---

(쌍날의 도끼) 주위에 10여 그루의 나무 다발을 둘둘 감은 것으로 권력의 상징으로 사용되었으며 집정관은 이를 앞세우는 특권을 가졌다. 쌍날의 도끼를 권력을 상징으로 여겼던 크레테 크노소스 궁정 문명에서 유래한 것으로 보인다.

**18** 로마의 고급 관료의 옷.

**19** 사투르나리아 축제는 로마의 제례로 12월 17일부터 일주일간 열렸으며, 그동안에는 노예도 자유인과 동등한 것으로 간주되었다(제1권 제25장 8절).

이사르가 어떤 면에서 큰 가치를 지닌 사람이 아닌 한, 누구도 카이사르 자신을 사랑하지 않는 것이다. 오히려 우리가 사랑하는 것은 부(富)이거나 호민관, 장군, 집정관의 지위를 사랑하네. 우리가 이러한 것들을 사랑하고, 미워하고, 두려워하는 한, 필연적으로 그것들에 대한 권한이 있는 자가 우리의 주인이 될 것이다. 그렇기에 우리는 그러한 사람들을 신처럼 숭배하기까지 하는 것이네. 그것은 우리에게 가장 큰 이익을 가져오는 권한을 가지는 것을 신적인 것이라고 생각하기 때문이네. 다음으로, 우리는 잘못하여 '이 사람은 가장 큰 이익을 가져올 권한을 가지고 있다'는 소전제를 두는 것이다. 그렇다면 이러한 전제로부터 도출된 결론도 잘못됐다는 것은 틀림없다.[20]

61

그렇다면 인간을 방해받지 않고 자립하게 하는 것은 무엇인가? 그것은 부도 집정관이나 지방 총독의 직책도, 왕권도 그렇게 하는 것이 아니라, 오히려 다른 뭔가를 찾아야 하기 때문이네. 그렇다면 쓴다는 것에 있어서, 그것을 방해하거나 방해하지 않게 하는 것은 무엇일까? '글쓰기에 대한 지식입니다.' 키타라를 연주하는 것은 어떨까? '키타라를 치는 지식입니다.' 그러면 사는 것에 있어서는 삶의 지식인 셈이 되는 것이네. 이제 일반적으로 그렇다는 것을 이미 들었으니, 개개의 경우에 대해 이 문제를 생각해 보라. 다른 사람의 힘이 미치는 범위에 있는 무언가를 원하는 사람은 방해받지 않는 것이 가능할까?——'불가능합니다.'——장애로부터 벗어나는 것이 가능할까?——'불가능합니다.'——그

62

63

64

65

**20** 따라서 '이 사람은 신적인 것이다'라는 잘못된 귀결이 생긴다는 것. 이 추론 오류는 소전제로 '가장 큰 이익을 가져올 권한을 가진 것'을 어떤 특정한 인간에게 귀속시킨 데 있다.

렇다면 자유가 아닌 셈이네. 그럼 이것을 생각해 보라. 우리만의 힘이 미치는 것[21]은 아무것도 없는가, 아니면 모든 것이 우리의 힘이 미치는 것인가? 아니면 우리의 힘이 미치는 것과 그렇지 않은 것이 있는가?—'무슨 말입니까?'—너의 몸이 온전하고 온전하게 유지되기를 원할 때, 그것은 너의 힘이 미치는 것인가, 그렇지 않은가?—'아니오, 그것은 내 힘이 미치는 일이 아닙니다.'—건강한 것은 어떤가?—'그것도 힘이 미치는 일이 아닙니다.'—아름다움은 어떤가?—'그것도 미치는 것이 아닙니다.'—그럼 사는 것이나 죽는 것은 어떨까?—'이것도 미치는 것이 아닙니다.'—그러면 너의 몸은 자신의 것이 아니라 자신보다 더 강한 모든 것에 달려 있다는 것이다.—'그렇다고 해 두지요.' 너의 토지도, 네가 원할 때 원하는 기간에 걸쳐 원하는 대로 소유하는 것은 너의 힘이 미치는 일인가?—'아니오.'—그리고 너의 노예는?—'아니오.'—너의 입을 옷은?—'아니오.'—너의 보잘것없는 집은?—'아니오.'— 말은 어떤가? '그것들 중 어느 것도 힘이 미치는 것이 아닙니다.' 또한 너의 자녀, 아내, 형제, 친구들이 어떻게든 살고 싶어 할 때, 그것은 너의 힘이 미치는 일인가?—'그것들도 또한 아닙니다.'—그러면 너는 너만의 힘이 미칠 만한 자주적인 것을 아무것도 가지고 있지 않은가, 아니면 무언가 그런 것을 가지고 있는가?—'모르겠습니다.'—자, 이런 식으로 그 문제를 보고 그것을 생각해 보도록 하게. 거짓에 동의하게 할 수 있는 사람이 없는가?—'아무도 할 수 없습니다.' 그렇다면 승인이라는 영역에서는 사람은 방해받거나 장애를 받

---

**21** 즉 우리에게만 달려 있는 것.

지 않는다는 말이 되는 것이네. '그렇다고 해 둡시다.' 그렇다면 네가 원 70
하지 않는 것을 요구하도록 강요할 수 있는 사람이 있을까?—'할 수 있
습니다. 나를 죽이거나 투옥하겠다고 위협할 때는 언제든지 나를 강제
로 그렇게 요구할 수 있을 테니까.'—그러나 네가 죽음이나 사슬에 묶 71
이는 것을 아무렇지 않은 일이라고 생각하면, 너는 여전히 그에게 주의
를 기울이겠는가?—'아니오.'—그럼, 죽는 것을 아무것도 아니라고
생각하는 것은 너의 행위인가 너의 행위가 아닌가?—'나의 행위입니
다.'—그렇다면 충동을 느낀다는 것은 너의 행위인가 아닌가?—'그
것은 내 행위라고 해 둡시다.'—그리고 행동하지 않으려는 충동(반발)
은 어떤가? 그것도 너 자신의 행위이네.—'하지만 난 산책하러 가고 싶 72
은 마음이 있어도, 다른 사람이 나를 방해한다면 어떻게 하나요?'—그
가 너의 어떤 부분을 방해하는가? 설마 너의 승인은 아니겠지. '아니 그
게 아니라, 오히려 제 가련한 몸입니다.'—맞아, 돌이 그렇게 하는 것
같네.—'그렇다고 해 두지요. 하지만 난 더 이상 산책을 하지 않아요.'
누가 너한테 '방해받지 않고 산책하는 게 너의 일이야'라고 말했나? 나 73
는 너에게 충동을 느끼는 것만큼은 방해받지 않을 것이라고 말했지만,
신체를 사용하고 이것과 협력하는 것에 관한 한, 너 자신의 행위는 아
무것도 없다는 것을 오래전부터 너는 들었던 것이네. '이것도 인정하겠
습니다.' 네가 원하지 않는 것을 원하도록 강제할 수 있는 사람이 있을 74
까?—'아무도 없습니다.'—그리고 자신의 목표를 설정하거나, 계획
을 세우거나, 일반적으로 말해서 네 앞에 나타나는 인상을 사용하는 것
을 강제하는 사람이 있는가?—'그것도 못 합니다. 그러나 내가 욕구 75
할 때, 내가 원하는 것을 얻는 것을 방해할 수 있겠지요?'—너의 것이
고, 방해받지 않는 것들 중 하나를 원한다면, 어떻게 너를 방해할 수 있

을 것인가?—'결코 방해할 수 없습니다.'—그러면 자신의 것이 아닌 것을 향한 욕망을 가진 사람이 방해받지 않는다고 누가 너에게 말했는가?—'그러면 저는 건강을 욕구할 수 없습니까?'—결코 욕구할 수 없다. 내 것이 아닌 어떤 것이든 욕구하는 것은 없는 것이다. 왜냐하면 너에게 달려 있지 않은 것을 네가 원할 때 얻거나 가져도 너의 것이 되지 않기 때문이네. 그리고 단지 손에서뿐만 아니라 그보다 앞서 욕구를 멀리하는 것이네. 그렇지 않고 네 것이 아닌 것을 경탄하며 너에게 책임이 없는, 죽어야만 하는 것들 중 무언가에 애착을 보이는 일이 있다면, 너 자신을 노예 상태로 넘겨주는 것이며, 너의 목을 그 멍에에 내밀게 되는 것이네. '이 손은 내 손이 아닙니까?'—그것은 너의 일부이지만, 원래는 진흙에 지나지 않는 것이며, 방해받고 강제당하며, 너보다 강한 모든 것의 노예가 되는 것이네. 왜 네 손을 말할 필요가 있는가? 너는 너의 전체 몸을 짐이 실린 당나귀처럼 간주하여 가능하게 허용하는 한, 그것을 그런 식으로 소유해야만 하는 것이네. 그러나 일단 군의 징발이 있어, 병사가 이를 잡았을 때는 거역하거나 불평하지 말고 그대로 가도록해야 한다. 그렇지 않으면 매를 맞고 게다가 당나귀까지 잃게 될 것이네. 네가 신체에 대해 그런 태도를 취해야 할 때, 몸을 위해 대비하는 것으로, 또 무엇이 남아 있는지 살펴보도록 해라. 그것이 작은 당나귀라면, 다른 모든 것들은 고삐, 안장, 발굽, 보리, 건초가 되는 것이네. 그 모든 것을 버려라. 작은 당나귀보다 더 빠르고, 즐겁게 그것을 없애 버리는 것이다.

또 이러한 준비와 훈련을 거듭하여 다른 것에 속하는 것을 자기 자신의 것으로부터, 즉 방해받는 것을 방해받지 않는 것으로부터 구별하고, 후자를 너 자신과 관계 있는 것으로, 전자를 자신과 관계없는 것으로 간주하고, 후자라면 열심히 욕구를 품고, 전자라면 회피하도록 한다면, 이제 더 이상 누군가를 두려워하는 일이 남아 있겠는가?——'아무도 두려워하지 않을 겁니다.' 무엇에 관해, 네가 두려워할 것이 있는가? 너에게 진정한 좋음과 나쁨의 본질이 담겨 있는 너 자신의 것들에 관해? 그런데 누가 그것들을 좌우할 어떤 힘을 가지고 있는가? 누가 그것들을 제거할 힘을 가지고 있는가? 누가 그들을 방해할 수 있을까? 신의 일에 대한 것과 마찬가지로 불가능한 일이네. 오히려 신체라든가 재산이라든가, 다른 것에 속하는 것을 두려워하는 것일까? 즉 너와 관계없는 것에 대해 두려워하고 있는가? 그러면 애초부터 너는 무엇을 공부해 왔는가, 네 것과 네 것이 아닌 것, 너에게 달려 있는 것과 너에게 달려 있지 않은 것, 방해받는 것과 방해받지 않는 것을 구별하는 것이 아니었나? 어떤 목적으로 너는 철학자들에게 다녔던 것이냐? 여전히 불행하고 불운하기 때문일까? 그렇게 하면 너는 두려움과 걱정을 벗어날 수 있을 것이네.[22] 한편 고통은 너와 무슨 관련이 있을까? 예상되는 일에 대한 두려움은 그 일이 현재 있는 것일 때 고통스럽기도 하기 때문이네.[23] 그리고 너는 여전히 무엇에 대한 욕망을 더 가질 것인가? 그 대상이 의지와 관계된 것이라면 그것은 훌륭한 것이고, 게다가 가까이에 있기 때문에 적당하고 침착한 욕구를 갖게 되지만, 의지와 관계없는 것이라면, 그것들은 비이성적이고, 성급하고, 지나치기 때문에, 그것들에 대해 아무런 욕

82

83

84

---

22 oukoun으로 읽는다(S 사본). ouk oun(Elter)으로 읽으면, '그런 것이라면 너는 두려움이나 걱정을 벗어나지 못할 것이다'로 옮겨진다.

23 고통은 두려움을 갖고 있는 일이 현재 있을 때 일어나는데, 두려움을 벗어날 수 있다면 고통에 대해서도 아무런 관련이 없을 것이다.

구도 갖지 않을 것이다.

85    네가 모든 사안에 대해 이런 태도를 취할 때, 너에게 어떤 사람이 두려움을 불러일으킬 수 있겠는가? 사람이 사람과 어울리고, 이야기를 나누고, 일반적으로 교류하는 경우에, 어떤 두려움을 가질 것인가? 말이 말에 대해, 개가 개에 대해, 꿀벌이 꿀벌에 대해 두려움을 불러일으키는 것과 다를 바 없네. 오히려 사안들이 각자에게 공포를 불러일으키고, 그것을 누군가가 주거나 빼앗을 수 있을 때, 그 자신도 무서운 것이 되는 것이다.

86    그렇다면 성채(아크로폴리스)는 어떻게 파괴되는 것인가?[24] 칼도, 불도 아니고, 사람의 판단에 의해 파괴된다. 도시 안에 있는 성채를 부순다고, 열병의 성채를, 예쁜 소녀들의 성채를 부순 것은 아닐 것이다. 일반적으로 말하면, 우리 마음 안에 있는 성채를 허물고 그때그때마다 모습은 달리하면서, 무슨 일이든 간에 날마다 우리를 위협하는 마음속의

87    참주를 몰아낸 것은 아닐 것이다. 오히려 우리는 여기서부터 시작해 성채를 파괴하고 참주를 추방해야 한다. 우리의 보잘것없는 몸도, 신체의 여러 부분도, 권력, 재산, 명성, 관직, 명예, 자녀, 형제 및 친구 등 이것들

88    모두 자신의 것이 아닌 것으로 간주하도록 하라. 그리고 참주가 마음속에서 추방된다면, 적어도 자신에 관한 한 더욱 성채를 파괴할 필요가 있는 것인가? 그렇다면 성채를 그대로 놔두면 나에게 어떤 피해가 있는

24 아크로폴리스(성채)는 스토아식 용어로 '마음' 또는 '지배 중심'을 가리킨다. 이 은유는 플라톤에게까지 거슬러 올라가고(『국가』 560b, 『티마이오스』 79a), 마르쿠스 아우렐리우스, 『자기 자신에게 이르는 것들』 제8권 48정 3 참조. 아크로폴리스는 폴리스 안의 언덕에 세워진 신전이 설치된 곳으로, 종교적, 군사적 핵심이 되었다.

것인가? 내가 왜 참주의 경호원을 추방해야 하는가? 나는 그것들을 어디에서 의식하는가? 이들이 들고 있는 곤봉과 창과 칼은 다른 사람들에게 향하고 있는 것이다. 그러나 나는 아직까지 원하는데 방해받거나, 원하지 않는데 강요받은 적이 없다. 어떻게 그런 일이 가능했을까? 나는 내 충동을 신에게 맡겼다. 신은 내가 열병에 걸리길 원한다. 나도 그것을 원한다. 신은 내가 무언가에 대해 충동을 느끼기를 원한다. 나도 그것을 원한다. 신은 내가 뭔가를 욕구하기를 원한다. 나도 그것을 원한다. 신은 내가 무언가를 얻기를 원하신다. 나도 이것을 원한다. 신이 원하지 않는다. 나도 원하지 않는다. 신이 원한다면, 나는 죽거나 고문받기를 원한다. 누가 내 생각을 거스르고 방해하거나 강제할 수 있겠는가? 제우스에 대해 할 수 없는 것과 마찬가지로 불가능한 것이다.

더 조심스러운 여행자들이라면 그렇게 하기 마련이다. 길에 강도들이 들끓고 있다는 소식을 들은 사람이 있다. 그는 감히 혼자 출발하지 않고, 사절, 재무관,[25] 지방 총독과 함께 여행하기를 기다리고, 그들 일행을 따라가기로 하고, 결합하게 되면 안심하고 떠나간다. 세상에서도 현명한 사람은 그렇게 행동한다. '많은 도적의 무리도 있으며, 참주들도 있으며, 폭풍우, 어려움 및 친밀한 자의 상실도 있는 것이다. 사람은 어디로 도망쳐야 할까? 어떻게 하면 강도를 당하지 않고 길을 지나갈 수 있을까? 안전한 여행을 하려면 어떤 동료를 기다려야만 할까? 누구를 따라갈까? 이런 사람에게, 이 부자에게, 저 집정관에게? 그것이 나에게 어떤 유익을 주는 것일까? 그 사람 자신까지도 옷이 벗겨져 신음한

---

25 지방 재정을 담당하는 로마 행정관(qaestor).

다. 내 동료 여행자가 나에게 등을 돌리고 강도가 되면 어떻게 될까? 나
는 어떻게 하면 좋을까? 카이사르의 친구가 되면 좋겠다. 내가 카이사
르의 동료라면 아무도 나를 해칠 일이 없을 것이다. 하지만 무엇보다 카
이사르의 친구가 되기 위해서는, 첫째 나는 얼마나 참고 괴로워해야 하
는가! 몇 번이나 얼마나 많은 사람에게서 나는 강탈당할 수밖에 없는
가! 더욱이 내가 카이사르의 친구가 될 수 있더라도, 그도 죽을 밖에 없
는 신세다. 또 어떤 사정으로 카이사르 자신이 나의 적이 된다면, 도대
체 어디로 피신하는 것이 가장 좋은가? 황야로 물러설까? 근데, 이러저
러한 열병이 거기로 찾아오지 않을까? 그러면 나는 어떻게 하면 좋을
까? 안심할 수 있고, 성실하고, 힘센, 남을 배신하지 않는 동료 여행자를
찾을 순 없을까? 슬기로운 사람은 이런 식으로 침착하게 생각해 보고,
신에게 들러붙으면, 안심하고 길을 갈 수 있다는 것을 깨닫는 것이다.

'"자신을 신에게 들러붙임"[26]이라니, 무엇을 의미합니까?'

신이 원하면 자신도 원하고, 신 자신이 원하지 않는 것은 자신도 원
하지 않는다는 것이네.

'어떻게 하면 그럴 수 있습니까?'

신이 원하는 것과 신의 통치 질서를 잘 생각하는 것 외에 어떤 길이
있을까? 신은 자신의 뜻대로 되는 것으로 나에게 무엇을 주셨는가? 자
신에게 무엇을 남기셨는가? 의지의 영역 안에 있는 모든 것을 나에게
주셨고, 나의 힘이 미치는 것, 방해받지 않고, 장애를 입지 않는 것으로
만들어 주셨다. 흙으로 만든 신체를 어떻게 방해받지 않는 것으로 만들

**26** 즉 신을 따른다는 것.

수 있었을까? 그래서 신은 나의 재산, 가구, 집, 자식들, 부인을 우주의 회전 운동에 따르도록 하신 것이네. 그렇다면 왜 나는 신과 싸우곤 하는 <sub>101</sub> 걸까? 왜 내가 원하지 말아야 할 것을 바라고, 주지 않은 것을 어떻게든 얻고 싶다는 생각을 하는 걸까? 하지만 어떻게 나는 이런 것들을 손에 넣어야 하는 걸까? 주어진 바와 같이, 그리고 주어진 가능한 범위에 있어서. 그러나 주는 신은 다시 빼앗아 간다. 그러면 왜 내가 거역하곤 하는 걸까? 나보다 더 강한 것에 대해 무리하게 자신을 관철하려고 하는 것이 어리석은 일임은 말할 것도 없고, 물론 그 이전에 정의롭지 못한 일이기도 한 것이다. 내가 세상에 들어올 때, 이것들을 어디서 얻었느 <sub>102</sub> 냐? 나의 아버지이신 신이 그것들을 주신 것이다. 그러나 그 아버지에 게는 누가 그것들을 주었을까? 누가 태양을 만들고, 누가 과실을 만들 고, 누가 사계절을 만들었는가? 그리고 누가 서로의 결합이나 공동체를 만들었을까?

그러면 너 자신을 포함해 모든 것을 신으로부터 받아 놓고도, 그 일 <sub>103</sub> 부를 너에게서 빼앗아 간다면, 그것을 준 신에 대해 화를 내거나 비난 할 것인가? 너는 누구이며, 무슨 목적으로 이 세상이 왔는가? 너를 이 <sub>104</sub> 세상에 내보낸 것은 그분이 아니더냐? 너에게 빛을 보여 준 것은 그분 이 아니었나? 너와 함께 일할 동료를 주신 분이 그분이 아니었나? 감각 도? 그리고 이성도? 또 너를 어떤 사람으로 이 세상에 보냈는가? 죽을 수밖에 없는 것으로? 즉 약간의 살 조각과 함께 이 땅에 살면서, 잠시 동 안 그분의 지배에 대한 구경꾼이 되어, 그분의 제례 행렬에 동참하면서 함께 축하하는 것이 아닌가? 그렇다면 너희에게 허락될 때까지 그 행렬 <sub>105</sub> 이나 축제를 구경하고, 다음에 네가 이 세상에 끌려 나올 때 듣고 보았 던 것에 경의를 표하고 그에게 감사하며 떠날 생각은 없는가? '아뇨, 저는 아직 축제를 계속하고 싶습니다.' 물론, 비의에 참여하고 있는 사람은 비의를 계속하고 싶을 것이다. 아마 올림피아 제전에 참가하는 사람은 다른 경기자도 보고 싶을 것이다. 하지만 축제는 끝났다. 떠나는 것이다. 감사하고 공손한 자로 떠나가는 것이 좋다. 다른 사람에게 자리를 양보하라. 네가 태어났듯이, 다른 사람들도 태어나야만 한다. 그리고 일단 태어나면, 그들도 그 장소와 집과 살기 위해 필요한 것들을 가져야 하는 것이다. 먼저 온 자가 떠나지 않으면, 나중에 오는 자에게 무엇이 남겠는가? 너희들은 왜 질릴 줄도 모르는가? 왜 만족하지 못하는가? 왜 이 세상을 사람으로 가득 채울까?

## 107

'네, 하지만 나는 내 어린아이들과 내 아내가 나와 함께 있기를 바랍니다.'

허나, 그들이 네 것일까? 그들을 주신 분의 것이 아닌가? 너를 만드신 분의 것이 아닌가? 그러니 내 것이 아닌데도, 그것들로부터 멀어질 생각은 없는 것인가? 자네보다 나은 분에게 넘길 생각은 없는 것인가?

'그럼, 이런 조건으로 나를 이 세상에 보냈을까요?'

그 조건이 자네에게 맞지 않으면 떠나가라. 신에게는 비난할 관객이 필요하지 않네. 그에게 필요한 것은 함께 제례를 치르고, 춤을 추는 사람들이며, 오히려 그들은 박수갈채를 보내고, 기도하고, 제례를 찬양하 는 사람들이네. 이분은 투정을 부리고, 겁 많은 주눅이 든 사람들이 제례를 떠나 버려도 불쾌하게 생각하지 않는다. 왜냐하면 그들은 그 자리에 있어도, 제례에 참석한 것처럼 행동하는 것도 아니고, 그들의 적합한 역할을 하는 것도 아니며, 괴로워하며 자신의 다이몬과 운, 동료들을 비난했기 때문이네. 즉 그들은 자신이 얻은 것이나 자신이 가진 힘, 다시 말해 괴로워하거나 비난하는 것과는 반대의 목적을 위해 획득한 큰마음(고매), 고상함, 용기, 그리고 지금 탐구되고 있는 바로 그 자유 등의 힘들에 대해 무감각한 것이네.[27]

'그러면 무슨 목적으로 나 자신은 이런 것들을 받은 겁니까?' 110

─그것들을 사용하기 위해.─'언제까지인가요?'─그것들을 너에게 준 분이 원할 때까지─'그것들이 나에게 필요한 것이라면 어떻게 하시겠습니까?'─그것들에 집착하지 말라. 그러면 그것들이 필요한 것이 아니게 될 것이다. 이 훈련을 아침부터 저녁까지 수행해야 하는 111 것이네. 아주 하찮은 것, 사소한 일로 망가지는 것, 예를 들면 항아리나 컵으로부터 시작해 다음으로 속옷, 개, 망아지, 얼마 안 되는 땅으로 넘어가, 나아가 너 자신, 신체, 신체의 여러 부분, 자식들, 아내와 형제들로 옮겨 가라. 주위 곳곳을 둘러보며 자신에게서 그것들을 버리라. 자신의 112 판단(생각)을 정화해서, 너의 것이 아닌 무엇인가가 따라다니지 않도록 하고, 함께 성장하지 않도록 하며, 그것이 제거되었을 때, 고통이 되지 않도록 하는 것이네. 그리고 매일 이 학교에 있는 것처럼 훈련을 쌓 113 고 있는 동안에, 철학하고 있다는 말을 해서는 안 되며─그 말을 내세우는 것은 허세라는 것을 인정하는 것이니까─오히려 노예의 신분에서 해방시켜 줄 사람을 내놓는다고 해야 하는 것이네.[28] 그것이 진정한 의미의 자유이기 때문이네. 디오게네스가 안티스테네스에 의해 해방된 114 것은 바로 이러한 자유이며, 후에 이제 그 누구에게도 노예가 되는 일은 있을 수 없다고 말했던 것이네.[29]

---

**27** 제3권 제5장 10절 참조.

**28** 노예 해방 의식의 일부로서 노예는 자신의 해방자를 내보내야 했다.

**29** 시노페 디오게네스가 안티스테네스의 제자가 되면서 퀴니코스적 삶을 시작했다는 전

그래서 그가 어떻게 잡혔고 해적들에게 어떤 태도를 취했는지를 알수 있을 것이다.[30] 그들 중 한 사람을 '주인'이라고 말했나? 그렇게 말하지 않았다. 여기서 내가 하는 말은 '주인'이라는 말이 아니네. 내가 우려하는 것은 그런 음성이 아니라, 그 음성이 나오는 원인이 되는 마음의

상태이다. 포로들에게 주는 음식이 나쁘다며 어떤 식으로 그들을 비난했는가! 그는 어떤 식으로 팔렸을까? 그는 주인을 찾지 않았잖아? 오히려 노예를 찾은 것이네. 그리고 팔렸을 때, 그가 주인에게 어떻게 처신했는가. 팔리자마자, 그는 즉시 주인과 논쟁하기 시작하여 그런 식으로옷을 입는 것도, 머리를 자르는 것도 예전처럼 해서는 안 된다거나, 그

의 아들들에 대해 어떻게 어떻게 살아야만 하는지를 말했던 것이네. 그태도에 무슨 놀라운 것이 있는가? 그렇다면 그 주인이 체육 교사를 샀다면, 레슬링을 배울 때 그자를 하인으로 취급했을까, 아니면 주인으로서 취급했을까? 그리고 그가 사는 것이 의사든 건축가든 마찬가지이다. 따라서 그런 식으로 어떤 분야에서든 해당 기술(경험)을 보유한 사람이

해당 기술이 없는 사람을 지배하는 것이 전적으로 필연적이다. 그러므로 일반적으로 말하면, 인생에서 지식을 가진 자가 주인 말고 다른 것이어서는 안 되는 것이다. 배의 주인은 누구일까?

'키잡이.'

왜? 그 말을 따르지 않는 자는 벌을 받기 때문이네.

---

승을 감안한다. 이 일화와 이어지는 해적에게 잡혔다는 이야기는 제3권 제24장 66~67 참조.

30  디오게네스는 노예로 팔릴 때 코린토스의 크세니아데스를 가리키며 "이 사람에게 나를 팔아라. 그는 '주인'을 필요로 한다"고 말했다고 한다(DL 제6권 74 참조).

‘하지만 내 주인은 나를 채찍질할 수 있어요.’

네 주인도 벌을 받지 않을 수 없지 않은가?

‘그건 저도 그렇게 생각했어요.’

아니, 벌 안 받고 그럴 수는 없지. 그래서 그런 행위는 허용되지 않는다. 누구도 부정한 짓을 저지르면 벌을 받지 않을 수 없다.

‘그렇다면 자신의 노예를 사슬로 묶은 자에게는 어떤 형벌을 있을 것
같습니까?’

그를 사슬에 묶었다는 바로 그 사실. 너도 이것에 동의하겠지. 만일 인간이 야수가 아니라 교화된 동물[31]이라는 원칙을 유지하려고 생각한다면 말이네. 그렇다면 포도나무가 나빠지는 것은 언제인가? 자신의 자
연 본성에 반하는 작용을 할 때. 그리고 수탉은 언제? 비슷할 때이네. 그
러면 인간도 마찬가지인 셈이다. 인간의 자연 본성은 무엇인가? 물어뜯고, 발로 차고, 사람을 감옥에 집어넣고, 목을 베는 일인가? 아니, 그렇지 않다. 좋음을 행하고, 함께 일하고, 사람들을 위해 기도하는 것이네. 그래서 네가 인정하기를 원하든 원하지 않든, 인간이란 분별없는 행동을 할 때 불행하다는 것이네.

‘그러면 소크라테스가 불행하지 않았다는 말인가요?’

그는 불행하지 않았네. 오히려 그의 재판관들과 고소인들이 불행했던 것이네.

‘로마의 헬비디우스[32]도 그렇지 않았습니까?’

---

31 플라톤, 『소피스테스』 222b. 제4권 제5장 10절 참조.
32 원로원 의원이자 스토아 철학자였던 헬비디우스 프리스쿠스(제1권 제2장 19절 참조)는 트라세아 파에투스(제1권 제1장 26절)의 양자로 70년에 집정관이 되었다. 그

아니, 그를 죽인 사람이 불행했던 것이네.

124    '무슨 말인가요?'

너도 온몸이 상처투성이로 이긴 닭을 불행이라고 하지 않고, 오히려 상처받지 않고 진 닭을 불행이라고 하는 것처럼, 추적도 하지 않고 고생도 하지 않은 개를 행복하다고 하지 않지만, 개가 땀을 흘리고 고통스러워하며 뛰어서 헐떡이는 것을 보면 행복한 개라고 말하는 것과 같은 것

125    이다. 만일 우리가 모든 것의 나쁨을 그 자체의 자연 본성에 어긋나는 것이라고 주장하는 것은 어떤 점에서 역설적인 말을 하고 있는 것인가? 거기에 역설적인 것이 있는가? 너 자신은 다른 모든 경우에는 그렇게 말하고 있지 않은가? 그런데도 왜 인간의 경우만큼은 다르게 생각을 하

126    는 것일까? 그러나 인간은 자연 본성이 교화되어 서로를 사랑하고 성실한 것이라고 말하는 것은 역설적이지 않은가?

——'아니, 그것은 역설적이지 않습니다.'

127    ——그렇다면 다른 곳에서 채찍을 맞거나, 옥에 갇히거나, 목이 잘려도 인간이 어떻게 여전히 해를 입지 않는다는 것은 어떤 의미인가? 그건 이런 것이 아닌가? 이런 일을 당해도 고귀한 정신으로 참고 버티면, 오히려 더 많은 이익을 보고 유익함을 얻는 결과가 되지만, 이에 반해서

---

는 스토아학파에 근거해 베스파시아누스(Vespasianus, 재위 69~79)의 권위에 도전했고, 75년경에 처형되었다(카시우스 디오, 66. 12). 역사가 타키투스(『역사』(Historiae) iv. 4~8)는 그를 스토아주의자로 정직한 사람으로 칭찬했다고 한다. "그는 좋은 것들만을 덕으로 생각하고, 나쁜 것은 악한 것으로만 생각하는 철학자들을 추종했다. 그리고 그는 권력, 지위, 그리고 마음에 대해 외적인 다른 모든 것을 선하지도 악하지도 않은 것으로 간주했다." 베스파시아누스는 아마도 홧김에 헬비디우스에게 감정이 폭발해서, 그를 처형하라고 명령을 내리고 너무 늦었을 때에야 비로소 그 명령을 취소했다(Suetonius, *Vespasianus* 8.15).

가장 비참하고 부끄러운 일을 겪는 사람은 인간이 아닌 늑대, 독사이거나 말벌이 되는 것이 아닌가?

자, 지금까지 우리가 동의한 요점을 정리해 보기로 하자. 방해받지 않는 사람은 자유롭고, 모든 것을 원하는 대로 손에 넣는다. 그러나 방해받고, 강제를 받고, 장애를 겪거나, 자신의 뜻에 반하여 어떤 어려움에 던져지는 사람은 노예다. 그러면, 방해받지 않는 사람은 어떤 사람인가? 자신의 것이 아닌 것을 무엇이든 요구하지 않는 사람이다. 그렇다면 자신의 것이 아닌 것은 어떤 것일까? 그것을 가지든 가지지 않든, 어떤 특정한 성질의 것으로 가지든, 어떤 방식으로 가지든, 우리의 힘이 미치지 않는 것[33]이다. 그러므로 우리의 신체도, 신체의 여러 부분도, 우리의 재산도 우리 자신의 것이 아니다. 그래서 네가 그것들 중 무언가에 대해서 마치 내 것인 양 애착을 보인다면, 내 것이 아닌 것을 원하는 사람이 받을 만한 벌을 받게 될 것이다. 이것이 자유에 이르는 길이며, 이것이 노예 상태에서 해방되는 유일한 길이요, 다음 시구를 마음속 깊이 부를 수 있게 하는 것이네.

'나를 이끄소서. 오, 제우스 신이여, 그리고 당신, 운명의 신이여,
어떻든 당신들이 나에게 정해 준 곳으로'[34]

그러나 철학자여, 자네는 어떻게 대답을 하겠는가? 자네답지 않은 말을 하도록 참주가 재촉하고 있는 것이냐. 너는 대답을 할 것이냐, 안 할 것이냐? 나에게 이야기해 주게.——'생각 좀 하게 해 주세요.'——지금

128

129

130

131

132

---

33 즉 우리에게 달려 있지 않은 것.

34 클레안테스(B.C. 331~232)의 『제우스 찬가』의 일부(Von Arnim, *SVF* 제1권, 「단편」 527). 이 책에서 반복 인용된다(제2권 제23장 42절 참조).『엥케이리디온』 제53장 참조.

생각하는 것이냐? 학교에 있는 동안 너는 무엇을 생각했었나? 좋음은 무엇이며, 나쁨은 무엇이고, 그 어느 것도 아닌 것이 무엇인지를 너는 생각하지 않았는가? '아니오, 생각했어요.'──그렇다면 너희들이 듣고 만족한 생각은 어떤 것인가?

'정의롭고 아름다운 것은 좋고, 부정의하고 추한 것은 나쁨이라는 생각입니다.'

──사는 것이 좋은 것이 아닌 것인가?──'좋음이 아닙니다.'──죽는 것이 나쁜 것이 아니겠지?──'나쁨이 아닙니다.'──감옥에 갇히는 것은 어떤가? '나쁨이 아닙니다.' 하지만 비천하고 믿을 수 없는 말을 하고, 친구를 배신하고, 참주에게 아첨하는 것, 이 모두를 너희는 어떻게 생각하고 있는가?──'그것들은 나쁜 일이라고 생각합니다.' 왜 그런가? 너희는 이 문제에 대해 제대로 생각하지도 않았고, 생각해 본 적도 없었던 셈이네. 나에게 가장 좋음을 얻고, 가장 큰 나쁨을 피할 수 있는데, 그것이 나에게 적합한 일인지를 묻는 것은 무슨 생각인가? 괜찮고 필요한 생각이지만, 여러 가지로 숙고가 필요한 생각이네! 인간아, 너는 왜 우리를 조롱하는가? 그러한 생각은 결코 일어날 리가 없는 것이네. 만일 정말로 네가 부끄러운 것은 나쁘고, [훌륭한 것은 좋음이며][35] 그 밖의 다른 모든 것은 그 어느 쪽도 아니라고 생각한다면, 그런 생각을 가질 일은 없었을 것이고, 거기에 다가서지도 않았을 것이네. 오히려 시력으로 사물을 보듯이 사고의 힘으로 판정이 가능했을 것이네. 그렇다면 언제 너는 검은 것이 하얀 것인지, 무거운 것이 가벼운 것인지라

[35] 맥락상 보충해 읽었다(Schweighäuser).

는 생각을 멈추나? 감각에 명확하게 나타나 있는 것에 따르는 것이 아닌가? 그렇다면 좋음과 나쁨, 어느 쪽도 아닌 것을 나쁜 것보다 피해야 하는 생각을, 왜 지금 생각하곤 하는가? 오히려 너는 그런 생각(판단)을 137 갖고 있는 것이 아니라, 앞서 말했던 감옥에 갇히거나 죽는 것을 어느 쪽도 아닌 것이 아니라, 최대의 나쁨이라고, 부끄러운 말이나 행위가 나쁨이 아니라 우리와 아무 관계도 없는 것이라고 생각하고 있는 것이네.

사실상, 처음부터 너는 그러한 사고방식에 익숙해져 있기 때문이다. 138 '나는 어디에 있는가? 학교에. 그리고 누가 내 말을 듣고 있는 것이지? 나는 철학자들과 이야기하고 있다. 하지만 이제 나는 학교를 떠났다! 학자연(學者然)하는 사람들과 어리석은 자에게만 적합한 말로부터 벗어나서.' 이런 식으로 철학자에 의해 그 친구가 불리한 증언을 받게 되고,[36] 이런 식으로 철학자는 기생충 노릇을 하게 되고, 이런 식으로 얼마 139 간의 푼돈으로 자신을 팔고, 이런 식으로 원로원에서 그의 마음속에서는 자신의 판단을 내지르면서도 자신의 진짜 생각을 말하지 않게 되는 것이다. 말하자면 머리카락 같은 시시한 논의에 매달려 있는, 열기가 없 140 는 비참한 생각이 아니라, 오히려 힘차고 유효하며 실제 언행을 통한 훈련으로 체득된 생각인 것이네.[37] 바깥에서 오는 이야기를 네가 어떤 식 141

---

36 여기서 에픽테토스가 염두에 두고 있는 것은 네로 황제 시대의 스토아학파 철학자이자 밀고자였던 푸블리우스 에그나티우스 켈러(Publius Egnatius Celer, A.D. 66경)를 말하는 것으로 생각된다. 자신이 얹혀살던 주인 바레아 소라누스를 고발해 그의 딸과 함께 죽음으로 몰아갔다. 나중에 무소니우스 루푸스에 고발당하여 베스파시아누스 황제 때 처형당했다(유베나리스, 『풍자시』 제3가 116 아래, 타키투스 『연대기』 제16권 32, 카시우스(Dio Cassius), lxii. 26 참조.

37 에픽테토스는 가짜 철학자의 모습을 그리고 있다. 그 지혜는 단지 교실 안에 불과하고, '행위로 훈련된' 그의 실제의 판단은 세상에서의 그의 비열한 행태로 드러난 것이다.

으로 듣든지 너 자신에게 주의를 기울여야 하네. 나는 네 아이가 죽었다고 말을 하는 게 아니다. 어떻게 네가 그것을 견딜 수 있겠는가? 오히려 올리브기름이 쏟아졌다거나, 누군가 네 포도주를 다 마셔 버렸다거나 하는 식이네. 이런 식의 이야기라면, 네가 그런 소란을 부리고 있을 때, 누군가 네 편에 서서 그저 이렇게 말할 것이네. '철학자여, 당신은 학교에서는 전혀 다른 말을 하고 있군요, 왜 우리를 속이려고 합니까? 벌레에 불과한 주제에 당신은 어떻게 인간이라고 주장하는 것입니까? 나는 철학자 중 누군가가 섹스를 할 때, 그 사람이 얼마나 열중하고, 어떤 소리를 내지르는지, 그리고 그가 자신의 이름이나, 그가 듣고 음송하고 읽은 철학 논증을 기억하는지를 알고 싶습니다!'

'그러나 이 모든 것이 자유와 무슨 관계가 있습니까?'

너희 부자들이 원하든 원하지 않든, 이것 말고는 자유와 관계된 것은 아무것도 없는 것이네.

'누구를 증인 삼아 그런 말을 하는 겁니까?'

바로 너희 자신이네. 너희들에게는 막강한 주인 황제가 있어서, 그의 고갯짓이나 제스처를 살피고 살아가는 너희 중 누군가를 찡그린 얼굴로 쳐다보려면 몸을 떠는 노인과 노부인의 시중을 들면서 '그럴 수는 없죠, 허락되지 않았으니까요?'라고 말하지 않았는가.[38] 어째서 너는 할 수 없는가? 방금 너는 나와 논의해서 '나는 자유다'라고 내세우지 않았나? '하지만 아프룰라[39]가 나를 방해해요' 그렇다면 노예여, 진실을 말하도록 하라. 또한 너의 주인에게서 도망쳐서는 안 되며, 이만큼이나 네

38 상상의 화자는 사후에 자신의 부를 상속하는 것을 목표로 합니다.
39 아마도 로마의 어느 돈 많은 노부인.

가 노예라는 것을 보여 주는 많은 증거가 있으니, 노예임을 부정하거나, 해방시켜 줄 사람[40]을 내놓는 대담한 짓은 하지 말라. 그럼에도 연애 147 의 감정에 사로잡혀 자신의 생각에 반하는 행동을 하거나 더 좋은 것이 보이면서도 그것에 따를 만한 힘이 없거나 하는 것은 뭔가 힘이 넘치는 것, 일종의 신적인 것으로 받아들여지기 때문에, 오히려 동정의 여지가 있다고 생각해도 좋을 것이다. 그러나 노부인과 노인에 대해 아양을 떨 148 고 콧물을 닦아 주고, 목욕을 시켜 주고, 선물을 주고, 아플 땐 노예처럼 시중을 드는가 하면, 한편으로는 빨리 죽어 달라고 기도하거나 의사에 게 슬슬 임종할 수 있겠느냐고 묻는 걸 보면 그런 너를 누가 참을 수 있 겠는가? 혹은 이 크고 존귀한 관직이나 명예가 목적이고 자유롭지 못 한 인간의 노예가 되듯이 남의 노예의 손에 입 맞추는 너에 대해서도 마 찬가지이네. 그러고 나서 자네는 장군이 되고, 집정관이 되어 거드름을 149 피우며 돌아다니는데, 자네가 어떻게 장군이 되고 어디서 집정관 자리 를 얻었는지, 누가 자네에게 그 자리를 주었는지 내가 모른다고 하는 건 가? 만일 내가 펠리키오 덕분에 살았고,[41] 그의 오만한 태도와 노예근성 150 이 스며든 거만함을 견뎌야 한다면 나는 살고 싶지 않을 것이네. 나는 자신을 행운이라고 믿고, 자긍심에 부풀어 오른 노예가 어떤 것인지를 알고 있기 때문이네.[42]

---

**40** 앞의 113절 참조.

**41** 네로의 해방 노예로 추정된다. 펠리키오가 황제에 의해 노예에서 해방되었다는 언급은 나오지 않는다. 제1권 제19장 17, 19, 20, 21절 참조.

**42** 그(에픽테토스)의 주인이었고, 또 네로의 노예였던 에파프로디토스와의 경험을 언급 하는 것으로 보인다.

'그런데 당신은 자유롭습니까?'라고 누군가가 물었다.

신들에 맹세코, 그렇게 있고 싶고, 그러길 기도하고 있네. 하지만 아직 내 주인의 얼굴을 제대로 볼 수 없고, 여전히 내 보잘것없는 몸을 소중하게 여기고 있으며, 실제로 전혀 온전하지 않음에도[43] 그것을 온전

하게 유지하려고 세심한 주의를 기울인다네. 그러나 네가 더 이상 모범이 되는 인물을 찾지 않도록, 나는 너희에게 자유로운 사람 한 명을 보여 줄 수 있다네. 디오게네스는 자유인이었네. 어떻게 그렇게 되었을까? 실제로 그렇지 않은데,[44] 그가 자유로운 부모에게서 태어났기 때문이 아니다. 오히려 그 자신이 자유롭기 때문이다, 왜냐하면 그가 노예가 가질 수 있는 모든 조건을 내던져 버려서, 누군가가 그에게로 가까이 다

가가 그를 붙잡아 노예로 삼을 도리가 없게 되었기 때문이네. 그는 어떤 것을 소유하든 간에 쉽게 풀어지도록 해 놓았고, 모든 것이 그에게 단지 느슨하게 결부되어 있었을 뿐이네. 설령 그가 소유한 모든 것을 네가 차지했다고 해도, 그는 그것 때문에 집착해서 뒤쫓기보다는 너에게 그것을 맡겼을 것이네. 그리고 네가 그의 다리를 붙잡았다면, 그는 그 다리도 놓아주었을 것이네. 만일 그의 온몸이었다면 그것도 그대로 놓아주었을 것이네. 그의 부모, 친구 및 조국도 마찬가지일 것이네. 그는 자신이 이러한 것들을 어디서, 누구에게서, 어떤 조건으로 받았는지를 알고

---

**43** 자신의 절뚝거리는 불편한 발을 암시하고 있다.

**44** 디오게네스의 아버지는 환전상(trapezitēs)을 하는 자유인이었기 때문에, 이 문장은 이상하게 여겨지지만, 아마도 여기서 말하는 의미에서 '진정한' 자유인이 아니었다는 것이다. 통화를 위조했기 때문에 아버지와 함께 디오게네스가 추방되었다고 전해진다 (DL 제6권 20).

있었기 때문이지. 그의 진정한 조상인 신들이나 그의 진짜 조국[45]에 대해서, 그는 이것들을 결코 버리는 일은 없었고, 신들에게 복종하고 순종하는 것으로는 남에게 뒤지지 않았다. 다른 사람도 그처럼 조국을 위해

더 즐거운 마음으로 죽는 일은 없었을 것이다. 그는 결코 전체(우주)를 위해 무언가를 하는 것처럼 보이려고 추구한 적은 한 번도 없었지만, 오히려 그는 일어난 모든 것이 거기에 그 기원을 두고 있고, 그 한 국가를 위해 이루어진 것이며, 그 국가를 지배하는 분에 의해 명령을 받은 것임을 마음에 새기고 있었기 때문이다. 그러므로 디오게네스 자신이 무슨 말을 하고, 쓰고 있는지를 살펴보라! 그분이 말한다. '그러므로 디오

게네스여, 네가 원하는 대로 페르시아인들의 왕과 아르키다모스,[46] 그리고 라케다이모니아인들의 왕과도 대화하는 것이 허용되었네.' 자, 이것은 그가 자유인 부모에게서 태어났기 때문인가? 아테네인, 라케다이모이아인, 코린토스인들은 모두가 노예의 부모에게서 태어났기 때문

---

45 '우주 국가'를 말한다(아래의 155절 "우주"). 코스모폴리탄이즘(오늘날 용어로는 'global village') 사상이 바탕에 깔려 있다. 이 점은 퀴니코스학파, 스토아주의에게도 공통된 생각이다. '세계(우주)시민'(kosmopolitēs)이란 용어는 퀴니코스학파가 만든 말로 알려져 있다. 디오게네스가 "어디 출신이냐는 질문을 받았을 때, 그는 '나는 세계시민[kosmopolitēs]이다'라고 말했다"(DL 제6권 63);. W. Desmond, *Cynics*, Stocksfield, 2008, pp. 199~208; LS 67 A, K, L 참조. "모든 것들은 서로 얽혀 있고, 그 결속은 신성하다. 거의 하나로서 어떤 것도 어떤 것과 이질적인 것은 없다. 모든 것은 [각자 고유한 자리에] 협력적으로 배치되어, 함께 하나의 동일한 우주의 질서를 형성하고 있다. 모든 것들로 이루어진 하나의 우주가 있고, 모든 것에 내재하는 하나의 신이 있으며, 하나의 실체, 하나의 법률, 지성을 가진 모든 동물에게 공통된 [하나의] 이성, 그리고 하나의 진리가 있다. 즉 실제로 같은 종류이며 동일한 이성을 공유하는 동물들의 완성이라는 것이 하나라면 진리 또한 하나인 것이다."(마르쿠스 아우렐리우스, 『자기 자신에게 이르는 것들』 제7권 9)

46 스파르타의 왕(B.C. 400~338).

에, 그들 왕들과 원하는 대로 이야기를 나누지 못해, 오히려 그들을 두

려워하고 아첨했던 것일까? 그럼, 왜 그에게만 그렇게 하는 것이 허용

되고 있느냐고 한 사람이 물었다. 그의 대답은 이렇다. '나는 이 보잘것

없는 몸뚱이를 내 것으로 여기지 않기 때문이다. 나에게는 법[47]이 전부

이고, 다른 것은 아무것도 필요로 하지 않는다.' 이것이 그를 자유인으

로 만든 것이었다. 그러면 처자나 조국, 친구, 친족 등 그러기 위해 자신

의 의지를 굽히고 다른 생각으로 갈 가능성이 있는 것을 갖지 않는 색다

른(비사교적인, aperistatos) 인간만 예로 든다고 생각하지 않도록 소크

라테스의 예를 들어 보기로 하자. 그는 처자가 있으면서 자기만의 것으

로 하지 않았고, 조국이 있어도 가져야만 할 범위 안에서, 마땅히 가져

야 할 것처럼 가지고 있었을 뿐이며, 친구나 친척도 있었지만, 그들 모

두를 법에 따르게 하여 법에 순종하도록 했다. 그래서 출정해야 할 때

는 맨 먼저 나갔고, 전쟁터에서는 목숨을 아끼지 않고 위험을 무릅썼

다.[48] 또 참주들에 의해 레온을 연행해 오도록 파견되었을 때도, 이를 부

끄러운 일로 여겼기에, 어쩌면 죽어야 한다는 것을 알면서도 그 명령을

따르지 않았다.[49] 그렇다면 그는 어떤 점에서 달랐을까? 그가 지키려 했

---

**47** 디오게네스가 말하는 '법'은 '보편적 법'이며, '신의 법'이고, '신 자신'이다.

**48** 플라톤, 『변명』, 28e~29a 참조. 소크라테스는 아테네와 스파르타 간의 3번의 전쟁(트라키아의 포테이다이아, 암피폴리스, 델리온)에 참여했다.

**49** 펠로폰네소스 전쟁이 아테네의 패전으로 끝난 뒤 30인 독재정권이 탄생했다. 살라미스의 레온이 참주들의 정권을 반대했기 때문에 소크라테스를 포함한 다섯 사람이 레온을 연행해 오라는 명령을 받았으나 위법이라는 이유로 소크라테스만은 거부했다. 소크라테스는 오직 '부정한 것과 불경건한 것 어떤 일도 저지르지 않는 것'이 그의 관심이었다. 소크라테스는 이 일로 그 정권이 빨리(8개월) 무너지지 않았더라면 자신이 죽었을 것이라고 말하고 있다(플라톤, 『변명』 32C~D).

던 것은 뭔가 다른 것이었다. 그가 지키려 했던 것은 신체가 아니라, 성실하고 부끄러움을 아는 마음이었다. 이것들은 침범할 수 없고, 복종시킬 수 없는 것들이다. 그리고 나중에 자신의 삶을 위해 자신을 변론해야 할 때, 처자를 둔 사람으로서 행동했는가? 아니, 오히려 혼자 사는 사람처럼 행동했다. 그리고 독배를 마셔야 했을 때, 그는 어떻게 처신했는가? 그가 자신을 구할 수 있었고, 크리톤이 그에게 '아이들을 위해 도망쳐 달라'라고 말했을 때, 뭐라고 대답했는가? 그는 그 기회를 다행이라고 생각했나? 어떻게 그럴 수가 있었겠는가? 오히려 자신에게 어울리는 것만을 생각하고, 다른 일에 대해서는 거들떠보지도 않았고 고려하지도 않았던 것이네. 그의 말대로, 그는 자신의 보잘것없는 몸을 구하고 싶은 것이 아니라, 오히려 정의에 의해 증대되고 유지되지만,[50] 부정의로 인해 감소하고 망하는 것을 구하고 싶었던 것이었네.[51] 그는 부끄러운 방식으로 몸을 구하지 않았다. 그는 아테네인들의 명령을 어기고 투표를 거부한 사람이요,[52] 참주들을 경멸한 사람이요, 덕과 도덕적 아름다움(kalokagathia)에 대해 문답을 한 사람이다. 이런 사람은 부끄러운 방식으로 목숨을 구할 수 없었으며, 국외 도피에 의해서가 아니라 죽음

162

163

164

165

---

50 '혼'을 말한다.

51 플라톤, 『크리톤』 45D 참조. 여기에서는 요약되어 제시되고 있는 탈옥 제안(45D, 46A)에 대한 소크라테스의 답변(47D)은 『크리톤』을 참조.

52 펠로폰네소스 전쟁 말기인 406년, 레스보스섬 근처 아르기누사이 앞 해전에서 아테네는 스파르타를 이겼으나 침몰선(25척) 선원들이 폭풍우로 구조되지 못하고 버림받았고, 이로 인해 10명의 장군에게 책임을 물었다. 실제로 재판에 회부된 사람은 6명으로 이들은 처형당하게 되었는데(크세노폰, 『헬레니카』 1.7), 그때의 성급한 재판에 대해 평의회 집행위원 중 단 한 사람 소크라테스만이 절차상 하자를 들어 반대했다(플라톤, 『변명』 32B, 크세노폰, 『회상』 제1권 제1장 18 참조).

으로 말미암아 구원받는 것이다. 왜냐하면 뛰어난 배우는 시기를 놓쳐 연기를 계속해야 할 때, 그만둠으로써 명성을 유지하기 때문이다.

166　'그렇다면 아이들은 어떻게 되는 겁니까?'

'만일 내가 테살리아로 갔다면 너희들이 아이들을 돌봐 주겠지만, 내가 하데스의 나라 저승으로 내려간다면 돌볼 사람이 아무도 없겠는 가?'[53] 그가 죽음이란 말을 얼마나 사랑스러운 것처럼 부르고 조롱하는

167　지를 보라. 만일 이것이 나나 너희였다면 즉시 '부정의한 자들은 동등 한 보상을 받아야 한다'라고 철학적 논증을 해 보이고, 나아가 이렇게 덧붙일 것이다. '만일 내 목숨을 건진다면 많은 사람들에게 도움이 되 겠지만, 죽으면 누구에게도 도움이 되지 않는다.' 실제로 필요한 경우,

168　우리는 빠져나가기 위해 구멍을 통해 기어 나왔을 것이다. 하지만 우리 가 사람에게 어떻게 무슨 도움이 될 수 있을까? 도대체 사람들이 아직 도 아테나이에 머물고 있었다면 우리는 어떻게 되었을까?[54] 혹은 우리 가 살아남아서 남들에게 조금이라도 도움이 될 수 있다면, 차라리 죽을

169　때 죽듯이 마땅히 죽는 게 훨씬 남들에게 도움이 되지 않겠는가? 그리 고 이제 소크라테스가 죽었지만, 그가 아직 살아 있을 때 했던 일과 했 던 말의 기억은 예전 못지않게, 아니 그 이상으로 다른 사람에게 도움이 되고 있다.

170　만일 너희가 자유로워지고 싶다면, 그 진정한 가치에 걸맞은 자유를

---

53 플라톤, 『크리톤』 54A. 테살리아는 그리스 중북부지역. 또한 『크리톤』에서는 국가의 '법'이 소크라테스에게 말하고 있으나, 본문에서는 소크라테스 본인의 말로 되어 있다.
54 아테나이에서 도망치면 도와야 할 상대가 없어질 것이라는 뜻. 그 의미는 삶에 집착하 는 그들의 나쁜 본보기로 인해 그들이 도우려고 하는 사람들의 도덕성을 떨어뜨릴 수 있다는 것이다.

원한다면, 이러한 것들이나 이러한 판단과 주장들을 공부하고, 이러한 예가 되는 인물을 살펴보라. 그리고 너희는 자유라는 비싼 것을 이 정도로 많은 돈을 주고, 이 정도의 희생을 치르고 사야 한다면, 왜 놀라야 하는 것인가? 이 자유라 불리는 것을 위해 목을 매는 사람도 있는가 하면, 낭떠러지에서 몸을 던지는 사람도 있다.[55] 때로는 도시가 통째로 망할 수도 있다. 진실한, 남을 속이지 않는, 굳건한 자유를 위해 신이 주신 것의 반환을 요구받았을 때, 그것을 돌려주려 하지 않는 것인가? 플라톤이 말한 것처럼,[56] 너는 죽는 것을 연습할 뿐만 아니라, 고문을 당하고, 추방당하고, 채찍질을 당하는, 한마디로 말해 너 자신의 것이 아닌 모든 것을 포기하는 연습을 쌓지 않겠는가? 그렇지 않으면 너는 노예 중의 노예가 될 것이다. 설령 1만 번 집정관이 되든, 파라티움 궁전[57]에 들어가든, 노예의 몸임은 변함이 없다. 그리고 클레안테스가 말했듯이,[58] 철학자들이 아마 상식에 어긋나는 말(paradoxa)을 하는 한이 있더라도, 이치에 어긋나는 말(paraloga)을 하지 않는다는 것을 알게 될 것이다. 그

171

172

173

174

---

55 "네가 둘러보는 곳마다, 네 고통의 끝이 있네. 저 절벽이 보이는가. 내려가는 길은 자유로의 길이네. 저 바다, 저 강, 저 우물이 보이는가. 자유는 그 깊숙한 곳, 거기에 있네. 뭉툭하고, 오그라들고, 메마른 저 나무가 보이는가. 자유가 거기에 매달려 있네. 너 자신의 목, 목구멍, 심장이 보이는가? 그것들은 노예로부터의 탈출구이네. 네가 보여 주는 출구가 너무 힘든 것인가? 그것들이 너무 많은 정신의 힘을 요구하는가? 너는 자유에 이르는 길이 무엇인지 묻고 있느냐? 네 몸의 모든 혈관." (세네카, 『분노에 대하여』 3.15.4)

56 플라톤, 『파이돈』 64a 참조.

57 로마의 파라티움 언덕에는 황제의 궁전이 세워져 있었다.

58 현존하는 자료에서는 클레안테스가 비슷한 발언을 했다는 기록을 찾아볼 수 없다(SVF 제1권 p. 619 참조). '상식에 어긋나는 것'으로 번역된 원어는 paradoxa로, 즉 일반의 이해에 어긋나는 것을 의미한다.

렇다면 너는 이 말이 진실이라는 것을, 또 이런 칭찬을 받고, 열렬히 요구받고 있는 것이, 이것을 얻은 사람들에게 아무런 이익이 되지 않으며, 아직 얻지 못한 사람들은 일단 그것을 획득하면 모든 좋은 것을 갖추게 될 것이라고 상상하지만, 그 후 마침내 손에 넣어도 여름의 뜨거운 열기는 여전히 뜨겁고, 바다의 물결은 여전히 흔들리며, 과식하고, 마찬가지로 갖지 못한 것에 대한 욕망을 몸소 알게 되기 때문이다.[59] 즉 자유는 욕망의 대상을 충족시키는 것이 아니라, 욕망을 억제함으로써 얻어지는 것이다. 이 사실이 진실임을 알기 위해서는, 지금까지 쓸데없는 일을 위해 노력하던 것 대신에 이제 이 일을 위해 그 노력을 바꿔 보도록 하라. 너를 자유롭게 해 줄 판단을 내 것으로 만들기 위해 너는 잠들지 말아야 한다. 부자 노인 대신에 철학자를 섬기는 것이다. 그의 문지방에 매달려 서 있는 모습을 보여도 좋다. 보여도 부끄러워할 것은 없을 것이다. 만일 네가 마땅히 방식으로 철학자에게 다가간다면 빈손으로 또 아무런 이익도 얻지 못하고 그곳을 떠나지도 않을 것이다. 잘 안 되더라도 적어도 시도는 해 보라. 그런 시도를 하는 데에는 하등의 부끄러움도 없는 것이다.

**59** "전과 같은 뜨거운 열기, 동일한 격렬한 동요, 동일한 과도함, 갖지 못한 것에 대한 동일한 욕망"으로 옮길 수도 있다.

제2장

# 사회적 교제에 대하여[1]

이 문제에서 무엇보다 먼저 주의해야 할 것은 이전에 알고 지내던 사람     1
들이나 친구들과 어울려서 그 사람과 같은 상태에 빠지지 않도록 하는
것이네. 그렇지 않으면 너 자신을 망칠 것이네. 그러나 '예의가 없는 자     2
라고 상대가 생각할지도 모른다. 그러면 나를 대하는 태도가 예전과 같
지 않다'는 생각이 드는 일이 있다면, 기억해야 한다. 아무것도 공짜로
얻는 것은 아니며, 같은 방식으로 하지 않으면 사람은 예전과 같을 수
없다는 것이다. 그렇다면 네가 어느 쪽을 원하는지 선택하라. 예전의 너     3
대로 있으면서 이전 사람들로부터 똑같이 사랑을 받고 싶은가, 아니면
더 나은 자가 되기 위하여 이전과 같은 사랑을 받는 일이 없도록 할까?
후자의 행로가 더 좋다면, 당장 이쪽으로 마음을 돌려 다른 생각이 너를     4
현혹시키는 일이 없도록 하라. 누구라도 두 행로 사이에서 머뭇거리면[2]

---

1  에픽테토스는 윤리적인 발전을 하려면 우리가 원하는 것과 같은 수준으로 살지 않는
   옛 친구와 헤어져야 할 수도 있다고 지적한다. 이 담론은 윤리적 발달의 개인적 측면과
   사회적 측면 사이의 상호작용에 대한 스토아학파의 사고와 이러한 상호작용에 대한 에
   픽테토스 관심을 보여 주고 있다.
2  즉 '두 마리의 토끼를 좇는다면.'

진보할 수 없기 때문이다. 오히려 모든 것 중에서 이 길을 택해 이 일만을 위해 전념하고 싶다면, 다른 것은 모두 멀리하는 것이 좋을 것이다. 그렇지 않고 두 행로 사이에 머뭇거리면, 너에게는 각 행로의 결과가 생기고, 올바른 진보를 바랄 수 없으며, 이전에 얻었던 것도 잃게 될 것이다. 이전에는 아무런 가치도 없는 것을 원했고, 그것으로 인해 동료들의 마음에 들었다. 하지만 두 행로 모두에서 뛰어난 것은 가능할 수 없다. 오히려 한쪽 일에 관여할수록 다른 쪽 일에서 너는 반드시 잃을 수밖에 없게 될 것이다. 만일 이전에 함께 술을 마시던 동료들과 더 이상 마시지 않는다면, 예전처럼 그들에게 똑같이 마음에 들지 않을 것이다. 그래서 둘 중 하나를 선택하는 것이다. 즉 함께 술을 마시고 취해서 그들을 기쁘게 하고 싶은지, 아니면 술을 마시지 않아 그들의 마음에 들지 않을지 하는 것이다. 만일 이전에 함께 노래했던 동료와 노래를 하지 않는다면, 그들의 사랑을 받는 것은 가능하지 않다. 그래서 이 경우에도 어느 쪽을 원하는지 선택하는 것이다. 삼가하고 정중한 것이 남들에게 '유쾌한 놈'이란 말을 듣는 것보다 낫다고 생각한다면, 한쪽은 버리고 단념하며, 물리치고, 그들과 관계되지 않도록 하라. 하지만 그것으로 만족하지 않으면, 반대편 쪽으로 기울어져 점철(點綴)하는 것이다. 음탕한 자 중 한 사람, 간음한 자의 한 사람이 되어, 그 뒤를 이어 가면 원하는 것을 얻을 수 있을 것이다. 또 뛰어올라 무희(舞姬)에게 환호성을 지르면 좋을 것이다. 이런 식으로 다른 인격(성격)[3]이 섞일 수 없는 것이다. 너는

---

3  혹은 역할. 원어는 prosōpon('얼굴', '생김새')으로, 연극에서 배우들이 얼굴에 쓰는 '가면'(persona)을 가리키며, 곧 드라마에서의 '역할'과 그 역할을 맡은 '배우'를 의미한다. 이 책에서 prosōpon은 18번이나 사용되고 있다. prosōpon은 라틴어로 persona로 번역

테르시테스[4]와 아가멤논을 동시에 연기할 수는 없다. 네가 테르시테스가 되고 싶다면, 곱사등으로 대머리가 되어야 한다. 아가멤논이라면, 키가 크고 잘생기며, 신하들을 사랑하는 사람이어야 한다.

되었다. 개인의 '인격'(personality)이나 '사회적 역할'도 persona(가면)로 말해진다(제2권 제10장 7~8절). 제4권 제3장 3절 참조. 이 문제에 대해서는 제1권 제2장의 논의 참조('어떻게 인간은 모든 상황에서 자신이 누구인가에 따르는 것을 보존할 수 있는가?').

4　테르시테스에 대해서는 제3권 제22장 참조.

제3장

# 무엇을 무엇과 교환해야만 하는가?[1]

1 외적인 무언가를 잃었을 때, 그것 대신에 무엇을 획득할 것인가에 대해
알아 두면 좋다. 만일 그것이 더 가치 있는 것이라면, '손해를 봤다'라는

2 말을 하지 않는 것이다. 당나귀 대신 말을 얻었다면, 양 대신 소를 얻었
다면, 적은 돈 대신 고귀한 행위를 얻었다면, 쓸데없는 말 대신 적절한
마음의 평정을 얻었다면, 부끄러운 말 대신 신중함(자긍심)을 얻은 것

3 이라면 결코 손해를 본 것이 아니다. 이 사실을 잘 기억하고 있다면, 어
떤 경우에도 네가 마땅히 가져야만 할 너 자신의 인격(성격)을 유지할
수 있을 것이다. 그렇지 않으면 곰곰이 생각할 일이다. 너의 시간은 헛
되이 지나갈 것이며, 네가 지금 전념하고 있는 모든 것은 헛수고로 돌아

4 가고, 실패로 끝날 것이다. 여하튼 모든 것을 잃거나 실패하는 데 필요

5 한 것은 얼마가 되지 않는다. 사물의 이치를 조금만 벗어나면 된다. 키
잡이가 배를 전복시키는 데 필요한 준비는 배를 안전하게 유지하기 위

---

1 에픽테토스는 그의 청자들에게 '외적인 것'(부나 사회적 지위와 같은)의 측면에서 유
익한 교환을 목표로 하지 말고 윤리적으로 발전할 수 있게 하고, 다른 것들의 손실을 쉽
게 받아들일 수 있는 교환을 목표로 할 것을 촉구하고 있다.

해 필요한 준비와 같지 않다. 그가 조금만 배를 바람 쪽으로 방향을 돌리기만 하면 배는 가라앉을 것이다. 더구나 고의적으로 자신이 그 일을 하지 않는다고 해도, 관심을 기울이지 않고 일을 하게 되면 잃어버리는 법이다. 우리의 경우도 이와 마찬가지이다. 잠시 꾸벅꾸벅 졸기만 하면, 그동안 해 왔던 일이 모두 물거품이 되고 만다. 그러므로 너의 인상에 주의를 기울여라. 잠자지 않고 그것들을 지켜보라. 왜냐하면 네가 지키는 것은 작은 것이 아니라, 신중함(자긍심), 성실, 정념으로부터 벗어남, 고통이나 두려움이 없는 것, 마음의 평정, 한마디로 말해서 자유다. 무엇과 교환해서, 너는 그것들을 팔려고 하는가? 교환하려는 것이 얼마만한 가치를 가지는 것인지를 살펴보라.

'아니오, 저는 자유와 교환하는 데 그런 걸 얻을 생각이 없어요.'

만일 얻을 수 있는 일이 있다면, 포기하는 것, 즉 자유 대신에 무엇을 받게 되는지를 살펴보라.

'나는 몸가짐(eukosmia)을, 그는 호민관의 직위를 갖고 있다. 그는 장군직을, 나는 신중함을 갖고 있다. 그러나 나는 적합하지 않은 곳에서 환호성을 지르지 않는다.[2] 그러지 말아야만 할 곳에서 일어나거나 하지도 않는다. 나는 자유이고, 신의 친구이니까. 그것은 진심으로 신을 따르기 위해서이다. 나는 다른 어떤 것도, 즉 몸도 재산도 관직도 명성도, 한마디로 말해서 아무것도 요구해서는 안 된다. 내가 그것들을 요구하는 것을 신들이 원하지 않기 때문이다. 신이 원했다면, 신은 그것들을 나에게 좋게 만들었을 것이다. 그러나 실제로는 그는 그렇게 하지 않았

6
7
8

9

10

2  제3권 제4장 4절 참조. 연극 장면에서 어울리지 않는 소리를 지르거나 일어서는 것을 말한다.

11 다, 그러므로 나는 그의 명령을 거역할 수 없다.' 어떤 일이 있어도, '자신의 좋음을 지켜라.' 그리고 다른 것에 대해서는 이성적으로 사용하는 한, 너에게 주어진 것만으로 만족하라. 그렇지 않으면 너는 불행해지고, 12 불운하며, 훼방을 받고, 방해를 받을 것이다. 이것들이 신이 내린 법이고, 이것들이 바로 그의 명령이다. 네가 해석해야만 하는 것은 이것들이다. 마스우리우스나 카시우스의 법이 아니라, 너 자신은 이것들에 복종해야만 한다.[3]

---

3 마스우리우스 사비누스(Masurius Sabinus)는 아우구스투스 황제와 티베리우스 황제 시대의 법률 전문가. 가이우스 카시우스 롱기누스는 철학적으로 에피쿠로스학파에 경도된 사람으로 티베리우스 황제와 베스파시아누스 황제 시대의 법률 전문가. 원로원 의원으로 율리우스 카이사르 암살(B.C. 44)의 주동자였다.

# 제4장

# 평정하게 사는 것에 열심인 사람들에게[1]

사람의 마음을 비굴하게 하고, 남에게 종속시키는 것은 관직, 부에 대한      1
욕망뿐 아니라, 평정, 여가, 여행, 학식에 대한 욕망도 그렇다는 것을 잘
기억하도록 하라. 한마디로 말하자면, 외적인 것은 어떤 것이든 이를 중
시하면 우리를 다른 것에 종속되게 만드는 것이다. 그렇다면 원로원 의      2
원이 되기를 원하는 것과 원하지 않는 것은 어떻게 다른가? 관직을 원
하는 것과 관직을 원하지 않는 것과는 무슨 차이가 있는가? '아무래도
잘 안 돼요, 나는 아무런 할 일이 없어, 그저 시체처럼 책에 묶여 있을 뿐
이다'라고 말하는 것, 혹은 '아무래도 잘 안 돼요, 책을 읽을 틈이 없다'
라고 말하는 것과는 어떻게 다른 것인가?[2] 인사[3]와 관직이 외적인 것,      3

---

1  에픽테토스는 철학적 연구는 궁극적으로 실천적 목적을 지향하며, 그 자체가 목적이
   아니라는 점을 지적하면서 '우리에게 달려 있는 것'에 대해 관심을 집중할 필요가 있음
   을 다시 강조하고 있다.
2  전자는 관직이 없고 쓸데없이 여가가 주어져 있는 경우, 후자는 관직이 있기 때문에 여
   가가 없는 경우를 말한다. 마음의 평안(행복)을 구하는 노력을 하지 않으면 관직 여부
   는 중요하지 않다는 것이다.
3  로마 사회의 인사(aspasmos) 풍습에 대해서는 아래의 37절 참조.

4 의지의 영역 밖에 있는 것들에 속하듯이 책 또한 마찬가지이다. 아니면, 너는 독서를 무엇 때문에 하려고 하는가? 나에게 그것을 말해 보라. 독서를 기분 전환하거나 어떤 학식을 얻기 위해서만 한다면, 너는 보잘것없는 인간이 된다. 그러나 독서를 적절한 목적으로 삼는다면, 그것은 마음의 평안(행복)을 얻는 것 이외의 다른 무엇이겠는가? 또 독서가 너에게 마음의 평안을 가져다주지 않는다면 무슨 소용이 있겠는가?

5 '아니, 그것은 가져다줄 거예요. 그렇기에 마음의 평안을 빼앗기면 화가 나는 겁니다'라고 누군가가 말했다.

그리고 어쩌다 어떤 것에 방해받는 듯한 마음의 평안은 무엇일까? 특히 카이사르나 카이사르의 친구를 말하는 것이 아니라, 까마귀, 아울로스 연주자, 열병도, 그 밖의 무수히 많은 것이 있을 수 있다. 마음의 평안은 그런 것이 아니라, 오히려 영속적이고 방해받는 일이 없는 것 이외의 다른 것이 아니다.

6 나[4]는 지금 무언가를 하도록 부름을 받고 있는 중이다.[5] 그렇다면 지금 자신이 지켜야 할 기준에 눈을 돌리기 위해 출발한다. 그 기준이란 신중하고(자긍심이 있고), 안전하며, 외적인 것에 대한 욕구나 회피와

7 는 무관하다. 다음으로, 다른 사람들이 어떻게 말하고 있는지, 어떻게 행동하고 있는지에 눈을 돌린다. 그것은 악의로서 그렇게 하는 것이 아니라, 상대방을 비난하거나 비웃기 위해서도 아니고, 나 역시 같은 잘못을 저지르지 않았는지를 자신에게 되돌려서 살펴보기[6] 위해서다. '어떻

---

4  즉 에픽테토스.

5  2절에서 '아무 일도 하는 일이 없다'고 불평하는 사람에 대답하며.

6  원어로는 ep' emauton epistrephō('자기 자신으로 돌아섬'), 즉 자성(自省)을 말한다.

게 하면 잘못을 되풀이하지 않을까요?' 나도 한때는 이런 잘못을 저질렀지만, 지금은 그렇지 않다. 신의 덕분이다.[7]

자, 그러면 이런 것들을 행하거나 관여할 때, 글을 천 줄 읽거나 그만 **8** 큼 쓰는 것보다[8] 더 못한 일을 하고 있는 것일까? 그렇다면 너는 식사를 할 때, 독서하지 않았다고 해서 마음에 두거나 하는 것인가? 읽은 것에 따라 먹으면 만족스럽지 않을까? 목욕할 때는 어떨까? 운동할 때는 어 떨까? 그렇다면 카이사르에게 다가갈 때나, 아무개에게 다가갈 때와 똑 **9** 같은 태도로 임하지 않는가? 감정을 움직이지 않고, 침착하며, 차분하 고, 자신을 관찰하는 것이 아니라, 오히려 사건을 관찰하는 편에 선다 **10** 면, 영예를 안은 자를 질투하지 않고, 사물(상황)에 의해 혼란스럽게 되 는 일이 없다면, 너에게 부족한 것이 무엇이겠는가? 책들인가? 어떻게 **11** 또는 어떤 목적으로?

'책을 읽는 것은 우리가 살기 위한 뭔가를 준비하는 것이 아닌가요?'

하지만 인생은 책 이외의 것으로 다른 것들로 가득 차 있네. 그것은 마치 운동선수가 경기장에 들어갔을 때, 밖에서는 더 이상 훈련을 할 수 없다고 해서, 한탄하는 것과 같은 것이다. 네가 연습을 거듭한 것은 그 **12** 때문이고, 도약용 아령도, [레슬링 연습을 위한] 모래판도,[9] 그리고 당신 의 젊은 훈련 파트너도 그러기 위한 것이네. 그것들을 사용할 때가 됐

---

7 맥락 연결이 분명치 않은 부분이 있다. 올드파더(W. A. Oldfather)는 '신의 덕분' 뒤에 탈문이 있는 것으로 상정하고, 한 사람이 다 말하는 것으로 이해한다(p. 315 각주). 혹자 (P. E. Matheson)는 행실에 관여되는 학생의 질문과 신이 잘못으로부터 자신을 도와준 다고 답하는 에픽테토스를 구분해서 이해하기도 한다. 맥락상 그 의미는 분명하다.

8 두루마리 형태인 파피루스 경우에 신문이나 운문은 행수로 계산된다.

9 제3권 제15장 4절 참조.

13 는데, 이제 와서 그것들을 찾고 있는가? 그것은 승인의 영역 안에서 파악될 수 있는 인상과 파악될 수 없는 인상이 있는데, 그것들을 구별하지 않고 『파악에 대하여』를 읽으려는 것과 같은 것이네.[10]

14 그렇다면 그 원인은 무엇인가? 그것은 우리의 행동에서 찾아오는 인상을 자연 본성에 따라 사용해야 하는데, 우리는 그것을 목적으로 한 번도 책을 읽거나 쓴 적도 없으며, 오히려 말해진 것의 의미를 배우고, 그것을 다른 사람에게 설명할 수 있으며, 추론을 풀고, 가언적 논증을 음미하는 데에서 멈추기 때문이다. 따라서 우리가 열심히 하면 거기에는

15 또 장애물이 생기는 것이다. 자네는 자신의 힘이 미치지 않는 것을 무슨 수를 쓰더라도 구하길 원하는 것이냐? 그렇다면 방해받고, 장애에 부딪히며, 실패하는 것이 딱 좋은 것이네. 만일 『충동에 대하여』를 읽는 것

16 이 충동에 대해 무엇이 이야기되고 있는지를 보기 위해서가 아니라 올바르게[11] 충동을 느끼기 위해서라면, 『욕구와 회피에 대하여』를 읽는 것이 욕구하면서 얻는 것에 실패하거나 회피하고 싶은 것에 빠지지 않도록 하기 위해서라면, 『의무에 대하여』를 읽는 것이 상황을 기억하고 아무것도 이치에 맞지 않게, 의무에 반하는 행동을 하지 않기 위해서라

17 면, 독서를 방해받아도 화를 내지 않으며, 오히려 그에 대응한 행동을 취하는 것으로 만족하고 지금까지 세는 습관이 있던 '오늘은 이만큼이

18 나 읽었다. 그만큼이나 썼다'와 같은 식으로 세지 않고, 오히려 '오늘은 철학자들에게 배운 듯한 충동이 들었다. 나는 욕구하지 않고, 의지에 영

---

10 스토아학파의 용어를 따르고 있다. 제3권 제8장 4절 참조. 『파악에 대하여』는 크뤼시포스의 저작을 가리킨다(『파악, 인식 및 무지에 대하여』, DL 제7권 201 참조.)

11 eu(S 사본)를 읽었다.

역 안에 있는 것들만을 회피하고, 아무개에게 두려워하지 않고, 누구의 협박도 받지 않고, 인내를 발휘하고, 절제하고, 협동하는 훈련을 했다는 식으로 세웠을 것이다. 따라서 그렇게 감사할 일이 있었다면 신에게 감사했을 것이다.

하지만 지금 우리는 이것과는 다른 의미이긴 하지만, 많은 사람들과 <sup>19</sup> 다르지 않다는 것을 깨닫지 못하고 있네. 어떤 사람은 관직을 얻지 못할까 봐 두려워하고 있고, 너는 관직에 오르게 될까 두려워하고 있네. 인간아, 조금도 두려워할 것이 없다! 관직에 오르지 못할까 두려워하는 <sup>20</sup> 사람을 조롱하듯이, 너 자신을 조롱하는 것이 좋다. 열병에 걸려 목마른 것도, 광견병에 걸려 물을 두려워하는 것도 아무런 차이가 없기 때문이다. 아니면, 너는 아직도 소크라테스처럼, '그렇기를 신이 원하신다면 <sup>21</sup> 그렇게 되면 된다!'[12]라고 말할 수 있을까? 만일 소크라테스가 뤼케이온이나 아카데미아[13]에서 여가를 보내며, 매일같이 청년들과 대화하기를 원했다면, 그가 출정 때마다 그토록 기꺼이 출정할 수 있었을까? 그가 이렇게 말하면서 괴로워하고 탄식했을까? '아, 불쌍한 인간이여, 뤼케이온에서 햇볕을 쬐었는데 지금은 이런 곳에 있으니 참으로 불행한 일이다.' 햇볕을 쬐는 것이 네가 해야 할 일이었느냐? 오히려 순조롭고, <sup>22</sup> 방해받지 않고, 장애에서 벗어나서 사는 것이 아니었던가? 그런 일로 괴로워했다면, 그는 여전히 소크라테스로 있을 수 있었을까? 어떻게 해

---

**12** 플라톤, 『크리톤』 43D에서 소크라테스의 말. 단 정확한 인용은 아니다(제1권 제4장 24절 참조).

**13** 아카데미아는 아테나이 북서쪽에 있던 영웅 아카데모스의 성지. 이곳에 플라톤은 자신의 학원인 '아카데미아'를 설립했다. 소크라테스가 이러한 땅을 자주 방문한 것에 대해서는 플라톤, 『뤼시스』 203a, 『에우튀프론』 2a 등 참조.

서라도 감옥에서 아폴론 찬가를 쓸 수 있었을까?[14]

23     한마디로 말해서, 네가 의지의 영역 밖에 있는 모든 것을 존중한다면 너의 의지를 망치게 된다는 것을 명심하라. 관직이 있는 것뿐만 아니라, 관직이 없는 것도, 여가가 없는 것뿐만 아니라 여가가 있는 것도 외적인 것이다.

24     '그러면 지금 나는 이 소란 속에서 살아야 하는 것인가요?'

소동이란 어떤 의미일까? 많은 사람들 사이에 있는 것? 무엇이 괴로운가? 네가 올림피아에 있다고 생각하고, 그것을 축제라고 생각하면 되는 것이다. 거기에서도 한 사람은 이렇게 소리치고, 다른 사람은 저렇게 소리치며, 어떤 사람은 이것을 행하고, 다른 사람은 저것을 행하고 있다. 서로 밀치락거리며 있다. 공중목욕탕에는 많은 사람들이 있다.[15] 그러나 우리 중 누가 축제를 달가워하지 않고, 그것에 고통을 받고 떠나

25  겠는가? 일어나는 일에 대해 못마땅하게 생각하거나, 짜증을 내서는 안 된다. '식초의 맛이 너무 심하다.', '이 꿀은 맛이 너무 좋다. 내 몸 상태가 나빠진다', '나는 이 야채가 싫다'라거나 하는 식으로. 그런 식이라면 '한가한 건 싫어, 외롭다', '나는 군중을 싫어한다. 그것은 소란스럽다'

26  라고 말하게 되는 것이다. 오히려 네가 혼자만, 아니면 얼마 안 되는 사람과 살게 되었을 때, 그것을 조용하다고 부르도록 하고, 적절한 방식으

---

**14** 소크라테스가 감옥에 있을 때 아폴론에 대한 찬가(prooimion)를 쓴 것에 대해서는 플라톤,『파이돈』60d, DL 제2권 42 참조. DL에 전해지는 첫 번째 행은 이렇게 시작된다. "델로스의 아폴론 신이여 만세! 그리고 아르테메스 신이여 만세, 이름 드높은 두 오누이여!").

**15** 올드파더는 수용 능력이 충분하지 않은 올림피아의 목욕탕을 가리키는 것으로 본다(p. 322).

로 그 사태에 대처하도록 하는 것이다. 그리고 자신과 대화하고, 인상을 훈련하고, 선개념을 온전하게 갖추도록 하라. 하지만 군중 속에 갇히면, '이건 경기다'라고 부르고, '축제'라고 하면, 다른 사람들과 함께 축하하는 마음이 드는 것이다. 그렇다면 인간을 좋아하는 사람에게 많은 인간보다도 즐거운 광경이 어디 있겠는가? 말 떼나 소 떼를 보면 즐겁고, 많은 배를 보면 기분이 누그러진다. 사람이 많은 것을 보고 누가 고통스러워할까?

27

'하지만 그들의 큰 소리 때문에 아무 소리도 들리지 않을 거예요.'

28

그렇다면 너의 청각이 방해를 받고 있는 셈이다. 하지만 그게 너와 무슨 상관이냐? 인상을 사용하는 능력이 방해받고 있는 것일까? 네가 자연 본성에 맞게 욕구하고, 회피하며, 충동을 느끼고, 반발하는 것을 누가 방해하겠는가? 어떤 소란스러움에 그런 힘이 있는가?

너는 다음과 같은 일반 원칙만을 명심해 두라. '무엇이 내 것이고, 무엇이 내 것이 아닌 것이냐? 나에게는 무엇이 주어지고 있는가? 신은 지금 내가 무엇을 하기를 원하시고, 무엇을 하기를 원하지 않으실까?' 조금 전에 신이 너에게 원하신 것은 여가를 가지고 나와 대화하고, 이에 대해 쓰거나 읽고, 이야기를 듣고, 스스로를 준비하는 것이었다. 그리고 너는 그것을 위해 충분한 시간을 가지고 있었다. 그리고 지금 신은 너에게 '자, 이제 경기장으로 나오라. 네가 무엇을 배우고, 어떻게 훈련했는지를 나에게 보여 줘라. 혼자서 얼마 동안 훈련을 거듭했는가? 네가 승리에 걸맞은 경기자의 한 사람이 됐는지, 아니면 세계를 누비며 패배를 계속하는 경기자의 한 사람이 됐는지, 이제 너에 대해 알아야 할 때가 됐다는 것이다.' 그런데 너는 왜 화를 내고 있는 것이냐? 어떤 경기도 시끄럽지 않고는 치러지지 않는다. 많은 훈련 조교, 많은 고함을 치

29

30

31

는 사람, 많은 심판관들이, 많은 관중이 있을 수밖에 없는 것이다.

32     '하지만 나는 조용히 살고 싶어요.'

자, 그렇다면 너에게 걸맞게 한탄한다든지 슬퍼하든지 하면 되는 것
이다. 사실상, 교육을 받지 않고 신들에게 따르지 않는 자에게 고통, 슬
픔, 질투하는 것, 한마디로 말해서 불운하고 불행한 것보다 더 큰 형벌
이 어디 있겠는가? 너는 이것들로부터 해방되고 싶지 않으냐?

33     '어떻게 하면 해방될까요?'

너는 자주 듣지 않았느냐? 욕구를 모조리 버리고, 회피는 의지와 관
계된 것만을 향해야 하며, 신체, 재산, 명예, 책, 소란, 관직, 무관직 등을
모두 버려야 한다는 말을. 왜냐하면 그것들에 마음이 쏠리면 그것들의
노예가 되고, 남에게 종속되고, 방해받고, 강요당하고, 완전히 타인의

34     힘이 미치는 범위에 놓이게 되기 때문이다. 하지만 다음의 클레안테스
시구를 손 가까이에 두도록 하라.

'나를 이끄소서, 오 제우스 신이여, 오 운명의 여신이여.'[16]

너희는 로마로 가기를 원하나? 그럼 로마로 가자. 귀아로스[17]로 가길
원하나? 그럼 귀아로스로 가자. 아테나이로? 그럼 아테나이로. 감옥에?

35     그럼 감옥으로 가자. 만일 네가 '언제쯤 아테나이로 돌아갈까?'라고 한
번이라도 말하면, 그것으로 모든 게 끝장이다. 이 욕구가 충족되지 않으
면, 너는 불행해질 수밖에 없고, 충족되면 충족되었으니 그러지 말아야
할 일에 신이 나서 헛된 인간이 될 수밖에 없다. 더욱이 네가 방해받는

---

16  제2권 제23장 42절 참조.
17  아티카 지역 동쪽의 황량한 섬(Guaros, Guara)으로 로마 초기에 추방 장소로 사용되었
    다. 제1권 제25장 19~20, 제2권 제6정 22절 참조.

다면, 네가 원하지 않는 일에 빠지는 불운한 것을 겪게 될 것이다. 그러니까 이런 것들 모두를 버리는 거다.

'하지만 아테나이는 아름다운 곳입니다.'

지금 행복하다는 것, 정념으로 흔들리지 않고 흐트러지지 않는 마음을 갖는 것, 네가 관여하는 일에 대해 누구의 힘도 미치지 않는 것이 훨씬 더 아름답네.

'로마는 떠들썩함과 의례로 가득합니다.'[18]

## 37

그러나 행복은 어떤 불쾌한 일이라도 보상하네. 지금이 그럴 때라면, 왜 그것들을 회피하는 마음을 억누르지 않는가? 몽둥이로 맞는 당나귀처럼 무거운 짐을 져야 할 필요가 어디 있는가? 그렇지 않으면 안 되겠는가, 너는 언제든지 자신을 해방시킬 수 있는 사람, 모든 일에서 너를 방해할 수 있는 사람의 노예가 되어, 악령(惡靈)[19]과 같은 그 사람을 섬기지 않으면 안 되는 것이다.

행복에 이르는 길은 하나밖에 없다. 이것을 아침, 낮이나 밤에도 사용할 수 있도록 가까이에 놔두어야만 한다(procheiron). 의지의 영역 바깥에 있는 것들은 포기하고, 아무것도 자신의 것이라고 생각하지 않고, 모든 것을 다이몬(수호신)이나 운에 맡기고, 모든 것은 제우스가 정한 자들의 감독에게 맡겨서, 단 하나의 것, 즉 자신의 것이며, 어떤 일에도 방해받지 않는 것에 자신을 바치는 것이다, 그리고 목적을 이 일로 정하

---

**18** 로마 사회에서는 이른 아침에 자신의 뒤를 봐주는 유력 인사들의 집을 방문해 인사하는 것이 일과였다.

**19** 대중적인 마법이나 민속 신앙에서 사용되는 말이다. 물론 아이러니하게 사용되고 있다. '좋은 악령들'(agathōn Kakodaimōn)이 언급되는 아리스토파네스, *Hippeis*(『기사들』) 112~112행 참조.

고, 책을 읽고, 그렇게 쓰고 그렇게 듣는 것이다. 그렇기 때문에 사람이 책을 읽고 있다거나 쓰고 있다는 것을 들어도, 설령 밤새도록 그렇게 하고 있다는 것을 거기에 덧붙여도 그 사람을 근면하다고 할 수는 없다. 그 사람이 의도하고 있는 것을 알기 전까지는 아직 그럴 수 없다. 자네도 젊은 여자 때문에 잠도 못 자고 있는 사람을 근면하다고 말하지는 않을 것이며, 그래서 나는 그렇게 말하지 않을 것이네. 오히려 명성을 위해 그렇게 행동한다면, 명예심이 강하다고 하고, 금전을 위해서라면 금전욕이 강하다고 하지만, 근면하다고는 하지 않는다.[20] 하지만 만일 자신의 지도적인 중심 부분을 위해 노력하고, 그 부분이 자연 본성에 부합하고, 그 상태를 유지되도록 노력한다면, 그때에서만 나는 그 사람을 부지런하다고 부를 것이다. 왜냐하면 좋지도 나쁘지도 않다는 것을 근거로 결코 남을 칭찬하거나 비난해서는 안 되기 때문이다. 오히려 그 사람의 판단에 기초해야만 하는 것이다. 즉, 그 판단이야말로 각자에게 고유한 것이며, 행위를 부끄럽게 하거나 이름답게(훌륭하게) 하는 것이다.

이러한 원칙들을 명심하고, 현재 있는 것을 기뻐하고, 시간이 가져오는 것을 받아들이라. 배우거나 고찰한 것이 너희가 실제로 행하고 있는 것에서 발견된다면, 그것을 기뻐하라. 만일 사악한 성격이나 욕설, 무분별, 외설적인 말, 무모함, 게으른 성격을 버리거나 줄일 수만 있다면, 이전에 마음이 움직였던 것에 흔들리지 않는다면 적어도 예전과 마찬가지 정도는 흔들리지 않는다면, 오늘은 이 행위로 훌륭하고 또 내일은 다른 행위로 훌륭할 것이라는 점에서 매일 잔치를 벌일 수 있는 것이다.

---

**20** 사본의 난외에는 '이야기를 좋아하기 때문이라면 말을 좋아한다'라고 적혀 있다.

집정관이나 지방 총독직을 위해서보다 희생 제물을 바치는 데에, 그토 47
록 큰 이유가 있을까? 이러한 일들은 너 자신으로부터, 신들에게서부터
너에게 생긴 것이다. 누가, 누구에게, 어떤 목적을 위해 주었는지, 그것
을 명심하라. 이와 같은 생각을 마음에 담아 둔다면, 어디에 있으면 행 48
복할지, 어디에 있으면 신의 마음에 들 수 있을지를 더 이상 물을 필요
가 무엇이겠는가? 어디에 있어도 신과의 거리는 같지 않은가? 신들은
모든 것에서 일어나는 일을 똑같이 지켜보고 있지 않은가?

# 제5장

# 싸움을 좋아하고 야수와 같은 성격의 사람들에 대해서[1]

1　아름답고(고귀하고) 좋은 사람[2]은 스스로 누구와도 싸우지도 않고, 되
2　도록 남과 싸우지도 않는다. 이런 경우에 본보기로 나타나는 것은 다른
　　경우에서도 마찬가지지만 소크라테스의 삶의 방식이다. 그는 어떤 때
　　라도 다툼을 피했을 뿐만 아니라 다른 사람들도 다투지 못하게 하려고
3　노력했다. 크세노폰의 『향연』[3]에서 그가 얼마나 많은 다툼을 조정했는
　　지, 트라시마코스[4]나 폴로스, 칼리클레스를 대할 때 어떻게 참았는지,

---

1　에픽테토스는 스토아학파의 윤리 원칙을 채택하면, 우리의 행복이 근본적으로 '우리에
　　게 달려 있고', 다른 사람들이 우리에게 어떻게 하느냐에 달려 있지 않다는 것을 깨달을
　　것이기 때문에 다른 사람들과 다투는 것을 막을 수 있음을 보여 준다고 주장한다.
2　스토아적 '현자'를 가리키는 표현(ho kalos kai agathos)이다. 즉 '아름답고 좋은 사람'.
3　크세노폰의 작품인 『향연』으로 번역되는 '심포시온'이란 말은 문자적으로는 '주연'으
　　로 '술자리에서의 담론'이라고 할 수 있다.
4　트라시마코스는 플라톤의 『국가』 제1권에서 등장하는 인물로, '정의는 더 강한 자의 이
　　익'이라는 주장을 내세웠다. 폴로스나 칼리클레스는 『고르기아스』에 등장하는 인물로,
　　소크라테스는 공격적인 대화 상대인 이들과 논쟁을 벌였지만, 항상 냉정한 태도로 문
　　답을 이끌어 가고 있다.

아내에 대해서도[5] 그의 아들이 소피스트적 논변을 사용해서 논박해 왔을 때도 어떻게 견뎌 냈는지를 알 수 있다.[6] 소크라테스는 아무도 다른 사람의 지도적 중심 부분(헤게모니콘)을 지배할 수 없다는 것을 확고하게 기억하고 있었기 때문이다. 따라서 그는 진정한 자신의 것 이외의 아무것도 원하는 것이 없었다. 그러나 그것은 어떤 것인가? 그것은 남에게 자연 본성에 따라 [행동하라고 간섭하지 않는 것이다.[7]] 왜냐하면 이것은 다른 사람과 관련된 것이기 때문이다. 오히려 그들에게는 자신들이 좋다고 생각하는 대로 자신들의 일을 하도록 하며, 그 자신도 그에 못지않게 자연 본성에 따르고, 또 그에 따라 살면서 그들 또한 자연 본성에 따르도록 자신과 관련된 일만 하고 있는 것이다. 아름답고 좋은 사람이 항상 지향하는 것도 이것이기 때문이다. 그게 장군이 되는 겁니까? 아니, 그렇지 않다. 오히려 장군직이 허락된다면 그 직에서 자신의 지도적 부분을 지켜보는 것이다. 결혼하는 거요? 아니네, 그렇지 않네. 오히려 결혼이 허락되면, 그 결혼의 상황에서 자연 본성을 따르면서 자신을 지켜보는 것이다. 만일 자신의 아들이나 아내에게 잘못이 없기를 바란다면, 그것은 다른 사람과 관련된 것이 다른 사람과 관련되지 않은

4

5

6

7

---

5 소크라테스에게 아내가 둘 있었다고 전해지지만(DL 제2권 26), 여기에서 언급되는 것은 악처로 알려진 크산티페를 말한다. 크산티페를 악처로 하는 것은 크세노폰(『향연』 제2장 10)과 디오게네스 라에르티오스(DL 제2권 36~37) 등이 있지만, 플라톤은 『파이돈』에서 극히 평범한 여자로 그리고 있다(60a).

6 소크라테스에 관한 현존 자료에는 여기서 말하는 논박하는 장면은 나오지 않는다. 크세노폰 『회상』(제2권 제2장)에서는 장남 람프로클레스와 문답하는 장면이 나온다. 오히려 거기에서 아들은 소크라테스와 자연스럽고, 관습적인 시도로 자신을 방어하고 있을 뿐이다.

7 원문이 파손되어 있지만, 앞뒤 맥락에서 그 의미는 명백하다.

것이기를 바라는 것이고, 또 적절하게 이러한 교육을 받는다는 것은 우리 자신의 것과 우리 자신의 것이 아닌 것의 구별을 배우는 것이다.

8    그렇다면 이러한 마음가짐을 가진 사람이 있다면, 어디에 더 다툴 여지가 있겠는가? 그는 무슨 일이 일어나도 전혀 놀라지 않을 것인가? 그 사람에게는 새로운 일이라고 생각될까? 그는 나쁜 사람들로부터 지금 자신이 받고 있는 것보다 더 나쁘고, 더 가혹한 대우를 받을 것이라고 예상하지 않을까? 최악이라고 말할 수 없는 것은 모두, 오히려 이득을 봤다고 생각하지 않을까?

'누군가가 당신을 욕하고 있어요?'

9    그 사람에게 대단히 감사하고 있네. 때리지 않았으니까. '아니, 때렸어요.' 하지만 너무 고마웠네. 상처받지 않았으니까. '아니, 상처를 받았
10   어요.' 그러나 그것에 너무나 감사하네. 죽이지 않았으니까. 그렇다면 인간이 온순하고 서로 사랑하는 동물이라는 것, 부정의는 부정의를 저지른 자에게 큰 해라는 것을 그 사람은 언제 누구에게서 배웠을까?[8] 그것들을 배운 것도 믿는 것도 아니라면, 왜 그 사람은 자신에게 이득이
11   라고 생각되는 일을 따르지 않을까? '이웃이 돌을 던진 것입니다.' 네가 잘못한 것은 아닐 것이다.

'네, 하지만 집안의 물건이 망가졌어요.'

---

8   플라톤에서 되풀이되는 소크라테스의 사상으로 스토아주의도 받아들이고 있다(『크리톤』 49b; 『고르기아스』 468~475; 『국가』 366e~367d, 588e~589c). '정의는 남한테 좋은 것이며 강자의 이익이지만, 부정의는 자신의 이익이며, 약자에게는 이익이 되지 못한다', '정의롭지 않은 것을 행하는 것은 이로우나, 정의로운 것들을 행하는 것은 이득이 되지 않는다'는 트라시마코스 주장을 상기하라. 이 점을 소크라테스는 『국가』에서 논박하고 있다. A. A. Long, pp. 70~74 참조).

그렇다면 너는 가구인가. 그렇지 않다. 오히려 너는 의지이다. 그렇 12
다면 그것에 대해 너에게는 무엇이 주어지고 있는가? 늑대처럼 물어뜯
거나, [이웃이 했던 것보다] 더 많은 돌을 던지는가? 그러나 네가 인간
으로 산다면, 네가 가지고 있는 자원을 살펴보는 것이다. 이 세상에 어
떤 능력을 가지고 태어났는지 생각하라. 야수 같은 성격은 아니겠지?
복수할 능력도 아니겠지? 말이 비참할 때는 어느 때인가? 자연 본성적 13
능력을 빼앗겼을 때가 아닌가? 뻐꾸기처럼 울음소리를 낼 수 없을 때가
아니라 달릴 수 없을 때가 아닌가? 개는 어떨까? 날지 못할 때일까? 아 14
니, 오히려 냄새를 쫓아가지 못할 때가 아닌가? 인간 또한 마찬가지로
사자를 목 졸라 죽이거나 조각상을 안을 수 없는 자가 불행한 것이 아니
라,[9]—그는 그런 능력을 부여받은 세상에 오지 않았기 때문이다—오
히려 그의 착한 마음, 성실함을 잃은 자가 불행한 것이 아닌가?

이런 사람이야말로, '사람들이 모여 얼마나 악에 빠졌는지 한탄해야' 15
할 부류의 사람이다. 제우스에 맹세코, '태어난 사람이나 죽은 사람을'
이 아니라, 살아 있는 동안 자신에게 고유한 것을 잃은 사람을 슬퍼해야
만 하는 것이다.[10] 즉 조상 대대로 전해진 것, 토지, 가옥, 여인숙, 노예가

---

9  첫 번째 행위는 네메아 사자를 맨손으로 죽인(네메아 축제의 기원) 헤라클레스를 떠올
   리는 초인간적이거나 영웅적인 것이며, 두 번째 행위는 디오게네스가 추운 날씨 속에
   서 행할 수 있는 것을 떠올리게 한다(제3권 제12장 2절 해당 각주 참조). 그 밖에도 디오
   게네스의 단련 방법에 대해서는 DL 제6권 23, 『엥케이리디온』 제47장 참조.
10 두 인용문은 에우리피데스의 상실된 비극 『클레스폰테스』(「단편」 449[Nauck])에 나온
   다. 역설적으로 누군가의 죽음보다 누군가의 탄생을 슬퍼하라고 촉구하고 있다. "오히
   려 우리가 함께 모여서 태어난 자를 위해 슬퍼하는 것이 마땅하다. 그에게 다가오는 모
   든 악 때문에. 하지만 죽은 자를, 우리는 즐겁게 기쁨의 말로 그의 이전 거처에서 내보
   내야 하는 것이네."

아니라.——이것들은 인간에게 진정으로 고유한 것이 아니라, 모두 남의 것, 예속적이고 종속적인 것, 주인에 의해 그때그때 각 사람에게 주어진 것이기 때문이다.——오히려 인간적인 것, 마음속에 세상에 태어난 각인 (刻印)[11]을 잃어버린 사람을 슬퍼해야 하는 것이다. 우리는 이런 각인을 주화 속에서 찾고, 이를 찾아내면 화폐로 인정하지만, 찾지 못하면 그것을 던져 버린다. '세스테르티우스[12]에는 누구의 각인이 찍혀 있는가? 트라이아누스 황제의 것? 이쪽으로 오세요. 네로의 것?[13] 그럼, 버리세요. 그건 통용되지 않고 폐기된 것이다.[14] 지금의 경우도 이와 마찬가지이다. 그의 판단(생각, 도그마타)에는 어떤 각인이 찍혀 있는가? '순종, 사회성, 인내심, 이웃에 대한 사랑.' 그럼 이쪽으로 오라. 그를 받아들이기로 하자. 그 사람을 내 동료 시민으로 삼고, 이웃, 항해의 길잡이로 받아들이자. 그에게 네로의 각인이 없는지만을 살펴보라. 성질이 급하고, 분노를 폭발시키며, 쓸데없이 남의 흠을 잡으려 하는 사람이 아닌가? '스스로 좋다고 생각하면, 만나는 사람의 머리를 박살 내는 사람이다.'[15] 그렇다면 왜 그 사람을 인간이라고 했던가? 어떤 것이든, 그 모습만으로

---

11 원어인 charaktēr에서 '성격'(character)이란 말이 나왔다.

12 로마의 주화.

13 각각 트라이아누스(98~117년)과 네로(54~68년)에 황제가 되었다. 주화는 이 황제들의 좋은(트라이아누스) 성격이나 나쁜(네로) 성격을 기준으로 인정되거나 거부된다는 것이다. 당시 화폐는 황제 등의 각인이 찍혀야 유통될 수 있었다. 동시에 이 말은, 사람에게 말하자면 새겨진 '각인'으로서 그 사람의 특징, 성격도 의미한다.

14 트라이아누스 황제의 화폐는 유통하지만, 네로 황제의 것은 화폐로서의 가치가 없다는 것이다. 에픽테토스가 여기서 말하고 있는 것은 본문에 나와 있듯이 양자의 '인간됨'(인격)의 차이에 관한 것이다(W. A. Oldfather, pp. 336~337 각주 참조).

15 스에토니우스, 『네로』 26 참조.

판단되는 것인가? 그렇다면 밀랍으로 만든 사과도 사과라고 해야 한다.[16] 아니네, 사과 맛과 향도 있어야 한다. 외형만으로는 충분하지 않은 것이네. 따라서 인간임을 보여 주기 위해서는 코와 눈이 있는 것만으로 충분하지 않고, 오히려 인간다운 생각(판단)을 가지고 있어야 충분한 것이다. 그 사람은 이성에 귀 기울이지 않고, 논박을 받아도 이해하지 못한다. 당나귀인 셈이다. 그 사람의 부끄러움을 아는 마음이 죽어 버려서 아무런 도움이 되지 않는다. 더 이상 인간이 아니라, 만나면 발로 차 주고, 이빨로 물어뜯어 주려고 다른 누군가를 찾는 사람이다. 그렇기에 그 사람은 양이거나 당나귀가 아니라, 야수(野獸) 중 하나인 셈이네.

'무슨 말씀이세요. 당신은 내가 경멸받기를 원하십니까?'

누구한테서? 밝히 아는 사람들에 의해? 잘 아는 사람이라면, 왜 온유하고 점잖은 사람을 경멸할까? 아니면, 모르는 사람들에 의해? 그렇다면 자네에게 무슨 상관이냐? 다른 기술자에게도 기술을 모르는 사람은 관계가 없기 때문이네.

'그러나 그들은 나에게 더욱더 화를 낼 것입니다.'

'나에게'라는 것은 무슨 의미인가? 너의 의지를 손상시키거나, 너에게 나타나고 있는 인상을 자연 본성에 따라 사용하는 것을 방해할 수 있는 사람이 있다는 말인가?―'그럴 수 없겠네요,' 그러면 너는 어째서 더욱 마음을 어지럽히고, 자신이 두려워하는 모습을 보이려 하느냐? 오히려 당당하게 한가운데로 나아가 사람들이 무엇을 하든 그들과 평화롭게 지내고 있다고, 특히 너에게 상처를 준다고 생각되는 자들에게 이

20

21

22

23

24

---

16 이것은 가죽 봉제에 사용되는 밀랍의 덩어리를 말하며 '구두공의 사과'로 불렸다.

렇게 말하며 조소하고 있다고 모두에게 알리려 하지 않는가? '이 노예나 다른 없는 패거리들은 내가 누구인지, 나의 좋음과 나쁨이 어디에 있는지도 모르는 것이다. 이 사람들에게는 나에 관한 것을 알기 위한 길이 없다.'

25 　　이런 식으로 견고한 폴리스에 사는 사람들은 폴리스를 공격하는 자들을 비웃는다. '왜 이 사람들은 쓸데없이 애를 태우고 있는 것인가? 우리의 성벽은 안전하고, 장기적인 식량을 보유하고 있으며, 다른 모든 대

26 비도 만전을 기하고 있다.' 이러한 대비가 폴리스를 공고히 하고 난공불락으로 만드는 것이지만, 인간의 마음을 보전하는 것은 그 사람의 판단(생각) 외에는 없는 것이다.[17] 어떤 성벽이 그토록 강한가. 어떤 몸이 그토록 견고한가. 어떤 재산이 빼앗기는 일이 없을까, 어떤 평판이 그렇

27 게 공격받지 않는 것일까? 모든 것은 어디에서나 소멸하는 것이며, 쉽게 영향을 받는 것이다. 어떤 식으로든 그것에 관여하면, 그 사람은 반드시 마음을 어지럽히며, 쓸데없는 희망을 품고, 두려워하고, 슬픔에 빠지며, 욕심을 내도 충족되지 않으며, 회피하고 싶은 것에 빠지게 되는 것이다. 그렇다면 우리는 자신에게 주어지는 유일한 안전 수단을 굳건

28 히 하려는 것이 아닌가? 즉 소멸하는 것, 예속적인 것들로부터 멀어짐으로써, 소멸되지 않는 자연 본성적으로 자유로운 것을 위해 힘쓰는 것이 아닌가? 우리는 기억하지 못하는가? 애당초 어떤 사람도 다른 사람에게 해치거나 이익을 줄 수 없으며, 오히려 각각에 대한 그 사람의 생각(판단)이야말로 남을 해치고, 혼란시키며, 충돌하게 하며, 내란과 전

---

17　아크로폴리스(성채)와 마음의 유비에 대해서는 제4권 제1장 86절 참조.

쟁을 일으키는 것이라는 것을.

에테오클레스와 폴뤼네이케스[18]를 다투게 한 것도 이것밖에는 없다. 즉, 참주에 대한 그들의 판단, 추방에 관한 그들의 판단의 차이로 한쪽을 최악의 것, 다른 쪽을 최선의 것으로 생각했기 때문이다. 또 선을 추구하고 악을 회피하는 것은 모든 사람의 자연 본성이며, 한쪽의 선을 빼앗아 그와 반대의 악에 말려 들어가는 자는 형제든, 아들이든, 아버지든, 이들을 적으로 간주하고, 배신자로 간주하는 것이다. 이는 선보다 우리 자신과 가까운 것은 아무것도 없기 때문이다.[19] 그래서 이런 외적인 것들이 선이나 악이라고 한다면, 어떤 아버지도 아들과 친하지 않고, 형제는 형제와 친하지 않으며, 모든 것이 곳곳에서 적, 배신자, 밀고자로 가득 차게 되기 마련이다. 하지만 의지(프로하이레시스)가 마땅히 있어야 할 것처럼 있는 것이 유일한 선이고, 마땅히 없어야 할 것처럼 있는 의지가 유일한 악이라면, 어디에 여전히 다툼이나 비방이 생길 수 있겠는가? 무엇을 두고 다투고 비방하는가? 우리와 상관이 없는 일에 대해서인가? 누구를 상대로 그럴 것인가? 이것을 모르는 사람이 상대

29

30

31

32

18  이들이 언급되는 제2권 제22장 14절 참조. 에테오클레스와 폴뤼네이케스는 테베 왕 오이디푸스와 이오카스테 사이에서 태어난 불효의 형제들이다. 오이디푸스가 테베를 떠난 뒤 두 사람은 번갈아 일 년씩 통치하기로 약속하지만, 기한이 되어도 형 에테오클레스는 왕위를 물려주지 않고 오히려 동생을 추방한다. 폴뤼네이케스는 아르고스로 도망쳐 그곳에서 도움을 받아 왕권을 탈환하기 위해 조국에 쳐들어오지만 함께 전사하고 만다(아이스퀼로스, 『테베를 공격하는 일곱 명의 장수』; 에우리피데스, 『페니키아 여자들』 참조).

19  여기에서 말하는 선('좋음')은 도덕적 의미에서가 아니라, 자신에게 '유익한 것'을 가리킨다. 헬라스어의 agathon(좋음)은 오페레이아(ōpheleia, 유익)와 깊은 의미 연관을 가진다.

일까? 불행한 사람들이 상대일까? 아니면, 가장 중요한 것에 대해 속인 사람들에 대해서일까?

33    소크라테스는 이 사실을 기억하고 있었기 때문에, 그의 괴팍한 아내와 그의 철부지 아들을 참아 내면서 자신의 집에서 살았다. 아내가 괴팍한 것은 무엇 때문인가? 그것은 자신이 원하는 만큼 그의 머리에 물을 뿌리고, [그의 친구인 알키비아데스가 주었던] 과자를 발로 짓밟기 위해서다.[20] 그러나 그런 것이 나에게 아무것도 아니라는 것을 판단했다면,

34    그것이 나와 무슨 관계가 있단 말인가? 그렇게 생각하는 것은 내 일이다. 참주도, 주인도, 내 의지를 방해할 수 없고, 많은 사람이 한 사람을, 더 강한 사람이 더 약한 사람을 방해할 수도 없다. 왜냐하면 이것은 방해할 수 없는 것으로서, 신에 의해 각자에게 주어진 것이기 때문이다.

35    이러한 판단(생각)은 집에서는 애정을, 나라에서는 화합을, 부족에게는 평화를, 신에게는 감사를 만들어 내는 것이다. 그리고 자신이 다른 곳에 속하는 것, 아무런 가치가 없는 것에 관여하고 있다고 생각하면, 여러 곳에서 자신감을 만들어 내는 것이다.

36    그렇지만 그것에 대해 쓰거나, 읽고 칭찬할 수 있지만, 이를 확신하
37    는 것과는 거리가 먼 상태이다. 그래서 '집에서는 사자지만, 에페소스

---

20 머리에 물을 뿌린 것에 대한 보고는 세네카, *De Constantia Sapientis*(『현자의 항상적 덕』) 18.3l; 아테나이오스 제5권 219b 참조. 소크라테스의 머리에 물을 뿌린 것을 비롯하여, 부인 크산티페의 성품의 거칠음에 대해서는 DL 제2권 36~37에 나와 있다. 또 친구인 알키비아데스가 소크라테스에게 과자를 선물하자, 크산티페가 발로 짓밟은 것에 대해서는 아이리아노스(Ailianos, 175년~235년경), 『헬라스 기담집』 제11권 12 참조. 이 과자(plax)는 평평하게 구운 것으로 식탁에서 귀하게 여겨졌다(아테나이오스, 『식탁의 현인들』) 제14권 643e 아래 참조).

에서는 여우이다'[21]라는 라케다이모니아인의 격언이 또한 우리의 경우
에도 들어맞는다. 즉 학교에서는 사자지만, 밖에서는 여우인 셈이다.

21  아리스토파네스 『평화』(Eirēnē, 1189행)에는 '집에서는 사자지만 싸움에서는 여우다'라
    는 말이 인용되어 있다. 라케다이모니아(스파르타)인이 헬라스 본토에서는 군사적으
    로 성공했지만, 에페소스가 위치한 소아시아 지방에서 전쟁을 벌이면서 실책을 거듭하
    면서 만들어진 속담이다.

제6장

# 동정받는 것을 괴로워하는 사람들에 대해서[1]

1    어떤 사람이 '저는 동정받는 것을 싫어합니다'라고 말한다.

그러면 동정받는 것은 너의 행위인가, 아니면 동정하는 사람의 행위인가? 무언가? 그것을 그만두게 하는 것은 자네의 힘이 미치는 일인가?

'제 힘이 미치는 일입니다. 제가 동정받을 만하다는 것을 그들에게 보여 주면 말입니다.'

2    그럼, 동정받을 만한지 아닌지는 자네와 관련된 일인가?

'관련되어 있다고 생각합니다. 그러나 그들이 동정하더라도 그럴 만한 일, 즉 제 잘못에 동정하지 않고, 오히려 가난이나 관직이 없는 일이나, 질병이나 죽음, 다른 그런 일로 동정해 오는 것입니다.'

3    그렇다면 이것들 중 어느 것도 악이 아니라, 가난한 사람이든, 관직이 없든, 명성이 없든, 행복할 수 있음을 많은 사람에게 설명할 것인가, 아니면 자신이 부자이고, 관직에 있는 것처럼 보이게 할 것인가, 너는

---

1    에픽테토스는 다른 사람들의 동정을 피하는 유일한 확실한 방법은 궁극적으로 우리의 힘 안에 있는 것이 중요하며, 권력이나 부와 같은 '외적인 것'을 얻지 못하는 사람을 동정할 이유가 없다는 것을 인식하는 것이라고 주장한다.

어느 쪽 마음의 준비를 하고 있는가? 이 중 두 번째는 허풍선이, 어리석 4
고, 아무 가치가 없는 사람이 하는 일이다. 그런 겉치레가 어떤 원인으
로 이뤄지는지 살펴볼 일이다. 즉 너는 노예를 고용하여 몇 안 되는 은
식기를 소유하고, 그것들을 공개적으로 과시해야 할 것이다. 가능하면
같은 것을 몇 번이고, 게다가 그것들이 같은 것임을 숨기려고 시도해야
한다. 더욱이 화려한 옷이나 기타 멋진 장신구를 갖춰야 하고, 고위층으
로부터 존경받는 사람으로 가장해서, 그들 곁에서 식사를 하도록 시도
하거나, 적어도 함께 식사를 하는 것처럼 여겨지도록 해야 한다. 또 신
체에 대해서는 저급한 기술을 사용해 실제보다 더 잘생겨 보이고, 더 품
위 있게 보이도록 하는 것이다. 동정받지 않기 위해 이 두 번째 길을 이 5
용해 나아가려면 그 이상의 궁리를 해야 한다.

하지만 첫 번째 길, 즉 제우스조차 할 수 없었던 무엇이 선이고, 무엇 6
이 악인지를 모든 인간에게 설득하는 일은 끝이 없는 요원한 길이다. 그
런 일은 자네에게 주어지는 것은 아니겠지? 너에게 부여된 것은 오직
너 자신을 설득하는 것뿐이다. 더구나 아직 설득된 것은 아니다. 그런데
도 너는 지금 다른 사람을 설득하려는 것인가? 네가 너 자신과 있을 만 7
큼 오랫동안 누가 너와 함께 있을까? 그리고 네가 너 자신을 설득할 수
있을 만큼 너를 설득력 있게 설득할 수 있는 사람이 누구인가? 네가 너
자신을 대하는 것보다 더 우호적이고 더 친근한 사람이 누가 있는가?
그런데 네가 자신을 설득해 이 일을 배우도록 하지 못한 것은 어찌 된 8
일인가? 지금 네가 하고 있는 일은 뒤바뀌어진 것이 아니냐? 자네가 열
심히 해 온 것이 이 일인가? 어떻게 하면 고통도, 마음의 흐트러짐도 없
이, 비굴하지도 않고, 자유로울 수 있는지를 배우는 것이 아닌가? 이러 9
한 마음의 상태에 이르는 길은 오직 하나뿐이며, 의지의 영역 바깥에 있

는 것들에서 벗어나, 이것들은 포기하고, 또 이것들은 다른 사람과 관련
10  된 것일 뿐이라고 인정하는 것임을 너는 듣지 못하였는가? 그러면 누군
가가 너에 대해 어떤 의견을 가진다면, 그것은 어떤 종류의 것에 들어갈
것인가?—'의지의 영역 바깥에 있는 것들입니다'—그렇다면 너에게
는 아무것도 아닌 일인가?—'아무것도 아닙니다.'—그러면 너는 아
직도 그 일로 괴로워하고, 마음을 흐트러뜨리면서도 좋음과 나쁨에 대
해 납득할 수 있었다고 생각하는 것인가?

11     그러면 너는 다른 사람을 그대로 내버려 두고, 네가 네 자신의 제자
가 되고 또 네 자신의 교사가 될 생각은 없는 것이냐? '자연 본성에 어
긋나는 것이나 자연 본성에 어긋나는 삶을 사는 것이 너 자신에게 이익
인지는 다른 사람이 살펴보게 될 것이지만, 나에게서 나보다 나에게 가
12  까운 것은 없네. 그렇다면 내가 철학자들의 말을 듣고, 더구나 그것에
승인했다는데, 실제로는 마음이 조금도 가벼워지지 않았다는 것은 어
찌 된 일인가? 내가 그렇게 어리석은가? 하지만 내가 원했던 다른 것으
로는 그리 어리석지 않다는 것을 알고 있다. 그뿐만 아니라, 읽고 쓰는
13  것도, 레슬링도, 기하학도, 추론 분석도, 충분히 빨리 배웠다. 그렇다면
그 이성도 나를 설득하지 못했을까? 하지만 내가 처음부터 이렇게 인정
하고, 선택한 것은 아무것도 없었다. 지금도 또한 이런 것들에 대해 읽
고, 듣고, 이런 것들에 대해 쓰고 있다. 지금까지 이렇게 강력한 논증을
14  찾은 적은 없었다. 그렇다면 나에게 무엇이 부족했던가? 이 논증에 반
대하는 생각(판단)이 내게서 제거되지 않은 것일까? 내 이해 자체가 훈
련받지 않고, 실제 행동에 적용하는 데 익숙하지 않아, 곳간에 보관된
15  무기처럼 녹슬어 몸에 맞지 않는 것이 아닌가? 그럼에도 나는 레슬링이
나 읽고 쓰는 것을 그냥 배우는 것만으로 만족하지 않고, 나에게 제시

된 추론들을 이리저리 뒤집어서, 다른 추론으로 다시 구성하고, 마찬가지로 전환 논증을 만들기도 했다. 하지만 그것으로부터 출발해 고통도 두려움도 없고, 사물에 흔들리지 않으며, 방해받지 않고, 자유롭기 위해 필요한 철학 이론들을 훈련하지도 않고, 그것들에 걸맞은 연습도 하지 않는다. 그런데도 다른 사람들이 나에 대해 어떻게 말할까, 내가 그들에게 가치 있는 사람으로 보일지, 행복한 사람으로 비치지 않을지, 나는 그런 것에 관심을 가지고 있는 것일까?'

불쌍한 인간아, 너는 너 자신에 대해 어떻게 말하는지를 알고 싶지 않느냐? 너는 자신에게는 어떤 인간으로 보이는가? 너의 사고방식은 어떤가? 욕구나 회피에서는 어떤가? 충동, 마음의 준비, 계획,[2] 다른 모든 인간적 행위는 어떤가? 하지만 너는 다른 사람이 너를 동정하는 것을 걱정하고 있는 것인가?

'네, 하지만 나는 동정받을 만한 가치가 없어요.'

그래서 너는 그 일로 괴로워하고 있는 것이냐? 괴로워하는 사람은 동정받는 사람인가?—'네.'—그러면 어째서 너는 동정받을 가치(자격)가 없이 동정을 받고 있느냐? 그것은 네가 동정받는 것을 힘들어하는 것 자체가 네가 동정받을 가치가 있게 만들고 있기 때문이다. 안티스테네스는 무엇이라고 말하느냐? 너는 아직 '퀴로스야, 행실을 바르게 하고 있어도 욕을 먹는 것은 왕의 몫이다'[3]라는 말을 들어 본 적이 없

16

17

18

19

20

---

2  에픽테토스가 '충동(동기), 준비, 계획'과 같은 스토아적 전문 용어에 부여한 정확한 의미 분석과 그의 용법이 스토아학파와 관련되는 방식에 대해서는 B. Inwood(1985), PP. 224~234 참조.

3  이 사건에 관련해서 기원전 5세기에서 4세기 사이에, 철학자 안티스테네스(소크라테스의 제자이자 디오게네스의 선생)와 페르시아의 왕 퀴로스에 대한 언급은 DL 제6권

느냐. 내 머리는 완벽하게 건강한데, 다들 내가 두통을 앓고 있다고 생각한다. 그게 내게 무슨 상관이야? 나는 열이 없는데, 열이 있는 줄 알고 동정해 준다. '불쌍하게도 이렇게 오랫동안 열이 계속되고 있군요.' 그래서 나도 슬픈 표정을 지으며 '네, 이렇게 심한 상태가 된 지가 꽤 오래됐어요.' '그럼, 어떻게 됩니까?'—'신의 뜻대로요.' 이렇게 말하는 동시에 나는 나를 동정해 주는 사람들을 향해 속으로 웃어 주는 것이다,

그렇다면 지금 같은 경우도 이와 똑같이 하는 것을 무엇이 방해할 수 있겠는가? 나는 가난하지만, 가난에 대한 올바른 판단을 가지고 있다. 그렇다면 남들이 내 가난에 대해 동정하든 말든, 어째서 나는 걱정하는 것인가? 나에게는 관직이 없지만, 다른 사람들에게는 관직이 있다. 하

지만 나에게는 관직이 있고 없고에 대해 품어야 할 생각은 있다. 나를 동정하는 사람들은 불쌍히 여기겠지만, 나는 굶주림도, 목마름도 없으며, 추위로 떨고 있는 것도 아니다. 오히려 그들은 자신이 굶주리고 목마르기 때문에, 나도 그렇다고 생각하는 것이다. 그렇다면 나는 그들을 위해 무엇을 해야 할까? 돌아다니다가 다음과 같이 선언해야 한다.

'인간들이여[4], 착각하지 마세요. 나는 괜찮습니다. 가난하든, 관직이 없든, 한마디로 말해서 다른 어떤 일이든 올바른 판단 이외의 것은 전혀 신경 쓰지 않습니다. 내가 가진 판단(생각)은 방해받지 않을 것이며, 이외의 다른 것은 아무것도 생각해 본 적이 없습니다.'

---

2, 3 참조("왕은 훌륭한 일을 하고, 나쁜 말을 듣는 것이다."). 퀴로스는 크세노폰의 『아나바시스』를 잘 알고 있으며, 본문의 말은 DL(제6권 3)에 따르면 소크라테스의 제자 안티스테네스의 말로 여겨지고 있지만, 거기에는 퀴로스에 대한 언급은 없다. 또한 마르쿠스 아우렐리우스, 『자기 자신에게 이르는 것들』 제7권 36에도 인용되어 있다.

4  즉 '여러분'.

아, 이것은 얼마나 어리석은 말인가? 지금 내 상태에 만족하지 않고, 다른 사람들이 나를 어떻게 생각하고 있을까 하고 초조해하면, 나는 어떻게 올바른 판단을 가질 수 있겠는가?

'하지만 나보다 이득을 보고 존경받는 사람들이 또 있어요?'

뭔가 열심히 하는 사람들이 그 열심히 하는 것으로 이득을 본다는 것 이상으로 이치에 맞는 것이 있을까? 그들은 관직에 대해 열심이지만, 너는 네 판단에 열심이다. 그들은 부에 열심이지만, 너는 인상의 사용에 대해 열심이다. 그러니까, 네가 열심히 하고 있고, 그들은 관심을 기울이지 않음으로써, 그들이 너보다 이득을 보고 있는지 살펴보라. 또한 그들의 승인이 너보다 자연 본성적인 척도와 관련이 있는지, 욕구가 너보다 더 성취하고 있는지 어떤지, 회피가 너보다 더 잘 이루어지고 있는지, 계획이나 목표, 충동에서 너보다 더 성공하는지,[5] 남편, 아들, 부모 그리고 다른 사람들과의 연결 고리[6]가 있는데, 그 의무들을 너보다 더 잘 지키고 있는지를 잘 살펴보라. 그리고 그들이 관직을 얻었더라면 너는 진실대로, 즉 너는 그것을 얻기 위해 아무것도 하지 않았지만, 그들은 무엇이든 하고 있는데, 무언가로 인해 고생하는 자가 관심을 기울이지 않는 사람보다 얻는 것이 적다는 것은 말이 안 된다는 진실을 자신에게 말하고 싶지 않은가?

'아니오, 차라리 저는 올바른 판단을 갖는 데 마음을 쏟고 있기에, 제가 지배하는 게 더 이치에 맞을 것이에요.'

분명히, 네가 마음을 쓰고 있는 것은 판단이다. 하지만 다른 사람들

---

5  즉 '과녁에 적중했는지'.

6  즉 사회적 관계.

이 너보다 마음을 써 온 것들에 대해서는 그들에게 양보하라. 왜냐하면 네가 올바른 판단을 갖고 있기 때문에, 궁수보다 활을 더 잘 쏜다든지, 대장장이보다 대장 일을 잘 한다고 주장하는 것과 같기 때문이다. 그러므로 그 판단에 대해 열중하는 것을 그만두고, 자신이 얻고 싶어 하는 일에 관심을 집중하도록 하라. 그것이 잘 안 되면 울어야 한다. 그래야 너는 울 자격이 갖게 될 테니까. 그러나 실제로 자네 말로는, 자네는 다른 여러 가지 일에 관여하고, 다른 일에 몰두하고 있다. 하지만 많은 사람들이 옳게 말하는 대로, '한 가지 [심각한] 일은 다른 일과 아무런 공통적인 것을 갖고 있지 않다.'[7]

한 사람이 아침 일찍 일어나서 이 [카이사르][8] 집의 누구에게 문안 인사를 했을까, 누구에게 아부를 했을까, 누구에게 선물을 했을까, 무희가 마음에 들까, 어떻게 누군가를 헐뜯으면 다른 사람을 기쁘게 해 줄지 궁리하고 있다. 그 사람이 기도할 때 그런 것들을 위해 기도하고, 희생 제의를 올릴 때는 그런 것들을 위해 바치는 것이다. 여기서 '피곤한 눈으로 잠들면 안 된다'[9]는 퓌타고라스의 말은 이 목적에 적용된다. 또 다른 사람에게 아부하는 것으로는, '어디서 잘못 밟은 거지?', '무슨 일을 했는가'[10]라든가, 그것은 자유인으로서 한 것은 아닐 것이다, 고상한 사람으로서 한 것은 아닐 것이라는 말도 있다. 그리고 그런 일을 하고 있다

---

7 즉 여러 다른 일을 동시에 잘할 수는 없다. 제4권 제10장 24절 참조.

8 Wolf의 보충(tou Kaisaros).

9 퓌타고라스의 작품으로 전해지는 『황금잠언』(40)의 한 구절. 제3권 제10장 2에서도 인용되었다. 여기서는 오히려 비꼬는 의미로 썼다.

10 마찬가지로 『황금잠언』(42)에서 인용(제3권 제10장 3절).

는 것을 알게 되면, 자신을 비난하며 이렇게 나무라는 것이다. '어째서 그런 말을 하게 됐느냐? 거짓말을 할 수는 없었는가? 심지어 거짓말해도 상관없다고 철학자들도 말하고 있잖아.'[11]

그러나 네가 인상의 적절한 사용에만 전념했다면, 아침 일찍 일어나 오히려 이렇게 생각해야 한다. '부동의 마음을 갖기 위해, 나는 무엇이 부족한가? 평정한 마음을 갖기 위해 무엇이 부족한가? 나는 누구인가? 이 보잘것없는 몸도, 소유물도, 평판도 아닐 것이다. 이러한 것들 중 그 어느 것도 아닌 것이다. 그렇다면 무엇인가? 이성적으로 살아 있는 존재이다. 그렇다면 그런 존재에게 필요한 것은 무엇인가? 자신이 한 일을 반성하는 것이다. 행복하게(순조롭게) 살기 위해 "어디서 잘못 밟았나?" "무슨 일을 했나?" 비우호적이고, 사교적이지 않고, 배은망덕한 일인가? 이 일들과 관련하여 내가 필요한 무엇인가를 하지 않았는가?'   35

그런즉 사람이 원하는 일, 행하는 일, 기도하는 일에 이만한 차이가 있는데도 불구하고, 너는 열심히 힘쓰지 않지만 사람들은 열심히 하는 것들에서, 너는 여전히 그들과 같은 것을 갖고 싶어 하는가? 심지어 그들이 너를 동정하면, 너는 놀라거나 화를 내지만, 네가 그들을 동정해도 그들은 화를 내지 않는다. 왜 그럴까? 그것은 그들이 좋은 것을 얻고 있다고 확신하지만, 네 편에서는 확신하지 못하기 때문이다. 너는 네 것으로 만족하지 않고, 그들의 것을 원하지만, 그들은 자신의 것으로 만족하고, 네 것을 갖고 싶어 하지 않는다. 네가 진정으로 좋은 것들에 대해 그   38

34

36

37

---

11 스토아학파는 '현자'는 잘못을 저지르지 않지만, 특정한 경우에 합법적으로 거짓말을 할 수 있다고 생각했다. 스토바이오스 『정화』 제2권 7.11 (*SVF* 3권 p. 554) 참조. 플라톤의 '이상 국가'에서 통치자들이 사용한 '고귀한 거짓말'도 참조(『국가』 414b~e).

것을 얻고 있지만, 사람들이 길을 잘못 들었다고 확신한다면, 그들이 너에 대해 뭐라고 하든 너는 상관하지 않을 것이기 때문이다.

제7장

# 두려움을 갖지 않은 것에 대해서[1]

참주를 두렵게 만드는 것은 무엇인가?—'그의 호위병들, 그들의 칼, 침      1
실 앞에 선 시종들, 들어가려고 하는 자들을 막는 자들입니다'라고 어
떤 사람이 말한다.—그렇다면 아이를 호위병이 딸린 참주에게 데려가      2
도 두려워하지 않는 것은 왜일까? 아이가 호위병을 몰라서 그런가? 만      3
일 사람이 호위병이 있고, 칼을 들고 있다는 것을 알았더라도, 다른 무
슨 불행으로 해서 죽고 싶어 하기에 다른 사람의 손에 걸려 편히 죽기
를 바라며 찾아올 경우에는 호위병을 두려워하지 않을 것인가?—'아
니오, 그것은 공포의 원인이 되는 바로 그것을 원하기 때문이지요.' 그      4
럼, 어떻게든 죽고 싶다든지 살고 싶다든지 생각하지 않고, 주어진 것
은 무엇이든 기꺼이 받아들이고, 참주에게 접근하는 사람이 두려움 없
이 그에게 다가가는 것을, 무엇이 방해하겠는가?—'아무것도 없습니
다.'—그러면 만일 사람이 자신의 재산을 다른 사람들이 자신의 신체      5

---

1  에픽테토스는 '우리에게 달려 있는' 것과 '우리에게 달려 있지 않은 것'에 대한 적절한
   이해는 권력을 가진 사람들과 그들이 죽음을 포함하여 우리에게 제공하거나 부과할 수
   있는 것에 대한 두려움으로부터의 자유를 부여한다고 주장한다.

를 대하는 것과 마찬가지로 생각하고, 자신의 처자에 대해서도 마찬가
지로, 요컨대 어떤 광기나 절망에 의해 그러한 마음의 상태에 놓이게 되
어 그것들의 소유 여부에 대해 전혀 신경 쓰지 않고, 오히려 아이들이
도편을 가지고 놀 때 게임에 대해서는 신경 쓰지만 도편에 대해서는 신
경 쓰지 않는 것과 같이, 이 사람의 경우에서도 사물에 대해서는 아무런
관심도 없고, 그래서 그것들을 가지고 놀거나 다루는 것을 기뻐한다면,
그는 또 어떤 참주를, 어떤 호위병을, 어떤 칼을 두렵게 생각하겠는가?

6  그렇다면 사람이 광기에 의해서 앞서 말한 것들에 대해 그러한 마음
상태가 되고, 갈릴리아인들[2]은 자신들의 습관에 의해서 같은 마음의 상
태가 될 수 있는데, 이성과 논증에 의해서는 신이 우주 안의 모든 것과
우주 자체는 전체적으로 방해받지 않고 자족적인 일을 하면서, 그 부분
은 전체의 이익을 위해서 이바지하는 것임을 아무도 알 수 없는 것일
7  까? 다른 모든 동물은 신의 지배(통치 질서)를 이해하는 능력이 결여되
어 있지만, 이성적인 동물은 이 모든 것에 대해 자신이 그 부분이고, 더
구나 어떤 부분인지, 모든 부분들은 전체에 따르는 것이 좋다는 것을 생

---

2  여기서 에픽테토스는 황제 숭배를 거부하는 비뚤어지고 반항적인 것으로 널리 알려
진 기독교인을 의미하고 있다(유대인에 대한 언급에 대해서는 제2권 제9장 19~21절
참조). 신앙 때문에 태연히 책형(磔刑)에 처해 죽임을 당했던 당시의 기독교인들은 에
픽테토스의 눈에는 광신자로 보였을 것이다. 마르쿠스 아우렐리우스의 『자기 자신에
게 이르는 것들』(제11권 3)에도 같은 견해를 피력하고 있다("[혼이 신체에서 풀려나
소멸되든지 분산되든지 하는] 이러한 준비는 자신의 내적 판단에서 나와야지, 기독교
도들처럼 단순한 고집스러운 반대(psilē parataxis)에 따라서는 안 된다."). 혹자는 마르
쿠스의 경우에 기독교인에 대한 언급을 후세의 삽입으로 간주하기도 한다. 또 이 점은
112년에 황제 트라이아누스와 지방 총독인 소-플리니우스 사이의 유명한 편지 교환에
서도 분명하다.

각할 수 있는 능력을 갖고 있는 것이다. 이와 더불어 천성적으로 마음이 고결하고, 혼이 크며, 자유로운 정신을 가진 자는 자신의 주위에 있는 것 중 어떤 것은 방해받지 않고, 스스로의 힘이 미치는 것이며, 또 어떤 것은 방해받고, 다른 것의 힘이 미치는 것이며, 의지의 영역 안에 있는 것들은 방해받지 않지만, 의지의 영역 밖에 있는 것들은 방해받는 것임을 알고 있다. 따라서 그가 자신의 좋음이나 이익은 방해받지 않고, 스스로의 힘이 미치는 것에 지나지 않는다고 생각한다면 자유롭고, 순조롭고, 행복한 삶을 살고, 해가 없으며, 고매하고, 경건하며, 모든 일에 대해 신께 감사하고, 일어난 일로 누구도 탓하지 않고, 비난하지 않을 것이다. 그러나 자신의 좋음이나 이익이 외적인 것이나 의지의 영역 밖에 놓여 있는 것에 있다고 생각한다면, 그는 필연적으로 방해받고, 제약받으며, 자신이 경탄하거나 두려워함으로써 상대방을 좌우할 만한 힘을 가진 사람들에게 예속되게 되며, 또 신이 자신을 해롭게 하고 있다고 생각하기 때문에, 필연적으로 신을 공경하지 않으며, 항시 자신의 몫보다 더 많은 것을 얻고 싶어 하기 때문에 불공평해지고, 필연적으로 비천해지고 인색한 사람이 되지 않을 수 없다.

　이상을 잘 이해한 사람이 일어나는 모든 일을 태연하게 받아들이고, 이미 일어난 일을 견디고 편안하고 순종하는 마음으로 살아가는 것을 무엇이 방해할 수 있을 것인가? 내가 가난해지는 것을 원하는가? 그러면 가난을 가져오라. 잘 연기하는 배우가 있다면,[3] 가난이 무엇인지 알게 될 것이다. 관직을 갖기를 원하는가? 그것을 가져오라. 관직을 빼앗

8

9

10

11

12

13

---

3　인생을 연극에 비유하는 것에 대해서는 『엥케이리디온』 제17장 및 『단편』 11 참조.

고 싶은가? 그것을 가져오라. 차라리 고생을 시키고 싶은가? 그럼, 고생
도 가져오라.[4] 오히려 추방인가? 어디로 추방되든 난 그걸로 잘 될 것이
다. 잘 될 것이라는 건 그 자리를 위해서가 아니라, 내가 안고 가려는 판
단 때문이다. 왜냐하면 내 판단을 빼앗을 수 없고, 이것만이 빼앗길 수
없는 내 것이고, 이것만 있으면 어디에 있든, 무엇을 하든 나는 만족스
럽기 때문이다.

'하지만 이제 죽을 때가 됐습니다.'[5]

왜 '죽는다'고 말하는 것인가? 일을 비극적으로 만들어서는 안 된다.
오히려 있는 그대로 이제 이 물질[6]은 그것을 구성하던 요소로 되돌아갈
시기라고 말하는 것이다. 무엇이 두려운가? 우주 속에 있는 것들 중 어
떤 요소가 멸망하려고 하는가? 어떤 신기하거나 불합리한 것이 생기려
하는가? 참주가 두려운 것은 이것 때문인가? 이것 때문에 호위병은 크
고, 날카로운 칼을 가지고 있을까? 그런 것을 두려워하는 건 다른 사람
들에게 맡기도록 하자! 나는 모든 것에 대해 생각한 것이지, 아무도 나
에게 권위를 행사할 수 없는 것이다. 나는 신에 의해 자유로워졌고, 신
의 명령을 알고 있다. 이제 누구도 나를 노예로 만들 수 없다.[7] 나에게는
합당한 해방자와 합당한 재판관이 있다. 자네의 몸을 지배하는 건 내가
아니냐? 그게 나한테 무슨 상관이냐? 자네 재산을 지배하는 건 내가 아

---

4  "그것을 가져오라. 관직을 빼앗고 싶은가? 그것을 가져오라. 차라리 고생을 시키고 싶
   은가? 그럼, 고생도 가져오라." 이 부분(7단어, phere. […] theleis)은 난외 주석(scholia)
   에서 보충한 것이다(Lindsay).
5  만물을 구성하는 요소로 분해되는 죽음에 대해서는 제3권 제13장 15절 참조.
6  내 신체를 구성하는 물질.
7  인간의 '자율성'을 말하는 것이다. 그것은 '노예로부터 해방됨'을 말한다.

니냐? 그게 나한테 무슨 상관이냐? '너의 추방이나 투옥을 지배하는 것은 내가 아닌가? 다시, 그 모든 것도, 이 신체의 전부도 네가 원할 때는 언제든지 너에게 맡기기로 하자. 자네의 지배를 시험해 보도록 하자. 그러면 그것이 어디까지 미칠지 알 수 있을 것이다!

그러면 나는 누구를 더 두려워할 수 있을까? 침실 앞의 서 있는 시종들? 그들은 아무것도 하지 않은 것이 아닌가? 나를 문 앞에서 쫓아 버리기나 할까? 내가 들어가는 것을 발견했다면 문을 닫게 놔두라!─'그렇다면 왜 문간까지 찾아오느냐?'─놀이가 계속되는 동안에는 함께 하는 것이 적합한 것(의무)이라고 생각하기 때문이다.─'그런데 어떻게 하면 쫓겨나지 않을 수 있을까?'─나를 들여보내 주지 않으면, 안으로 들어갈 생각은 하지 않는다. 오히려 나는 언제든 나에게 일어나기를 바란다. 신이 원하시는 것이 내가 원하는 것보다 낫다고 생각하기 때문이다. 나는 신의 하인과 추종자로 신을 섬길 것이다. 나는 그의 충동을 공유하며, 그의 욕구를 공유하고, 한마디로 말해서 나는 신과 같기를 원하는 것이다. 그래서 나는 쫓겨나지 않지만, 억지로 들어가려는 자들은 그런 일을 당하게 된다. 그렇다면 왜 억지로 들어가려고 하지 않는가? 그것은 안으로 들어간 사람들에게 좋은 것이 하나도 분배되지 않는다는 것을 알기 때문이다. 카이사르에게 존경받았다는 이유로 누군가가 축복받았다는 말을 들으면 나는 이렇게 말한다. '그가 무엇을 얻었단 말인가? 지방 총독의 일이 마땅히 어떠해야 하는지에 관한 판단이 아닐 것인가? 행정관의 일을 어떻게 해야 하는가 하는 것도 아닐 것인가?' 왜 더 나아가 내가 억지로 들어가려고 하는 것인가? 누군가가 무화과와 아몬드를 뿌리면, 아이들은 서로 빼앗고 서로 싸우기 시작한다. 하지만 어른들은 사소한 일이라고 생각하기 때문에, 그런 일은 하지 않는다. 그러나 누군가가 도자기 조각을 뿌리면, 아이들은 서로 뺏지 않을 것이다.

23 지방 총독의 일이 분배되고 있다. 아이들은 가만히 보고 있을 것이다. 돈이 분배된다. 아이들은 가만히 바라볼 것이다. 장군이나, 집정관의 직이 분배된다. 아이들에게 쟁탈을 시키는 것이 좋다. 쫓겨나고, 얻어맞

24 고, 주는 사람이나 노예들의 손에 입 맞추게 하는 것이다. 그러나 나에게 그것들은 무화과와 아몬드일 뿐이다. 우연히 누군가가 던진 말린 무화과가 내 무릎에 떨어지면 어떻게 할까?[8] 나라면 집어서 먹지. 말린 무화과도 그 정도까지는 평가되기 때문이다. 그러나 몸을 굽히거나 다른 사람을 밀어 넘어뜨리거나, 다른 사람에게서 밀려 넘어지거나, 고관의 방에 들어오는 자에게 아부할 만한 가치가 무화과에는 없다. 그 밖의 별것 아닌 것도 마찬가지이다. 그것들에 대해서는 철학자들이 그렇게 좋은 것은 아니라고 나를 설득해 주었다.

25 호위병의 칼을 내게 보여 주게. '보세요. 그것들이 얼마나 크고, 얼마나 날카로운가.' 이 크고 날카로운 칼은 무엇을 하는가?—'사람을

26 죽이는 것입니다.'—그렇다면 열병은 무엇을 하는가?—'똑같습니다.'—지붕 기와는 무엇을 하는가?—'똑같습니다.'—그러면 너는 내가 이 모든 것에 경탄하고, 숭배하며, 모든 것의 노예가 되어 돌아다니

27 기를 바라는가? 그런 일은 없을 것이다. 오히려 우주가 정지하거나 진행을 방해받는 일이 없도록, 생긴 것은 다시 멸망해야 한다는 것을 한

---

8　에픽테토스는 정치적 입장을 '아몬드와 무화과'(아이들만이 주우려고 달려가는 것)보다 더 가치 있는 것으로 제시하지 않는다. 그러나 24절에서 무릎에 무화과('정치적 지위')가 있는 자신을 발견하면, 이를 받아들이고, 그에 합당한 역할을 수행해야 한다. 정치적 역할에 관한 에픽테토스의 태도는 제1권 제1장 19~29절, 제1권 제2절 12~24절 참조.

번 배웠다면, 그것을 멸망시키는 것이 열병이든, 지붕 기와든, 병사든, 내게는 아무런 차이가 없는 것이다. 하지만 만일 비교해야 한다면 병사가 더 편하고 더 빠르다는 것을 알 수 있다는 것이다.

그러면 참주[9]가 나에 대해 가할 수 있는 무언가를 내가 두려워하지 28 않는다면, 또 그가 줄 수 있는 무언가를 내가 원하는 것이 아니라면, 어째서 여전히 그에게 놀라거나 찬탄할 것이 있겠는가? 내가 왜 호위병을 두려워하겠는가? 만일 그가 나에게 친근하게 말을 걸고, 나를 환영한다면, 나는 왜 기뻐해야 할까? 그가 나에게 어떻게 말했는지 내가 왜 다른 사람들에게 알려야 하는가? 그는 소크라테스가 아닐 것이다. 그의 칭찬 29 이 나에 대한 증거가 될 만한 디오게네스는 아닐 것이다. 그 사람의 성 30 격을 부러워하거나 한 적은 없기 때문인가? 오히려 놀이를 계속하기 위해 그 사람에게[10] 가서 바보짓이나 부적절한 일을 명령하지 않는 한 봉사하는 것이다. 그러나 살라미스의 레온에게 가라고 한다면, 그에게는 이렇게 말한다. '다른 사람을 찾으십시오. 저는 이제 더 이상 놀지 않으니까요.'—'이놈을 연행하라'[11]고 참주가 나에게 말한다. 놀이의 일부 31 이기 때문에, 나는 이 역할을 맡는다.—'하지만 네 목이 없어질 거야.' 그러나 참주 자신이나 복종하고 있는 너희의 목은 언제까지나 그대로 일까?—'너의 유해는 매장되지 않고 던져질 수 있어.'[12] 만일 내가 시체

---

9  문맥상 주어인 '병사'이지만, 전체 맥락에 비추어 '참주'로 새겼다.

10  S사본은 emauton(내 자신)으로 되어 있다.

11  소크라테스가 레온의 연행을 명받은 에피소드에 대해서는 제4권 제1장 160 참조.

12  죽은 자에 대한 모욕이다. 디오게네스는 죽어 가면서 자신의 시신을 매장하지 말고 내던져서 야수들의 먹이가 되기를 사람들에게 요청했다고 한다. 그러나 아이러니하게도 개와 새를 막기 위해 그의 옆에 그의 믿음직한 지팡이를 놓으라고 했다는 것이다(DL

라면 내던져질 수 있을 거야. 시체가 아닌 다른 존재라면, 사실을 있는

32 그대로 좀 더 재치 있게 말해, 나를 위협하지 않았으면 좋겠다. 그런 일
은 어린아이와 어리석은 자에게만 두려운 일이다. 그러나 한 번 철학 학
교에 들어간 사람이 자신이 무엇인지를 모른다면, 만일 자기가 살도 뼈
도 힘줄도 아니고, 오히려 그것들을 사용하는 것이며 인상을 지배하고
이해하는 것임을 아직 배우지 못했다면, 그런 사람은 위협을 받고, 이전
에 아첨하던 사람들에게[13] 아첨하는 것이 당연하다.

33    '그렇지만, 그런 논의는 법을 경시하게 만들어요.'

      그러면 다른 어떤 논의들이 법을 지키는 사람들을 그 이상으로 순종

34 하게 만드는가? 법은 어리석은 자의 힘이 미치는 것이 아니다. 오히려
이 논의들이 이 어리석은 자들에 대해서도 어떤 식으로 마땅히 취해야
만 할 태도를 취하게 하는지 살펴봐야 한다. 적어도 그것들은 우리가 이
길 수 없는 사안에 대해서는 이러한 사람들과 겨루지 말도록 가르치고

35 있기 때문이다. 우리의 보잘것없는 몸이나 재산에 대해서 양보할 것을,
자녀, 부모, 형제에 대해서는 모두 양보하고, 모든 것을 포기할 것을 가
르치지만, 오직 우리의 판단만을 제외시키고 있다. 제우스 또한 판단은

36 예외로서 각자가 갖기를 바랐던 것이다. 여기에 어떤 불법, 어떤 어리석
은 행위가 있을까? 네가 나보다 뛰어나고, 더 강한 것에서는 내가 너에

37 게 양보할 것이다. 반대로, 내가 뛰어난 곳에서는 네가 양보하는 것이

---

제6권 79). "친구들이 '새들과 들짐승들의 먹이가 되지 않겠는가?'라고 하자, 디오게네
스는 '그렇지 않네. 내 옆에 지팡이를 놓아두게. 그것으로 쫓아 버리겠네' […]."

13 hosper proteron 대신에 hous proteron(Schweighäuser)으로 읽는다. houper nun
  kolakeueis(Capps)로 읽기도 한다.

다. 왜냐하면 나는 그것에 신경을 썼지만, 너는 그렇지 않기 때문이다. 네가 신경을 쓰는 것은, 어떻게 대리석 벽이 있는 집에 살 수 있는지, 게다가 어떻게 하면 노예와 자녀와 해방 노예[14]가 너에게 봉사할지, 어떻게 하면 눈길을 끄는 옷을 입을 수 있는지, 어떻게 하면 많은 사냥개와 키타라 연주자와 비극 배우를 고용할 수 있는지 하는 것이다. 내가 이런 걸 요구한 적은 없을 거야? 그러면 자네는 자신의 판단에 대해, 또 자신의 이성에 대해 마음을 써 본 적이 없을 거야? 너희가 이성이라는 것이 어떤 부분으로 이루어져 있으며, 어떤 구조이며, 어떤 능력을 갖고 있고, 어떤 성질의 것인지를 알고 있지 못하지 않느냐? 그런데도 이 일에 마음을 써 온 다른 사람들이 자네보다 낫다고 해서, 왜 화를 내느냐?

'하지만 그건 가장 중요하니까요.'

네가 그 일에 종사하고 그것에 마음을 쓰는 것을 누가 방해하겠는가? 게다가 많은 책이나 여가, 너를 도울 수 있는 것들을 갖춘 사람이 누가 있을까? 오직 이 모든 것에만 마음을 두고 너 자신의 지도적 중심 부분에 조금이라도 시간을 할애하도록 하라. 네가 가지고 있는 그 부분——다른 모든 부분을 사용하여, 다른 모든 것을 음미하고(시험하고), 선택하고, 거부할 수 있는 부분이 무엇이며, 어디에서 왔는지를 생각해 보는 것이다. 그러나 너희가 외적인 것에 관심을 기울이는 한, 그것을 획득하는 것에는 누구에게도 지지 않겠지만, 지도적인 중심 부분은 네가 가지고 싶어 하는 것만큼 지저분해지고 게을러지게 될 것이다.

38

39

40

41

**14** pillatoi(pilleatus)로 읽는다.

제8장

# 서둘러 철학자의 겉모습을 취하는 사람들에 대해서[1]

1 좋지도 나쁘지도 않은 것[2]을 근거로 결코 남을 칭찬하거나 비난하거나,[3] 잘한다거나 서투르다고 확증하지[4] 않도록 하라. 그렇게 함으로써 동시에 성급함과 나쁜 버릇으로부터 자신을 해방시킬 것이다.

2 '이 사람은 목욕을 빨리하는군요.'

그러면 그 사람은 나쁜 짓이라도 하고 있는가? 결코 그렇지 않다. 그

3 럼 무언가? 그냥 목욕이 빠른 거다. '그럼, 모두를 잘한다는 말씀이군요.' 결코 그런 일은 없네.[5] 오히려 옳은 판단에서 나온 것은 옳고, 나쁜

---

1  에픽테토스는 누가 철학자인지 아닌지를 판단해야 하는 근거는 그들이 전형적인 철학적 외모(수염, 긴 머리, 거친 망토)를 가지고 있다는 사실이 아니라, 그들의 행동이 그들이 헌신하는 철학적 원리에 따라 살고 있다는 것을 보여 주는 정도에 의해서라고 주장한다.

2  원어로는 koinos(공통적인 것, 중립적인 것)로 '아무런 차이가 없는 것(성질)'을 의미.

3  동일한 언급에 대해서는 제4권 제4장 44절 참조.

4  즉 평가하다.

5  행동에서 도덕적 판단의 '옳고 그름'에 대한 결론을 도출할 수 없다. 행동 그 자체는 '아무런 차이가 없는' 것이고, 그 도덕적 목적은 알 수 없는 것이다. 이것은 현대 윤리학에서 '사실'(fact)로부터 '도덕적 판단'을 이끌어 내는 '자연주의적 오류'(naturalistic

판단에서 나온 것은 나쁘다는 것이다. 하지만 각각의 행위의 근거가 된 생각을 알기 전까지는 남을 칭찬하거나 비난해서는 안 된다는 것이다. 다만, 판단은 바깥쪽에서 쉽게 판정되는 것이 아니다.    4

'이 사람은 목수입니다.' 왜 그런가?

'도끼를 사용하기 때문입니다.' 그게 어쨌다는 말인가?

'이 사람은 음악가입니다. 노래할 테니까요.'

그게 어쨌다는 말인가?

'이 사람은 철학자입니다.' 어째서 그런가?

'남루한 외투를 입고, 긴 머리를 하고 있기 때문입니다.'[6] 부랑자들은    5
무엇을 입는가? 그런 까닭에 누군가가 볼썽사나운 부랑자 중 한 명을 보면, 곧장 '이봐, 저 철학자가 뭘하고 있는 거냐?'라고 말하네. 그러나    6
볼썽사나운 꼴로부터 차라리 철학자가 아니라고 말했어야 했다. 그렇다면 만일 철학자라는 것의 선개념이나 그 본분이 남루한 외투를 입고 긴 머리를 가졌다는 것이라면, 그들이 하는 말이 맞겠지만, 그러나 그것이 오히려 틀린 것이 아니라면, 그 본분을 다하지 못한다는 이유로 철학자라는 호칭을 그 사람에게서 빼앗지 않는 것은 왜일까? 다른 기술에    7
대해서도 마찬가지이다. 도끼질이 서툰 사람을 보면, '목수가 해야 할 일이 무엇이냐? 이 목수들이 얼마나 일을 못 하는지 보라'라고 말하지 않고, 오히려 '이런 사람은 도끼질이 서투르기 때문에 목수가 아닌 것이 틀림없네'라고 말할 것이네. 마찬가지로, 누군가 서투르게 노래하는    8

fallacy)와 비슷한 측면이 있다.

6  당시 퀴니코스학파 철학자들의 외모를 말한다. 원어로는 tribōn으로 '닳아 빠진 외투'를 말한다. 외투는 퀴니코스학파의 징표이다.

것을 들으면, '이 음악가들이 어떻게 노래하는지를 보라'가 아니라, '이 사람은 음악가가 아니다'라고 말할 것이다. 그러나 사람들이 이런 식으로 행위하는 것은, 오직 철학의 경우에서뿐이네. 즉 누군가가 철학의 본분에 어긋나는 일을 하는 것을 보면, 그 사람에게서 철학자라는 호칭을 빼앗는 것이 아니라, 오히려 철학자라는 것을 당연하게 받아들인 채로, 그 사람의 볼썽사나운 행위를 이유로 철학하는 것은 아무 소용이 없다고 결론짓는 것이네.[7]

그렇다면 그 이유는 무엇인가? 그 원인은 목수, 음악가의 선개념에는 우리가 경의를 표하고, 다른 기술의 경우에도 마찬가지인데, 철학자의 선개념에 대해서는 경의를 표하지 않고, 그것이 혼란스럽고 불분명하기 때문에, 우리가 단지 겉모습만 보고 판단하는 데에 있다. 도대체 다른 어떤 기술이 그 외모나 머리 모양으로 판단되는가? 이론도 주제도 목적도 없는 것인가? 그렇다면 철학의 주제는 무엇인가? 낡은 외투는 아니지 않은가? 아니, 오히려 이성이다. 그 목적은 무엇인가? 낡은 외투를 입는 것은 아니겠지? 아니, 오히려 올바른 이성을 갖는 것이다. 어떤 철학 이론인가? 어떻게 하면 풍부한 턱수염이나 긴 머리를 기를 수 있는지에 관한 것은 아니겠지? 아니오, 오히려 제논이 말하고 있듯이, 이성의 구성 요소에 대해, 그들 각각이 어떤 성질의 것이며, 서로 어떻게 조화를 이루고, 그것들로부터 어떤 일이 따라 나오는지를 아는 것이네.[8]

---

7  삼단논법 추론의 기술적 용어가 사용되고 있다. 사람들은 대전제에서 일반 원칙을 '가정하거나', '놓고'(thentres), 소전제에서는 사실을 관찰하거나 경험에서 '받아들여서'(labontes), 그런 다음 '결론'(epagousi)을 이끌어 내고 있다.

8  이 구절과 가장 가까운 생각은 논리학 또는 변증술(철학의 세 부분 중 하나)의 본질에 대한 스토아학파의 정의에 의해 주어진다. LS 31 A 및 A. A. Long, pp. 119~120 참조.

그렇다면 너는 무엇보다도 철학자가 그 꼴사나운 행위를 할 때 그 본분    13
을 다했는지 어떤지를 살펴보고, 그런 행위를 비방할 의향이 들지 않겠
는가? 그런데 실제로는, 너 자신의 사려가 건전하고, 그 사람의 행위가
나쁘다고 생각될 때, 거기에서 너는 '저 철학자를 보라'라든가——그런
일을 하고 있는 사람을 철학자라고 부르는 것이 적합하다는 듯이——혹
은 반대로 '이것이 철학자라는 것이다'라고 말하는 것이다. 하지만 누
군가 간음하는 것을 알고도 또 탐욕스럽게 먹는 것을 봐도, '저 목수를    14
보라!', '저 음악가를 보라!'라고 말하지는 않는다. 그런 식으로 너는 스
스로도 어느 정도 철학자의 본분이라는 것을 깨닫고 있는데, 부주의 때
문에 실수하고 혼란에 빠지는 것이다.

그러나 철학자라 불리는 사람들 자신조차도 좋지도 나쁘지도 않은    15
것들로부터 이 일에 관여하고 있다. 남루한 외투를 걸치고, 턱수염을 기
르기만 하면, 그들은 '나는 철학자이다!'라고 선언한다. 그러나 단지 픽    16
과 키타라만 샀다고 해서, '나는 음악가다'라고 말하는 사람은 한 명도
없으며, 펠트 모자와 허리에 두르는 것들을 걸쳤을 뿐인데도, '나는 대
장장이다'라고 말하는 사람도 없다. 오히려 옷차림은 그 기술에 맞추는
것이고, 그 일의 명칭은 옷차림에서가 아니라, 그 기술에서 얻어지는 것
이다. 그런 까닭에 에우프라테스[9]가 이렇게 말한 것은 옳은 일이다. '오    17
랫동안 철학자임을 숨기려 했으며, 이것이 나에게 유익했습니다. 첫째,

---

*SVF* 제1권 p. 51(Von Arnim) 참조.

9  이 대목은 그의 연설의 일부로 보인다. 제3권 제15장 8절 참조(해당 각주). 그는 소피스
   트 또는 대중의 철학 선생, 스토아 철학자로 알려 있다. 그는 전통적인 방식으로 옷을
   입었다.

내가 올바르게 행했던 것이 남들에게 보이기 위해서가 아니라, 나를 위해서라는 것을 알고 있었기 때문입니다. 적절하게 식사를 하고, 제대로 된 몸가짐과 걸음걸이를 유지한 것도 자신 때문이었습니다. 이 모든 것들이 자신과 신을 위한 것이었습니다. 더군다나 나 혼자 [경기에서] 분투했듯이, 그처럼 나 혼자 위험을 무릅썼던 것입니다. 내가 부끄러운 일이나 어울리지 않는 일을 하더라도, 철학이 위험에 노출되지는 않았으며, 내가 철학자로서 실수를 함으로써 대중에게 해를 끼치지도 않았습니다. 이런 까닭에 내 의도를 모르는 사람들은 온갖 철학자들과 교제하고 함께 살면서, 왜 내 자신이 철학자가 아닌지 궁금해했던 것이다. 그리고 외형적 표식에 의해서가 아니라, 내가 행한 일을 통해 철학자임을 알게 된다 해도 어떤 나쁜 일이 있겠습니까?'

내가 어떻게 먹고, 어떻게 마시고, 어떻게 자고, 어떻게 견디는지, 어떻게 삼가며, 어떻게 다른 사람들과 협력하는지, 내가 어떻게 욕구하고, 어떻게 회피하며, 자연적이든지 후천적으로 얻은 것이든지, 여러 사회적 관계를 혼란 없이 방해받지 않고 유지하고 있는지를 보도록 하라. 가능하다면, 이런 일로 나를 판단해 주길 바란다. 그러나 네가 귀머거리와 소경이어서 헤파이스토스[10]가 펠트 모자를 쓰고 있는 것을 보지 않고는, 헤파이토스가 뛰어난 대장장이라는 것을 알 수 없다면, 그런 어리석은 판단을 하는 사람에게 인정받지 못한다고 해서 무슨 나쁜 일이 있겠는가?

소크라테스는 이런 식으로 많은 사람들 사이에서 알려지지 않았다.

---

10 헤파이스토스는 불과 대장장이, 다른 기술을 관장하는 신이다. 펠트 모자는 일반적으로 대장장이가 착용했다.

그래서 사람들은 그에게 찾아와서 자신들에게 철학자들을 소개해 달라고 요구하곤 했다.[11] 그랬더니 그는 우리처럼 화를 내며 '여러분에겐 내가 철학자로 보이지 않나요?'라고 말했을까? 그런데 그는 그들을 데려가 철학자들에게 소개했지만, 자신이 철학자라는 단 한 가지만으로 만족했으며, 그렇게 생각되지 않는 것을, 오히려 기꺼워하면서도 고통스러워하지는 않았다. 왜냐하면 그는 자신의 진정한 일을 기억하고 있었기 때문이다. 아름답고(고귀하고) 좋은 사람[12]의 일이란 무엇인가? 많은 제자를 둔 것일까? 결코 그렇지 않다. 그런 것에 열성적인 사람들이 그것에 대해 돌봐 줄 것이다.[13] 오히려 난해한 철학 이론을 엄밀히 논할 것인가? 그것들에 대해서도 다른 사람들이 주의를 기울일 것이다. 그렇다면 소크라테스 자신의 일은 어떤 영역에 있고, 그렇게 되기를 원했을까? 그것은 해와 이익이 있는 곳이다. 그는 말한다. '만일 남이 나를 해칠 수 있다고 해도, 나에게 별 의미 있는 일을 하는 것은 아니다. 다른 사람이 나에게 이익을 주기만을 기다린다면, 나는 아무 의미가 없는 사람이다. 내가 어떤 사람이기를 바라고, 실현되지 못하면, 나는 불행하다.' 어떤 상대이든 이런 경기장(링)으로 불러들였고, 그곳에서는 누구에게도 뒤지지 않았다고 나는 생각한다. 너희들은 어떻게 생각하는가? 그때 '이만한 인물이다'라고 말하면서 선언하기라도 했는가? 그런 일은 없었네. 그러나 실제로는 그만한 인물이었네. 이와 반대로, '나는 사물에 흔들리지 않고, 평정하다. 모두 잊어서는 안 된다, 인간들아. 너희들은

23
24
25
26
27

11 제3권 제23장 22절 참조.
12 스토아적 '현자'를 말한다.
13 제4권 제6장 23절 참조.

가치도 없는 일들에 혼란스러워하며 난리 법석을 떨고 있는데, 나 혼자만이 모든 소란으로부터 해방되고 있다'라고 말하는 것은, 어리석고 허풍을 떠는 자가 할 일이다. 그러면 고통이 없을 뿐만 아니라 '통풍에 걸린 사람, 두통, 열병에 걸린 사람, 다리가 아픈 사람, 눈이 안 보이는 사람, 모두 모여라. 보라, 나는 모든 병에서 벗어나 건강하다'라고 선포하기 전까지 너는 만족스럽지 않은 것인가? 만일 네가 의술의 신 아스클레피오스[14]처럼, 어떤 치료를 받으면 곧장 병이 치유되는지를 보여 줄 수 없다면, 그리고 너 자신의 건강을 그 예로 들 수 없다면, 그 말은 천박한 사람들이 내뱉는 헛된 것이 될 것이다.

이런 사람, 즉 제우스로부터 왕홀과 왕관[15] 받을 만한 퀴니코스 교도인 그는 이렇게 말한다. '인간들이여, 너희들이 행복과 평정한 마음이 있는 곳에서 그것들을 구하지 아니하고, 그것이 없는 곳에서 찾고 있는지를 살펴보라. 나에게는 재산도 집도 처자도 없으며, 그뿐 아니라, 침구도 속옷도 가재도구도 없지만, 신이 너희에게 보여 주는 본보기로 세상에 보내진 것임을 알라. 더구나 얼마나 내가 건강한지를 보라. 나를 시험해 보고, 마음이 평정하다는 것을 알면, 나를 치료해 준 약과 치료법에 귀를 기울여 보지 않겠는가?' 자, 이것은 인간애가 가득한 고귀한 말이다! 그러나 그것이 누구의 일인지를 보라. 제우스의 일이거나, 아니면 제우스가 이 봉사를 수행하기에 합당하다고 판단한 사람의 일이다. 즉 덕을 위해 증언하고, 외적인 것들에 대해서는 불리한 증언을 하

---

**14** 의술의 신이자, 치유의 신. 숭배자들은 신이 보낸 꿈이나 그의 개입으로 치유될 목적으로 그의 사원에서 하룻밤을 잤다고 한다(올림포스의 아스클레피오스 신전).

**15** 퀴니코스 사람들과 왕권에 대해서는 제3권 제22장 49절 참조.

는 그런 자신의 증언을 무효화하는 것은 무엇 하나, 어떤 경우에도 대중에게 보여 주지 않는 사람의 일이다.

　　그의 아름다운 얼굴이 파랗게 질리는 것도,
　　그의 뺨에서 눈물 닦는 것을 내 눈으로 한 번도 본 적이 없었소.[16]

　　그뿐 아니다. 사람이든, 장소든, 소일거리이든, 아이들이 수확제나　33
명절을 대하는 것처럼, 무언가를 원하거나 요구하는 일도 없이, 오히려
모든 것을 부끄러움을 아는 마음으로 꾸미는 것이다. 마치 다른 사람들
이 벽이나 문이나 문지기로 자신을 지키는 것과 같이.

　　그러나 실제로는 철학 쪽으로 약간이나마 마음이 움직였을 뿐이지,　34
속이 불편한 사람이 곧 나중에 속이 상하는 음식에 끌리는 것과 마찬가
지로 곧 다시 왕홀이나 왕국에 마음을 끌리게 된다. 그리고 머리카락을
기르고, 낡은 겉옷을 입고, 어깨를 드러내며 만나는 사람마다 싸우고,
누군가 두꺼운 외투를 입고 있는 것을 보면, 그 사람과 싸우게 된다. 인　35
간아, 우선 겨울 추위 훈련을 받아야 한다.[17] 그리고 너의 충동을 살펴보
고, 위가 약한 사람의 충동이 아닌가, 임신 중에 기묘한 것을 원하는 여
자의 충동이 아닌지를 살펴보라. 우선은 네가 누군지 모르는 연습을 하
는 것이다. 당분간은 너 자신을 상대로 철학하라. 열매를 맺는 방식도　36
이런 식이다. 열매를 맺으려면, 그 씨앗은 얼마 동안 묻혀 있다가, 숨겨

---

16 호메로스, 『오뒷세이아』 제11권 529~530행 아래. 오뒷세우스가 아킬레우스의 아들 네
　오프톨레모스에게 한 말의 일부.
17 이에 대해서는 제3권 제15장 및 제3권 제25장 1~5절 참조.

져 있다가 조금씩 성장해야 하는 것이다. 그러나 줄기 마디가 나오기 전에 이삭이 나오면, 그것은 미숙한 것으로, 아도니스 정원[18]에서 채취한 것이라는 얘기가 된다. 너도 그러한 식물이다. 마땅한 시기보다 더 빨리 꽃을 피운다면 겨울 추위가 너를 시들게 할 것이다. 보라, 적절한 계절이 되기 전에 더 먼저 따뜻해질 때, 농부들은 종자에 대해 뭐라고 할까? 그들은 씨앗이 너무 싹트지는 않을까 또 단 한 번의 서리로 당할까 봐[19] 불안해하는 것이다. 인간아, 너도 자주 볼 일이다. 싹이 너무 일찍 트고, 때가 오기도 전에 평판이 너무 튀지 않았나? 자신이 '누군가'라고 생각하지만, 어리석은 자 중의 어리석은 자이다. 너는 얼어 있다. 아니, 오히려 아랫뿌리는 이미 얼어 있지만, 네 위쪽은 아직 조금 꽃을 피우고 있기 때문에, 아직 살아 있고, 한창 때일 것이라고 믿고 있는 것이다.[20] 적어도 우리를 자연 본성에 따라서 성숙하도록 그대로 놔두라. 왜 너는 우리를 발가벗기고, 강제하는 것인가? 우리는 아직 공기를 견딜 수 없다. 뿌리가 자라는 대로 놔두고, 그다음에는 첫 번째 마디가 나오고, 그다음

---

18 아도니스는 헬라스 신화에서 절세의 미청년으로 많은 신들의 사랑을 받지만, 사냥 중 멧돼지에 찔려 죽는다. 헬라스 각지에서 그의 부활을 기원하는 아도니아(Adonia) 축제가 거행되었는데, 이때 여성들은 항아리에 식물을 심고 물을 부어 싹을 빨리 틔우며, 이를 '아도니스 정원'이라고 부르는 풍습이 있었다. 오늘날의 가정의 온실과 같은 역할을 했다.

19 직역하면 '약점을 드러내다.'

20 여러 학자들이 지적하고 있듯이 이곳의 은유는 틀렸고, 식물학적인 오류를 범하고 있다. 서리에 식물이 상하는 것은 보호되고 있는 뿌리가 아니라, 겉으로 드러난 식물의 말단이기 때문이다. 도시 거주자인 에픽테토스는 서리가 정원 식물에 미치는 영향에 대해 거의 알지 못했을 것으로 추정하기도 한다. 실제로 에픽테토스는 식물에 대한 용어와 예를 거의 사용하고 있지 않다(W. A. Oldfather, pp. 388~389 참조).

에는 두 번째, 세 번째 마디가 나오도록 하는 것이 좋다. 이렇게 하면 마침내 비록 내가 원하지 않는다고 하더라도, 열매는 싫어도 그 자연 본성을 발휘하게 될 것이다.

이런 큰 판단(생각)을 마음에 품고 또 꽉 채워진 사람 누가, 자신의 마음가짐(자원)을 깨닫지 못하고, 그것들에 따른 행동을 원하지 않겠는가? 아니, 야수가 나타났을 때, 황소는 자기 자신의 자연 본성과 마음가짐을 모르는 것도 아니고, 또한 자신을 고무시켜 줄 자를 기다리지도 않는다.[21] 야수를 봤을 때, 개도 마찬가지이다. 내가 만일 좋은(뛰어난) 사람의 마음가짐을 갖고 있다면, 네가 본연의 일을 할 수 있도록 나를 위해 준비시켜 주기를 기다리겠는가? 그러나 실제로는 알다시피, 나는 그런 마음가짐이 가지고 있지 않다. 그런데도 왜 너는 너 자신을 시들게 한 것처럼, 시기가 오기 전에 나를 시들게 하려는 것이냐?

**41**

**42**

**43**

---

**21** 이 비유에 대해서는 제3권 제22장 6절 참조.

제9장

# 변심해서 부끄러움이 없게 된 사람들에 대해서

1 　다른 사람이 관직에 있는 것을 보면, 네가 관직을 필요로 하지 않는다
2 는 것을 대신 보여 주는 것이 좋을 것이다. 다른 사람이 부유한 것을 보
면, 그 대신에 너는 무엇을 갖고 있는지를 살펴보라. 즉 그 대신 아무것
도 가지지 않으면, 너는 불행하다는 생각이 들겠지만, 부 따위는 필요로
하지 않는다는 생각이 들면, 너는 더 많은 것을, 훨씬 더 많은 가치 있는
3 것을 가지고 있음을 알라. 다른 사람에게는 아름다운 아내가 있지만, 너
에게는 아름다운 아내 따위는 원하지 않는다는 생각이 있다. 이것이 자
네에겐 사소한 일로 생각되는가? 그리고 이러한 부가 있고, 관직이 있
고, 아름다운 아내와 살고 있는 사람들 자신이 부나 관직이나 그들이 사
랑하고 획득한 아내를 경시할 수 있도록, 얼마나 많은 대가를 치를 것인
4 가? 자네는 열병 환자의 갈증이 어떤 것인지 모르는가? 그것은 건강한
사람의 갈증과 같지 않다. 건강한 사람은 물을 마시면 갈증이 해소되지
만, 열병 환자는 한동안 기분이 좋아지지만, 곧 구역질을 하고, 물이 담
즙이 되고, 토하면 배앓이가 생기며, 이전보다 심하게 갈증이 나는 것이
5 다. 욕구를 품으면서 부가 있는 것도, 욕망을 품으면서 관직을 갖는 것
도, 욕망을 품으면서 아름다운 아내와 잠자리를 함께하는 것도 마찬가

지이다. 그뿐 아니라 질투나, 빼앗길까 하는 두려움, 부끄러운 생각이나 추악한 행실을 동반하게 된다.

'그래서 저는 무엇을 잃는 겁니까?'라고 누군가가 말한다.　　　　　　　6

인간아, 너는 예전에는 부끄러움을 아는 마음이 있었지만, 지금은 더 이상 없다. 너는 아무것도 잃지 않았나? 이제 크뤼시포스나 제논 대신, 아리스테이데스나 에우에노스를 읽고 있다.¹ 너는 아무것도 잃지 않았나? 너는 소크라테스나 디오게네스 대신 가장 많은 여자를 유혹하고 설득할 수 있는 남자를 찬양했다. 자네는 잘생기지도 않았는데도 꽃미남　7 이고 싶다고 치장하고, 여자들의 마음을 끌기 위해 화려한 옷을 입고 싶어 한다. 그리고 어디선가 향수라도 찾으면 축복받았다고 생각한다. 그　8 러나 얼마 전에는 이런 것들에 대해서 전혀 생각을 하지 않고, 단지 적절한 말, 언급할 만한 인물, 고귀한 사상은 어디에 있는지를 생각하고 있었다. 그래서 너는 남자로 잠들고, 남자로 걸어가고, 남자의 옷을 입고, 좋은 남자에 어울리는 말을 하고 있었다. 그런데 지금 자네는 '아무것도 잃지 않았다'라고 나에게 말하는 것인가? 이런 식으로 사람이 동　9 전을 잃는 것이 아니면, 아무것도 잃지 않는 것일까? 부끄러움을 아는 마음을 잃는 것이 아닌가? 마땅히 지녀야 할 태도를 잃을 수는 없는가?

---

1　제논과 크뤼시포스는 스토아학파의 철학자. 밀레토스의 아리스테이데스(B.C. 150~100경)는 '연애 이야기'(에로스에 관한 이야기) 책이 실려 있는 『밀레토스 이야기』 6권(일부는 전해지지 않음)의 저자로 라틴어로도 번역되어 널리 유포되었다고 한다. 에우에노스에 관해서는 알려진 바가 없지만, 아리스테이데스와 같은 '연애 이야기' 유형의 작가로 여겨진다. 후자는 오비디우스 『슬픔의 노래』(*Tristia*)(제2권 413 아래)에서 아리스티데스와 함께 언급되고 있는 에우비우스(Eubion)를 말하는 것인지도 모른다(W. A. Oldfather, pp. 392~393 참조).

10  그렇지 않으면, 그것들을 잃은 자는 손해를 본 것이 되지 않겠는가? 아마, 자네에게는 이것들 모두가 더 이상 손해라고는 생각되지 않는 것이다. 하지만 과거에는 그것만을 손실, 손해로 생각하고, 누군가가 자네로부터 이런 말이나 행동을 빼앗을까 봐 걱정하던 시절이 있었다.

11  보라, 그것들을 빼앗은 것은 다른 사람이 아니라, 너 자신이다. 자기 자신과 싸워서 자기 자신에게 마땅히 지녀야 할 태도, 부끄러움을 아는

12  마음(염치), 자유를 되찾는 것이다. 누군가가 나에 대해서 이 일을 너에게 말하기를, 나에게 억지로 간음하게 하고, 그런 사람이 입는 옷을 입히고, 몸에 향료를 바르도록 한 사람이 있다면, 너는 나가서 그런 식으

13  로 나를 업신여긴 하수인을 살해하지 않을 것인가? 그런데 지금 너는 너 자신을 도와주려고 하지 않는가? 게다가 그 도움은 얼마나 쉬운 일인가! 사람을 죽이거나, 사슬로 묶거나, 학대하고나, 광장에 나갈 필요가 없으며,[2] 오히려 스스로 자신에게, 즉 가장 잘 복종하고, 누구도 너

14  자신보다 더 잘 설득할 수 없는 상대에게 말을 걸기만 하는 된다. 그리고 먼저 네가 하고 있는 일들을 비난하는 것이다. 그런 다음, 비난하더라도 너 자신에게 절망해서는 안 된다. 또한 일단 기개가 꺾인 다음에 완전히 자포자기에 빠져, 말하자면 홍수에 휩쓸려 버리는 하찮은 인간과 같은 일을 당하지 않도록 하라.

15  오히려 체육 교사들이 하는 일을 배워라. 훈련받는 소년이 쓰러졌다.

16  체육 교사가 말한다. '일어나, 더 강해질 때까지 다시 싸워라.' 너도 그런 마음이 들었으면 좋겠다. 인간의 마음(혼)만큼 이끌어 가기 쉬운 것

---

**2**  광장에 나가는 것은 재판을 하기 위해서이다.

은 없기 때문이다. 먼저 의욕을 발휘하면 실현되는 것인데, 즉 모든 것이 교정되는 것이다. 반대로, 졸기만 하면 모든 것을 다 잃어버린다. 망하는 것도 구원받는 것도 네 마음속에 있기 때문이다.

'그러면 저에겐 어떤 좋은 일이 있는 겁니까?'  17

너는 이보다 더 큰 무엇을 원하는가? 한때 부끄러움을 모르는 것이 부끄러움을 알게 될 것이다. 절도가 없는 것이 절도가 있는 것으로, 불성실한 것이 성실한 것으로, 방종한 것이 자제력 있는 것으로 될 것이다. 만일 이것보다 더 큰 것을 찾고 있다면, 네가 하고 있는 일을 계속하  18
는 것이 좋을 것이다. 이제 어떤 신도 너를 구원할 수 없을 것이다.

## 제10장
# 무엇을 경멸할 것인가, 무엇에서 탁월한 것인가?

1   어떤 인간들에게나 어려운 일, 곤혹스러운 일은 외적인 것에 관련해
    서 생겨난다. '내가 무엇을 할까? 어떻게 될까? 어떤 결과가 나올까? 이
2   런 일을 당하지 않을까, 저런 일을 당하지 않을까?' 이 모든 것은 의지
    의 영역 밖에 있는 것들에 관여하는 사람들의 목소리이다. '누가 어떻
    게 하면 허위를 승인하지 않아도 되는가, 어떻게 하면 진리를 벗어나지
3   않아도 되는가'라고 말하는가? 만일 이것들에 대해 고민할 정도로 재
    능을 타고난 사람이 있다면, 나는 그 사람에게 이렇게 떠올리게 할 것이
    다. '무슨 고민을 하고 있는가? 그건 너에게 달려 있는 것이잖아. 안심
    해. 자연 본성적인 기준에 부합하기 전에 승인하는 것으로 앞서가서는
    안 된다.'

4       게다가 그 사람이 욕구에 대해 목적을 달성하지 못하고, 또 얻지 못
    하는 것이 아닌지, 회피에 대해 회피하고자 하는 것을 회피할 수 없을지
5   고민하고 있다면, 먼저 그에게 [축하하기 위한] 입을 맞추도록 하자. 다
    른 사람들이 열을 올리고 있는 것들과 자신들의 두려움을 떨쳐 버리고,
    본래의 자신이 존재하는 영역에서 자기 자신의 일에 전념했기 때문이
6   다. 그런 다음 그 사람에게 이렇게 말하자. '만일 욕구해서 항시 얻기를

바라고, 회피해서 결코 회피하고 싶은 것에 떨어지지 않으려면, 다른 사람에게 속할 만한 것은 욕구하지 말고, 너에게 달려 있지 않은 것들[1]은 어떤 것도 회피하려고 하지 마라. 그렇지 않으면, 너는 필연적으로 욕구하는 것을 얻지도 못할 뿐 아니라, 회피하고자 하는 것에 빠질 수밖에 없을 것이다.' 그 일에 어떤 어려움이 있는가? '어떻게 될 것인가'라거나 '어떤 결과가 나오는가', '이런 일을 당하지 않을까', '저런 일을 당하지 않을까'라고 물을 여지가 어디 있는가?

7

그런데 미래의 일은 의지와 상관없는 일이 아닌가?—'그렇습니다.'—그리고 좋음(선)과 나쁨(악)의 본질은 의지의 영역 안에 있는 것이 아닌가?—'그렇습니다.'—그러면 어떤 일이 일어나도, 그것을 자연 본성에 맞게 사용하는 것은, 네가 할 수 있는 일인가? 자네가 그렇게 하는 것을 누가 방해할 수 있는가?—'아무도 할 수 없습니다.'—그러면 더 이상 나에게 '어떻게 일이 될 것인가'라고 말하지 말라. 왜냐하면 어떤 일이 일어나더라도, 너는 그것을 훌륭하게(kaloōs) 사용할 것이고, 그 결과는 너에게 좋은 운(행복)이기 때문이다. 혹은 헤라클레스[2]가 '어떻게 하면 내게 큰 사자나 큰 멧돼지, 혹은 야수 같은 인간이 나타나지 않게 할 수 있을까?'라고 말했다면, 헤라클레스는 무엇이었던 것일까? 도대체 자네는 뭐가 궁금한가? 만일 큰 멧돼지가 출현한다면, 너는 대격투를 벌일 것이다. 악인이 출현하면, 이 세상을 악인들로부터 해방시킬 것이다.

8

9

10

---

1 즉 '너의 힘이 미치지 않는 것들'.
2 헤라클레스의 위업(偉業)에 대한 언급(제1권 제6장 32절, 제2권 제16장 45절, 제3권 제26장 32절) 참조

11 　'그러다가 제가 죽으면 어떡해요?'

　너는 고상한 행위를 해내고 좋은 사람으로 죽을 것이다. 어차피 인간은 죽어야 하기 때문에, 경작하고 있을 때, 굴을 파고 있을 때, 장사로 배를 타고 여행할 때, 집정관 일을 할 때, 소화불량일 때나 설사를 할 때와

12 같이 무슨 일을, 다른 그런 일을 당하지 않을 수 없는 것이다. 그렇다면 어떤 일을 하다가 죽음을 만나고 싶은가? 나라면, 인간답게 남에게 은혜를 베풀고, 모두를 위하는 고상한 행위를 하고 있을 때 만나고 싶네.

13 만일 그렇게 큰일을 하고 있을 때 만날 수 없다면 적어도 그 일을 행하는 데 방해받지 않고, 성취하도록 허용받고, 즉 자신을 교정하고, 인상을 사용하는 능력을 수행하고, 부동심을 얻기 위해 애쓰면서, 사람과의 관계에 걸맞은 일(사회적 의무)을 다하고 있을 때였으면 하네. 또한 내가 매우 운이 좋다면 세 번째 탐구 영역, 즉 자신의 판단의 안정성과 관련된 영역에 종사하고 있을 때 죽음을 만나고 싶은 것이네.[3]

14 　이런 일을 하다가 죽음이 나를 덮친다면, 신을 향해 손을 들어 이렇게 말할 수 있다면 만족스러운 것이네.


　'당신의 지배를 이해하고 따르기 위해 제가 당신에게서 받은 능력을 저는 결코 소홀히 한 적이 없습니다. 저는 당신을 욕되게 하지 않았습니

15 다. 제가 어떤 식으로 감각을 사용하고, 어떤 식으로 선개념을 사용해 왔는지 보세요. 네가 당신을 비난한 적이 있습니까? 일어난 일에 대해


3 　세 번째 탐구 영역에 관해서는 제1권 제4장 11절 참조("승인과 판단의 유보에 있는 것이어서, 네가 기만당하지 않도록 하기 위함이네."). 철학의 세 영역의 구분에 대해서는 제3권 제2장 1~6절 참조.

뭔가 불만을 있었던 적이 있었습니까? 사람과의 관계를 짓밟은 적이 있습니까? 당신이 나를 낳아 준 것에 대해 나는 감사하고 있습니다.[4] 당신이 주신 것에 대해서도 감사하고 있습니다. 이렇게 오랫동안 당신 것을 사용하니, 저는 만족합니다. 그것들을 다시 원래대로 되돌려 당신이 원하는 장소에 놓아주세요. 모든 것은 원래 당신의 것이고, 당신이 내게 그것들을 주셨으니까요.'[5]

16

이런 마음으로 이 세상을 떠나는 것으로 만족스럽지 않은가? 그리고 이런 삶보다 나은 우아한(멋진) 삶이 또 있을까? 어떤 끝(종말)[6]이 더 행복할 수 있는가?

17

그러나 이러한 일을 이루기 위해서는 적지 않은 고난을 감수해야 하고, 적지 않은 희생도 치러야 한다. 이 길을 따르는 것과 동시에 집정관의 직을 바랄 수는 없는 것이다. 이 길을 따르는 동시에 땅을 얻는 데 열심일 수는 없다. 네 노예와 너 자신을 함께 배려할 수는 없다. 만일 네가 너의 것이 아닌 것을 원한다면, 너 자신의 것을 잃는 것이다. 그것이 사물의 본성이라는 것이다. 아무 일도 공짜로 이루어지는 것은 없다. 더구나 무슨 놀라움이 있을까? 만일 네가 집정관이 되고 싶다면, 밤을 새워야 하고, 이리저리 뛰어다니고, 손에 키스를 해야 하고, 남의 문간에서 썩어 빠지고, 자유인에게 어울리지 않는 행동을 많이 해야 하고, 많은

18

19

20

---

4  parebēn(Schweighäuser)과 charin echō(Reiske 보충)로 읽는다(W. A. Oldfather 참조).

5  세네카도 '운명의 여신'에 대해 거의 같은 내용을 기도한다(『마음의 평정에 대하여』 11,3~4).

6  원어로는 katastrophē이다.

사람에게 선물을 보내야 하고, 매일 어떤 사람들의 손님으로 대접받는

21 다.[7] 이 결과로 무엇이 생겨날 것인가? 열두 줄로 묶은 파스케스[8]의 이 끎, 재판석에 서너 번 앉고, 경주장의 경기, 그물 바구니에 음식을 도시 락으로 나누어 주는 정도다.[9] 그 외에 무엇이 더 있으면 누가 내게 보여 주었으면 한다.

22 어떤 일에도 흔들리지 않는 평정한 마음을 위해, 잠을 잘 때 잠을 푹 자기 위해, 눈을 뜰 때 [완전히] 깨어나기 위해, 어떤 일에도 불안을 느

23 끼지 않기 위해, 너는 아무런 희생도 하지 않을 셈이냐? 그러나 만일 네 가 이런 일에 종사하고 있을 때, 뭔가를 잃어버리거나 섣불리 낭비되거 나, 네가 마땅히 얻어야 할 것을 다른 사람이 얻게 된다면, 일어난 일에

24 대해 너는 즉시 화를 낼 것인가? 그러면 네가 무엇 대신에 무엇을 얻는 지, 얼마나 많은 것을 얻는지 비교해 봐야 하지 않겠는가? 오히려 자네 는 그만한 가치 있는 것을 공짜로 얻으려는 것인가? 어떻게 하면 그럴

25 수 있을까? '한 가지 심각한 일을 다른 일과 [바꿀 수는 없다.]'[10] 외적인

26 것을 얻는 것과 너의 지도적 중심 부분 모두에 마음을 쓸 수는 없다. 전 자를 원하면 후자를 버려라. 그렇지 않으면 너는 양쪽으로 끌려가서 둘 다를 얻을 수 없을 것이다. 따라서 후자를 원한다면, 전자를 버려야 한

---

7 관직을 위해 고관들에게 아부하는 모습을 그리고 있다.

8 이것은 로마 집정관의 표식이다, 즉 12개의 파스케스 앞세운 행차를 말한다(제4권 제 1장 57절 참조).

9 후원자인 주인이 그의 가신들에게(피보호인) 매일 나눠주던 저녁 식사(라틴어 sportulae).

10 제4권 제6장 30절 참조('한 가지 일은 다른 일과 아무런 공통적인 것을 갖고 있지 않 다').

다. 기름이 튀고, 용기는 없어지지만, 나는 부동의 마음을 얻을 것이다. 내가 없는 동안에 불이 나서 책을 잃어버리겠지만, 나는 인상을 자연 본성에 맞게 사용할 것이다.

'하지만 나에게는 먹을 것이 없어질 것입니다.'

내가 그토록 애처로운 처지에 있다면, 죽는 것이 항구가 된다. 죽음 은 모든 사람의 항구이자, 피난처이다. 그러니까 인생에서 뭐 하나 어려운 것은 없는 것이다. 너는 원할 때마다 나갈 수 있고, 불쾌한 연기에 시달릴 필요는 없다.[11] 그렇다면 너는 왜 불안해하는가? 왜 밤에 잠을 못 자는 걸까? 너는 선과 악이 어디에 있는지 즉시 계산해서, 다음과 같이 말하지 않는가.

'둘 다는 내 힘이 미치는 데 있다. 누구도 나에게서 좋음을 빼앗을 수 없고, 나의 의지와 어긋나게 나쁨에 빠뜨릴 수도 없다. 그럼 누워서 코라도 골면 되잖아? 내 것은 모두 안전하며, 다른 사람의 것은 그것을 얻은 자가 돌볼 것이고, 그것에 대한 권한을 가진 분[신]으로부터 부여받은 것처럼 되는 것이 좋을 것이다. 그것들[12]이 이렇게 있으면 좋겠다거나, 저렇게 있으면 좋겠라고 바라는 나는 누구인가? 그것들의 선택 권한이 나에게 주어져 있는 것은 아닐 것이다. 내가 그것들을 지배하는 자로 만들어진 것이 아니기 때문이다. 오히려 나는 권한 아래 있는 것들만으로 만족한다. 나는 그것들이 가능한 한 잘 되도록 해야 한다. 그 외의 것들은 그것들에 대해 권한을 가진 분의 뜻대로만 하면 되는

27

28

29

30

---

11 자살에 대한 암시. 제1권 제25장 18절, 20절 참조.

12 즉 내 것이 아닌 것.

것이다.'[13]

31    사람들은 그런 것을 눈앞에 떠올리며 '이리저리 뒤척이는'[14] 것일까? 무엇을 원하고, 무엇을 갈망하고 있는가? 파트로클로스를 말하는 것인가, 안틸로코스를 말하는 것인가, 프로테실라오스를 말하는 것인가?[15] 그렇다면 언제 그는 친구 중 누군가를 불사(不死)로 생각했는가? 내일이나 모레면, 자신이나 친구가 죽어야 한다는 것을 언제 눈앞에 떠올리지 못했단 말인가?[16]

32    '아, 하지만 난 친구가 나보다 오래 살아서 내 아들을 키워 줄 줄 알고 있었네'라고 아킬레우스가 말한다.[17]

당신은 어리석었기 때문에, 확실하지 않은 것을 생각하고 있었다. 그렇다면 왜 너는 자신을 비난하지 않고 어린 소녀처럼 앉아서 울고 있던 것인가?

33    '하지만, 그 사람은 내 식사를 챙겨 주곤 했네.'


13  이 부분은 에픽테토스의 사상을 압축적으로 간명하게 보여 준다.

14  호메로스 『일리아스』 제24권 5행. 아킬레우스가 절친인 파트로클로스의 죽음 때문에 슬픔에 잠겨 있을 때 겪는 고통을 언급하는 대목이다. 이것은 그가 침상에서 잠을 못 이루고 전전반측(輾轉反側)하는 모습을 묘사하는 표현이다.

15  안티로코스는 헬라스군 장수 중 한 명으로 아킬레우스의 절친. 파트로클로스의 죽음 소식을 일찌감치 아킬레우스에게 안겨 주었다. S 사본에 나오는 '메넬라오스'는 헬라스군의 총대장인 아가멤논의 동생으로 트로이아 전쟁의 발발 계기가 된 미녀 헬레네의 남편이다. 또한 메넬라오스는 특별히 아킬레우스의 절친한 친구가 아니며, 다른 두 사람처럼 살해당한 것은 아니다. 그래서 트로이아 상륙 때 맨 먼저 죽임을 당한 프로테실라오스(Prōtesilaos)로 대체하는 방안(W. A. Oldfather)도 있다. 이 번역도 이를 따랐다.

16  마르쿠스 아우렐리우스, 『자기 자신에게 이르는 것들』 제4권 47 참조.

17  아킬레우스와 에픽테토스와의 가상 문답이다.

어리석구나, 그건 친구가 살아 있었기 때문이다. 하지만 지금은 그럴 수 없네. 아우토메돈[18]이 식사를 챙겨 줄 것이다. 만일 그마저 죽으면, 또 다른 사람을 찾을 것이다. 네 고기를 끓이던 냄비가 부서지면, 넌 [늘 쓰던] 익숙한 냄비가 없기 때문에 굶어 죽어야 할까? 오히려 심부름꾼을 시켜서 새 냄비를 사지 않을까? '아니'라고 아킬레우스가 말한다. '이보다 더 큰 괴로운 일을 당하지 않을 테니까.'[19] 그렇다면 그것은 너에게 나쁜 일인가? 아니면, 그런 일은 내버려 두고 어머니 여신에게 그 사실을 먼저 알려 주지 않았다고 해서, 그때보다 훨씬 고통받아 왔다고 비난했을까?

너희들은 어떻게 생각하는가? 호메로스가 일부러 이런 이야기를 만들어서 가장 고귀한 사람, 가장 강한 사람, 가장 부유한 사람, 가장 단아한 용모를 가진 사람들이 가지고 있어야 할 판단을 갖지 않으면, 사실상 가장 불쌍하고, 가장 불행해지는 것을 방해하는 것은 아무것도 없음을 우리가 배우게 하지 않았는가?

34

35

36

---

**18** 아킬레우스와 파트로클로스의 동료이자 전차를 모는 전사. 그는 파트로클로스가 죽은 후 아킬레우스의 동료가 되었다.

**19** 호메로스, 『일리아스』 제19권 321행 참조. 여기부터는 아킬레우스의 친구 파트로클로스의 죽음을 언급하고 있다.

# 제11장

# 청결에 대하여[1]

1 인간의 자연 본성 중에 사회적인 것(공동체적인 것)[2]이 있는지 의심하
는 사람들이 있다. 그럼에도 이 사람들조차도 적어도 청결함을 좋아하
는 성격이 있는 것은 틀림없고, 다른 점은 몰라도 이 점에서는 다른 동
2 물들과 구별된다는 것을 의심하지 않는 것으로 나에게 생각된다.[3] 그래

---

**1** 에픽테토스가 온 마음을 다해 깨끗함을 칭찬한 것은, 그가 매우 소박한 생활 방식을 채
택하고 디오게네스의 퀴니코스학파를 이상화했다는 점에 비추어 볼 때 조금은 놀라운
일이다. 그러나 이는 사람들이 사회적 역할을 적절하게 수행해야 한다는 그의 충고(이
것이 덕 있는 행동을 시도하는 것과 양립할 수 있는 한, 제1권 제2장, 제2권 제10장)
와 일치하며, 꾀죄죄한 모습을 취하는 것만으로 사람을 철학자로 만든다고 생각하는
사람들에 대한 그의 비판(제4권 제8장)과도 일치한다. 또한 퀴니코스학파의 스타일을
채택하면서도, 그 윤리적인 내용은 받아들이지 않는 사람들에 대한 그의 부정적인 견
해에 주목하라. 제3권 제12장 2절, 제3권 제22장 80절 참조.

**2** 원어는 koinōnikon으로 '공동체를 만든다'는 의미(제1권 제23장 1절, 제2권 제10장
14절, 제20장 6절 참조).

**3** 간혹 이런 성급한 에픽테토스의 결론은 그의 자연 현상과 생물에 관한 그의 오해에서
비롯되는 것으로 보인다. 고양이, 두더지, 대부분의 새, 뱀 등도 깨끗한 동물로 알려져
있다. 이것은 에픽테토스 철학의 관심이 자연학, 논리학이 아니라 '인간의 행위'에 관련
된 윤리학에 모인다는 사실로도 설명될 수 있다. 또 그의 목적론적 설명 방식도 이에 부
합한다. 세네카는 자연학보다 논리학에 대한 관심이 부족하고, 에픽테토스는 논리학보

서 다른 동물들이 자신을 깨끗하게 하는 것을 보면, 우리는 놀라 '인간 같구나!'라고 말하는 데 익숙하다. 반대로 동물이 지저분한 것을 비난할 때는 바로 변명하듯이, '어차피 인간이 아니니까'라고 말하는 경향이 있다. 이처럼 우리가 청결을 좋아한다는 것은 신들로부터 가장 먼저 ⟨3⟩ 받은 것으로 인간의 고유한 특성으로 생각한다. 왜냐하면 신들은 자연 본성에서 순수하고 섞이지 않으므로, 인간이 이성에 의해 신들에게 다가갈수록 순수함을 찾고 청결을[4] 좋아하게 되기 때문이다. 그러나 인간 ⟨4⟩ 은 현실적으로 가지고 있는 재료[신체]와 혼합되어 있기 때문에, 그 본질이 완전한 의미에서 순수한 것은 불가능하므로, 신들로부터 부여받은 인간의 이성은 가능한 한 그 재료를 청결하게 하려고 애쓰는 것이다.

물론, 첫째의 가장 높은 순수성은 혼에서 생기는 것이며, 불순함도 ⟨5⟩ 마찬가지로 혼에서 생긴다. 혼의 불순함은 신체에서 그것처럼 찾아내는 일은 없고, 오히려 혼의 불순함과 관련해서는 그 활동에서 혼을 더럽히는 것으로 볼 수 있는 것이 아닐까? 혼의 활동에는 충동(동기)을 느 ⟨6⟩ 끼는 것, 반발(충동에 대한 거부)하는 것, 욕구하는 것, 회피하는 것, 준비하는 것, 계획하는 것 및 승인하는 것이 있다.[5] 그렇다면 이러한 활동 ⟨7⟩ 에서 혼을 더럽히고 불순한 것으로 만드는 것은 무엇인가? 그것은 혼의 나쁜 판단밖에 없다. 그러므로 혼의 불순함은 나쁜 판단이고, 그 정화란 ⟨8⟩

---

다 자연학에 대한 관심이 결여되고 있다. 마르쿠스 아우렐리우스도 논리학에 대한 관심이 부족하다. 에픽테토스의 이 방면의 경험의 부족한 예들에 대해서는 제2권 제24장 16절, 제4권 제8권 39절, 제4권 제11장 32 참조.

4 원어로는 tou katharou kai tou kathariou이다. 여기서 '깨끗하다', '순수한', '청결'로 옮겨진 헬라스 말은 모두 한 가지 단어다. '불순한'(7절)에 해당하는 원어는 akatharton이다.

5 에픽테토스의 심리적 작용의 유형에 대한 기술적 용어들이다. 제4권 제6장 18절 참조.

마땅한 판단을 형성하는 것이다. 순수한 혼이란 마땅한 어떤 판단을 가지고 있는 혼이다. 왜냐하면 순수한 혼만이 혼의 활동에서 섞이지 않으며, 또 오염(얼룩)이 없기 때문이다.

9     신체에 대해서도 가능한 한 이와 유사하게 다뤄야 한다. 이렇게 인간의 몸과 함께 구성되어 있으니, 콧물이 흐를 수 없다는 것은 불가능하다. 그런 이유로 자연은 인간의 손을 만들었고, 콧물이 흘러나오는 관으로 콧구멍을 만든 것이다. 그것을 들이마시는 건 인간적인 행위가 아니라고 할 수 있다. 더러운 곳을 지나가면서 발에 진흙이 묻지 않거나 더
10    러워지지 않는 것은 불가능하다. 그래서 자연은 물을 준비하고 손을 만든 것이다. 식사를 하면, 이[齒牙]에 음식 찌꺼기가 남지 않는 것은 불
11    가능하다. 그래서 자연은 '이를 닦으라'고 말한다. 왜 그런가? 그것은
12    네가 야수나 멧돼지가 아니라, 인간이기 때문이다. 땀을 흘리거나, 옷을 문지르면 신체 주위에 깨끗이 해야 할 필요가 있는 오염이 남지 않는다는 것은 불가능하다. 그래서 물, 올리브기름, 손, 수건, 긁개,[6] 초석(硝石)[7], 때로는 몸을 깨끗이 하기 위해 사용하는 다른 모든 도구가 만들어
13    진 것이다. 아니, 그뿐만이 아니다. 대장장이는 철기에서 녹을 제거하고, 이를 위한 도구를 마련할 것이다. 너 자신도 식사를 하려고 할 때는 더럽고 지저분한 상태로 있고 싶지 않으면, 설거지를 할 것이다. 너는 보잘것없는 몸을 씻거나 깨끗하게 하고 싶지 않은가?

6   금속으로 만들어진 스크래퍼(먼지나 때를 제거하는 몸 긁개)로서 운동선수들이 주로
     사용되었다.
7   일종의 비누. 당시의 목욕 도구들이 열거되어 있다. 물과 비누(소다)로 몸을 씻어 내면
     때밀이(라틴어 strigilis)로 몸에 묻은 기름, 때를 긁어내고, 아마포 수건으로 닦고 나서,
     몸이 건조해지지 않도록 올리브기름을 발랐다.

'왜 그런 걸 물어요?'라고 그 사람이 말했다.

다시 한번 너에게 말하지. 첫째, 인간으로서 해야 할 일을 하기 위해 14
서다. 다음으로는 만난 사람을 불쾌하게 하지 않기 위해서다. 너는 여기 15
서도 그런 짓을 하고 있어서, 스스로도 그것을 눈치채지 못하고 있다.
자네는 악취를 풍기고 있는데, 그럴 만하다고 생각하는 건가? 그렇다고
해 두자. 악취를 풍길 만하다. 그러나 네 옆에 앉아 있는 사람도, 네 곁
에 누워 있는 사람도, 너에게 키스를 하는 사람도 그럴 만하지 않을 것
이다. 쳇, 너에게 마땅한 그럴 만한 어딘가로, 사람이 없는 곳으로 가 주 16
게! 너 혼자만 자신의 냄새를 즐기며 사는 것이 좋다. 네가 불결한 것을
너 혼자 즐기는 것이 정당하기 때문이네. 하지만 도시 안에 있으면서,
그렇게 생각 없이 어리석게 구는 것은 어떤 사람이 하는 일이라고 너는
생각하는가? 만일 자연이 자네에게 말(馬)을 돌보게 했다면, 자네는 말 17
을 돌보지 않고 내버려 둘 것인가? 그렇다면 지금 네 몸이 말이라고 생
각하고, 너에게 맡겼다고 생각해 보라. 그 몸을 씻고 닦아서, 아무도 너
를 외면하고 피하는 일이 없도록 해야 한다. 더럽고 악취가 나며, 안색 18
이 나쁜 인간을 누가 똥이 묻은 사람 이상으로 피하고 싶지 않겠는가?
똥 묻은 사람의 냄새는 밖에서 나는 것이지만, 게으름 때문에 생겨난 것
은 안에서 나온 것이고, 일종의 부패한 것의 냄새이다.

'하지만 소크라테스는 좀처럼 목욕을 하지 않았어요.'[8] 19

---

8 플라톤, 『향연』 174a. 이야기의 시작 부분에서 "목욕도 하고 샌들도 신은 채" 소크라테
스가 아가톤('좋은 자') 집에서 열리는 만찬에 가기 위해 목욕을 하고 나오면서, 어딜
가시느냐는 물음을 받자, "멋있는 자의 집에 멋있는 자로 가려고 말이네"라고 답변하는
대목이 나온다. 아리스토파네스, 『새』(1554행) 참조("목욕을 하지 않은 소크라테스가
거기서").

그런데도 그의 몸은 빛나고 있었다. 왜냐하면 매우 매력적이고, 유쾌한 사람이었기 때문에 가장 잘 생기고 기품이 좋은 젊은이들이 그를 사랑했고, 가장 생김새가 좋은 사람들 곁보다 오히려 그의 곁에 앉으려 했던 것이다.[9] 소크라테스는 마음만 먹으면 목욕을 하거나 씻지 않을 수 있었지만, 드물게 하는 목욕은 효과가 있었다.

20 　　하지만 '아리스토파네스는 이렇게 말하더군요. "얼굴이 창백하고 신발을 안 신은 놈들이죠."'[10]

　　아, 소크라테스가 '공중을 걷는다'거나, 레슬링장에서 옷을 훔친다거

21 나 하는 것을 말하는군.[11] 그런데 소크라테스에 대해 쓴 모든 사람들은 이와 정반대로 증언하고, 그와 같은 얘기를 듣고 있어도, 보고 있어도 즐거웠다고 말하고 있네. 심지어 디오게네스에 대해서도 비슷한 내용

22 을 적고 있네. 그것은 신체의 겉모습에 따라 많은 사람을 철학에서 쫓아내서는 안 되는 것이며, 오히려 다른 일들과 마찬가지로 그 신체에서도

23 자신이 쾌활하고 평정한 모습을 보여야만 하기 때문이다. '인간들아, 너희들은 보는 게 좋다. 나는 아무것도 가지고 있지 않고, 아무것도 필

---

9　젊은이들이 소크라테스 옆에 앉으려는 모습은 플라톤 『향연』(175c~e, 223a~b)에 나온다.

10　아리스토파네스, 『구름』 103행 참조. 아리스토파네스 『구름』에서의 인용. 페이디피데스; '그게 누구예요.' 스트레프시아데스; '자세한 이름은 모르지만, 공상에 마음을 쏟는 훌륭한 사람들이다.' 페이디피데스; '쳇, 저런 시시한 패거리요? 허풍을 떨고, 얼굴이 창백하고, 신발(샌들)을 신지 않는 놈들이죠. 나쁜 다이몬에 홀린 소크라테스와 카일레폰 같은 동료죠.'(100~104행).

11　아리스토파네스, 『구름』 103행, 179행('누군가의 옷을 훔치고'), 225행('공중 위를 거닐면, 태양에 관한 명상을 하고'). 에픽테토스의 요지는 괴상한 사람으로 묘사하고 있는 아리스토파네스의 『구름』(B.C. 423)의 증거는 가치 없다는 것이다.

요로 하지 않는다. 나에게는 집도 없고, 나라도 없고, 어쩌면 추방 신세가 될지도 모르고, 난로조차 지니지 못하지만, 그래도 모든 집안이 고귀한 사람, 모든 부자보다, 얼마나 평정하고 여유롭게 사는가. 그뿐이 아니다. 내 보잘것없는 몸이 아무리 혹독한 생활을 해도 훼손되지 않는다는 것을.' 하지만 만일 이런 말을 나에게 하는 사람이 형을 선고받은 사람처럼 생겼다면, 어떤 신이 나를 설득해서 이런 사람으로 만든 철학에 접근할 수 있겠는가? 결코 있을 수 없다! 그것이 나를 현자로 만들 수 있다고 해도, 그럴 마음이 들지 않을 것이다.   24

나로서는 신들에게 맹세코 말하지만, 처음으로 철학하고 싶은 마음이 들어 내게로 오는 젊은이들에게는 머리를 흐트러뜨리고 지저분하기보다는, 차라리 잘 손질하고 왔으면 좋겠다. 왜냐하면 그 사람 속에 아름다움에 대한 상(개념), 기품 있는 것에 대한 소망이 엿보이기 때문이다.[12] 그것이 있다고 생각되는 곳, 거기에서 그것을 찾아 노력을 기울이게 되는 것이다. 그러니까 그 사람에게는 그냥 그것이 어디에 있는지를 보여 주면서 이렇게 말하면 되는 것이다. '젊은이여, 너는 아름다운 것을 찾는 좋은 일을 하고 있네. 그런데, 아름다움이 성장하는 것은 이성이 있는 곳, 충동과 반발, 욕구와 회피가 있는 곳이니, 그곳을 찾으면 되는 것이네. 너는 아름다움을 자신 안에 특별한 것으로 간직하고 있기 때문이네. 그 보잘것없는 몸은 자연 본성적으로 진흙에 불과한 것이네. 왜 그것에 대해 쓸데없는 노력을 하는가? 달리 아무것도 배우지 않아도, 시간이 지나면 몸은 아무것도 아니라는 것을 알게 될 것이네.' 그러나   25   26   27   28

12 아름다움과 예의가 덕의 외적 표식을 구성한다는 생각에 대해서는 키케로, 『의무론』 1.93~6(B.C. 2세기 스토아 철학자 파나이티오스 이론에 기초) 참조.

똥으로 더럽혀진 젊은이가 콧수염이 무릎까지 내려오게 기르고 내게 온다면, 내가 그에게 무슨 말을 하고, 아름다움과 유사한 어떤 것으로부터 그를 이끌 수 있을 것인가? 나는 그의 마음을 바꾸게 하고 '아름다움은 거기에 있는 것이 아니라, 여기에 있다'라고 말하고 싶은데, 그는

29 아름다움과 유사한 어떤 일에 대해 열중하고 있었던가? 너는 내가 그를 향해 '아름다움은 똥으로 더럽혀진 곳에 있지 않고, 이성에 있다'라고 말하기를 바라나? 원래 그가 아름다움에 대해 동경하고 있기 때문인가? 그에게 그것에 대한 어떤 모습을 보이는가? 가서 멧돼지와 이야기

30 하고, 진흙탕 속을 뒹굴지 말라고 말하라! 그래서 바로 크세노크라테스의 말이 폴레몬의 마음을 사로잡을 수 있었던 것은 폴레몬이 아름다움을 사랑하는 젊은이였기 때문이다. 즉 아름다움에 대한 열망을 불태우며 희미한 빛으로 크세노크라테스에게 왔는데, 그때까지 엉뚱한 곳을 찾고 있었던 것이네.[13]

31 사실상 자연은 인간과 공생하는 가축도 더럽히지 않았다. 말은 진흙 속에서 뒹굴지 않을 것이다. 잘 자란 개라도? 아니네, 오히려 멧돼지, 더러운 거위, 벌레, 거미, 인간과의 공동생활에서 가장 멀리 떨어진 것들

32 이 그럴 것이네. 그러면 너는 인간인 주제에 인간과 공생하는 동물이기를 바라지 않고, 오히려 [땅속에서 사는] 벌레나 거미[14]로 있고 싶은가? 언젠가, 어디선가 목욕을 하지 않을 텐가? 만일 뜨거운 물이 싫다면, 찬

---

13 폴레몬의 일화에 대해서는 제3권 제1장 14절 및 해당 각주 참조. 크세노크라테스(B.C. 396~314경)는 아리스토텔레스와 같은 시기의 철학자로 아카데미아의 제3대 수장을 지냈다.

14 거미 자체는 더러운 동물은 아니나, 더러운 곳에서 살며 발견된다는 측면에서 흔히 그렇게 생각된다.

물로 자신의 몸을 씻는 것이 좋을 것이다. 너와 함께 있는 사람들이 너에게 호감을 가질 수 있도록 깨끗하게 할 생각은 없는가? 그런 모습으로 우리와 함께 신전에 가는 건 아니겠지? 그곳에서는 침을 뱉거나, 코를 풀거나, 가래와 콧물로 젖어 있는 것이 허용되지 않는다.

　무슨 말씀이세요? 누가 멋을 내라고 요구하고 있단 말인가요? 그런 33
일은 단연코 없네. 우리의 자연 본성을 이루는 이성이나 생각, 활동은
별개지만, 몸은 깨끗하고, 남을 불쾌하게 하지 않을 정도의 깨끗함을 유
지해야 한다. 그러나 주홍색 옷[15]을 입지 말라는 말을 듣거든 집에 가서 34
옷을 똥으로 더럽히거나 찢으라.

　'그런데 어디서 예쁜 겉옷을 구할 수 있을까요?'

　인간아, 자네에게는 물이 있잖아, 그것을 씻으면 된다. 여기 사랑받 35
을 만한 자격이 있는 젊은이를 보아라. 사랑하고 사랑받을 만한 자격이
있는 노인을 보아라. 사람은 그런 사람에게 아들 교육을 맡길 것이요,
만일 기회가 된다면 딸들도 젊은이들도 찾아올 것이다. 그것이 똥더미
에 앉아 강의를 하기 위해서일까? 결코 그렇지 않네. 모든 일탈(逸脫)은 36
뭔가 인간적인 것에서 비롯되지만, 그것은 오히려 비인간적인 것에 가
깝네.

---

**15**　주홍색은 고관대작이 입는 옷이다. 몸은 깨끗해야 하지만, 그런 값비싼 의상을 입을 바
　에는 차라리 지금 입고 있는 옷을 더럽히거나 찢으면 된다는 비아냥거림이다.

# 제12장

# 주의할 것에 대하여

1 네가 조금이라도 주의를 게을리했을 때, 네가 원할 때 언제든 그것을 되찾을 수 있을 것이라고 생각해서는 안 되네. 오히려 오늘 저지른 잘못으로 인해 필연적으로 네가 관련된 다른 일로 그 사태가 훨씬 악화될 것이 2 라는 각오를 해야 하네. 우선, 부주의라는 모든 것에서 가장 나쁜 습관이 달라붙게 될 것이고, 그다음에는 주의를 미루는 습관도 따라오기 때문이다. 그리고 행복한 삶(순조로운 삶), 적절한 삶의 행위, 자연 본성에 맞는 상태와 생활 등은 항시 나중으로 미루게 되는 습관을 들이게 될 것 3 이다. 그렇다면 일을 미루는 것이 유익하다면, 그만두는 것이 더 유익하다. 그러나 그것이 유익하지 않다면, 왜 끊임없이 주의하지 않는 것인 4 가? '오늘은 놀고 싶어요.' 그럼, 조심해서 노는 것을 방해하는 것은 무엇인가? '오늘은 노래를 부르고 싶어요.' 조심해서 노래 부르는 것을 방해하는 것은 무엇인가? 인생에서 주의가 미치지 않아도 되는 예외적인 부분이 있는가? 주의했기 때문에 사태가 더 나빠지거나, 주의하지 않았기 때문에 더 좋아지는 일이 있는가? 주의하지 않는 사람이 한 일로 오 5 히려 나아진 일이 이 세상에 있는가? 목수가 주의하지 않음으로써 보다 정확하게 물건을 만들고, 키잡이가 주의하지 않음으로써 보다 안전하

게 조종하는 일이 있을까? 인생에서 다른 더 작은 일이라도 주의를 게 을리하는 편이 더 좋아지게 하는 일이 있을까? 네가 일단 마음을 풀어 놓았다면, 마땅한 행위든, 신중하든, 침착한 마음이라도 더 이상 그것을 다시 불러올 수 없다는 것을 너는 깨닫지 못하는가? 오히려 욕망[1]에 따라 생각나는 일은 무엇이든 할 수밖에 없다.

　‘그럼 어떤 점에 대해 주의하면 좋습니까?’

　첫째로 일반적 원칙에 주의해야 한다. 그것을 옆에 가까이 두어야 지,[2] 그것과 떨어져 자거나, 일어나거나, 마시거나, 다른 사람들과 어울 려서는 안 된다. [손안에 가지고 있어야만 하는] 이 원칙은 그 누구도 다 른 사람의 의지를 지배할 수 없다는 것, 또 우리의 좋음과 나쁨은 오로 지 의지 안에만 있다는 것이다. 그러므로 어떤 것도 나에게 좋음을 이 루게 할 수도, 나쁨으로 끌어들일 수도 없으며, 이것들에 대해서는 오 로지 나 자신만이 자신을 지배할 수 있는 힘을 가지고 있다. 그렇다면 이상의 것들이 나에게 보장되어 있다면, 내가 외적인 것들에 마음을 흐 트러뜨릴 필요가 왜 있을 것인가? 어떤 참주가, 어떤 질병이, 어떤 가난 이, 어떤 장애가 두려울까?—‘아니, 난 이 사람 마음에 들지 않았어요’ 라고 해서, 그 사람이 기뻐하는 것은—내 일이 아닐 것이다. 내 판단도 아닐 것이다. 그렇지 않은가?—‘아닙니다.’—그렇다면 내게 무슨 관 련이 있을까?—‘하지만 그 사람은 상당한 인물이라고 생각하고 있어 요.’—그 당사자도, 그를 그렇게 생각하는 사람도 그렇게 볼 것이다. 하 지만 내가 마음에 들어야만 하는 것, 마땅히 순종하게 하고, 복종해야만

6

7

8

9

10

11

---

1　원어로는 prothumia이다.

2　즉 ‘손안에 가지고 있어야’.

12 하는 존재는 신이며, 그다음에는 나 자신[3]인 것이다. 신은 나를 나 자신에게 맡기셨고, 나의 의지(프로하이레시스)를 오직 나에게만 따르도록 하시고, 그것을 올바르게 사용하기 위한 기준을 주셨다. 그 기준을 따르기만 하면 추론에서 뭔가 다른 말을 하는 사람이 있어도 그쪽을 돌아보

13 지 않을 것이고, 전환 논증에서도 누구의 말도 신경 쓸 것이 없다. 그러면 나는 왜 이것들보다 더 중요한 문제에서 나를 비난하는 사람들에 대해 고민해야 할까? 마음이 흐트러지는 원인은 무엇인가? 그건 다름 아

14 닌, 이 영역에서 내가 훈련되어 있지 않기 때문이다. 무릇 지식이란 무지와 무지한 사람을 경멸하는 것이다. 이것은 지식뿐만 아니라 기술에 대해서도 마찬가지로 적용된다. 네가 좋아하는 제화공을 데려와라. 그러면 그는 자신의 구두 만드는 일에 관해서는 많은 사람들을 경멸한다. 네가 좋아하는 목수를 데려와도 마찬가지이다.

15 그러므로 첫째로 이 기준(원칙)들을 손 가까이에 두고, 그 무엇도 그것으로부터 떨어져 있지 않아야 한다. 오히려 우리의 마음을 이 표적을 향해서 외적인 것이나 다른 사람과 관계된 것은 무엇 하나 추구하지 않고, 권한을 가진 분[신]이 정해준 것처럼, 의지에 관계된 것은 어떻게든

16 추구하지만, 다른 것들은 그것들이 주어진 대로 놔두는 것이 좋다. 그다음에는 우리가 누구인지, 우리의 이름이 무엇인지 명심해야 한다. 그리고 우리의 인간적인(사회적인) 관계에서의 능력에 맞는 적절한 행위

17 (의무)를 하도록 노력해야 한다.[4] 즉 어떨 때 노래를 불러야 하는지, 어떤 때 놀아야 하는지와 누가 있을 때를 명심해야 한다. 또한 어떤 일을

---

3  emoi는 Diels의 보충이다.
4  우리가 처한 사회적 관계에 따라 할 일도 정해지게 된다는 것이다.

해야 엉뚱한 결과가 나올까. 우리 동료가 우리를 경멸하거나, 우리가 그들을 경멸하는 일은 없을까. 언제 비웃고, 누구를 비웃을까. 어떤 목적으로 교제하고, 누구와 교제해야 하는가. 게다가 그 교제에서 어떻게 자신을 유지해야 하는가. 그리고 이것(기준, 원칙)들 어느 하나에서 벗어날 때마다, 곧바로 벌을 받게 되는데, 다시 말해 어딘가 밖에서부터 오는 것이 아니라, 활동 자체에서이다.    18

그럼 어떤가? 이제부터 잘못을 저지르지 않는 것이 가능한가? 그것은 불가능하지만, 잘못을 범하지 않기 위해 끊임없이 노력하는 것은 가능하다. 주의를 기울여 게으름을 피우지 않고 조금이라도 잘못을 피할 수 있다면, 우리는 만족해야 하기 때문이다. 하지만 지금 네가 만일 '내일부터 주의하도록 하겠습니다'라고 말한다면, 그것은 '오늘은 파렴치하고, 때를 가리지 않고, 비열하기로 하겠습니다. 다른 사람의 기분에 따라 저는 괴로워할 것입니다. 오늘은 화내고 질투하고 있습니다'라고 말하는 것과 다름이 없다. 자기 자신에게 얼마나 많은 악을 인정하게 되는지를 잘 살펴보는 것이다. 내일 주의하는 것이 좋다면, 오늘 주의하면 얼마나 좋을 것인가? 내일 유익해진다면, 오늘 주의하기로 하고, 내일도 또한 그렇게 할 수 있도록, 그다음 날(모레)로 미루지 않는 것이 훨씬 유익할 것이다.    19    20    21

# 제13장

# 자신에 대해 가볍게 말하는 사람에 대하여[1]

1  누군가가 자기 자신에 대해 우리에게 솔직하게 말하고 있다고 생각할
때, 우리도 마찬가지로 마음먹고 자기 자신의 비밀을 그 사람에게 털
2  어놓고, 이것을 솔직하다고 생각하는 건 왜 그런가?[2] 그 이유는 첫째
(1) 이웃의 이야기를 들으면서 답례로 자신의 이야기를 하지 않는 것
은 불공평하다고 생각하기 때문이다. 다음으로 (2) 자신을 비밀로 하는
것은 그들에게는 솔직한 사람이 아니라는 인상을 줄 수 있다고 생각하
3  기 때문이다. 확실히, 우리는 자주 '나는 너에게 나에 대해 다 얘기했는
데, 너는 너에 대해 조금도 나에게 아무것도 말하고 있지 않잖아? 그런
4  사람이 어디 있느냐?'라고 말하는 습관이 있다. 게다가 (3) 이미 자신에
대해 털어놓은 사람을 안심하고 믿을 수 있다고 생각하는 것이 있다. 왜
냐하면 이 사람은 자신의 것을 우리가 발설하지 않았으면 좋겠다고 조

---

1  에픽테토스는 자신의 일에 대해 함부로 말하는 사람들을 비판하는데, 이는 그러한 사
   람들이 타인을 대하는 방법과 스스로의 삶을 자율적으로 처리하는 방법에 대한 판단력
   이 부족하다는 것을 보여 준다.
2  아래의 (1), (2), (3)에서 그 이유가 주어지고 있다.

심할 정도이니, 우리 자신에 대해 발설하지 않을 것이라는 추정이 우리에게 일어나기 때문이다.[3] 이런 식으로 경솔한 사람들은 로마의 군인들에게 사로잡히게 된다. 사복을 입은 병사가 네 곁에 앉자 황제를 욕하기 시작한다. 그러자 그 병사가 황제를 욕하기 시작했으니, 말하자면 신용의 담보를 받은 기분이 들어, 너 자신도 생각하고 있는 바를 이야기한다. 그다음에는 네가 포박되어 감옥으로 끌려가게 될 것이다.[4] 이와 비슷한 일은 일상생활에서도 경험한다. 이 사람이 안심하고 자신의 것을 나에게 털어놓았지만, 나도 이런 방식으로 우연히 만난 사람에게 내 자신의 일을 말하지는 않기 때문이다. 오히려 내가 그런 성격의 사람이라면 듣고도 잠자코 있지만, 그 사람은 나가서 모든 사람에게 발설하고 다닌다. 그래서 만일 내게 있었던 일을 알고, 나 자신도 그 사람과 같은 종류의 사람이라면, 되받아치려고 그 사람의 것을 발설하고 서로를 비방하게 된다. 그러나 한 사람이 다른 사람에게 상처를 주는 것이 아니라, 사람의 행위가 각자에게 상처를 주거나 이익이 된다는 것을 내가 기억한다면, 그 사람과 비슷한 일을 하려는 마음을 억누를 것이다. 그럼에도 나의 어리석은 수다 때문에 마땅히 받을 일이 있다면 달게 받게 되는 것이다.[5]

5

6

7

8

---

3 요컨대, 우리가 자신의 비밀을 발설하는 것으로 대응할 것이 두려워, 그도 결코 우리의 비밀을 누설하지 않을 것이라고 생각한다는 것이다.

4 "군인들도 물어 이르되 우리는 무엇을 하리이까? 그들에게 이르되, '사람에게서 강탈하지 말며, 거짓으로 고발하지도 말고, 받는 급료로 만족하라.'"(『누가복음』, 제3장 1절 참조)

5 에픽테토스가 자신을 아주 비원칙적인 태도와 행동과 연관시키는 것처럼 보이기 때문에, 꽤나 독자를 당혹스럽게 만든다. 하지만 '그런 성격의 사람이라면'과 '나 자신도 그

9        '네, 하지만 이웃의 비밀을 듣고도 제 쪽에서 그 사람에게 아무런 보
        답도 하지 않는다는 것은 불공평해요.'

10       인간아, 네가 네 비밀을 얘기한 건, 이번에는 너도 내 비밀을 듣겠다
11      는 계약 같은 걸 주고받아서가 아니잖아? 네가 수다쟁이이고, 만나는
        사람은 누구나 친구라고 생각하고 말하는 거라고 해서, 나도 네 흉내를
        내길 바라니? 만일 네가 나에게 너의 비밀을 잘 털어놓을 수 있고, 나는
        내 비밀을 너에게 잘 털어놓을 수 없다면, 내게 그렇게 경솔한 짓을 해
12      달라는 것이냐? 그것은 마치 나에게 물이 새지 않은 큰 통이 있고, 너는
        구멍 난 통을 가지고 있을 때, 네가 찾아와서 나에게 네 포도주를 내 통
        에 맡아 달라고 맡겼는데, 그다음에는 내 술을 너한테 맡기지 않았다며
        불평하는 격이다. 맡기지 않은 것은 네 통에 구멍이 나 있기 때문이다!
13      그렇다면 거기에 어떤 공평함이 있을까? 너는 성실하고, 신중하고, 해
        롭거나, 유익한 것은 오직 너의 활동일 뿐이고, 외적인 것은 아무것도
14      아니라고 생각하는 사람을 신뢰했던 것이다. 자신의 의지를 더럽히고,
        메데이아처럼 자신의 아이를 죽이는 한이 있더라도 얼마 안 되는 금전,
        어떤 관직, 궁정에서의 승진을 바라는 그런 인간에게 내가 맡겨 두기를
15      너는 바라는가? 그 어디에 공평함이 있는가? 아니, 오히려 너 자신이 성
        실하고, 신중하며, 신뢰할 수 있다는 것을 보여 주라. 우애(友愛)가 있는

사람과 같은 종류의 사람이라면'이라는 한정 수식어에 유의할 필요가 있다. 에픽테토
스는 다른 사람과 같은 악의적인 동기를 가지고 있지만(5~6절의 군인 스파이처럼) 적
절한 순간까지 입을 다물 수 있는 사람의 반응을 상상하고 있다. 에픽테토스 자신의 견
해('우리 자신의 해악이나 이익에 대한 책임은 우리에게 있음')가 8절에서 다시 나타난
다. 8절의 마지막 절('나의 어리석은 수다 때문에')은 가정을 의미하는 것 같다. 에픽테
토스가 그의 말대로 고통받는다면, 그것은 그의 책임이지 다른 누구의 책임이 아니다.

판단을 갖고 있음을 보여 주라. 네 그릇에 구멍이 뚫려 있지 않다는 것을 보여 주라. 그러면 너는 어떻게 내가, 너 자신이 발설하지 않는다는 확신을 기다리지 않고, 직접 가서 너에게 나에 대해 물어봐 달라고 부탁하는지 알게 될 것이다. 그렇다면 좋은 그릇을 사용하고 싶다고 누가 생각하지 않을까? 호의 있고, 충실한 충고자를 누가 경멸하겠는가? 짐을 분담하듯이 자신의 어려움을 함께 나눌 준비가 되어 있는 사람을, 그리고 분담하는 바로 그 행위를 통해 그 부담을 덜어 줄 자를 누가 기꺼이 받아들이지 않겠는가? <sub>16</sub>

'그렇지만, 난 당신을 믿는데, 당신은 날 믿지 않아요' <sub>17</sub>

첫째로, 너 또한 나를 믿지 않고, 수다쟁이이니까, 그것 때문에 아무것도 마음에 그냥 그대로 담아 둘 수 없는 것이다. 너의 말이 사실이라면, 나에게만 털어놓는 것이 좋다. 그런데 실제로 너는 한가한 인간을 잡으면, 옆에 앉아서 이렇게 말하는 것이다. '형제여, 너보다 호의를 베풀 친한 사람은 없다. 제발 내 말 좀 들어주면 안 되겠나?' 더구나 너는 약간의 면식도 없는 상대방에게도 그런 말을 하는 것이다. <sub>18</sub>

하지만 네가 나를 믿는다면, 그것은 내가 성실하고 조심스럽다고 생각하기 때문이지, 내가 너에게 자신에 대해 털어놓았기 때문이 아니다. 그런즉 나도 너에 대해 그렇게 생각할 수 있도록 하라. 만일 누군가가 다른 누군가에게 자신의 일에 대해 털어놓는다면, 말하는 사람이 성실하고 조심성 있는 사람이라는 것을 나에게 보여 줘라. 만약 그것으로 내가 성실하고, 조심스러운 사람이 될 수 있다면, 나는 돌아다니며 모든 사람에게 나에 대해 말할 것이다. 하지만 실제로는 그런 것이 아니라, 오히려 그러기 위해서는 상식에 부합하지 않는 판단이 필요하다. 그러므로 의지의 영역 밖에 있는 일에 열중하여 그들에게 자신의 의지를 따 <sub>19</sub> <sub>20</sub> <sub>21</sub>

르도록 하는 사람을 보게 되면, 그 사람에게는 사람을 강제하고 방해하는 무수한 인간이 있음을 알아야 한다. 이런 사람에게는 아는 것을 발설시키는 데 역청이나 수레바퀴[6]도 필요 없다. 오히려 소녀의 작은 끄덕임, 카이사르의 우호적 제스처, 관직에 가고 싶은 마음, 재산 상속, 그리고 그런 종류와 비슷한 다른 수없이 많은 것(동기들)들, 그런 것들이

있으면 마음이 쉽게 요동치는 것이다. 따라서 일반적으로 비밀 이야기란 성실성과 그에 상응하는 판단을 필요로 한다는 것을 기억해야 한다.

그런데 지금 그런 것들은 어디로 가면 쉽게 찾을 수 있을까? 아니면, 누군가 나에게 이런 말을 할 수 있는 사람을 보여 달라. '내가 관심을 갖는 것은 단지 나 자신의 것, 방해받지 않는 것, 자연 본성적으로 자유로운 것들뿐이다. 이것이야말로 내가 가진 좋음의 본질이고, 그 밖의 것들은 신이 나에게 주었던 대로 있어도 좋다. 그런 것은 내게는 아무래도 상관없는 일이다.'

---

6  역청(pissa)이나 수레바퀴는 고문용 도구로 사용된다. 역청은 가열하여 사용되었다(루크레티우스, 『사물 본성에 대하여』 제3권 1017행). 수레바퀴는 팔다리를 잡아 늘이는 고문대로, 이에 대해서는 제2권 제6장 18절 참조.

# 엥케이리디온

# 우리에게 달려 있는 것과 달려 있지 않은 것
## : 외적인 것들을 어떻게 다룰 것인지에 관해

**제1장 | 우리에게 달려 있는 것들과 우리에게 달려 있지 않은 것들에 대하여**

§1 존재하는 것들 가운데 어떤 것은 우리에게 달려 있는 것들[1]이고, 다른 어떤 것은 우리에게 달려 있는 것들이 아니다.

우리에게 달려 있는 것들은 판단, 충동, 욕구, 회피(혐오)[2], 한마디로

---

1 『강의』 제1권 제1장도 '우리의 힘이 미치는 범위 내에 있는 것'(ta eph' hēmin) 혹은 '우리에게 달려 있는 것'에 관한 논의로부터 시작되고 있다. 이 표현은 아리스토텔레스의 『니코마코스 윤리학』(제3권 제1~2장), 『자연학』(제2권 제4~6장)에 그 기원을 두고 있다. 이 말(eph' hēmin; in nostra potestate/in nobis protestate)은 스토아 철학(특히 크뤼시포스)에서 '결정론과 자유'에 관한 논의 맥락에서 중요한 의미를 가진다. 스토아 초기에는 찾아볼 수 없는 에픽테토스만의 독특한 특징을 가지고 있는데, '우리에게 달려 있는 것'은 에픽테토스의 '자유' 개념과 밀접한 연결성을 가진다는 점은 특히 주목되어야만 한다.

2 믿음(판단, hupolēpsis), 충동(hormē), 욕구(orexis), 회피(혐오, ekklisis) 등은 인간의 행위 심리학과 관련된 전문적인 용어들이다. 이것들은 에픽테토스에게는 물론 스토아 철학에서도 중요한 개념이다. 혼의 운동을 일으키는 것이 '충동'이다. 욕구와 회피를 어떻게 통제하는가 하는 문제가 에픽테토스에게는 철학의 '제일 영역'에 속한다. 반면에 충동은 행위를 향하는 첫 번째 단계이다. 욕구는 목적을 선택하고, 충동은 그 목적의 실현을 지향한다. 그 영역은 적합한 행위(kathēkonta)가 된다. 철학의 '영역' 구별에 관해서는 제52장 참조.

말해서 우리 자신이 행하는 그러한 모든 일이다. 반면에 우리에게 달려 있지 않은 것들은 육체, 재산, 평판, 관직³과 같은, 한마디로 말해서 우리 자신이 행하지 않는 우리에게 달려 있지 않은 일이다.⁴

§2 게다가 우리에게 달려 있는 것들은 본성적으로 자유롭고, 방해받지 않으며, 훼방을 받지 않지만, 우리에게 달려 있지 않은 것들은 무력하고, 노예적이고, 방해받으며, 내 것이 아닌 다른 것들에 속한다.

§3 그러므로 다음을 명심하라. 만일 네가 본성적으로 노예적인 것들을 자유로운 것⁵으로 생각하고, 또 다른 것에 속하는 것들을 너 자신의 것⁶으로 생각한다면, 너는 장애에 부딪힐 것이고, 고통을 당할 것이고, 심란(心亂)해지고, 신들과 인간들을 비난하게 될 것이다.

그러나 이와 반대로 네가 사실상 너의 것만을 너 자신의 것으로 생각하고, 또 다른 사람에게 속하는 것을 (실제로 그런 것처럼) 다른 사람에게 속하는 것으로 생각한다면, 그 누구도 어느 때고 너를 강요하지 않을 것이고, 그 누구도 너를 방해하지 않을 것이고, 너는 그 누구도 비난하지 않을 것이고, 그 누구도 힐난하지도 않을 것이고, 자의에 반해서 결코 어떤 한 가지 일이라도 행하지 않을 것이고, 그 누구도 너에게 해를 끼치지 않을 것이고, 어떤 적도 없을 것임을 기억하라.⁷ 너는 해가 되는

---

3 헬라스어 archē의 복수인 archai는 여기서 '정치적 권력'(관직)을 뜻한다.

4 아리스토텔레스는 "우리는 우리에게 달려 있는 것, 즉 우리가 행할 수 있는 것들에 관하여 숙고한다"(『니코마코스 윤리학』 제3권 제3장 1112a30)고 말한다.

5 노예적인 것(doula)과 자유로운 것(eleuthera)은 에픽테토스에게는 늘 대조적으로 사용된다.

6 원어인 idia는 '다른 것[사람]들에 속하는 것들'(allotria)에 반대되는 것들을 말한다.

7 다른 사본은 '해를 […]'을 '어떤 적도 […]' 뒤에 놓고 있다.

어떤 것에도 고통을 당하지 않을 것이기 때문이다.

§4 그렇기에 네가 이토록 중대한 것들을 목표로 한다면, 너는 적절하게 힘씀으로써 그것들에 사로잡히지 않도록 해야 하지만, 어떤 것들은 전적으로 포기해야만 하고, 또 다른 어떤 것들은 당분간 미뤄 두어야만 한다는 것을 명심하는 것이 좋다.

그렇지만 네가 그 모든 것들과 더불어 관직에 오르거나 부유하기를 원한다면, 앞엣것을 구하기 때문에 나중의 것들[8]조차도 얻을 수 없을 것이고, 그것만[9]으로 자유와 행복을 가져오는 앞엣것도 전혀 얻지 못하게 될 것이다.

§5 그러므로 너는 애초부터 모든 거친 인상[10]에 대해서는 즉시 이렇게 말하도록 훈련하는 것이 좋다. "너는 인상이지만, 어쨌든지 간에 그럴듯하게 보이는 대로인 것은 아닐 것이다." 그런 다음 네가 가지고 있는 기준[11]에 비추어 그 인상을 음미하고 검사해야만 한다. 우선 다음의 기준으로 음미해 보자. 그것이 우리에게 달려 있는 것들에 관련되는지, 아니면 우리에게 달려 있지 않은 것들에 관련되는 것인지. 그래서 만일 그것이 우리에게 달려 있지 않은 것들 가운데 어떤 것에 관련을 맺고 있

---

8  관직을 얻는 것과 부유하게 되는 것.

9  즉 자기 자신에게 달려 있는 것들.

10 자신의 고유한 좋음과 자신의 고유한 행복을 얻기 위해서는 '인상'(phantasia)에 마음이 빗가면 안 된다는 말이다. '거친'(울퉁불퉁한; tracheiai)은 외적인 인상들이 비이성적이고, 광적이고, 항상성이 결여되어 있고, 일관적이지 못하다는 것을 설명하는 말이다(심플리키우스 주석 참조).

11 가령 이성과 같은 기준.

다면, 즉시 '나와는 아무런 관련이 없다'[12]는 점을 마음에 새겨 두도록
하자.[13]

### 제2장 | 욕구, 혐오, 충동에 대하여

§1 다음을 명심해 두는 것이 좋다. 욕구가 약속하는 것은 욕구하는 것
을 얻는 것이지만, 회피가 약속하는 것은 네가 회피하고자 하는 것에 빠
지지 않도록 하는 것이다. 또 욕구하는 것을 얻지 못하는 사람은 불운하
지만, 회피하고자 하는 것에 빠지는 사람도 불행하다.[14]

그러므로 만일 너에게 달려 있는 것들 중에서 자연에 어긋나는
것들[15]만을 회피한다면, 네가 회피한 것들에 결코 빠지지 않을 것이다.

---

12 사본에 따라 ouden pros emē(Loeb판 참조)로도 읽는다. 그렇게 읽으면 '나와는 아무런
관계가 없다'가 된다. 전체 문장을 문자적으로 그대로 옮기자면 "'나와는 아무런 관계
가 없다'는 그 사실을 네 가까이에 놔두도록 하자"가 된다.

13 에픽테토스의 '우리에게 달려 있는 것들과 우리에게 달려 있지 않은 것들'에 대한 철학
적 입장과 데카르트의 세 번째 도덕 격률을 비교해 보라. "내 세 번째 격률은 언제나 운
명보다 나 자신을 이기며, 세계의 질서를 변화시키기보다는 오히려 내 욕망을 바꾸려
고 노력하는 것이었다. 또 일반적으로 우리가 완전히 지배할 수 있는 것이라고는 우리
의 생각밖에 없으며, 따라서 우리의 외부에 있는 것들에 관해서 우리가 우리의 최선을
다한 후에도 성공을 거두지 못한 모든 일은 우리에게 있어 절대로 불가능하다고 믿는
습관을 붙이는 것이었다. 그리고 내가 실제로 얻을 수 없는 것을 미래에 있어서 조금도
바라지 않게 하고, 그리하여 나로 하여금 만족할 수 있게 하는 데는 이 격률만으로 충분
하다고 생각되었다. […]"(데카르트, 『방법서설』, 제3부, 최명관 역, 서광사, 1983)

14 불운(atuchēs)과 불행(dustuchēs)의 차이를 주목해야 한다.

15 스토아 철학에 따르면, 인간적 혹은 부분적인 관점에서 보면 '질병, 죽음, 가난'은 자연
스럽지 못한 것이다. 그러나 전체적 관점에서 보면 '우주적 자연'과 일치한다, 왜냐하면
우리의 자연 본성은 전체(우주적) 자연의 부분이기 때문이다. 따라서 질병, 죽음, 가난
과 우리에게 달려 있지 않은 것들은 '자연에 어긋나는 것들'(ta para phusin)이 아니다.
자연과 일치하지 않고 어긋나게 사는 것이 인간을 불행하게 만든다.

그러나 질병이나 죽음이나 가난을 회피하려 한다면, 너는 불행해질 것 5이다. 5

§2 그러므로 우리에게 달려 있지 않은 모든 것들로부터 회피하는 마음을 제거하고, 오히려 그것을 우리에게 달려 있는 것들 가운데 자연에 어긋나는 것들 쪽으로 돌리도록 하라.

그런데 당분간[16] 욕구를 완전하게 억제하도록 하라. 왜냐하면 만일 네가 우리에게 달려 있지 않은 것들 가운데 어떤 것을 원한다면, 너는 반드시 불행해질 것이고, 우리에게 달려 있는 것들에 대해서는, 비록 그 것들을 욕구하는 것이 좋을지라도, 아직 네 손에 잡히지 않을 것이기 때 문이다. 그래서 사물을 향하는 충동과 충동에 대한 거부(반발)을, 단지 10가뿐하게, 또 유보적으로, 거리낌 없는 방식으로만 사용하도록 하라.[17]

### 제3장 ㅣ 사물의 본질에 대하여 생각하라

너의 혼을 끌어당기는 것들이나, 유용한 것들이나, 소중한 것들[18] 각각

---

16  이 표현(epi tou parontos)은 다른 훈계들과 마찬가지로 학생이나 철학 초심자들에게 건 네지는 전형적 어법이다.

17  이 말은 사안에 따라 욕구를 일으키는 충동과 그에 대한 거부를 적절히 사용하라는 것 이다. 이에 대해서는 『에픽테토스 강의 1·2』(그린비, 2023)에 있는 '해제' 참조. 욕구는 충동이 없이는 일어날 수 없다. 충동이 없다면 생명이 없는 것이다. 욕구와 혐오는 우리 에게 달려 있는 것에만 해당해야 한다. 그렇지 않으면 우리는 불행에 빠질 수밖에 없다.

18  에픽테토스는 우리에게 달려 있지 않은 것들 가운데도 사용할 필요가 있는 것들을 세 가지로 구분하고 있다. 그는 여기서 이것들에 대처하는 방법을 가르치고 있다. 즉 어떤 유익함도 주지 않는 '즐거움'을 주는 것, 유익한 것이거나 유용한 것, 유용성은 주지 않 지만 친숙성으로 해서 호감을 주는 것. 하지만 이 세 가지 것이 우리에게 필요한 것이지 만, 혼에 불쾌감을 심어 줄 수 있다(심플리키우스 해당 주석 참조; 플라톤, 『파이돈』82d 참조).

에 대하여, 사소한 것들로부터 시작해서 그것이 어떤 종류의 것인지를 숙고해야 한다는[19] 것을 기억하라. 만일 네가 항아리[20]를 좋아한다면, '나는 항아리를 좋아해'라고 말하라. 설령 그것이 깨진다고 해도, 너는 심란해하지 않을 것이기 때문이다. 만일 네가 너의 자식이나 마누라에게 입을 맞춘다고 한다면, 너는 한 인간[21]에게 입을 맞추고 있다고 너 자신에게 말하라. '그것'이 죽었을 때, 너는 심란해하지 않을 테니까.[22]

### 제4장 | 짜증을 피하고 몸가짐을 바로 하라

네가 바야흐로 무슨 일을 시작하려 할 때, 그 일이 어떤 종류의 것인지를 너 자신에게 상기시켜라. 만일 네가 목욕을 하기 위해 나서려고 한다면, 공중목욕탕에서 일어날 것들을 너 자신에게 미리 내놓아 보라.[23] 즉, 물을 튀기는 사람들, 몸을 부딪치는 사람들, 헐뜯는 사람들, 훔치는 사람들이 있다. 이와 같이 애초부터 너 자신에게 "나는 목욕하기를 원하며, 또 자연에 따르는 나 자신의 '의지'[24]를 유지하기 원한다"고 말한다

---

**19** 즉 그 본질이 어떤 것인지를 '숙고한다'(epilegein)는 의미이다.

**20** 손잡이가 달린 것으로 화분, 주전자와 비슷한 모양을 한 것.

**21** 헬라스어의 '인간'이란 말은 '죽을 밖에 없는 존재'임을 의미한다.

**22** 제4권 제24장 85절 참조.

**23** 즉 머릿속에 그려 보라.

**24** 프로하이레시스에 관해서는 '해제'를 참조. 일단 여기서는 '의지'라 옮겼지만, 적합한 번역어가 아니다. 이쯤에서는 이해하는 데 있어 큰 문제가 되지 않을 수 있다. 한 걸음 더 나아가게 되면, 에픽테토스가 사용하는 프로하이레시스란 말은 나의 정체성을 이루는 '자아'를 넘어 인간의 '도덕적 결단'까지도 의미하는 말이다. 설령 육체가 감옥에 갇히고, 두 발이 사슬에 묶여 있어도, 내 프로하이레시스는 제우스조차 '어쩔 수 없는 것', '정복할 수 없는 것'이다(제1권 제1장 23~24절).

면, 더 안전하게 그 일을 착수할 수 있을 것이다. 어떤 일이든지 이와 마찬가지로 해야 한다. 그러한 방식으로 목욕을 하려는데 너를 방해하는 어떤 일이 일어난다면, "그래 나는 단지 목욕만을 원했던 것이 아니다. 오히려 자신의 의지를 자연에 맞게 유지하기를 원했어. 하지만 내게 일어나는 일에 대해서 짜증을 낸다면, 나는 이를 유지할 수 없을 것이야"라는 말이 준비되어 있어야 한다.

### 제5장 | 일 자체와 그 일에 대한 믿음은 같은 것이 아니다

(5a) 사람들을 심란하게 하는 것은 그 사안 자체가 아니라, 그 사안에 대한 그들의 판단[25]이다. 예를 들어, 죽음은 전혀 두려운 것이 아니다. 그렇지 않다면 소크라테스에게도 역시 그렇게 여겨졌을 것이지만, 죽음에 관한 믿음, 즉 두렵다는 것, 바로 이것이 두렵기 때문이다.[26] 그렇기 때문에 우리가 방해를 받거나 심란하거나 슬픔을 당할 때에도 결코 다른 사람을 탓하지 말고, 나 자신을, 즉 나 자신의 판단을 탓해야만 한다.

(5b) 자신의 일이 잘못됐다고 다른 사람을 비난하는 것은 교육받지 못한 사람의 일이다. 자신을 비난하는 것은 교육을 막 시작한 사람의 일이다. 다른 사람도, 자기 자신도 비난하지 않는 것은 교육받은 사람의

---

25 혹은 생각.

26 (1) 자연스럽게 두려운 것은 모든 사람에게 두려운 것이다. 뜨겁거나 차갑거나 한 것은 자연스럽게 모든 사람에게 그렇게 생각되듯이. 특히 자연스러운 상태에 있는 사람이나 더 지성적인 사람에게는 그렇다. 하지만 (2) 죽음은 모든 사람에게 두려운 것으로 생각되지 않았다. 소크라테스는 죽음을 두려워하지 않았다. 그는 죽음을 피할 수 있는 능력을 가지고 있었지만, 심란하지 않은 채 죽음을 견뎌 냈다. 그는 혼의 진리를 친구들에게 보여 주며 온 인생을 지냈고, 그들에게 철학자들의 정결한 삶의 본질을 가르쳤다(플라톤, 『파이돈』참조). 그러므로 (3) 죽음은 그 본성상 두려운 것이 아니다.

일이다.

### 제6장 | 참된 자만심을 가져라

너 자신의 것이 아닌 뛰어난 점 때문에 의기양양하지 말라. 만일 한 마리의 말(馬)이 의기양양하면서 "나는 아름답다"라고 말했다면, 감내(堪耐)할 수 있었을 것이다. 그러나 네가 의기양양하면서 "나는 아름다운 말을 가지고 있다"라고 말하면, 너는 말의 좋음에 대하여 의기양양하고 있음을 알아라.

5 　　그렇다면 너 자신의 것은 무엇인가? 인상들의 사용이다.[27] 그러므로 네가 인상들의 사용에서 자연 본성에 따르고 있을 때, 바로 그때야말로 너는 의기양양할 수 있을 것이다. 왜냐하면 그때에서야 너 자신의 어떤 좋음으로 의기양양할 수 있을 테니까.

### 제7장 | 선장의 부름

항해 도중에 배를 항구에 들어섰을 때, 네가 물을 구하기 위해 상륙했다

---

27 '너 자신의 것'이란 곧 프로하이레시스(의지)이고, 이것은 외적 '인상의 사용'을 책임지는 것이다. 감각이나 지각에 관련해서 에픽테토스가 자주 쓰는 기술적 언어가 인상이다. 이 책에서는 특별한 제약조건이 없는 한 '인상'으로 옮겼다. 에픽테토스가 맥락에 따라 그 말의 의미의 폭을 넓게 사용하고 있어서 정말 번역하기 까다로운 말이다. 단순한 '현상'(appearance)이 아니다. 일단은 '의식'에 제기되는 모든 감각 현상을 말한다. 그것은 가장 단순한 '감각'(aisthēsis)으로부터 시작해서, 생각과 기억에 의해 파악되는 '표상'을 지시하기도 하고, 심지어는 정신에 제기된 그리고 승인(sunkatathesis)에 의해 채택된 보다 '복잡한 표상'일 수도 있다. 따라서 판타시아는 정신적 행위의 전 영역을 포괄하고, 그 정확한 의미는 맥락에 따라 결정될 수밖에 없다.

면, 가는 그 길에서 부수적으로 조개나 알줄기[28][구경(球莖)]를 주울 수도 있을 것이다. 그러나 너는 배를 주목해야만 할 것이고, 또 지속적으로 선장이 부르지는 않는지 되돌아봐야만 한다. 그리고 만일 선장이 불렀다면 양들처럼 묶여 배 안으로 내팽개쳐지는 일이 없도록 가진 모든 것을 내던져야만 한다.

인생도 이와 마찬가지이다. 만일 작은 알줄기와 작은 조개 대신에 너에게 마누라와 아이가 주어졌다고 해도 아무런 장애가 되지 않을 것이다. 그저, 선장이 부른다면 이 모든 것들을 버리고 뒤돌아보지도 말고 배를 향해 달려가야만 한다. 만일 네가 늙었다면, 그때에는 그가 부를 때 놓치지 않도록 배로부터 지나치게 멀리 떨어져서는 안 될 것이다.[29]

## 제8장 | 네 의지대로 되는 일은 없다

세상에서 일어나는 일들이 네가 바라는 대로 일어나기를 바라서는 안 되며, 오히려 일어나는 일들이 실제로 일어나는 대로 일어나기를 바라

28 헬라스인들은 오늘날 우리가 다양한 종류의 초록 식물들을 먹는 것처럼 다양한 종류의 알줄기 식물들을 먹었다고 한다.

29 에픽테토스는 세상사에 대한 하나의 적절한 비유를 도입한다. 여기서 '바다'는 모든 변화를 일으키는 '생성의 영역'을, '배'는 운명이라 부르든 다른 어떤 이름으로 부르든 간에 혼을 생성의 영역으로 이끄는 것을, 선장은 자연의 섭리(pronoia) 혹은 신에 대한 유비로 사용되고, 배의 '정박'은 적절한 장소, 국가, 가정에 혼의 정착을, 그리고 물을 구하기 위한 '상륙'은 삶에 필요한 것을 구하는 것, 즉 그것이 없으면 삶을 영위하기 힘든 것으로, 또 부수적으로 '얻는 것'은 마누라, 아이들, 소유물과 같은 우리 자신의 좋음이나 일차적으로 선택하는 것이 아닌 것(우리의 일차적인 좋음은 선장에 주목하고 선장에게 돌아가는 것일 테니까)으로 비유되었다. '신에게로의 귀향'이 우리 자신의 좋음일 테니까!(심플리키우스 주석 참조)

는 게 낫다. 그러면 너는 행복해질 수 있을 것이다.[30]

### 제9장 | 너 자신에 대해서는 어떤 방해도 없다

질병은 육체에 방해가 되는 것이지만, 의지[31] 자체가 그렇게 되기를 원하지 않는다면 의지에 대해서 방해가 되지 않는다. 절름발이는 다리에 대해서 방해가 되는 것이지만, 의지에 대해서는 방해가 되지 않는다. 그리고 너에게 일어나는 어떤 일에 대해서도 '이것을' 너 자신에게 말하라.[32] 왜냐하면 너는 어떤 다른 것에 대해서 방해가 된다고 해도, 너 자신에게는 방해가 되지 않는다는 것을 알 수 있을 테니까.

---

30 "모든 것이 잘 되어 갈 것이다"로 번역할 수 있다. euroein은 '잘 되어 가다'(to flow well)를 의미하지만, 경우에 따라서(1.1.22)는 '행복하다'를 의미한다. '어떤 목적으로 그 것을 배우는 것이냐? 노예여, 행복하게 하기(euroein) 위해서가 아닌가? 평온하게 살 기 위해서가 아닌가? 자연의 본성에 따라 살아가기 위해서가 아닌가?'(3.10.10) '노예 (andrapodon)'란 표현은 에픽테토스가 학생들을 부를 때, 상투적으로 사용하는 말이 다. 게다가 제논에게서 그 말은 '인생의 번영'(euroia)을 의미하는데, 곧 행복을 말한 다(SVF 제1권 p. 184). 에픽테토스에게 있어서 ataraxia(평정), aphobia(두려움 없음), eleutheria(자유), apatheia(정념으로부터 벗어남), 평온함(to euroun) 등은 모두 행복 (euroia; eudaimonia)을 특징짓는 징표들이다(1.4.3 참조).

31 앞서에도 밝힌 바처럼, 번역하기 매우 까다로운 말로 에픽테토스가 자신에게 독특한 고유한 의미로 사용하고 있다. 위로는 아리스토텔레스와 크뤼시포스도 이 말을 전문적 용어로 사용했다. 에픽테토스의 경우엔 도덕적 품성, 의지(will), 결의, 자아(self) 등이 나 '결단의 주체'로도 옮길 수 있는 말이다. 이 전문용어는 앞서 제1장의 '우리에게 달려 있는 것'과 개념적으로 밀접한 논리적 관련성을 가지는 말이다. 『강의 1·2』 '해제' 참조.

32 일차적인 의미는 일에 관련된 것을 '말하는 것'이다. 나아가 육체에 방해되는 것이지만, 자신 즉 의지(프로하이레시스)에는 방해가 되지 않는다는 것을 곰곰이 '생각해 보라' 는 것으로 이해할 수 있다.

## 제10장 | 너 자신의 내면세계를 탐구하라

너에게 일어나는 각각의 것에 대해서, 너 자신을 향해 돌아서야 한다는 것을 기억하고, 그것에 대해서 사용할 수 있는 어떤 힘을 갖고 있는지를 탐구하라. 네가 아름다운 소년이나 소녀를 본다면, 너는 그것에 대해 사용할 수 있는 힘인 자제력을 찾을 것이다.[33] 만일 힘든 일이 지워졌다면, 너는 인내심을 찾을 것이다. 욕먹을 일이 있으면, 참을성을 찾을 것이다. 그래서 네가 이런 식으로 습관을 들이게 되면 인상들이 너를 휩쓸어 가지 못할 것이다.

## 제11장 | 무관심하게 세상의 것을 대하라

어떤 것에 대해서도 결코 "그것을 잃어버렸다"라고 말하지 말고, 오히려 "그것을 되돌려 주었다"라고 말하라.

자식이 죽었는가? 되돌려 주었다. 마누라가 죽었는가? 되돌려 주었다. 땅을 빼앗겼느냐? 그래, 그것 또한 되돌려 준 것이다.

"그러나 빼앗아 간 자는 나쁜 사람이다." 누군가를 통해서 그것을 준 사람이 너에게 되돌려 달라고 요청한 것이니, 너에게 그것이 무슨 상관일 수 있겠느냐? 그것들이 너에게 주어진 한에 있어서만, 마치 나그네가 여인숙에 대해 돌보는 것처럼, 그것들을 다른 사람들에게 속하는 것인 양 돌보라.

---

[33] 성인을 두고 하는 말이 아니다. 아직 교육받는 중에 있는 젊디젊은 사람을 두고 하는 말이다. 젊은 시절에는 이성이 감정을 충분하게 통제하지 못한다. 교육을 통해 습성을 들이면 절제(sōphrosunē)의 덕에 이르게 되고, 완전히 교육받은 사람은 이성을 통해 감정을 완전히 통제하기 마련이다.

§1. 만일 네가 앞으로 진전되어 나아가기를 원한다면[34] 다음과 같은 생각들[35]을 버려라.

"나 자신의 일들을 돌보지 않는다면, 먹고살 아무것도 갖지 못할 터이지."

"내가 어린 노예를 벌하지 않는다면, 버릇이 나빠지겠지."

왜냐하면 심란한 마음 상태에서 풍족하게 사느니보다는 차라리 고통과 두려움에서 벗어나 지낸 후에, 굶어서 죽는 편이 더 낫기 때문이다. 또한 네가 불행[36]해지는 것보다 어린 노예가 버릇이 나빠지는 편이 더 낫기 때문이다.

§2. 그러니 사소한 일부터 시작하라. 올리브 기름이 엎질러지고, 포도주를 도둑맞았다. 다음과 같이 생각하라.

"이것은 정념으로부터 벗어남을 사기 위해 치러야 할 그만한 값이고, 이것은 마음의 평정[37]을 사기 위해 치러야 할 그만 한 값이다. 값을 치르지 않고는 아무것도 얻을 수 없다.[38]"

---

34 그 의미를 새기자면, '도덕적으로 진보하기(도덕적 함양)를 원한다면'이 될 것이다.

35 원어로는 epilogismous이다. 스토아 철학자 크뤼시포스는 epilogismous를 '일반적으로 받아들여지는 추론'이란 의미로 사용한다.

36 원어 kakodaimonia는 eudaimonia(행복)에 대응되는 말. 'kaka(bad)-'와 'eu(good)-'는 반대의 의미를 가진다.

37 아파테이아(apatheia)는 외부의 그 어떤 것에도 아무런 겪음(pathos)을 겪지 않는 마음의 상태를 말하고, 아타락시아는 심란하지 않는 마음의 상태, 즉 평정심(ataraxia, tranquillitas)를 말한다. 이 두 전문 용어는 헬레니즘 시기의 모든 철학 유파에 해당하는 중요한 철학적 개념이다. 이에 대해서는 『강의 1·2』 '해제'를 참조.

38 보다 중요한 지속적인 마음의 평화와 자유를 누리기 위해서는 '외적인 것'을 그 대가로

그리고 어린 노예를 부를 때에는 그 아이가 대답하지 않을 수도 있다는 것을 마음에 담아 두어라. 혹은 대답하고 있을 때에도 네가 원하는 것들을 전혀 하지 않을 수 있다는 것을 마음에 새겨 두라. 그러나 너의 심란해지지 않는 마음[39]이 그에게 달려 있을 만큼 그가 그렇게 좋은 상태에 있지 않다.[40]

## 제13장 | 자연에 따르는 삶을 살라

만일 네가 앞으로 진전되어 나아가기를 바란다면,[41] 외적인 것들[42]에 대해서는 무감각하고[43] 어리석게 보이도록 그대로 머물러 있어야만 한다.

어떤 것을 알고 있다고 여겨지는 것을 원하지 말라. 만일 누군가가 너를 뭔가 있는 사람[44]으로 여긴다면, 너 자신을 믿지 말라. 왜냐하면 자연에 따라서[45] 너 자신의 의지를 유지하면서, 또 그와 동시에 외적인 것

---

지불해야만 한다는 의미이다. 이는 마치 '황금을 위해 청동을 내놓는 것'(호메로스, 『일리아스』 제6권 236행)과 동일한 거래인 셈이다.

**39** 즉 마음의 평정.

**40** 만일 그렇다면, 노예 주인의 마음의 평정이 주인 자신이 아니라 노예의 행동에 의존한다면, 노예는 훌륭한(kalōs) 상태에 있어야 할 것이다.

**41** 제12장 첫머리 참조. 동일한 표현을 사용하고 있다.

**42** 제1장 4절 참조. '우리에게 달려 있지 않은 것'을 말한다. 즉 돈, 재물, 평판 같은 것들. 아리스토텔레스도 『니코마코스 윤리학』 제1권 제8장에서 '외적인 좋음'(ektos agatos)이란 표현으로 좋은 태생, 축복받은 자식, 준수한 용모 등을 언급한다. 물론 아리스토텔레스는 제1권에서 외적인 좋음도 행복을 위해 추가적으로 요청된다고 말한다.

**43** '미련하고'로 옮길 수도 있다.

**44** '굉장한 사람'쯤으로.

**45** '자연에 일치해서'(kata phusin).

들을 유지한다는 것은 쉽지 않다는 점을 알아야만 하기 때문이다. 그러나 한쪽에 대해 돌보는 사람은 다른 쪽에 대해서는 반드시 돌보지 않아야만 한다.

### 제14장 │ 너 자신에게 달려 있는 것만을 바라라

(14a) 너의 아이들과 마누라, 또 친구들이 전부 다[46] 살기를 원한다면, 너는 어리석은 것이다. 왜냐하면 너에게 달려 있지 않은 것들을 너에게 달려 있게 되기를 바라는 것이고, 또 다른 사람에게 속하는 것들을 너에게 속하는 것이기를 바라는 것이기 때문이다. 이와 같은 방식으로 노예 소년이 잘못을 저지르지 않기를 바란다면, 너는 어리석은 것이다. 왜냐하면 너는 나쁨이 나쁨이지 않기를 바라는 것이고, 오히려 다른 어떤 것이기를 바라는 것이기 때문이다. 그러나 만일 네가 욕구하는 것을 얻는 데 실패하지 않기를 바란다면, 그것은 성취가능할 것이다. 그러므로 너는 성취 가능할 수 있는 것에 노력을 기울여야 한다.

(14b) 사람이 원하거나 원하지 않는 것에 대해서 그것을 확보하거나 또는 빼앗을 수 있는 힘을 가진 자는 그 사람의 주인이다. 그러므로 자유롭게 되고자 원하는 사람은 누구든지 다른 사람에게 달려 있는 것을 원하거나 회피하지 않는 것이 좋다. 그렇게 하지 않는다면 반드시 노예의 신세를 면하지 못할 것이다.

---

**46** 어떤 사본은 pantote(늘, 영원히)로 읽는다.

연회에 참석하고 있는 것처럼 행동해야 한다는 것을 명심하라. 무언가가 돌아다니다가 너의 자리에 올 때, 손을 뻗어서 예를 바르게[47] 몫을 취하라. 그것이 지나가는가, 붙들지 말라. 아직 오지 않았는가, 그것을 향해 너의 욕구를 내놓지 말라. 오히려 너의 자리에 올 때까지 기다려라.

너의 아이에 대해서도, 마누라에 대해서도, 관직에 대해서도, 부(富)에 대해서도 마찬가지로 행동하라. 그러다 보면 너는 언젠가 신들의 연회에 함께하기에 적합한 사람이 될 것이다. 그러나 그것들이 네 앞에 놓였을 때조차도 이런 것들을 취하지 않고 경멸한다면, 그때에는 신들의 연회를 함께할 뿐만 아니라, 또한 그들과 함께 지배하는 자가 될 것이다. 왜냐하면 이렇게 행동함으로써 디오게네스[48]와 헤라클레이토스,[49] 또 그들과 비슷한 사람들이 마땅히 신들과 같이 되었고 또 그렇게 불리게 되었기 때문이다.

---

47  원어는 kosmiōs('점잖게', '절도 있게', '예의 바르게')이다.

48  알렉산드로스 대왕이 디오게네스에게 '무엇을 원하는가?'라고 물었다. 해바라기하고 있던 디오게네스는 '해를 가로막지 마소!'라고 대답했다. 디오게네스의 인품에 감동받은 대왕은 '가능할 수 있다면 디오게네스가 되게 해 주고, 가능하지 않다면 그냥 알렉산드로스로 남아 있게 해 달라'고 기도했다고 한다. "만약 내가 알렉산드로스가 아니었다면, 디오게네스이기를 바랐을 텐데."(『유명한 철학자들의 생애와 사상』 제6권 32)

49  현자로 소문난 헤라클레이토스를 만나기 위해 방문한 사람들이 헤라클레이토스가 부엌의 화덕 가에 쪼그리고 앉아 불을 쬐고 있는 것을 보고 깜짝 놀라 엉거주춤했다고 한다. 그러자 헤라클레이토스는 '들어오시오. 여기에도 또한 신들이 있소이다'라는 말을 건넸다고 한다(아리스토텔레스, 『동물의 부분들』 제1권 제5장, 645a17~23).

### 제16장 │ 공감하라, 그러나 내면적으로는 비통해하지 말라

자신의 아이가 집을 멀리 떠났기 때문에 혹은 자신의 소유물을 잃어버렸기 때문에, 누군가가 슬픔에 빠져 우는 것을 보면, 그 사람이 외적인 나쁜 일에 빠져 있다는 인상에 사로잡히지 않도록 주의하라. 오히려 너는 즉시 다음과 같이 말할 수 있도록 하라. "이 사람을 비탄에 잠기게[50] 한 것은 일어났던 일이 아니라(그 일이 다른 사람을 비탄에 잠기게 하지는 않으니까), 그것들에 대한 그의 판단이다."

그렇지만 위로의 말을 건네는 한에 있어서는 그에게 동정을 표시하는 데 주저하지 마라. 만일 그러한 일이 일어났다면 그와 함께 비통해하라. 그러나 너는 내면적으로는 애통해 하지 않도록 주의하라.

### 제17장 │ 인간은 배우에 불과하다는 것을 기억하라

너는 극작가의 바람[51]에 의해 결정된 그러한 인물인 연극에서의 배우라는 것을 기억하라.[52] 그가 짧기를 바란다면 그 연극은 짧고, 길기를 바란다면 그 연극은 길다. 그가 너에게 거지의 구실을 하기를 원한다면, 이 구실조차도 또한 능숙하게 연기해야 한다는 것을 기억하라. 그가 절름발이를, 공직자를, 평범한 사람의 구실을 하기를 원한다고 해도 이와 마찬가지이다. 왜냐하면 이것이 해야만 하는 너의 일인지라, 너에게 할당

---

50 '움츠러들게'.

51 자연, 혹은 신의 뜻을 가리킨다.

52 신은 연출가이며 동시에 극작가이다. 인간은 배우로서 에서 부여된 적합한 역할을 수행하는 존재다. 인생을 연극에 비교하는 것에 대해서는 마르쿠스 아우렐리우스, 『자기 자신에게 이르는 길』 제12권 36 참조

된 그 역할을 훌륭하게 연기하는 것이지만, 어떤 역할을 선택하는 것은 다른 사람[53]의 일이기 때문이다.

### 제18장 | 징조에 대하여

까마귀가 깍깍대며 상서롭게 울었다고, 인상이 네 마음을 빼앗지 않도록 하라. 오히려 즉시 마음속으로 분별을 하고 다음과 같이 말하라.

"이것들 중 어떤 것도 나에게 아무런 조짐을 보이지[54] 않았고, 오히려 내 보잘것없는 육신이나 혹은 하찮은 재산, 내 평판이나 내 아이들이나 마누라에 대해 무언가를 말하고 있는 것이다. 그러나 내가 그러기를 바란다면, 나에게 그 모든 것은 상서로운 조짐을 알리고 있는 셈이다. 왜냐하면 그런 조짐[55] 중에 어떤 것이 일어나든지 간에, 그것으로부터 이득을 얻는 것은 나에게 달려 있기 때문이다."

5

### 제19장 | 자유에로의 길

(19a) 그 승리가 너에게 달려 있지 않은[56] 싸움을 벌이지 않는다면, 너는 패배당할 수 없을 것이다.

(19b) 명예를 누리고 있다거나, 큰 권력을 가지고 있다거나, 다른 평판이 좋은 누군가를 보고, 그 인상에 마음을 빼앗기고 행복한 사람이라고 축복하는 일이 없도록 조심하라. 왜냐하면 좋음의 본질이 우리에게

---

53 원어인 allos는 '신'을 가리키는 표현이다(1.25.13) 참조.
54 많은 사본에 따라, episēmainetai(징후를 보이다)로 새겼다.
55 즉 까마귀가 우는 소리.
56 즉 너의 힘으로는 이길 가망이 없는.

달려 있다고 한다면, 시기와 시샘이 들어갈 여지가 없기 때문이다. 또
너 자신은 장군이나 원로원 의원이나 혹은 집정관이 되고 싶은 것이 아
니라, 오히려 자유인이 되고 싶은 것이 아닌가. 자유에 이르는 단 하나
의 길이 있는데, 그것은 우리에게 달려 있지 않은 것들을 경멸하는 것이
다.

### 제20장 | 외적 인상에 무감각하라

너를 욕하는 것은 네게 욕을 퍼붓는 사람이나 때리는 사람이 아니라, 그
들이 모욕하고 있다는 너의 판단이라는 걸 기억하라. 그러므로 누군가
가 너를 화나게 했다면, 너의 생각이 너를 화나게 했다는 것임을 알라.

　그래서 먼저 인상에 의해 마음을 빼앗기지 않도록 노력하라. 왜냐하
면 일단 시간을 벌어 늦춘다면, 너는 손쉽게 너 자신을 물리칠 것이기
때문이다.

### 제21장 | 죽음에 대한 생각을 늘 유지하라

죽음, 추방, 그 밖의 온갖 무시무시한 일들을 날마다 네 눈앞에 떠올리
도록 하라. 모든 것들 중에서 특히 죽음을 생각하라. 그러면 결코 그 어
떤 비참한 생각을 하거나, 무언가를 지나치게 욕구하지 않게 될 것이다.

## II

# 철학을 공부하는 과정에 있는 학생들에 대한 충고

### 제22장 | 바른 원칙에 충실하라

만일 네가 철학에 뜻을 두려면, 당장 그때부터 비웃음을 당하거나, 대중의 조롱을 받거나, 그리고 "모르는 사이에 저 친구가 철학자가 되어 버렸네" 또는 "저 친구가 저 이마¹를 어디서 얻었지?"라는 말을 들을 각오를 해야 한다.

너는 높은 이마를 갖지 말라. 오히려 신에 의해서 그 자리에 바르게   5
놓인 사람으로서, 너에게 최선으로 생각되는 것들²을 유지하도록 하라.
만일 네가 동일한 원칙으로 머물러 있다가 보면, 처음에 너를 비웃던 사람들이 나중에는 너를 찬탄해 마지않을 테지만, 네가 그것을 유지하지 못하면, 너는 이중으로 비웃음을 사게 되리라는 것을 기억하도록 하라.³

---

1  원어인 hautē hē ophrus란 말은 '이마가 높고 넓다'라는 말이니, 곧 '철학자나 된 양 으스댄다'는 의미이다. 그래서 '높은 이마'를 갖지 말라고 충고한다.

2  원칙.

3  철학하는 일도 신이 지시하는 것으로 생각하고(플라톤, 『변명』 28e), 철학은 신이 준 최고의 선물이라는 것이다(플라톤, 『티마이오스』 47a1~3).

### 제23장 | 모든 것에 철학자인 것으로 만족하라

만일 누군가의 호감을 얻고 싶은 마음에서 네가 외적인 것들로 마음을 돌릴 때가 한 번이라도 있다고 하면, 그 계획[4]은 이미 망쳤다는 것을 아는 것이 좋다.

그러므로 어떤 경우에도 철학자가 되는 것으로 만족하라. 그리고 철학자로 생각되려면 스스로 그렇게 생각하도록 해야 하고, 너는 충분히 그렇게 될 수 있을 것이다.[5]

### 제24장 | 너의 능력에 맞는 자리를 차지하라

§1. 다음과 같은 생각에 사로잡히지 않도록 하라. "자신은 명예도 없고, 어디에서도 아무것도 아닌 자로 살게 될 것이다." 왜냐하면 명예가 없는 것이 [사실상] 나쁜 것이라고 할지라도, 네가 부끄러운 상태에 있을 수 있는 것 이상으로 네가 다른 사람 때문에 나쁜 상태에 있을 수는 없을 것이기 때문이다.[6]

---

4  '철학적 성향'(enstasis) 내재는 '철학하는 삶의 방식'.

5  '그것으로 충분할 것이다.'

6  논리적으로 이해하기 고약한 장이다. (1) 사람은 다른 사람 때문에 부끄러운 상태에 있을 수 없다. (2) 부끄러운 상태가 다른 사람 때문이 아닌 것과 마찬가지로 다른 사람 때문에 나쁜 상태에 있을 수 없다. 따라서 (3) 다른 사람 때문에 나쁜 상태에 있는 것이 가능하지 않다. 이것은 부끄러운 상태에 적용되는 것이 아닌 것과 마찬가지로 나쁜 상태에도 적용되지 않으니까. 나쁨 또한 부끄러움과 마찬가지로 우리에게 달려 있는 것이 아니다. 요컨대, 각자는 전적으로 자신 prohairesis(의지)에 따라 좋음과 나쁨에 대해 책임을 지고 있다. 그런데 '명예가 있고 없음'은 자신에게 달려 있는 것이 아니다. 왜냐하면 그것들은 다른 사람에게 달려 있기 때문이다. 그러므로 명예가 없다는 것은 나쁜 것일 수 없고, 자신과는 무관한 어떤 것이어야만 한다.

도대체 관직을 얻는 것이라든지, 혹은 연회에 초대받는 것이 자네와            5
무슨 관련이 있다는 것인가? 결코 아니다. 그렇다면 어떻게 그것이[7] 너
의 불명예이겠는가? 단지 너에게 달려 있는 것들에서만 반드시 있어야
만 하는 한 사람일 것이고, 그것들에서만 가장 큰 가치 있는 사람이 될
수 있다면, 어떻게 네가 어디에서나 아무것도 아닌 자일 수 있겠는가?

§2. 그러나, 그렇다면 친구들은 내게서 도움을 받지 못할 겁니다? '도
움을 받지 못한다는 것'이 무엇을 의미하는가?[8] 그들은 너에게서 적은
돈을 받지도 못할 것이고, 또한 너는 그들을 로마의 시민으로 만들어 주
지도 못할 것이다. 그렇다면 누가 자네에게 이런 일들이 우리에게 달
려 있는 것들 중의 하나이지, 다른 것에 관계되는 것이 아니라고 말했는
가? 누가 자기 자신이 가지고 있지 않은 것을 다른 사람에게 줄 수 있단           10
말인가?

§3. "그러면, 우리가 또한 그것을 가질 수 있도록 돈을 벌어라"라고
누군가가 말한다. 만일 나 자신이 겸손하고, 신뢰할 수 있으며, 고결함
을 유지하면서도 돈을 벌 수 있다면, 나에게 그 길을 보여 주라. 그러면
나는 돈을 벌 것이다. 그러나 만일 자네가 좋음이 아닌 것을 얻기 위하
여, 나 자신의 좋음을 버릴 것을 요구한다면, 네 자신이 얼마나 공정하             15
지도 못하고, 분별이 없는지를 알게 될 것이다. 도대체 너는 어느 쪽을
원하는가? 돈인가, 아니면 신뢰할 수 있고 자존감을 지닌 친구인가? 그
렇다면 제발 후자를 위해서 오히려 나를 도우라. 바로 이런 것들을 잃는
원인이 될 만한 것들을 굳이 하라고 나에게 요구하지 말라.

---

7  관직을 얻지 못하고, 연회에 초대받지 못하는 일.
8  에픽테토스에게 누군가가 의문을 던지는 대화 형식이다.

§4. "그러나 내 힘이 닿는 한, 조국은 내게서 받아야 할 도움을 얻지 못할 것입니다"라고 누군가는 말한다. 다시 한 번 묻자. 도대체 자네는 어떤 종류의 도움을 말하는 것인가? 너를 통해[9] 스토아 건물[10]이나 목욕탕을 얻을 수 없을 것이다. 이것이 무엇을 뜻하는가?[11] 신발은 대장장이에게서는 얻을 수 없고, 병장기는 구두장이에게서 얻을 수 없기 때문에, 오히려 각자가 자신의 고유한 일을 완전히 수행해 내면 그것으로 충분하다. 만일 자네가 조국을 위해 다른 사람을 신뢰할 수 있으며 자존감 있는 시민으로 만든다면, 그 일이 조국에 아무런 도움이 되지 않을 것인가? '도움이 될 것입니다.' 따라서 너 자신도 조국을 위해 아무런 쓸모가 없는 것이 아닐 것이다.

§5. "그럼, 나는 국가에서 어떤 자리를 차지하게 될까요?"라고 누군가가 말한다. 자네가 동시에 신뢰할 수 있으며, 자존감 있는 사람으로 남을 수 있다면, 자네가 차지할 수 있는 어떤 자리라도 가능할 것이다. 그러나 국가에 도움이 되고 싶어도 그런 성품들을 잃어버린다면, 나중에 가서 네가 자존감도 없고 신뢰할 수도 없는 사람임이 드러나게 되었을 때, 어떻게 국가에 도움이 될 수 있겠는가?

### 제25장 | 칭찬을 하고 명예를 얻는 것보다 더 중요한 것이 있다

§1. 만일 연회 초대에서, 인사받는 자리에서, 조언을 구하는 데에서 누군가가 너보다 영예를 더 받았다면, 또 그것들이 좋은 것이라고 한다면,

---

9 너의 노력으로.

10 스토아는 주랑(柱廊) 건물을 가리킨다.

11 즉 그래서 어떻다는 말인가?

그 사람이 영예를 받은 것으로 너는 기뻐해야만 하지만, 그것들이 나쁜 것이라고 한다면 그것들을 받지 않은 것이니, 슬퍼하지 말라. 만일 우리에게 달려 있지 않은 것들을 얻으려고 다른 사람이 한 것과 같은 일을 하지 않는다면, 너는 [다른 사람과] 똑같은 양을 받을 만하다고 요구할 수 없다는 것을 명심하라.

§2. 왜냐하면, 누군가의 현관에 찾아가지 않는 자와 늘 그렇게 하는 자가 마찬가지로 어떻게 똑같은 몫을 받을 수 있겠는가? 수행하지 않는 자가 수행하는 자와 마찬가지로 어떻게 똑같은 몫을 받을 수 있겠으며, 남을 칭찬하지 않는 자가 칭찬하는 자와 마찬가지로 똑같은 몫을 받을 수 있겠는가? 그러므로 그것들이 팔리는 대가를 내놓지 않은 채, 공짜로 그것들을 얻으려고 한다면, 너는 정의롭지 않고 탐욕스러운 사람이 될 것이다.

§3. 그런데 얼마나 주고 속들이[결구(結球)] 양상추를 사는가? 아마도 1오볼로스[12]일 게다. 그러면 누군가가 1오볼로스를 내놓고 속들이 양상추를 얻었는데, 반면에 너는 오볼로스를 내지 않고 그것을 손에 넣을 수 없다면, 너는 그 사람보다 적게 가졌다고 생각하지 말라. 왜냐하면 그 사람은 속들이 양상추를 가지고 있는 것처럼, 너는 내놓지 않은 1오볼로스를 가진 것일 테니까.

§4. 지금의 경우도 마찬가지이다. 네가 누군가의 연회에 초대받지 못했는가? 왜냐하면 너는 연회의 주인에게 저녁 식사를 파는 만큼의 대가를 지불하지 않았기 때문이다. 그는 칭찬과 교환으로 그것을 파는 것이

---

12 1드라크마의 6/1에 해당하는 가치를 가지는 돈. 보통의 노동자가 받는 하루 임금 6/1에 달하는 돈.

고, 보살핌과 교환으로 그것을 파는 것이다. 그러니 팔리는 것이 너에게 이익이 된다면, 그 대가[13]를 지불하면 된다. 그러나 대가를 지불하지도 않고, 그것[저녁 식사]을 받기를 원한다면, 너는 탐욕스럽고 어리석은 것이다.

§5. 그러니, 너는 식사 대가로 아무것도 가지지 않았는가? 실제로 너는 칭찬하고 싶지 않은 그 사람을 '칭찬하지 않음'을 가지고 있으며, 너는 그의 '문지기들[의 오만함 따위]을 참아 내지 않음'을 가지고 있지 않느냐.[14]

### 제26장 | 관용을 배우라

자연의 의지[15]에 대해서는 우리가 서로 의견 차이가 없는 것들로부터 배울 수 있다. 예를 들어 다른 사람의 소년 노예가 술잔을 깼을 때, 그 당장에 우리는 "일어날 수 있는 일들 중의 하나야"라고 말할 수 있어야 한다. 그러면 너 자신의 술잔이 깨졌을 때에도 다른 사람의 것이 깨졌을 때 하던 그 방식대로 같은 태도를 취해야만 한다는 것을 알아야 한다.

5 더 중대한 일에 대해서도 그런 식으로 적용하는 것이 좋다. 남의 아이나 혹은 마누라가 죽었는가? 아무도 "그게 인간의 운명이죠"라고 말하지 않을 사람은 없다. 그러나 누군가 자신의 아이가 죽었을 때, 그 당장에 "아! 비참하도다"라고 말하곤 한다. 그러나 이러한 일이 남에게서 일어났을 때 우리가 어떻게 감정을 겪는지를 기억해야만 한다.

---

13 문자 그대로는 그것을 판 '그 차이'(diaphron), 즉 그 대가를.

14 그 대신에 '자유'를 얻었다는 것이다.

15 혹은 '자연의 계획'(to boulēma tēs phuseōs). 제1권 제17장 14~15절 참조.

### 제27장 | 악의 본성에 대하여

빗맞히기 위해서 과녁을 세우지 않는 것처럼, 마찬가지로 우주에는 자연 본성적인 악도 존재하지 않는 것이다.[16]

### 제28장 | 몸보다 정신의 혼란을 경계하라

만일 누군가가 자신의 몸을 우연히 마주친 사람에게 떠넘긴다면, 너는 화를 낼 것이다. 그런데 너는 자신의 정신을 우연히 만나는 사람에게 떠넘겨서, 결과적으로 그 사람이 너를 욕하면, 너의 정신은 교란되고 혼란스럽게 될 텐데, 그렇게 맡기는 것을 너는 부끄럽게 생각하지 않는가?

### 제29장[17] | 먼저 오는 것과 그것에 따르는 것을 생각하라

§1. 어떤 일을 하든지 간에, 먼저 오는 것들과 그것에 따르는 것들을 살펴야 한다. 그런 다음 그 일을 착수하는 것이 좋다.[18] 그렇지 않으면 그 다음 일은 아무것도 생각하지 않았으므로, 처음에는 기꺼이 의욕에 가

---

16 어떤 것이 잘못되도록 우주가 존재한다는 것은 생각할 수 없는 노릇이다. 자연적인 어떤 것도 악하지 않고, 자연적으로 악한 것은 우주에 있을 수 없다(kakou phusis en kosmō). 이 생각은 전형적인 스토아적 자연관이다. 악은 우주에서 그 어떤 독립적인 존재를 가질 수 없다. '선은 hupostasis(agathou phusin = skopos)이고, 악은 parupostasis(= to apotuchein kai to kakon)이다. 악은 선의 대응물로 있을 수 있으나, 그 어떤 그 자체적으로 존립할 수 있는 독립적 존재를 가질 수 없다. 맞추기 위한 표적이 있는 것처럼, 우주에는 선(좋음)의 본성이 있다(심플리키우스).

17 이 장은 3.15.1~13과 거의 동일하지만, 사용되는 말들이 전해지는 사본에 따라 다소 다르다.

18 제3권 제15장 1절 참조. 논리적으로는 전건과 후건으로, '만일 P이면 Q이다'. 전건이 충족되면, 후건이 따라 나올 것이다.

득 차서 그 일을 하다가, 나중에 뭔가 곤란한 일들이 나타나게 되면 부끄럽게도 그 일을 포기하게 될 것이다.[19]

§2. 너는 올륌피아 경기에서 승리하기를 바라는가? 신께 맹세코 나도 그렇다. 그것은 영광스러운 일일 테니까. 하지만 그것에 앞서는 것들과 뒤따르는 것들을 살펴보고, 그런 다음에 그 일에 착수해라.

너는 훈련을 준수해야만 하고, 식이요법에 따라야 하며, 맛난 과자를 삼가야 하고, 무더위에도 혹한에도 정해진 시각에 엄격하게 몸을 단련하고, 찬 것을 마시지 않으며, 가끔 술을 마실 기회가 있더라도 마시지 말아야 한다. 한마디로 말해서, 의사에게 몸을 맡기듯이 너 자신을 훈련교관에게 맡겨야 한다. 그런 다음 경기에 나갔다고 하면, 서로 맞대고[20] 때로는 손목이 탈구되거나,[21] 복사뼈를 삐거나, 많은 양의 모래를 들이마시거나, 얻어맞아 끝내는 패배하는 수도 있다.

§3. 이것들을 다 따져 본 후에도, 그래도 네가 여전히 그렇게 하기를 원한다면, 운동선수가 되는 일에 착수할 수 있을 것이다. 그렇지 않으면 아이들로 되돌아가 너는 어떤 때는 레슬링 선수로 놀다가, 어떤 때는 검투사로 놀다가, 다음에는 연설가가 되고, 그다음에는 철학자가 되어서,

---

19 다른 사본처럼, duscherōn tinōn aischrōs로 읽으면 '어떤 어려운 일이 나타나게 되면, 너는 부끄럽게도 포기할 것이다'로 옮겨진다.

20 사본에 따라(Loeb판 참조) parerchesthai가 아니라 paroussesthai로도 읽고 있는데, 이 말은 그 의미가 명확하지 않다. 이 말(parorussō)을 레슬링에서 사용되는 기술적인 말로 이해하면, 레슬링 경기장인 판크라티온(pangkration; pancratium)에서 본격적 게임에 들어가기에 앞서 예비적으로 먼지나 진흙더미에서 뒹구는 것을 가리키는 말이다(DL 제6권 27). 또 본격적 게임에 앞서 서로 맞서서 상대방의 '겨드랑이를 파는' 것을 의미할 수도 있다.

21 즉 관절을 삔다는 의미이다.

너의 온 혼으로[22]는 아무것도 하지 않은 것이 될 것이다. 마치 원숭이처럼, 네가 본 것은 뭐든지 따라 하고, 차례차례로 여러 가지 것이 네 마음에 드는 것이다. 왜냐하면 너는 어떤 일에 대해 꼼꼼하게 따지고 모든 면에서 살펴보면서 그 일에 착수한 것이 아니라, 되는 대로 내키지 않는 마음으로[23] 착수했기 때문이다.

§4. 이와 마찬가지로 누군가가 철학자를 볼 때 그리고 소크라테스[24]가 말하는 것처럼 그렇게 말하는 누군가를 들을 때(그렇지만 누가 그분처럼 그렇게 말할 수 있겠는가?), 자신들도 철학을 하자는 생각이 드는 것이다.

§5. 인간아, 먼저 그 일이 어떤 것인지를 살펴보라. 그런 다음에 네가 [그 일을] 견딜 수 있을지 없을지 자신의 소질(phusis)[25]을 잘 살펴보는 것이다. 너는 5종 경기[26] 선수나 혹은 레슬링 선수가 되기를 원하는가? 너 자신의 팔, 허벅지를 보고, 허리가 어떤지를 잘 살펴보라. 사람은 각

20

25

---

**22** 즉 전심전력을 기울여서는 아무것도 안 한 셈이 되고 만다는 의미이다(holē tēi psuchē).

**23** 원어로는 kata psuchran epithumian인데, 문자 그대로 옮기면 '차가운 욕망에 따라'이다. 바로 앞에서 '온 혼으로 혹은 온 혼을 가지고'에 대구가 되는 표현으로 받아들일 수 있겠다. 그렇다면, 이 말은 이성적으로 따지지 않고 심사숙고하지 않으며 그저 단순한 욕망을 가지고 어떤 일에 착수한다는 의미를 가진다.

**24** 사본마다 다른데, Euphratēs로 읽기도 하고 eu Sōkratēs로도 읽는다. 에우프라테스는 유명한 스토아 철학 선생이었다고 하며, 신퓌타고라스주의자인 튀아나(Tuana) 출신의 아폴로니오스(Apollonios)의 혹독한 비평가였다고 한다. 그의 연설 일부가 제4권 제8장 17~20절에 나온다.

**25** 즉 '능력'을 말한다.

**26** 멀리뛰기, 원반던지기, 달리기, 창던지기, 레슬링의 다섯 종목으로 이루어진 경기를 다툰다.

자 본성상 서로 다른 일에 적합하도록 타고나기 때문이다.

§6. 네가 그런 일을 하는데, 다른 사람과 똑같이 먹고, 똑같이 마시고, 똑같이 화를 내고, 똑같이 역정을 낼 수 있다고 너는 생각하는가? 오히려 밤을 새워, 고되게 일해야 하고, 집안 식구들에게서 떨어져 있어야 하고, 노예의 자식들에게서 멸시를 당하고, 만나는 사람에게서 비웃음을 받고, 명예에서, 관직에서, 법정 등, 모든 것에서 더 멀어져야만 할 것이다.

§7. 너는 이런 것들을 대신해서 정념으로부터 벗어남과 자유, 마음의 평정을 얻고 싶다면,²⁷ 이런 것들을 잘 살펴보는 것이 좋다. 만일 그렇지 않다면 철학에 가까이 가지도 말라.²⁸ 마치 어린아이처럼 지금은 철학자이지만, 나중에 세리(稅吏)로, 그다음에는 연설가로, 또 그다음에는 황제가 임명한 태수가 되고 싶어 해서는 안 된다. 이것들을 혼자서 겸할 수는 없다.

너는 좋은 사람이든 나쁜 사람이든 '한' 인간이어야 한다. 너 자신의 지도적 중심 부분²⁹이나 외적인 것들 중 하나를 완성하도록 전심전력을

---

27 스토아 철학에서 중요한 철학적 개념들이다. 철학을 통해 얻고자 목표로 하는 마음의 상태를 표현하는 기술적 용어들이다. 철학을 통해 '정념으로부터 벗어남'과 '마음의 안정'을 얻어 '자유'에 도달하는 것이 스토아 철학자, 즉 스토아적 현명한 사람(智者)의 궁극적 목표이다.

28 '철학에 가까이 다가서지 말라'는 의미.

29 우리를 이끄는 원리인 혼의 지도적 부분(hēgemonikon)인 '이성'을 가리킨다. 때로는 감정(pathos), 지각(aisthēsis), 이성(logos)를 포함하기도 한다. 나아가 인간 혼(psychē) 전체와 동일시되기도 한다. 스토아 철학은 혼을 여덟 부분으로 나눴다. 이 중에서 혼을 이끄는 hēgemonikon('통제하는 부분', '지배하는 부분')은 최고의 지위를 차지한다. 혼의 이 헤게모니콘의 완성이 인간 행복을 구성한다는 것이 그들의 근본적 주장이다. '혼의

기울여야 한다. 내적인 것에 힘쓰든지 외적인 것에 힘쓰든지, 즉 철학자
든지 일반인이든지, 어느 한쪽의 입장을 취할 수밖에 없는 것이다.

돌봄'이란 결국 헤게모니콘의 계발을 의미한다. 우리 정신의 계발은 이성의 작업 자체
를 통해서 완성된다. 우리의 정신은 이론적인 방식과 실천적인 방식으로 기능한다. 이
두 방식은 행복으로 이끄는 이성적 자기개선의 계획 속에 포함된다. 우리의 이성은 바
로 이러한 개선과 그 대상의 수행자라는 것이다.

III

# 적합한 행위들(kathēkonta)의 발견을 위한 충고

### 제30장 | 항시 너의 의무를 생각하라

우리의 의무[1]는 일반적으로 사회적 관계로 결정된다. 한 아버지가 있다. 그러면 돌보고, 모든 일에서 그에게 양보하고, 욕을 먹든 때리든 간에 참아야만 하는 것이다. "하지만 나쁜 아버지예요." 그런데 네가 좋은 아버지와 관계 맺기로 태어난 것은 아니겠지만, 오히려 '그저' 아버지와 관계 맺기를 가질 뿐이다.[2]

5          "내 형제가 옳지 않게 행하고 있어요." 어쨌든 그에 대해서 너 자신의 입장을 지켜, 그가 무엇을 행하느냐가 아니라, 네가 무엇을 하면 자연에 따르는[3] 너의 의지[4]를 유지할 수 있는지를 생각하도록 하라. 왜냐하면

---

1   그리고 혹은 '적합한 혹은 고유한 행위들'(kathēkonta). 이 개념은 스토아 윤리학의 토대가 된다.

2   ōikeiōthēs 다음에 의문문 대신 쉼표로 읽었다. 말 그대로는 '…에 귀속함으로', '…에 친화적으로'를 의미한다. 제1권 제19장 참조. 스토아 철학에서의 오이케이오시스(oikeiōsis) 개념에 대해서는 김재홍-(2013), pp. 208~223 참조.

3   혹은 '자연에 일치하는'.

4   이 구절은 제4장에서 이미 나온 바 있다.

네가 그것을 원하지 않는 한, 다른 사람이 너에게 해를 끼치지 않을 것이고, 오히려 네가 해를 입었다고 너 자신이 생각할 때, 그때야말로 네가 해를 입은 것이 되기 때문이다.

그러므로 이러한 방식으로 네가 사회적 관계를 바라보는 습관을 들인다면, 너는 동료 시민으로부터, 이웃으로부터, 장군으로부터 그들에 대한 적합한 행동⁵을 찾게 될 것이다.

### 제31장 ǀ 경건에 대하여

§1. 신들에 대한 공경과 관련해서 네가 알아야만 하는 가장 중요한 것은, 신들에 대한 올바른 이해를 갖는 것이다. 즉 신들은 존재하고, 전체를 아름답고 또 정의롭게 지배하고 있다는 것, 나아가 신들에 따라서 일어나는 모든 일에 내맡기고, 그것들이 최고의 지성에 의해 성취되었다고 생각하고,⁶ 스스로 기꺼이 그것에 따르도록, 너 자신의 위치를 신들이 정하고 있다는 것이다. 그러면 이러한 방식으로 행위한다면, 신들을 결코 비난하지도 않을 것이고 또한 자신이 버림받고 있다고 한탄할 일도 없어질 것이기 때문이다.

§2. 그러나 이 일은 우리에게 달려 있지 않은 것들을 포기하고, 우리에게 달려 있는 것들에 대해 좋음과 나쁨을 가정하는 것이 아니라면, 가

---

5  혹은 의무(kathēkon).

6  이유를 살리는 번역을 취하면, "최고의 지성에 의해 성취되었기 때문에"이다. 신에 대한 이러한 이해는 신과 우주의 연관성을 보여 주는 전형적인 스토아적 관점이다. 스토아에 따르면, 우주는 신의 지성적 설계에 따라 합목적적으로 질서 지어졌다. 신의 목적은 이 세계 속에 내재하며, 이 세계가 이성적 존재의 이익을 위해 일하는 모든 가능한 세계 중에서 가장 좋은 세계이다.

능한 것이 아니다.[7] 왜냐하면 네가 우리에게 달려 있지 않은 것들 중 어
느 하나에 좋음과 나쁨을 생각하는 것이 있다면, 네가 원하는 것을 얻지
못하고 또 네가 원하지 않는 것으로 떨어진다면, 반드시 그 원인인 신들
을 비난하거나 미워할 것이기 때문이다.

§3. 왜냐하면 모든 생물은 자연 본성적으로 해(害)가 되는 것으로 여
겨지는 것들이나, 그 원인이 되는 것들[8]에서는 도망치거나 회피하되,
유익한 것들이나 그 원인이 되는 것들[9]은 추구하고 찬양하기 때문이다.
그러므로 사람이 해롭다고 생각할 때, 마치 해롭다는 것을 기뻐하는 것
이 불가능한 것처럼, 마찬가지로 해친다고 생각되는 사람을 기뻐하는
일은 불가능하다.

§4. 따라서 아버지가 아이가 좋다고 생각하는 것 중 어떤 것을 그의
아이에게 주지 않을 때, 그의 아이들에게서 욕을 먹는 것이다. 이것이
또한 에테오클레스와 폴뤼네이케스를 (서로 적대적이게)[10] 만들었다.
즉 전제권력을 잡는 것이 좋은 것으로 생각하도록 만든 것이다.[11] 역시
농부도 신들을 욕하고, 이것 때문에 뱃사람도, 이것 때문에 상인도, 이

---

7  우리에게 달려 있지 않은 것들에 대해서 선과 악의 개념을 구별하지 않을 때에만, 즉 선
   과 악에서 비켜섬으로써만 이것에 도달할 수 있다는 말이다.

8  즉 해(害)가 되는 것을 만들어 내는 것.

9  즉 유익한 것들을 만들어 내는 것.

10  사본에 따라 조금씩 차이가 있는데, 어떤 사본에는 'polemious allēlois'란 구절이 들어
    있다. 에테오클레스와 폴뤼네이케스는 오이디푸스 왕의 아들이다. 이에 대해서는 제
    2권 제22장 13~14절, 제4권 제5장 30절 참조.

11  내용적으로 이해해 보면, '아버지가 자식에게 좋은 것을 주지 않았기 때문에, 권력을 잡
    는 것이 좋은 것이라는 생각을 가지게 해서 서로 적대적이게 만들었다'는 식으로 이해
    할 수 있겠다.

것 때문에 그들의 마누라와 자식들을 잃어버린 사람들도 신들을 욕하는 것이다. 즉 유익함이 있다면 거기에는 신을 공경하는 마음도 있는 것이기 때문이다.

따라서 마땅히 해야만 하는 바대로 욕구하고 회피하는 것을 돌보는 사람은 누구나, 동시에 신을 공경하고 배려하고 있는 셈이다.

§5. 그러나 헌주(獻酒)하고, 희생 제물을 올리고, 조상의 전통에 따라서 첫 번째 수확물을 바치는 것은, 그때마다 깨끗한 마음으로, 부주의하지 않게, 인색하지 않고 아낌없이, 자신의 분수를 넘어서지 않는 방식으로 하는 것이 적합한 일이다.

25

## 제32장[12] | 점(占)을 그릇되게 사용하지 말라

§1. 네가 점[13]을 볼 때, 어떤 결과가 나올지 알지 못하지만, 그것을 점쟁이에게서 듣기 위해 왔다는 것을 기억해 두는 것이 좋다. 하지만 네가 진정 철학자라면, 그것이 어떤 성질의 것인지 알고 있었을 것이다. 그것이 우리에게 달려 있지 않는 것들 가운데 하나라면, 그것은 당연히 좋은 것도 나쁜 것도 아니기 때문이다.

§2. 그러므로 점치는 자에게 너의 욕구나 회피를 가져가지 말고(그렇게 하지 않는다면[14] 너는 그에게 두려움으로 떨면서 가게 될 것이다),[15] 오히려 결과가 나오는 모든 것이 좋음과 나쁨에 무관한 것이며, 또 너에게

5

---

12 제2권 제7장에는 여기서 논의되는 사항이 길게 논의되고 있다.

13 점, 예언. 점에 대해서는 제2권 제7장 참조.

14 ei de mē로 읽었다. 어떤 사본은 mēde로 되어 있다.

15 다른 사본(앞의 주 참조)으로 읽으면 '또 두려움으로 떨면서 그에게 가지 말라'가 된다.

는 아무것도 아니라는 것, 그것이 어떤 것이든 그것을 훌륭하게 사용할 수 있을 것이고, 아무도 그것을 방해하지 않을 것이라는 점을 잘 알고 다가가야 하는 것이다. 그러니 기운을 내서 조언해 주는 사람들에 가듯이 신들에게 가는 것이 좋다. 그런 다음, 네가 어떤 조언을 받을 경우에는, 네가 누구를 조언자로 받아들였는지, 그것을 받아들이지 않을 경우에는 누구를 따르고 싶어 하지 않았는지[16]를 명심하라.

§3. 소크라테스가 주장한 것처럼,[17] 탐구 전체가 미래의 사건과 관련이 있고, 이성으로도 다른 어떤 기술적 방식으로부터도 주어진 해당 사안에 대해 포괄적 앎을 알기 위한[18] 어떤 방도가 주어지지 않는 경우에는 점을 치러 가도록 하라. 따라서 너의 친구나 너의 조국과 더불어 위험을 감수해야 할 필요가 생긴 경우에는 함께 위험을 감수해야 할지 말지를 점치면 안 된다. 왜냐하면 점쟁이가 희생 제물에 흉조가 생겼다고 말하면, 그것은 죽음이나 신체 일부를 손상시키거나, 추방의 징조를 알리는 것임이 분명한데, 그러나 이성은 친구나 조국을 도와 함께 위험을 감수할 것을 요구하기 때문이다. 그러므로 더 위대한 예언자인 퓌티아 신전[19]의 아폴론 신 쪽으로 마음을 돌리는 것이 좋다. 이 신은 친구가 살해당했을 때 돕지 않은 사람을 신전에서 내쫓아 버린 것이다.[20]

---

16 '한 귀로 듣고 그냥 흘려 버린다'는 뉘앙스를 가지는 말이다.

17 인간에게는 분명하지 않은 것에 대해서는 "점을 통해" 신들로부터 듣도록 해야 한다 (크세노폰, 『회상』제1권 제1장 9).

18 원어는 pros to sunidein. 즉 '확실성'을 얻는 데.

19 델포이 신전.

20 '너의 친구나 혹은 너의 조국과 더불어 위험을 감수해야 하는가 하는 여부를 함께 점치면 안 된다'라는 의문은 아폴론에게서 명확하게 해명된다. 그 이유는 자신의 친구를 돕

§1 자신을 위해 알맞은 성격과 삶의 방식[21]을 정하고, 혼자 있을 때든 다른 사람을 만날 때든 이를 지키도록 하라.

§2 대부분의 경우에 침묵하거나, 꼭 필요한 것만 몇 마디로 말하도록 하라. 하지만 드물게 그 상황이 무언가를 말하도록 요구할 때 말을 하면 되지만, 그러나 일상적인 어떤 것에 관해서는 말하지 말라. 즉 검투사 싸움, 경마, 운동 경기자, 음식 등 평소 화제가 될 만한 흔한 말을 해서는 안 된다. 특히 사람들에 대해 비난하거나, 칭찬하거나 혹은 비교하는 말을 하지 말라.

§3 만일 그렇게 할 수만 있다면, 네 자신의 이야기로 동료들의 대화를 적절한 방향으로 이끌도록 하라. 그러나 낯선 사람 속에서 홀로 남게 되었다면 침묵하는 것이 좋다.

§4 크게 웃지 마라, 자꾸 웃는 것도, 또한 거리낌 없이 웃는 것도 좋지 않다.

§5 가능하다면, 어떤 경우에도 서약을 하는 것을 회피하라. 그것이 가능하지 않다면, 사정이 허락하는 한 회피하도록 하라.

§6 외부 일반인과의 연회는 삼가도록 하되, 부득이한 기회가 생기면

---

지 않은 사람이 신탁을 구하러 오자, 아폴론은 그를 신전 밖으로 내쫓아 버렸기 때문이다. 아이리아노스, 『헬라스 기담집』 제3권 44 참조. 아폴론 신의 신탁을 받기 위해 델포이로 나갔던 세 사람이 도중 도적을 만났고, 이 중 친구를 버리고 달아난 사람을 무녀를 통해 신전에서 쫓아냈다는 이야기가 전한다(심플리키우스의 『엥케리디온 주석』 참조).

21 원어로는 tina taxis kai tupos(어떤 태도와 각인)이다. 쉽게 풀면, '태도와 입장'이다. tupos와 charaktēr(성격)는 '마음에 새겨진 것'을 의미한다.

있을 수 있는 대화에 휩쓸리지 않도록 주의를 기울여라. 왜냐하면 너는
15 다음과 같은 사실을, 즉 누군가의 동료의 몸이 더러워지면, 함께 짝을
이루는 사람의 몸도 비록 그 자신은 깨끗하다고 하더라도, 어쩔 도리 없
이 불결하게 될 것이라는 것을 알아야만 하기 때문이다.

§7 몸에 관련된 것들은 필요한 최소한의 것만을 취하도록 하라. 예를
들어 음식, 마실 것, 옷, 집, 집안의 종 같은 것들이다. 외적으로 화려하
게 드러나는 것이나 사치스러운 모든 것을 단절하도록 하라.

§8. 성애(性愛)와 관련해서는 결혼 전에는 할 수 있는 한 깨끗해야만
한다. 행하는 경우에는 관습에 맞는(적법한 것) 정도로만[22] 하도록 하
20 라. 그렇지만 이에 빠진 사람들에 대해 불쾌한 태도를 보이거나 비난해
서는 안 되며, 자신은 억제하고 있다고 여기저기 말하고 다니는것도 좋
지 않다.[23]

§9 만일 누군가가 너에게 심하게 욕을 해대는 사람이 있다고 말을
전하면, 네가 들은 것에 대해 변명할 것이 아니라, 다음과 같이 답하라.
"좋다, 그 사람은 내가 지니고 있는 다른 결점을 몰랐던 셈이군. [알았다
면] 그가 단지 그것만을 듣지는 않았을 테니까."

---

22 즉 법과 관습(nomos)이 허용하는 테두리에서만. 다시 말하여, 이는 쾌락이 아니라 종
을 번식시키기 위한 수단으로서의 성애를 말하는 것으로 이해되며, 한편으로는 혼외에
서 성관계를 갖지 말라는 말로도 이해된다. 에픽테토스의 스승인 무소니오스 루푸스
(Musonius Rufus)는 쾌락을 목적으로 추구하는 성관계들은 "그것들이 비록 결혼 내에
서 이루어질지라도, 부당하고 법에 어긋난다"고 말했다(*Reliquiae*, XII, 64). 후기 스토아
철학은 성애에 관련하여 (1) 혼외 성관계를 금지하고, (2) 종족 보존의 수단으로만 사
용하고, (3) 쾌락적 요소를 배제해야 한다는 입장을 취했다. 에픽테토스도 원칙적으로
이 견해들에 동조하고 있다.

23 스토아식의 금욕적 원칙이라 할 수 있다.

§10 빈번하게 공공의 장소(theatra; 극장)<sup>24</sup>에 들를 필요는 없다. 또 때<sup>25</sup>에 따라 적절한 기회에 있더라도, 자기 자신 이외의 다른 어떤 사람에게도 열을 올리는 듯한 모습을 보여서는 안 된다. 다시 말해서 일어나는 일만 일어나고, 승리하는 자가 단지 승리하기만을 바라면 된다. 그렇게 하면 너는 아무런 방해를 받지 않게 될 테니까. 누군가의 이름을 소리치거나, 환호하거나 혹은 몹시 흥분하는 일은 절대로 삼가는 것이 좋다. 또 극장에서 돌아온 후에도 자신을 개선하는 데 도움이 되지 않는다면, 그곳에서 일어난 일에 대해 너무 많은 말을 해서는 안 된다. 왜냐하<sup>30</sup>면 네가 그 구경거리를 찬탄했다는 것이 그런 데서 밝혀지기 때문이다.

§11 분별없이 혹은 쉽사리 어떤 사람들의 공개적 강의<sup>25</sup>에 가지 말라. 또 가는 한이 있더라도 진지하고 평정한 태도<sup>26</sup>을 유지하고, 또 동시에 다른 사람에게 부담되는 행동을 하지 않도록 하라.

§12 누군가를 만나려 할 때, 특히 높은 평판을 누리고 있는 사람들 중 한 사람을 만날 때는, 이런 경우에 소크라테스나 제논이라면 어떻게 했을까 하고 스스로에게 물어보도록 하라. 그러면 곤란을 겪지 않고도 자<sup>35</sup>신이 직면한 사태를 적절하게 대처할 수 있을 것이다.

§13 권력을 가진 사람을 만나러 갈 때는, 그 사람이 부재하거나, 쫓겨

---

24 요즘 의미의 '극장'만을 말하는 것이 아니라, 운동 경기와 회합과 같은 '공공의 모임'이 열리는 장소를 가리킨다.

25 철학자들에게서 주어지는 공개적인 강의(akroasis)와 비슷한 것인데, 청중 앞에서 남의 글이나 새로운 작품 따위를 읽어 주는 것을 말한다. 3.23.23에서도 철학자에 의하여 공개적 강의가 이루어지고 있는 모습이 기술되고 있다.

26 원어인 to semnon kai eustathes는 '근엄해 보이고 무게 있게 보이라'는 의미. 스토아적인 자세 및 태도이다.

나거나, 눈앞에서 문을 닫히거나, 혹은 너에게 전혀 주의를 기울이지 않을 수도 있다는 것을 떠올리는 것이다. 그럼에도 여전히 그를 만나러 가야만 한다면, 거기서 일어나는 일들을 [고스란히] 참는 것이다. 그리고 너 자신에게 결코 "그만한 가치가 못 되었군"[27]이라고 말하지 말라. 왜냐하면 그것은 철학에 소양이 없고(idiōtikon), 외적인 일에 대해서 짜증을 내는 사람이 하는 일이기 때문이다.

§14. 사람과의 교제에서는, 자신의 행적(行績)이나 모험한 일에 대해서 장황하게 언급하는 것을 피하라. 왜냐하면 너 자신의 모험담을 떠올리는 것이 너에게는 즐겁겠지만, 다른 사람에게는 너에게 일어난 것을 듣는 것이 그리 즐겁지 않기 때문이다.

§15. 또한 다른 사람을 웃게 하는 것도 피하라. 왜냐하면 그 방식은 저속하게 흐르기 쉽고, 또 그와 동시에 가까운 사람들이 너에게 품고 있는 존경심을 약화시키기에 충분하기 때문이다.

§16. 상스러운 얘기로 빠져드는 것도 위험하다. 그러므로 뭔가 그런 얘기가 나오면, 적당한 때를 봐서, 그 말을 꺼낸 사람을 꾸짖는 데까지 나아가라. 그럴 기회가 없다면 적어도 입을 다물거나, 얼굴을 붉히거나, 얼굴을 찌푸린다거나 해서 그런 이야기를 불쾌하게 여기는 것을 밝히는 게 좋다.[28]

## 제34장 | 감각적 쾌락을 극복하라

어떤 쾌락의 인상에 떠오를 때는, 다른 인상들의 경우에서와 마찬가지

---

27 '그만큼 애써서 시도해 볼 만큼 보람 있는 일이 못 된다'는 의미이다.
28 어떤 상황에서도 '자연적으로' 일어나는 도덕적인 분노를 숨기지 말라는 의미이다.

로 그것에 마음을 빼앗기지 않도록 너 자신을 보호하는 것이 좋다. 아니, 오히려 그 사안에 좀 기다려 달라고 자네 자신에게 유예를 받도록 하라. 그러고 나서 두 때를 상기하라. 즉, 네가 그 쾌락을 누리는 데 걸리는 시간과 그 쾌락을 누린 후에 후회하며 스스로 자신을 탓하는 데 걸리는 시간을 마음에 새겨 두는 것이다. 그리고 이 시간들과 비교하여, 만일 네가 이것을 멀리한다면, 얼마나 기쁨을 느끼고, 얼마나 너 자신을 찬양하게 될지를 상기하라.

또한 이런 일에 관여해도 상관없는 때라고 생각할 수 있는 경우에도,[29] 그 감미롭고 쾌활하며 매력적인 것이 너를 이기는 일이 없도록 주의하라. 오히려 그것에 맞서서 승리했다는 자각을 갖는 것이 너에게 얼마나 더 나은 것인지를 상기하라.

### 제35장 | 확신을 가지고 행동하고 남의 비난을 두려워하지 말라

네가 무언가를 해야 한다고 결정했을 때는, 비록 많은 사람들이 그것에 대해 다르게 생각한다고 할지라도, 그것을 행하는 것을 보이는 것을 결코 피하려고 하지 말라. 만일 네가 올바르게 행동하고 있지 않다면 그 일 자체를 피해야 하고, 또 네가 올바르게 행동하고 있다면, 잘못을 비난하는 사람을 너는 왜 두려워해야만 하는 것인가?

### 제36장 | 몸가짐을 신중히 하라

'지금은 낮이다'와 '지금은 밤이다'라는 진술들은 선언명제[30]로서는 충

---

29 다른 사본에 따라 읽어보면, '만일 행동을 취할 적절한 때라고 여겨진다면'.

30 '낮이거나 혹은 밤이다'와 같은 diezeugmenon (선언). 단칭명제를 '또는'(hē)으로 결합

분한 의미[31]를 가지지만, 연언명제[32]로서는 아무런 의미가 없는 것과 마찬가지로,[33] 연회에서 더 큰 몫을 선택하는 것은 몸을 위해서는 가치가 있을 수 있으나, 연회에서 마땅히 해야만 하는 태도를 지키기 위해서는 아무런 가치가 없다.

5   그러므로 다른 사람과 함께 식사할 때에는, 비단 네 눈앞에 놓여 있는 것들[34]의 신체를 위한 가치만 볼 것이 아니라, 연회를 베푼 사람에 대한 존경에도 신경을 써야 한다는 것을 명심하라.


### 제37장 | 네 능력을 넘어서는 역할을 떠맡지 말라

만일 네가 네 능력을 넘어서는 역할을 맡는다면, 그 점에서 너는 부끄러운 행동을 하고 있을 뿐만 아니라, 네가 해낼 수 있는 배역까지도 소홀한 것이다.


### 제38장 | 정신의 원리가 손상되지 않도록 주의하라

걸을 때는 못을 밟거나 다리를 삐지 않도록 조심하되, 그와 마찬가지로

---

한 복합명제를 말한다. 이 문제에 대해서는 DL 제7권 72~74 참조.

31 직역하면, "큰 가치를(megalēn axian)"이다. 1.25.11~13과 비교하라. "음식을 집는 것은 집지 않는 것보다 더 큰 가치(axia)를 가진다." axia란 말은 여기에서 3번 사용되는 데 일반적으로 '가치'를 뜻한다. 이에 반대되는 apaxia라는 말은 두 번 나오는데 이 말은 '가치의 결여'를 뜻한다.

32 '낮이고 그리고 밤이다' 혹은 '만일 낮이라면 밤이다'와 같은 sumpeplegmenon(연언)으로, '그리고' 혹은 조건문으로 결합된 복합명제를 말한다.

33 텍스트에 충실해서 옮기면, '…와 …라는 것을 별도로 하면 충분한 의미를 가지지만, [그 두 명제를] 결합하면 의미를 가지지 못하는 것처럼'이다.

34 먹을 것.

네 마음의 지도적 부분(헤게모니콘)을 해치지 않도록 주의하라. 우리가 어떤 행동에서도 이 점을 배려한다면, 보다 안전하게 행동에 나설 수 있을 것이다.

### 제39장 | 꼭 필요한 만큼만을 소유하라

마치 발이 가죽신을 재는 척도인 것처럼, 개개인의 신체가 소유를 측정하는 척도이다.[35] 만일 네가 그 점에 머무른다면 척도를 지키겠지만, 그것을 밟고 넘어선다면 그 후에는 반드시 낭떠러지에서 떨어지게 될 것이다.

가죽신의 경우에서처럼, 발의 척도를 넘어서면 금박을 입힌 가죽신이 되고, 그다음에는 자주색[36]으로 물든 가죽신이 되고, 그다음에는 수를 놓은 가죽신이 될 것이다. 일단 그 척도를 넘어서면, 어떤 한계도 없어지기 때문이다.

### 제40장 | 여성에게서의 존경

여성은 14세가 되자마자 남성들로부터 '부인들'[37]로 불린다. 그래서 그들이 단지 남자들과 잠자리를 함께하는 것을 제외하고는 자신들이 얻을 수 있는 것이 아무것도 없다는 것을 알게 되면, 화장을 시작하고 이

---

35 신체에 필요한 소유물을 가리키는데, 가령 가죽신(샌달)은 사람의 신체적 '발'에 필요한 것이다.

36 '자주색'은 귀족적이고 화려한 것을 나타낸다.

37 원어 kurios('안주인')는 가정(家政)을 맡게 된다는 것으로 결혼 적령기에 접어들었음을 의미한다. 혼인 가능 연령은 12세부터였다.

일에 온갖 희망을 걸게 된다. 그러므로 그들이 존경을 받기 위해서는 예의를 갖추며, 자긍심을 보이는 것[38] 외에는 아무것도 없다는 것을 그녀들이 깨닫도록 배려하는 것은 중요하다.

### 제41장 | 신체보다 정신을 돌보라

몸으로 시간을 낭비하는 것은 어리석음의 징표이다. 예를 들어, 장시간 운동하거나, 장시간 먹고 마시고, 장시간 배설을 하거나, 장시간 성관계를 하는 것이다. 오히려 이런 일들은 틈틈이 행해져야만 하고, 너의 온 관심을 정신에 집중해야만 한다.

### 제42장 | 관용의 태도를 가져라

누군가가 너에게 나쁜 짓을 하거나 나쁘게 말할 때는, 당사자는 그것이 적절한 일이라고 생각하고, 행동하거나 말하고 있는 것임을 기억하라. 그렇다면 그 사람은 너에게 좋다고 생각하는 것이 아니라, 오히려 그 사람 자신에게 좋다고 생각하는 것에 따를 수밖에 없는 것이다.

따라서 그 사람이 잘못 생각하고 있다면, 속임을 당하는 바로 그 사람이야말로 곤욕을 치르게 된다. 왜냐하면 참인 연언명제[복합명제][39]를 거짓인 것으로 판단한다면, 곤욕을 치르는 것은 연언명제가 아니라,

---

**38** 한 남자를 섬기고 정절을 지킨다는 의미로 이해된다. 아내가 정절을 지키듯이, 남편 또한 정절을 지킬 것을 에픽테토스는 요구한다. 앞서 제33장에서는 '만일 네가 성애에 빠지게 된다면, 적법한 것에만 관여해야 한다'라고 말한 바 있다.

**39** '그리고'(kai)라는 논리적 연결사(logical connective)로 결합된 문장을 말한다. 1.26.14 및 2.9.8 참조. 『엥케이리디온』 제36장에서는 '의미'가 없는, 즉 거짓인(모순된) 복합명제의 예가 나온다.

속임을 당한 사람이기 때문이다.[40] 이런 생각으로 일을 시작한다면, 너를 욕하는 사람에 대해 온화한 태도를 취할 수 있을 것이다. 그럴 때마다 그 사람은 '그렇게 생각한다'라고 말하면 되기 때문이다.

### 제43장 | 모든 것은 두 개의 손잡이를 가지고 있다

모든 사안은 두개의 손잡이[41]를 가지고 있는데, 하나는 그것을 운반할 수 있지만 다른 하나는 운반할 수 없다.

　너의 형제가 부정의한 짓을 하면, 부정의한 일을 한다는 그 손잡이 쪽에서 그것을 잡지 말아야 한다. 그것은 운반할 수 없는 쪽 손잡이이기 때문이다. 차라리 그가 너의 형제이자, 함께 자란 사람이라는 손잡이에서 그것을 잡으라. 그렇게 하면[42] 너는 운반할 수 있는 손잡이로부터 그것을 잡게 될 것이다. 5

### 제44장 | 그릇된 추리

다음의 추론은 논리적이지 않다.[43] '나는 너보다 더 부유하다. 따라서 나는 너보다 낫다', '나는 너보다 더 말을 잘한다, 따라서 나는 너보다 더

---

40 '오늘 해가 떠 있고, 그리고 그는 아테네에 있다'는 참인 연언 명제를 참으로 받아들이지 않으면, 해를 입는 것은 명제가 아니라, 잘못된 믿음을 가진 사람이 된다는 것이다.

41 '두 개의 붙잡을 것'(duo labas)을 의미하는 이 말을 은유적으로 이해하자면, 모든 일에는 양 측면을 가지고 있는데 하나는 문제를 손쉽게 풀릴 수 있도록 해 주는 측면이고, 다른 하나는 그렇지 않은 측면이 있다는 것이다.

42 kai를 추론적 효력을 가지는 것으로 읽었다.

43 sunaktos(모으다)란 말은 여기서 '타당하다', '양립할 수 있다'를 의미하는 논리적 명사(名辭)이다. 그 반대는 asunaktos는 '논리적이지 않다', '양립하지 않는다'라는 의미이다.

낫다'.

오히려 다음의 추론은 논리적이다. '나는 너보다 더 부유하다. 따라서 내 재산이 네 재산보다 낫다', '나는 너보다 더 말을 잘한다. 따라서 내 연설은 네 연설보다 낫다'.

하지만 너는 재산도 연설도 아니다.[44]

### 제45장 │ 성급히 판단하지 말라

어떤 사람은 재빨리 목욕을 한다. 우리는 이 경우에 '그는 나쁘게 목욕을 한다'라고 말하지 않고, 오히려 '그는 재빨리 목욕을 한다'라고 말해야 한다. 어떤 사람이 포도주를 많이 마시면, '그는 나쁘게 마신다'고 말하면 안 되고, 오히려 '그는 많이 마신다'고 말해야 한다.

왜냐하면 그의 판단[45]을 알기 전에, 어떻게 그것이 나쁜지 알 수 있는가? 이렇게 하면 어떤 것의 파악될 수 있는 인상을 받아들이면서, 다른 것으로 승인하는 일도 일어나지 않을 것이다.[46]

### 제46장 │ 철학적 원리들을 말하는 것 대신에 그것에 따르는 것을 행하라

§1. 어떤 경우에도 너 자신을 철학자라고 해서는 안 되고, 일반인들 사이에서 철학 이론에 대해 길게 수다를 떨어서도 안 된다. 하지만 철학

---

**44** 사람은 재산과 연설과 같은 존재물이 아니므로, 그런 외적인 것에 좌우되는 존재가 아니다. 따라서 인간의 가치는 인간에게 고유한 '이성'에 의해서 결정된다는 의미이다. 제3권 제14장 11절 아래 참조.

**45** 어떤 사람이 행위 하게 되는 자신의 '동기' 내지는 '생각'(dogma)을 가리킨다.

**46** 인식론적으로는 '인상'→ '파악'→ '승인'의 순서로 이루어진다. 이 문제에 대해서는 '해제' 참조. 제3권 제8장 4절 참조('파악될 수 있는 인상').

이론들에서 따라 나오는 것들을 행하라. 마치 술자리에 어떻게 먹어야 할지를 말하지 않고, 마땅히 먹어야 하는 방식대로 먹는 것처럼.

그 이유는 이렇다. 즉 소크라테스는 자신을 과시하는 것을 모조리 거부했기 때문에, 사람들이 그에게 철학자들을 소개받으려고 왔을 때, 소크라테스는 그들을 안내하러 갔다는 것을 기억하라. 이런 식으로 그는 자신이 무시당해도 참았던 것이다.[47]

§2. 그리고 철학자가 아닌 사람들 사이에서 어떤 철학 이론에 대해 화제가 된다면, 대체로 침묵하고 그냥 놔두라. 왜냐하면 소화되지 않은 것을 바로 뱉어낼 위험이 크기 때문이다. 그리고 누군가가 너에게 '아무것도 모르네'라고 말했을 때, 그 사람을 물거나 하지 않는다면,[48] 그때야말로 네 일을 시작하고 있음[49]을 알면 되는 것이다.

또한 양들은 주인에게 찾아와 건초를 얼마나 먹었는지를 보여 주지 않지만, 오히려 그 꼴을 신체 내부에서 소화한 다음에 외부에 털과 젖을 가져다주기 때문이다. 그러므로 너 또한 철학 이론들을 철학자가 아닌 사람들 앞에서 과시하지 말고, 오히려 철학 이론들을 잘 소화한 다음 거기서부터 일을 시작하는 것이다.


### 제47장 | 자신을 내세우지 말라

네가 신체와 관련한 것으로 알맞은 생활을 한다고 해서, 이것을 자랑하지 말라. 또 물을 마시고 있다면, 어떤 경우에도 물을 마시고 있다고 말

---

**47** 제3권 제23장 22절 참조.
**48** 전후 맥락상 '소크라테스처럼'를 넣어 읽으면 문맥이 더욱 잘 이해된다.
**49** 즉 철학을 하는(philosophein; doing philosophy) 첫 단계를 말한다.

하지 말라.

또한 신체적 수고를 견디도록 단련하고 있을 때에는 외부의 것을 위해서가 아니라 너 자신을 위해서 하는 것이다. 조상(彫像)을 얼싸안지 말라.[50] 하지만 몹시 갈증이 날 때는 차가운 물을 머금고 뱉어 내는 것이다. 그리고 아무에게도 그 말을 하지 말라.[51]

---

**50**  제3권 제12장 '훈련에 대하여'(peri askēseōs) 2절과 10절 참조. 디오게네스는 자신을 단련시키기 위하여 추운 날씨에 벌거벗은 채로 추운 날씨에 조상을 얼싸안았다고 한다 (DL 제6권 23). 여기서는 남에게 보여 주려는 의도로 억지로 고행하는 것을 탓하는 것이리라.

**51**  고행할 때의 하나의 관습이었던 모양이다. 제3권 제12장 17절에도 같은 모습이 기술되고 있는데, 더울 때 훈련하는 태도로 그려져 있다.

# 가르침의 실천에 관한 결론

### 제48장 ｜ 철학하는 자로 나아가는 것의 징표

**48a, §1** 비철학자의 사물에 대한 자세와 성격은 이익도 손해도 자신으로부터 생긴다고 결코 생각하지 않고, 오히려 외부로부터 발생한다고 생각한다. 철학자의 사물에 대한 자세와 성격은 어떤 이익도 손해도 자기 자신으로부터 생기는 것이라고 생각한다.

**48b, §2** 진보한 사람의 징표. 그 사람은 아무도 탓하지 않고, 그 누구도 칭찬하지 않으며, 아무도 질책하지 않고, 자신이 무슨 인물이나 된 것처럼, 혹은 뭔가 중요한 것을 아는 것처럼 결코 말하지 않는다. 어떤 일로 방해받더라도 자기 자신을 비난한다. 또 다른 사람이 자신을 칭찬해도 마음속으로 칭찬한 사람을 비웃고, 비난을 받아도 변명하지 않는다. 그리고 마치 아픈 사람처럼 회복된 부분이 굳을 때까지 다치지 않도록 조심하며 주위를 돌아다닌다.[1]

**§3** 자신에게서 모든 욕구를 배제하고, 우리에게 달려 있는 것들 가운

5

---

[1] 질병에서 나아지는 사람과의 유비는 결국 '지혜로운 사람은 만사에 안전을 기하며 조심조심 행동한다'는 것을 말하고 있다.

데 자연에 어긋나는 것만을 회피 대상으로 삼는다. 모든 것에 관련해서 충동을 적당히 억제한다.[2] 사람들이 그를 어리석거나 무지하다고 생각

10 할지언정, 전혀 개의치 않는다. 한마디로 말해서, 그는 적이나 배신자를 대하듯 자신을 감시하는 것이다.

### 제49장 | 이론보다는 실천을 보여라

누군가가 크뤼시포스의 책들을 이해하고 해석할 수 있다고 떠벌릴 때는, 너 자신에게 이렇게 말하라. '만일 크뤼시포스가 불명료하게 쓰지 않았다면, 이 사람은 떠벌릴 만한 어떤 것도 없을 것이다.'[3]

나는 무엇을 바라는 것일까? 자연 본성을 배우는 것과 이에 따르는

5 것이다. 그러므로 나는 그것을 나에게 해석해 줄 수 있는 사람이 누구인지를 찾고 있으며, 그것이 크뤼시포스라고 하면, 나는 그에게로 갈 것이다. 하지만 나는 그가 쓴 것을 이해하지 못하고 있다. 그래서 나는 그것을 나에게 해석해 줄 수 있는 사람을 찾는 것이다. 거기까지는 아직 내세울 만한 게 없다. 그렇지만 해석해 줄 수 있는 사람을 찾는 것은, 거기서 권유받은 것을 실천에 옮기는 것이 남아 있어, 바로 이를 실천하는 것만이 내세울 만한 일이 된다.

10 하지만 이 해석에만 감탄한다면, 나는 철학자가 아니라, 다름 아닌

---

2 정통 스토아에서는 '욕구'는 일종의 '충동'이다. 충동이 보다 더 일반적 용어이고, 욕구
는 논리적으로는 충동에 종속된다. 그러나 에픽테토스에게는 욕구와 충동은 서로 동등
한 지위를 가진다. 충동은 늘 '좋음'을 목표로 한다.

3 제1권 제17장 16절 아래 참조.

문법학자[4]가 된 셈인가? 단 호메로스가 아니라, 크뤼시포스를 해석한다는 얘기다.[5] 그렇기에 누군가가 나에게 '제발 크뤼시포스를 해석해 주세요'라고 말할 때, 내 행동을 그의 말과 일치되고 조화되는 것으로 보여 주지 못하면 자랑하기는커녕 얼굴을 붉히게 된다.

## 제50장 | 철학 이론에 충실하라

제시된 그러한 원리들[6]은, 만일 어긴다면 이를 모독(冒瀆)[7]하는 것이라고 생각하고, 국법처럼 준수하라. 누군가 너에 관해 무슨 말을 하든 뒤돌아볼 필요가 없다. 그것은 더 이상 너의 일이 아니기 때문이다.

## 제51장 | '지금'이 결단의 시점이다. '소크라테스가 되어라'

§1. 너 자신을 최선의 것으로 간주하고 어떤 일에 있어서도 결정을 내리는 이성[8]에 어긋나지 않도록 하는 것을 언제까지 미루고 있는가? 너는 네가 동의해야만 할 철학 이론을 듣고 또 그것들에 동의했다.[9]

---

4  여기서 문법은 '읽고, 쓰고, 독해하는 능력' 일반을 포함한다.

5  만일 내가 크뤼시포스의 철학적 이론을 해석하는 것을 과시하면서 찬양한다면, 내가 한 일이라는 것은 그저 그의 철학에 대해서 해석하는 문법학자(혹은 문헌학자)에 불과할 뿐이다. 단 그 차이라는 것은 문법학자가 관심을 가지는 호메로스의 시에 대해서가 아니라 크뤼시포스의 책이라는 것뿐이다.

6  즉 철학자로 나아가는 스토아의 삶의 원리들(지침들). 다른 사본은 '이성에 의해 세워진 구별들'(ton diairounta logon)로 되어 있다.

7  원어인 asebēia

8  이성에 따른 명령 내지는 준칙들(ton hairounta logon).

9  hois edei se sumballein, kai sumbeblēkas. 원래의 의미가 무엇인지 이해하기 어려운데, G. Boster는 텍스트의 끊어 읽기를 달리해서 '철학적 원리들을 받아들여서, 너와 대화했던

그런데도 어떤 교사를 기다리고 있고, 그 사람이 올 때까지 자신을 개선하는 것[10]을 미루려고 하는가? 너는 더 이상 청년[11]이 아니라, 이미 완전한 어른이다. 만일 네가 지금 자신을 등한시하고 나태하며, 언제나 미루고 또 미루기만 해서,[12] 자신을 돌보려고 하는 날을 정하고는 또 다른 날을 하는 것이라면, 너는 진보하지 않았다는 것을 깨닫지 못하고 평범한 사람으로 계속 살다가 죽게 되는 것이다.

§2. 그래서 지금이야말로 자신을 어른으로서, 진보하고 있는 자로서 살아갈 가치가 있는 자로 여기는 것이다. 그리고 너에게 최선이라고 생각되는 것은 모두 불가침의 법이라고 하자.

만일 힘든 일이나 즐거운 일, 명예로운 일이나 불명예스러운 일이 닥치면, 지금이야말로 경기가, 올림피아 경기가 시작된 것이니, 이제 더 이상 한순간도 미루는 것이 가능하지 않다는 것과[13] 단 한 번의 패배로서 또 굴복한 그 시점에서[14] 그 (도덕적) 진보를 망치거나 구원받을 수 있다는 것을 기억하라.

§3. 그리하여 소크라테스는 자신이 마주치는 모든 것에 대해 이성 이

---

사람들과 대화했다(hois edei sumballein sumbebkēkas)'로 옮기기도 한다. 여기서 옮긴 이는 Loeb 판의 텍스트 읽기를 선택했다.

10  epanorthōsis는 '도덕적 함양'과 삶의 자세 개선과 교정을 가리킨다.

11  anēr는 20세 전후의 청년들을 가리킨다.

12  hupertheseis ex huphertheseōn으로 읽는다. 다른 사본에는 '구실(목적)에 구실을 거듭해서'(protheseis ek protheseōs)로 되어 있다.

13  hoti 대신에 eti(게다가)로 읽는 사본도 있다.

14  para mian hēttan kai endisin 대신에 para mian hēmeran kai hen pragma(한 날과 한 행위에 의해)로 읽는 사본도 있다(Loeb 참조).

외의 어떤 것에도 주목하지 않고 그 자신을 이끌어 감으로써, 소크라테
스는 이러한 방식으로 완성의 경지에 이르렀던 것이다. 비록 네가 아직
은 소크라테스가 아니라고 할지라도, 소크라테스이길 바라는 사람으로
살아야 한다.[15]

### 제52장 | 중요한 것은 철학 이론의 논증이 아니라 실천이다

§1. 철학에서 첫 번째의, 그리고 가장 필요한 영역[16]은 철학 이론의 실천
에 관한 것이다. 예를 들면, '거짓말을 하지 말아야 한다'는 것이다. 두
번째는 논증들에 관련된 것이다. 예를 들면, '왜 거짓말을 하지 말아야
만 하는가?'이다. 세 번째는 이 두 가지를 확증하고 명확히 드러내는 것
이다. 예를 들면, '이것이 왜 논증인가?'[17] '논증이란 무엇인가', '논리적
결론이 무엇인가', '모순[18]이란 무엇인가', '참이란 무엇인가', '거짓이란

---

**15** 이 장은 『엥케이리디온』 전체에 대해 발췌하고 요약하는 장으로 간주될 수 있다. 소크
  라테스는 에픽테토스에게는 자신이 평생을 두고 사표로 삼았던 철학자이다. 소크라테
  스의 가장 중요한 삶의 원칙인 '혼의 돌봄'(epimeleia tēs psuchēs)과 '검토하는 삶'을 강
  조하면서 철학을 했던 에픽테토스는 이런 말을 권고하고 있다. "소크라테스는 우리에
  게 검토되지 않는 삶(anexetaston bion)을 살지 말 것을 말하곤 하였다."(제1권 제26장
  17~18절).

**16** topos는 '주제' 혹은 '분야'로도 옮길 수 있다.

**17** 여기서 철학을 세 영역으로 나누는 구분은 전통적인 철학의 세 부분, 즉 논리학, 윤리
  학, 자연학의 구분이 아니다. 물론 여기서 세 번째의 영역은 명백히 (형식) 논리학을 말
  한다. 에픽테토스는 실천철학보다 논리학에 매달리지 말 것을 주문하고 있다. 철학의
  영역을 셋으로 나누는 것에 대해서는 제3권 제2장 1~6절 참조. 여기(3.2.6)에서는 첫
  번째 영역을 중요하게 다루지 않는 '당대의 철학자들(hoi nun philosophoi)'을 비판하고
  있다. 그 밖에도 3.26.15~17, 1.17.6~9 참조.

**18** 즉 논리적 불일치.

무엇인가' 하는 것이다.

§2. 그렇기에 세 번째 영역은 두 번째 영역을 위해서 필요하고, 두 번째 영역은 첫 번째 영역을 위해서 필요하지만, 가장 필요하고, 거기에 머물러야 할[19] 것은 첫 번째 영역이다. 그러나 우리로 말한다면[20] 그 반대를 행하고 있다. 왜냐하면 우리는 세 번째 영역에 시간을 낭비하고, 또 우리의 열의는 모두 그것을 향해 있고, 첫 번째 영역을 완전히 등한시하고 있기 때문이다. 즉 우리는 실제로 거짓말을 하면서도, 거짓말을 해서는 안 된다는 것에 대한 논증을 자기 것으로 하고 있는 셈이다.

### 제53장 | 명심해 둬야 할 명제들

§1. 모든 경우에서 아래의 말을 자신의 것으로 해 두지 않으면 안 된다.

'나를 이끄소서, 오 제우스신이여, 당신, 운명의 신이시여,
당신이 나에게 정해 주신 그 어느 곳이라도 가도록.
나는 주저 없이 따르겠나이다. 하지만 원하지 않는다고 해도,
나쁜 자가 되어도, 그럼에도 다름없이 따르겠나이다.'[21]

---

**19** 문자 그대로의 의미는 '멈춰 서는 곳'(anapauesthai)을 의미한다. 즉 근거하는 것. 이 대목에서 사용된 말들은 모두 기술적인 논리적 용어들(logical terms)이다. 에픽테토스는 으레 학생들이 논리학을 공부한 것으로 전제하고 논리적 용어들을 사용한다. 물론 그는 논리적 지식보다는 철학적 원리들의 실천에 더 관심을 가진다.

**20** 에픽테토스는 제외된다.

**21** 클레안테스(기원전 331~232년)의 시에서 따온 시이다(Von Arnim, *Stoicorum Veterum Fragmenta*, Ⅰ.「단편」527). 클레안테스는 아소스 출신으로 스토아학파의 창시자인 제논의 제자였다. 『제우스 찬가』라는 긴 단편시가 전해진다. 우리는 이 시를 통해 스토아학파의 자연학에 대한 생각을 엿볼 수 있다. 원래의 시행을 보존하면서 번역했다. 의미

§2. '필연의 힘에 잘 따르는 사람은 누구든지 우리들 사이에 지혜로운 사람이고, 또 그는 신적인 것들을 아는 자입니다.'[22]

§3. '허나, 크리톤이여, 이렇게 하는 것이 신들을 기쁘게 하는 것이라면, 그렇게 되기를 바란다.'[23]

상으로는 "하지만 나쁘게 되었기 때문에, 내가 원하지 않는다고 해도…"로 읽는다. 제2권 제23장 42절에도 '오, 제우스신이여, 운명의 신이시여, 당신이 나를 이끄소서'라는 시 구절이 나온다(3.22.95). 시(詩)의 1행과 2행은 제4권 제1장 131절에도 나온다. 세네카는 클레안테스 시행에 뒤이어 'Ducunt volentem fata, nolentem trahunt(운명은 순순히 따르는 자를 이끌고, 순순히 따르지 않는 자를 끌고 간다)'라고 읊고 있는데(『도덕서한』 107.10~11), 세네카가 이 시구들에 이어 자신이 덧붙인 것으로 추정할 수 있다. 세네카가 자신의 논의의 배경으로 깔고 있는 클레안테스의 시를 옮겨 본다(B. Inwood, *Reading Seneca*, 2005, 158쪽 참조). 이 시는 기꺼이 '운명(fata)'을 받아들이라는 자신의 논증으로 사용되고 있다.

"고결한 하늘의 아버지, 주재자시여, 이끄소서.
당신이 원하시는 어디라도, 나는 주저 없이 복종하겠나이다.
나는 기꺼이 또 간절히 그렇겠나이다. 내가 순순히 원하지 않는다 해도,
번민하면서 따르겠나이다, 나의 나쁨에도
좋은 사람으로 행할 수 있었던 것을 억지로라도 하게 될 것입니다.
운명은 순순히 따르는 자를 이끌고, 순순히 따르지 않는 자를 끌고 가나이다."

"하지만 내가 원하지 않는다 해도/ 나쁘게 되었기 때문에/ 그럼에도 다름없이 이를 따르겠습니다(ouden hēttōn hepsomai)"란 시구 해석에 대해서는 S. Bobzien(*Determinism and Freedom in Stoic Philosophy*, Oxford, 1998)의 pp. 348~349 참조. 어떤 의미일까? 알 수 없는 노릇이긴 하지만, "따르기를 원하든 원하지 않든 간에 그것이 운명지어져 있다는 것일까?" 보편적 숙명론인가? 그러면 에픽테토스가 이 말을 인용한 의도는 무엇일까? 우리에게 달려 있는 것만이 우리의 선택에 따르니, 우리에게 달려 있지 않은 것들은 인간의 선택을 넘어서는 것이니, 그대로 달갑게 받아들인 채로 순응하라는 것인가?

22 에우리피데스, 『단편』 965.

23 제1권 제29장 19절. 플라톤, 『크리톤』 43D 참조. 소크라테스가 한 말을 조금 다르게 변형시킨 표현이다.

§4. '아뉘토스와 멜레토스가 나를 죽일 수는 있지만, 그러나 어떤 해
도 내게 끼칠 수는 없을 것이네.'[24]

---

24  제1권 제29권 18절. 플라톤, 『변론』 30C~D 참조. 이 구절 역시 소크라테스가 하는 말로
서 조금 다르게 변형시킨 표현이다. 아뉘토스는 멜레토스와 더불어 소크라테스를 고발
한 장본인으로, 펠로폰네소스 전쟁(431년~404년) 이후 정권을 잡은 민주파의 지도자
로서 제화업자였다.

단편

* 이 단편들은 에픽테토스가 썼다고 하는 다른 고대 저작들에서 가져온 구절들을 모은 것으로, 아리
아노스가 쓴 에픽테토스의 가르침을 기록한 지금은 상실된 판본(5~8권)에 기초한 것으로 보인다.
가장 일반적인 출처는 마케도니아 출신의 스토바이오스(Joannes Stobaeus, 5세기경)의 도덕적 구절
에 대한 모음집(4세기경)이다. 여기에 번역된 단편들은 현재 학자들이 생각하는 에픽테토스의 구절
만을 모았다. 일련번호는 하인리히 쉔클(라이프치히, 1916)의 에픽테토스 작품에 매겨진 번호이다.

단편 1[1] | 에픽테토스의 제자 아리아노스의 말에서

'존재'의 문제에 대해 바쁜 사람에 대해서[2]

에픽테토스는 이렇게 말한다. 존재하는 것이 원자이든, 불가분의 것[3]
이든, 불이나 흙으로 구성되든 간에 나와 무슨 관련이 있을까? 오히려
좋음과 나쁨의 본질을 배우고, 욕구나 회피나 충동이나 반발('행위하지

---

1 스토아 철학의 세 가지 영역(논리학, 윤리학, 자연학)을 연구하는 궁극적인 목적이 윤
  리적 성격을 향상시키는 것이라는 주장은 특히 논리학와 관련한 에픽테토스의 공통 주
  제이다(『강의』 제2권 제23장, 제3권 제2장). 여기서 이례적으로 이 구절의 첫 부분은 자
  연학에 관한 것이다. 우주가 원자로 이루어져 있든(에피쿠로스적 관점) 또는 요소(스
  토아적 관점)로 이루어져 있든, 우리는 여전히 스토아적 윤리 원칙에 전념할 수 있다는
  생각은 마르쿠스 아우렐리우스의 『자기 자신에게 이르는 것들』(제4장 3, 제10권 6, 제
  12권 14)에서 때때로 재언급되고 있다.

2 이 마지막 말은 Wachsmuth가 보충했다.

3 '불가분한 것들'(amerōn, amerēs)이라면 앞의 '원자들'(atomōn)과 같은 의미가 되므로
  '동질 부분적인 것(homoiomerē)'으로 고치기도 한다(Gesner). 원자는 데모크리토스 등
  의 원자론자가 주장하는 만물의 기본 요소이고, '동질 부분적인 것'은 아낙사고라스가
  주장하는 기본 요소이다.

않는 충동')의 적절한 한도를 배워, 이를테면 이것들을 기준으로 삼음으로써 우리의 삶과 관련된 일을 관리하고, 우리의 힘을 넘어선 것은 버려두는 것으로 충분하지 않을까? 후자는 인간의 정신에 따라서 파악할 수 없고, 설령 사람이 그것들을 최대한 포착해낼 수 있는 것이라고 생각하더라도, 그 파악된 것이 무슨 소용이 있겠는가? 그런 것들을 철학자의 논의에서 필요한 것으로 간주하는 무리들은 쓸데없는 짓을 하고 있다고 말해야만 하지 않을까? 그렇다면 델포이에 있는 '너 자신을 알라'라는 잠언도 쓸데없는 것이 될 것인가? '그렇지 않습니다'라고 그 사람은 대답한다. 그렇다면 그 잠언이 의미하는 것은 무엇인가? 누군가가 합창대원들에게 '너 자신을 알라'라고 권하면, 그 사람은 합창 동료들에게 그들과 장단을 맞추도록 하고, 그 지시에 주의를 기울여야 하는 것이 아닐까? '맞아요.' 그러면 뱃사람의 경우는 어떨까? 병사의 경우는 어떨까? 인간은 자기 하나만을 믿고 살아가는 동물인가, 아니면 공동체를 위해 사는 것인가? '공동체를 위해서요.' 무엇 때문에 그런가. '자연을 위해서입니다.' 자연이란 무엇이며, 어떻게 전체(우주)를 통괄하고 있는지, 자연은 존재하는지 어떤지,[4] 이런 문제에는 더 이상 바쁠[5] 필요

---

4   뭔가가 탈락되어 있는 것으로 보이는데, '자연은 존재하는지'를 묻는 것이 에픽테토스에게 어떤 의미인지도 불확실하다. 롱(A. A. Long)은 '자연을 〈알 수〉 있는지 어떤지'로 이해한다(p. 150) 반스는 이 단편의 전반부는 학생에 의해 말해진 것으로 파악하고, 에픽테토스가 그에 대해 심각하게 답하는 것으로 이해한다. '에픽테토스가 자연철학의 옹호자였다'라는 반스의 주장은 설득력이 없어 보인다는 롱의 견해가 옳아 보인다(J. Barns, 1997, pp. 25~27; A. A. Long[2002], p. 150, n.7 참조).

5   즉 '성가시게'.

가 없는 것인가?[6] ─스토바이오스,[7] 『발췌록』 제2권 1, 13

### 단편 2 | 에픽테토스 제자 아리아노스의 말에서

현재 어떤 것이나, 운에 의해 주어지는 것에 불만을 가진 사람은 인생에서의 일반인[8]이지만, 그것들을 당당히 견디고, 그 결과도 현명하게 견디는 사람은 뛰어난 인물로 간주될 만하다. ─스토바이오스, 『발췌록』 제4권 44.65

### 단편 3[9] | 동일한 사람의 말에서

만물은─대지도, 바다도, 태양도, 그 밖의 별들도, 지상의 동식물도─우주(질서)[10]를 따르며 섬기고 있다. 우리의 몸도 우주에 따르며, 우주가 원하면 병에 걸리고, 건강해지고, 젊어지고, 늙고, 그 밖의 변화를 겪는 것이다. 따라서 우리의 힘이 미치는 것, 즉 우리의 판단이 우주

---

6 롱(A.A.Long)의 지적에 따라 진술의 문장이 아니라, 수사적 의문문으로 읽었다.

7 4~5세기경 사람으로 헬라스 작가의 작품을 정리하고 아들을 위해 자연학, 도덕에 관한 '발췌집'을 엮었다. 『발췌집』(전4권, *Eklogōn, apophthegmatōn, hupothēkōn biblia tessara*)에는 호메로스로부터 500명 이상의 작품에서 발췌한 것이 수록되어 있다.

8 원어인 idiōtēs는 비전문가로 보통 사람을 가리키지만, 여기서는 철학에 소양이 없는 일반인을 가리킨다.

9 윤리적 진보는 부분적으로 우주에 구축된 종류의 질서와 합리성을 우리 자신 안에 만들어 냄으로써 우리의 소망과 결정을 우주와 일치시키는 것으로 이해될 수 있다는 생각은 스토아학파의 중심 주제이다(LS 63 C[3~4]). 마르쿠스 아우렐리우스는 이 주제를 자주 다시 언급한다(『자기 자신에게 이르는 것들』 제2권 16, 제3권 5, 제4권 4). 에픽테토스는 대개는 이와 관련하여 우주보다는 '신'을 지칭한다(『강의』 제1권 제14장, 제1권 제16장 참조). 『단편』 4와 6의 후반부도 참조.

10 여기서 말하는 우주(코스모스)는 신과 동일하다. 제1권 제14장 115절 참조.

에 저항하는 유일한 것이 아니라는 것은 이치에 맞다. 우주는 강하고, 우리보다 우월하며, 우리를 위해 잘 생각하고 만물과 함께 우리를 지배하기 때문이다. 이것에 더해서, 이를 거스르는 행동은 불합리할 뿐만 아니라, 쓸데없이 혼란스럽고 속상할 수밖에 없는 것이다 ──스토바이오스, 『발췌록』 제4권 44, 66

**단편 4 | 에픽테토스의 책에 있는 친애에 관한 루푸스의 말에서**

신은 존재하는 것들 가운데 어떤 것은 우리의 힘이 미치는 것으로, 다른 어떤 것은 우리의 힘이 미치지 못하는 것으로 정했다. 우리의 힘이 미치는 것에는 가장 아름답고 가장 뛰어난 것──그것에 의해서 신 자신도 행복한 것이다──즉 인상의 사용이라는 것이 놓여 있다. 그 사용이 올바르게 이루어진다면 자유롭고, 순조롭고, 즐겁고, 평온하며, 또한 그것은 정의롭고, 법이며, 절제이며, 모든 덕이기 때문이다. 그러나 신은 나머지 모든 것을 우리의 힘이 미치지 않는 것으로 하셨다. 따라서 우리도 신과 보조를 맞추어 사물을 이렇게 구별하여 우리의 힘이 미치는 것은 모든 방식으로 추구하고, 우리의 힘이 미치지 못하는 것은 우주에 맡겨야 하는 것이다. 그리고 우주가 요구하는 것이 아이든, 조국이든, 몸이든, 다른 것이든 기꺼이 맡겨야 하는 것이다. ──스토바이오스, 『발췌록』 제2권 8, 30(무소니우스 루푸스, 『단편』 38)

**단편 5 |** 에픽테토스의 책에 있는 친애에 관한 루푸스의 말에서

라케다이모니아인인 뤼쿠르고스[11]의 말에 감탄하지 않는 자가 우리 중에 누가 있겠는가? 그는 어떤 시민 때문에 한쪽 눈을 훼손당했을 때, 자신이 원하는 대로 처벌하도록 민중에게서 그 젊은이를 넘겨받았지만, 그 젊은이를 처벌하기는커녕, 오히려 그를 교육하고 뛰어난 사람으로 만들어 극장에 데려간 것이다. 라케다이모니아인들이 놀라움을 표시했을 때, 그는 "내가 여러분으로부터 이 남자를 오만하고 난폭한 사람으로 받아들였지만, 나는 훌륭한 사람이자 공적인 정신을 가진 사람으로 너희에게 돌려주는 것이네"라고 말했다. ─스토바이오스, 『발췌록』 제3권 19, 13(무소니우스 루푸스, 『단편』 39)

**단편 6[12] |** 에픽테토스의 책에 있는 친애에 관한 루푸스의 말에서

그러나 특히 자연의 작용이라고 할 수 있는 것은 충동을 적합하거나 유익한 것의 인상과 연결시켜 조화하는 것이다. ─스토바이오스, 『발췌록』 제3권 19.13(무소니우스 루푸스, 『단편』 40)

**단편 7 |** 같은 저자의 말에서

우리가 처음 만나는 적을 온갖 수단을 동원해 해치지 않는다면, 남들로부터 쉽게 경멸을 받을 것이라고 생각하는 것은 대단히 천박하고 어리석은 인간이 하는 일이다. 왜냐하면 우리가 남에게 경멸받는 인간으로

---

11  뤼쿠르고스는 스파르타 헌법의 전설적인 창시자였으며, 이 헌법은 안정성과 성품 훈련에 중점을 둔 것으로 고대 철학자들에게 널리 찬사를 받았다.

12  단편 3 참조.

간주되는 것은 그 사람이 상대방에게 해를 끼칠 수 없다는 점이 아니라, 오히려 남에게 도움이 되는 일을 할 수 없다는 점이기 때문이다. —스토바이오스, 『발췌록』 제3권 20, 61(무소니우스 루푸스, 『단편』 41)

### 단편 8[13] | 에픽테토스의 책에 있는 친애에 관한 루푸스의 말에서

우주의 자연 본성이란 이런 것이었고, 지금도 있고, 앞으로도 있을 것이다. 또, 생성하는 것이 지금 있는 것과 다른 방식으로 생성하는 일은 있을 수 없다. 그리고 이 운동 변화의 과정에 관여하고 있는 것은 인간이나 다른 지상의 생물뿐만 아니라 신성들도 그렇고, 제우스에 맹세코 네 가지 기본 요소 자체도 위아래로 모습을 바꾸고 변화하여 흙은 물이 되고, 물은 공기가 되고, 공기는 더욱 아이테르(상층의 공기)로 변화한다. 이런 변화의 과정은 위에서 아래로 내려갈 수도 있다. 만일 사람들이 이러한 것들에 마음을 돌리고, 필연적으로 일어나는 일을 자신의 의지로 받아들이도록 스스로를 설득하려 한다면, 그 사람은 지극히 적절하고 조화로운 삶을 살게 될 것이다. —스토바이오스, 『발췌록』 제4권 44, 60(무소니우스 루푸스, 『단편』 42)

### 단편 9[14]

스토아학파의 저명한 철학자가 [⋯] 자신의 작은 보따리에서 철학자

---

13 인간을 포함하여 우주가 네 가지 요소로 구성되어 있으며, 모든 것이 이러한 요소로 변형되고 요소가 서로 변환된다는 스토아학파의 생각은 LS 47 참조. 『강의』 제3권 제13장 15절 참조. 이 주제는 마르쿠스 아우렐리우스에 의해 자주 다시 언급된다(『자기 자신에게 이르는 것들』 제2권 3, 제10권 7, 제11권 20 참조).

14 이 단편은 2세기 작가 A. 겔리우스(Aulus Gellius, 19.1.14~21)가 『아리아노스의 에픽테

에픽테토스의 『강의』 제5권을 꺼냈다.[15] 이 책은 아리아노스가 편집한 것으로 제논이나 크뤼시포스가 저술한 것과 일치한다는 것은 의심의 여지가 없다. 당연히 헬라스어로 쓰여진 이 책 가운데 다음과 같은 글을 읽을 수 있다.

인상——철학자들은 이것을 판타시아(phantasia)라고 부른다——은, 그로 인해 인간의 지성이 처음 그것을 본 바로 그때, 마음에 생긴 것에 의해서 자극을 받지만, 의지에 종속되는 것도 자신의 힘에 종속되는 것도 아니며, 오히려 인상 자체의 어떤 힘에 의해서, 인간의 마음에 들어와 인식된다. 그러나 승인——그들은 이것을 쉰카타테시스(sugkatatheseis)라고 부른다——은 그에 따라 인상이 같은 것으로 인식되는데, 의지에 종속되며 인간의 통제하에 있게 된다.[16] 그러므로 뭔가 무서운 소리가 하늘로부터, 혹은 건물의 붕괴로 인해 생긴다든가, 갑

토스의 강의』의 지금은 상실된 제5권의 일부를 요약한 것으로 제시되었다. 여기에서 헬라스어(Gellius에 의해 번역됨)로 인용된 문구는 실제 인용문이다. 이 구절은 또한 아우구스티누스의 『신국론』 9.4(9.5 참조, *Quaest. in Heptat.* 1.30)에서도 인용된다. 이 구절은 스토아학파의 '선감정'에 대한 중요한 증거이며 그 일부는 LS 65 Y를 형성한다. '인상'과 '승인'에 대해서는 『에픽테토스 강의 1·2』(그린비, 2023)에 있는 '해제'를 참조. '선감정'(완전한 의미에서, '감정'이 되지 않는 비자발적 반응)에 대해서는 LS 65 X 참조. 현명한 사람은 그러한 외적 사태가 시재적(時在的) 의미에서 '나쁜' 것이 아님을 알기 때문에, 이러한 인상에 '승인'하지 않는다. 현명한 사람의 '좋은 감정'에 대해서는 LS 65 F, W 참조. M. R. Graver, *Stoicism and Emotion*, Chicago, 2007, 제2장, 제4장 참조.

15 포티오스에 따르면(codex. 58), 애픽테토스의 『강의』는 모두 여덟 권의 책으로 되어 있다. 현존하는 것은 4권뿐이다. 또한 책 제목도 『디아트리바이』가 아니라 『디알렉세이스』로 되어 있다. 『강의』의 책 제목과 권수에 관해서는 『에픽테토스 강의 1·2』(그린비, 2023)에 있는 '해제' 참조.

16 즉 의지에 따른 것이며, 인간의 임의적 자유가 된다.

자기 뭔가 위험한 소식이 있다든가, 아니면 그 밖에도 그러한 일이 일어날 때는 현자의 마음도 한동안은 반드시 흔들리거나 경외하거나 파랗게 변하기 마련인데, 그것은 뭔가 나쁜 것을 예감해서가 아니라 오히려 지성이나 이성에 앞서가는 무언가 급격히 예상치 못한 마음의 움직임이 있기 때문이다. 그러나 곧 현자는 '이러한 판타시아'(tas toiautas phantasias)(즉, 그의 마음에 두려움을 안겨 준 인상)에 승인하지 않고, 즉 승인하지도 않고 시인하지도 않는다. 오히려 이를 물리치고, 격퇴하고, 그 안에 뭔가 두려워할 것이 있다고 생각하지 않는다. 그리고 이것이 현자의 마음과 어리석은 자의 마음이 다르다는 점이고, 어리석은 자는 처음에 자신의 마음에는 야만적이고, 가혹해 보이는 듯한 인상을 받으면 실제로 그런 것이라고 생각하고, 스스로 승인하여 이를 시인한다(kai prosepidoxazei). 이것은 스토아학파가 이런 문제를 다룰 때 쓰는 말이다. 한편, 현자 쪽은 한동안은 그 얼굴빛이나 표정이 약간 변화해도 승인하지는 않는다(ou sunkatatithetai). 오히려 이런 인상은 조금도 두려워할 만한 것이 없고, 단지 거짓 겉모습과 허울뿐인 공포심으로 부채질하고 있을 뿐이라며 늘 간직하고 있는 태도나 신념의 강도를 잃지 않는다.

이것이 철학자 에픽테토스가 스토아학파의 교설을 바탕으로 생각하고 말한 것이며, 앞서 든 책 중에서 읽히는 것이다. ─A. 겔리우스, 『아티카의 밤』 제19권 1, 14~21

## 단편 10

철학자 에픽테토스가 이렇게 말했다는 말을, 나는 파보리누스[17]에게서 들었다. 대부분의 철학자들은 철학을 하는 것처럼 보여도, '말이 있어도, 행동이 없다'(aneu tou prattein, mechri tou legein), 즉 말할 뿐 행동을 수반하지 않는다는 뜻이다.

더욱이 아리아노스가 그의 『담론』(dissertationes)에 대해 정리한 책에는 그의 보다 힘찬 말이 남아 있다. 아리아노스가 이렇게 말했다. 부끄러운 줄 아는 마음을 잃고, 엉뚱한 일에 열중하고, 성격도 타락하고, 막무가내로, 말솜씨만 있고, 마음만 빼고 다른 어떤 일에 전념하는 인간을 에픽테토스가 발견했을 때는, 혹은 철학 공부나 연구에 종사하거나, 자연학에 종사하거나, 문답법에 생각을 돌리거나, 이런 종류의 많은 이론을 다루며 골머리를 앓는 사람을 볼 때는 증인으로 신들과 사람들의 이름을 부르며, 종종 이렇게 호소하는 것이다.

'인간아, 너는 그것들을 어디에다 넣느냐. 그 용기가 깨끗한지 알아보라, 자만심 속에 넣으면 없어질 거야. 썩어 버리면, 오줌으로 되거나 신 술이 되어 버리거나, 아니면 더 심해질 수도 있네.' 참으로 이 말보다 무겁고 진실한 것은 없다. 이에 따라 철학자 중에서도 가장 위대한 이 사람[에픽테토스]은 철학 문서나 교설이 마치 불순하고 더러운 통처럼, 부실하고 열등한 인간 속으로 흘러들어 가는 일이 있으면, 열화되고 변

---

17 파보리누스(Favorinus)는 갈리아 지방의 아렐라테(현 아를) 출신의 두 번째 소피스트 운동(하드리아누스 황제) 기간에 활동한 소피스트요, 아카데미아적 회의주의적 철학자(80년경~150년경)였다. 단편 10은 헬라스어와 라틴어를 혼용하고 있다.

형되어, 그 자신이 사용하는 '더 퀴니코스적인[18] 말'(kunikōteron)로 하면 소변이 되고, 어쩌면 소변보다 더 지저분한 것이 되고 만다고 선언한다.

게다가 이것도 파보리누스로부터 들은 이야기로 에픽테토스가 흔히 하던 말인데, 모든 것 중에서 가장 중대하고 가증스러운 악덕으로 두 가지가 있다고 한다. 즉 참을성이 없는 것과 부절제이다. 참아야 할 난폭한 행위를 견디지 못하고 참을 수 없는 경우이며, 억제해야 할 욕망을 억제할 수 없는 경우이다. 그는 계속해서, '따라서 이 두 말을 마음에 새기고 이를 준수할 것을 스스로에게 부과하고, 감시한다면 대개 나쁜 일을 저지르지 않고 지극히 평온한 삶을 살 수 있을 것'이라고 말한다. 그가 하던 두 마디의 말은 '견뎌라와 삼가라'(anechou et apechou)[19]는 것이었다. —A. 겔리우스, 『아티카의 밤』 XVII. 19, 1~6

### 단편 10a.

아리아노스가 에픽테토스의 말이라고 했듯이, 영혼의 구제나 우리 자신의 존엄과 관련된 경우에 주저하지 않고 무언가를 해야 할 일이 있다.

---

18 디오게네스 같은 퀴니코스파가 쓰는 표현을 군이 하면 된다는 뜻.

19 헬라스어 '아네쿠 아페쿠'로 어조가 좋지만, 나란히 사용되는 예는 없다. 전자는 『강의』(제2권 제1장 36절, 제3권 제4장 11절, 제26장 7절)에, 후자는 『엥케이리디온』 제33장 10에서 볼 수 있다. 오뒷세우스의 말 tetlathi dē kradiē(참아라, 나의 심장이여!) 참조(호메로스, 『오뒷세이아』 제20권 20행). '참고 견디는 것'(anechesthai kai apechethai; 관용과 절제)이란 말의 언급은 마르쿠스 아우렐리우스의 『자기 자신에게 이르는 것들』 제5권 33에도 나온다.

—아르노비우스,[20] 『이단논박』 2, 78

## 단편 11 | 아리아노스의 덕을 권유하는 말로부터

아르케라오스[21]가 소크라테스를 부자로 만들어 주겠다고 마중을 보냈는데, 그는 왕에게 되돌아가 다음과 같은 대답을 하라고 지시했다. '아테네에서는 4코이닉스[22] 보릿가루는 1오볼로스로 살 수 있고, 우물에는 물이 흐른다.' 즉 내 소지품은 충분하지 않다고 해도, 나에게는 그것만으로 충분하고, 그런 까닭에 소지품도 나에게는 충분한 분량인 것이다. 아니면, 너는 배우 폴로스[23]가 오이디푸스 왕[24]을 연기하는데, 콜로노스에서 방랑자나 거지인 오이디푸스를 연기하는 것보다 예쁜 목소리로 즐겁게 연기하지 않았다는 것을 모르는가? 더욱이 고귀한 인간(스토아적 현자)은 폴로스보다 못지않게 다이몬의 목소리[25]에 의해 할당된 모

---

20  북아프리카 시카(El Kef, Tunisia) 출신의 이교도에 반대하는 기독교 호교론자로 수사학을 가르쳤다(326경). 원문은 라틴어로 쓰여 있다

21  아르케라오스(재위 413년~399년)는 마케도니아 왕. 헬라스 문화를 애호하여 궁정에 많은 저명인사를 모았으나, 소크라테스는 초청에 응하지 않았다(아리스토텔레스 『수사학』 제2권 제23장 1398a4, DL 제2권 25 참조).

22  코이닉스는 약 1.08리터이므로, 4코이닉스라면 약 4.32리터가 된다. 1오볼로스는 헬라스의 화폐 단위로 6분의 1드라크마에 해당한다. 당시 연극 관람료는 2오볼로스로 알려져 있다. 그다지 비싸지 않은 금액이다.

23  아이기나 출신의 폴로스는 지난 4세기의 저명한 비극 배우.

24  테베 왕 오이디푸스는 아버지를 죽이고 어머니와 어울린 사실이 드러나자 테베에서 벗어나 방랑 끝에 종착지인 아테네 근교 콜로노스로 향한다. 이 전설을 그린 것이 소포클레스의 비극 『오이디푸스왕』과 『콜로노스의 오이디푸스』이다. 두 개의 연극은 소포클레스의 기원전 5세기 연극에서 살아남은 것이다.

25  다이몬의 목소리(daimounion)는 각 사람을 지켜보는 수호령적인 신적 존재. 제3권 제

든 역[26]을 훌륭하게 해낼 수 있을까? 그는 또 누더기를 입고도 자주색[27] 외투를 입은 인간 못지않게 빛났던 오뒷세우스[28]를 흉내 내지 않을까?

―스토바이오스, 『발췌록』 제4권 33, 28

### 단편 12[29] | 아리아노스의 말에서

마음이 넓고, 감정이 심한 사람이 하는 것을 온화하고, 조용히, 말하자면 분노하지 않고 하는 사람들이 있다. 그러므로 이 사람들이 간과하고 있는 점에 대해서는 격렬하게 화내는 사람보다 훨씬 나쁘다고 생각하고 경계해야 한다. 왜냐하면 후자는 곧바로 보복하여 만족하지만, 전자는 단지 미열(微熱)이 있는 사람들처럼 장기간에 걸쳐 그것을 늘리게 되기 때문이다. ―스토바이오스, 『발췌록』 제3권 20, 47

### 단편 13 | 에픽테토스의 『회상』(apomnēmoneumata)에서

"저는 뛰어나고 훌륭한 사람(스토아적 현자)이 굶주리고 추위로 몸을 망치는 것을 본 적이 있어요"라고 어떤 사람이 말했다. 하지만 자네는

---

13장 15절 참조.

26 원어는 prosōpon이다. 이 말은 얼굴이나 인격을 의미하지만(라틴어의 persona에 상당), 연극의 배역을 의미한다. 인생을 연극에 비유하는 예는 『엥케이리디온』 제17장에서도 볼 수 있다.

27 로마에서는 정부 고위 관리들만 자주색 옷을 입었다.

28 호메로스, 『오뒷세이아』 제18권 66행 아래 참조. 오뒷세우스는 14권~21권 전반에 걸쳐 누더기로 변장했다.

29 이러한 통제된 분노의 반응은 현명한 사람의 잘못된 감정의 부재 또는 '좋은 감정'과 혼동되어서는 안 된다.

뛰어나지도 않고 훌륭하지도 않은 사람이 사치나 허풍이나 버릇없이 굴어서 신세를 망치는 걸 본 일은 없나? "하지만 다른 사람에게 양육을 받는 것은 부끄러울 일입니다." 안쓰러운 사람일세. 우주[30] 말고 그 밖에 누가 스스로 자신을 부양할까? 사실 나쁜 놈인데, 벌을 받지 않는다거나, 힘이 세다거나, 부자라는 이유로 섭리를 비난하는 사람은 누구나, 그 악인이 눈을 잃어도 손톱이 튼튼한 상태에서 벌을 받지 않고 있다는 것과 비슷한 말을 하는 셈이다. 내 말은, 눈이 손톱보다 뛰어나지만, 덕은 악덕(kakias)[31]보다 훨씬 더 뛰어나다는 것이다. ―스토바이오스,『발췌록』제1권 3, 50

## 단편 14[32] | 에픽테토스의 『회상』에서

[…][33] 그들[34]은 쾌락을 자연 본성적인 것으로 생각하지 않고, 오히려 정의, 절제, 자유와 같은 자연 본성적인 것에 부수되는 것으로 보는 까다로운 철학자들을 중앙으로 끌어내고 있다. 도대체 혼은 어째서 에피쿠로스가 주장하는 것처럼,[35] 별로 중요하지 않은 육체적인 좋음의 경우

---

30 앞의 단편 3과 마찬가지로 우주(코스모스)는 신을 가리킨다.

31 사본의 kakias(쉔클) 대신에 소유, 재산(ktēseōs)으로 읽기도 한다.

32 이 단편은 쾌락(혜도네)에 대한 스토아학파의 생각을 지지한다. 쾌락이 삶의 전체 목표라는 에피쿠로스학파의 주장보다(LS 21). 스토아학파 철학자들을 '까다로운 자로'로 묘사하는 것은 아이러니하다. 여기에 제시된 '쾌락'에 대한 스토아학파의 사상은 일반적으로 '기쁨'으로 특징지어진다(LS 65 F).

33 탈문이 있는 것으로 보인다(쉔클).

34 에피쿠로스학파의 쾌락주의자. 스토아학파의 철학자와 대비되고 있다.

35 에피쿠로스『단편』425(Usener).

에는 이를 기뻐하고, 온화한 기분이 되는데, 가장 중요한 혼 자신의 좋음의 경우에는 이를 즐기지 않는 것일까? 하지만 자연은 나에게[36] 부끄러움을 아는 마음[37]을 주었다. 내게 뭔가 부끄러운 일을 말하고 있다고 생각할 때, 나는 자주 얼굴을 붉힌다. 이 감정이 있기 때문에, 나는 쾌락을 인생에서 좋음이라든가 목적으로 허락하지 않는 것이다. ─스토바이오스, 『발췌록』제3권 6, 57

### 단편 15 ㅣ 에픽테토스의 『회상』에서

로마에서는 여성들이 플라톤이 여성공유론을 주장하고 있다는 이유로,[38] 『국가』를 소유하고 있다. 왜냐하면 이들은 이 철인(哲人)의 말에 마음을 돌리기는 했지만, 일부일처 결혼과 동거를 금지하고, 오히려 그런 결혼을 폐지하고 다른 형태의 결혼을 도입함으로써 부인을 공유하는 것이 좋겠다는 플라톤의 진의에는 마음을 돌리지 않고 있기 때문이다. 그리고 일반인들은 자신의 잘못에 대한 변명을 여기서 발견하고 기뻐한다. 그러나 철학이 말하는 것은 손가락 하나라도 아무렇게나 움직

---

36 에픽테토스를 가리킨다.

37 원어인 aidōs는 부끄러운 행위에 대한 삼감과 동시에 신적인 것에 대한 경외심을 나타낸다.

38 플라톤, 『국가』제5권(457B~471C)에서는 처자를 공유해야 한다는 논의가 전개되고 있다. 언급된 로마 여성들은 플라톤이 쾌락을 위해 결혼한 사람들 사이의 난잡한 에로틱한 관계를 옹호하고 있다고 생각하는 것으로 보인다. 사실, 그 구절이 지적하듯이, 『국가』제5권에 있는 플라톤의 제안은 정치적인 일에 헌신하기 위해 적어도 지배층인 '수호자' 계급에서 결혼(그리고 사유재산)을 완전히 없애는 것이었다. 따라서 플라톤의 의미에서 '정의로운' 상태를 만든다(457d~464b).

여서는[39] 안 된다는 것이다. ─스토바이오스, 『발췌록』 제3권 6, 58

### 단편 16 ㅣ 에픽테토스의 『회상』에서

매일 같은 말을 하고, 같은 말을 듣고, 동시에 이를 생활에 활용하는 것
이 아니라면, 사람이 어떤 판단을 자기 것으로 만드는 것이 쉽지 않다는
것을 알아야 한다. ─스토바이오스, 『발췌록』 제3권 29, 84

### 단편 17 ㅣ 에픽테토스의 말에서

연회장에 초대받았을 때는 눈앞에 있는 것을 먹는 법이다. 만일 초대받
은 사람이 환대해 주는 사람에게 생선이나 과자를 내놓으라고 명령한
다면 이상한 놈이라고 생각될 것이다. 이 우주에서도 우리는 주어지지
않은 것을 신들에게 요구하곤 한다. 더구나 신들이 우리에게 준 것은 많
다. ─스토바이오스, 『발췌록』 제3권 4, 91

### 단편 18 ㅣ 동일한 사람의 말에서

자신의 힘이 미치지 못하는 것에 큰 자부심을 갖고 있는 사람들은 경사
스럽기 짝이 없다고 에픽테토스는 말한다. '나는 너보다 나아. 왜냐하
면 나는 땅을 많이 가지고 있지만, 너는 굶어 죽을 것 같으니까'라고 한

---

39 헤라클레이토스의 추종자인 크라튈로스는 만물이 유전되는 현상에 관해서는 아무것
도 진실을 말하지 못한다고 말했다. '같은 강물에 두 번 들어갈 수 없다'는 헤라클레이
토스를 비난했다. 여기서는 그가 단지 손가락 머리를 움직일 수 있을 뿐 주장했다는 이
야기를 근거로 한다(아리스토텔레스, 『형이상학』 1010a10~15). 여기서 철학의 교설은
엄밀히 이해되어야 할 것으로("결코 손가락 한 뼘의 너비만큼도 벗어나지 않은 채") 논
의하고 있는 제2권 제11장 17절 참조.

사람이 말했다. '나는 집정관을 하고 있다'라고 다른 사람이 말했다. '나는 행정관이다'라고 또 다른 사람이 말했다. '내 머리카락은 곱슬머리야'라고 또 다른 사람이 말했다. 하지만 말(馬)은 다른 말에게 '나는 너보다 나아. 왜냐하면 많은 꼴을 가지고 있고, 보리도 많다. 내 고삐는 황금으로 되어 있고, 안장에는 수가 놓아져 있다'라고 말하지도 않고, 오히려 '나는 너보다 발이 빠르다'라고 말한다. 즉 동물이란 모든 것이 그 고유한 덕과 악덕 바탕을 두고 더 뛰어나다거나, 더 떨어지는 것이다. 그렇다면 인간은 어떤 고유한 덕이 없는 유일한 동물이어서, 그 대신에 머리카락이라든가, 의복이라든가, 조상이라든가 하는 따위를 봐야 하는 것일까? ──스토바이오스, 『발췌록』 제3권 4, 92

단편 19 | 동일한 사람의 말에서

환자는 의사로부터 아무런 조언도 받지 않으면, 기분이 언짢아져 의사로부터 버려졌다고 생각하는 법인데, 왜 사람은 철학자에 대해서는 유익한 것을 무엇 하나 자신에게 말해 주지 않는다면, 철학자에게 버림받고 분별 있는 인간이 될 수 없다고 생각하는 기분이 들지 않는 것일까? ──스토바이오스, 『발췌록』 제3권 4, 93

단편 20 | 동일한 사람의 말에서

몸이 건강한 사람은 더위나 추위를 견디기 마련이지만, 그와 마찬가지로 혼이 양호하게 좋은 상태에 있는 사람도 분노나 괴로움이나 기쁨, 다른 모든 감정을 견디는 법이다. ──스토바이오스, 『발췌록』 제3권 4, 94

## 단편 21 | 에픽테토스의 말에서

아그리피누스[40]를 칭찬하는 것은 정당한 일이지만, 그것은 그가 매우 가치 있는 사람이면서도 자화자찬하는 일이 한 번도 없었고, 다른 사람이 그를 칭찬한다고 하면 얼굴을 붉혔을 정도라는 이유에서다. 에픽테토스가 말하는 바로는, 그는 자신에게 어려운 일이 생기면 항상 그에 대한 찬사를 쓰는 듯한 인품이었는데, 열병이 들면 열병에 대한, 악평이면 악평에 대한, 추방되면 추방에 대한 찬사를 쓸 수 있는 그런 인물이었다. 또 어떤 때는 점심 식사 준비를 하고 있는데, 누군가가 외서 '네로 황제가 당신을 추방하라고 명했어요'라고 일러 주자, '좋다, 그러면 아리케이아(아리키아)에서 점심을 먹자'고 했다고 한다.[41] ──스토바이오스, 『발췌록』 제3권 7, 16

## 단편 22 | 아그리피누스의 말에서[42]

아그리피누스가 총독이 됐을 때,[43] 그에 의해 유죄 판결이 내려진 사람들을 설득하여 그들에게 유죄 판결이 적합하다는 것을 납득시키려고 했다. 그가 말하길, "그들을 적이나 도적으로서가 아니라, 오히려 간병인이나 보호자처럼 여겨 유죄의 표를 주었기 때문이다. 마치 의사가 수

---

40 스토아학파인 파코니우스 아그리피누스(제1권 제1장 28절, 제1권 제2장 12절 참조).

41 같은 이야기는 제1권 제1장 28~30절에도 나온다.

42 Gaisford와 Asmus에 의해 에픽테토스의 단편에 추가되었지만 W. A. Oldfather는 그 관련성을 의심하고 있다.

43 아그리피누스는 클라우디우스 황제(41~54년) 통치에서 크레타와 퀴레나이카의 총독(proconsul)을 지냈다. 나중에 원로원 의원으로 네로 황제의 음모에 가담해서 재판을 받고 추방되었다. 아리케이아에 있는 그의 땅은 망명가는 길에 있었다.

술받는 자의 마음을 누그러뜨리고 자신에게 몸을 맡기도록 설득하는 것과 같이."[44] —스토바이오스, 『발췌록』제4권 7, 44

### 단편 23 | 에픽테토스의 말에서

자연은 놀랍고, 크세노폰이 말하듯이[45] '삶에 대해 애정을 가지고 있다.' 사실 우리는 모든 것 중에서 가장 불쾌하고 부정한 육체를 사랑하고 보살핀다. 닷새라도 이웃의 육체를 돌보아야 한다면 참을 수 없을 것이다. 이른 아침에 일어나 남의 이를 닦아 주거나, 뭔가 부득이한 사정으로 그 사람의 국부(局部)를 씻는 일이 어떤 것인지 생각해 보는 것이 좋다. 매일 이렇게 돌보는 것을 좋아하는 것은 정말 놀라운 일이다. 이 포대[46]를 채우고, 다시 비운다. 이토록 성가신 일이 있을까? 나는 신을 섬기지 않으면 견딜 수 없다. 그래서 나는 이 세상에서 참고 견디면서, 이 비참한 보잘것없는 육체를 씻기고, 먹이고, 보호하고 있는 것이다. 더 젊었을 때, 신은 나에게 다른 것[47]도 부과했지만, 그래도 나는 그것을 또한 견뎌내고 있었다. 그렇다면 우리에게 육체를 준 자연이 그것을 빼앗을 때에, 어째서 너희는 그것을 견디지 못하는가? "난 이 육체가 좋아요." 누군가가 말한다. 방금 내가 했던 말인데, 바로 그 사랑한다는 마음을 너에게

---

44 처벌을 받는 사람에게 유익한 일종의 준-의술적 치료라는 개념은 플라톤, 『고르기아스』476a~481b에서 두드러지며, 이 구절의 마지막 문장은 특히 476d를 떠올리게 한다. 에픽테토스에게 영향력 있는 저작으로서 플라톤의 『고르기아스』를 논하는 있는 A. A. Long, pp. 70~74 참조.

45 크세노폰 『회상』제1권 제4장 7.

46 배(腹)를 가리킨다.

47 이것은 '성적인 충동'을 말한다.

준 것도 자연이 아닌가? 그리고 그 동일한 자연이, "자, 그걸 놓아라. 이제 귀찮은 것을 짊어질 일은 없는 것이다"라고 말하고 있다. ─스토바이오스, 『발췌록』 제4권 53, 29

### 단편 24 | 동일한 사람의 말에서

만일 젊은 나이에 생을 마감하게 되면, 신들을 비난한다. [그럴 나이도 아닌데 목숨을 빼앗기기 때문이다. 또 나이가 들어서 죽지 않아도, 또한 신들을 비난한다.][48] 이제 휴식을 취해야 할 나이인데도 계속해서 보살핌을 받으며 살아가야만 하기 때문이다. 그런데 드디어 죽음이 다가오자, 아직 살기를 바라며 의사를 데리러 가서, 수고를 아끼지 말고 간호해 달라고 부탁하는 것이다. 인간이란 살고 싶지도 않고, 죽고 싶지도 않은 이상한 존재라고 그는 말한다. ─스토바이오스, 『발췌록』 제4권 53, 30

### 단편 25 | 에픽테토스의 말에서

네가 남에게 폭력을 가하고 위협할 때 그 사람에게 자신이 '교화된'[49] 동물이라는 것을 미리 말해 두는 것을 잊지 말라. 그러면 야만적인 일은 아무것도 결코 하지 않고, 평생을 후회하지 않고, 책망받지도 않고 살게 될 것이다. ─스토바이오스, 『발췌록』 제3권 20, 67

---

48 탈문(lacuna)이 있다. 교정안에 따라 보충해서 읽었다(W. A. Oldfather, p. 468 참조).

49 원어는 hēmeros이며 '교화되었다'는 의미이다. 인간은 교화된 것이라는 생각은 제2권 제10장 14절, 제4권 제1장 121절에도 볼 수 있다.

## 단편 26

너는 시체를 메고 있는 작은 영혼이라고[50] 에픽테토스는 말하곤 했다.
——마르쿠스 아우렐리우스, 『자기 자신에게 이르는 것들』 제4권 41


## 단편 27

에픽테토스는 이렇게 말했다. 승인에 관한 기술[51]을 찾아야 한다, 또한 충동의 영역에서도 그 충동이 유보를 가지고 행사되도록,[52] 공동체에 이바지하는 것으로, 가치에 상응하는 것이 되도록[53] 주의해야 한다. 더욱이 욕구는 완전히 삼가야 하며, 우리의 힘이 미치지 않는 것에 대해서는 회피를 결코 사용해서는 안 된다. ——마르쿠스 아우렐리우스, 『자기 자신에게 이르는 것들』 제11권 37


## 단편 28

에픽테토스는 이렇게 말한다. 싸우는 것은 당연한 일이 아니라, 우리가 광기에 빠져 있는지 아닌지의 여부다. ——마르쿠스 아우렐리우스, 『자기 자신에게 이르는 것들』 제11권 38


---

**50** 마르쿠스 아우렐리우스의 『자기 자신에게 이르는 것들』 제9권 24에서도 '시체를 메고 있는 작은 영(生氣, 프네우마)들'이라는 비슷한 표현을 하고 있다. 인간의 지도적 부분인 '영혼'에 대해 육체는 시체로 비유되고 있다.

**51** 인상에 대해 어떤 '승인'을 줄지에 관한 기술.

**52** 충동의 대상이 실현 불가능한 것이라면 다른 것으로 바꿔도 좋다는 것(이에 대해서는 '해제' 참조).

**53** 각 사물의 가치에 따라 충동을 느껴야 한다.

## 단편 28a[54]

소크라테스가 이런 문답을 하고 있었다. "너희들은 어느 쪽을 바라느냐. 이성적인 삶의 영혼을 갖는 것인가, 아니면 이성적이지 않은 삶의 영혼을 갖는 것인가. 이성적인 영혼을 갖는 것입니다. 어떤 이성적인 삶인가, 건전한가, 열등한 것인가, 건전한 것입니다. 그럼, 왜 너희는 그것을 요구하지 않는가? 이미 가지고 있으니까요. 그러면 왜 너희들은 싸우거나 의견이 다른 것일까?"—마르쿠스 아우렐리우스, 『자기 자신에게 이르는 것들』 제11권 39

## 단편 28b[55]

"내가 이런 일을 당하다니, 운이 나쁘구나!" 오히려 "나는 이런 일을 당했는데 고통받지 않고 지내고 있으며, 현재 상황에 짓눌리지도 않고 미래의 고통도 두려워하지 않는다"라고 말해야 한다. 왜냐하면 이런 일은 모든 사람에게 일어날 수 있지만, 그렇다고 모든 사람이 고통 없이 지낼 수는 없었을 것이기 때문이다. 그렇다면 어찌 전자가 불운이고, 후자가 좋은 운이라고 할 수 있을까?

---

**54** 이 단편은 Leopold(와 Breithaupt) 이래로 에픽테토스의 단편들에 추가되었지만, 마르쿠스 아우렐리우스 책에서 특별히 에픽테토스의 단어로 여겨지지 않으며, 관련성은 낮다고 보아야 한다.

**55** 이 전체 구절은 마르쿠스 아우렐리우스가 원칙을 자신에게 적용한 두 번째 단락의 처음 두 줄과 그가 그것을 특징적으로 압축하고 요약한 마지막 두 줄을 제외하고는 에픽테토스에서 직접 인용한 것으로 간주된다. 이 구절은 쉔클 판에는 수록되어 있지 않지만, Fränkel(*Philologus*, 1924)이 문장 표현에 있어서 에픽테토스의 것과 유사함을 지적한 이래로 에픽테토스 『단편』에 수록되어 있다.

어느 쪽이든 인간 자연 본성의 잘못이 아닌 것을 너는 일반적으로 인간의 불운이라고 말할 것인가, 또 인간 자연 본성의 의지에 어긋나지 않는 것을 인간 자연 본성의 잘못이라고 생각할 것인가? 아니, 어떨까? 의지에 대해 너는 배웠을 것이다. 너에게 일어난 일이 네가 정의롭고, 고매한 마음을 가지고, 절도 있고, 사려 깊고, 경솔하지 않으며, 남을 속이지 않으며, 조심스럽고, 자유롭게 되고, 심지어 그것들이 갖추어지면 인간의 자연 본성이 그 고유한 것을 충분히 누리게 되는 그 밖의 성격을 네가 갖는 것을 방해하던가?

앞으로는 어떤 일이든 너를 곤경에 빠뜨릴 일이 있다면, 다음 원칙을 더 잘 사용해야 할 것임을 잊지 말아야 한다. 즉 "그것은 불운이 아니다. 오히려 그것을 고귀하게 견디는 것이야말로 행운인 것이다." ──마르쿠스 아우렐리우스, 『자기 자신에게 이르는 것들』 제4권 49, 2~6

## 의심스럽거나 위작인 단편들

### 단편 29 | 에픽테토스의 『엥케이리디온』으로부터[56]

무엇보다도 먼저 생각해야 할 것은 안전이다. 즉 말하는 것보다 침묵하는 것이 안전하다. 무릇 이성이 결여된 비난의 목소리를 그만두는 것이다. ──스토바이오스, 『발췌록』 제3권 35, 10

---

56 이 단편은 우리에게 전해지는 『엥케이리디온』에서 찾아지지 않는다. 에픽테토스의 말인지 아닌지도 의심스럽다

### 단편 30 | 에픽테토스의 말에서

배를 하나의 작은 닻에 연결해서는 안 되며, 인생을 하나의 희망으로 연결시켜서도 안 된다. —스토바이오스, 『발췌록』 제4권 46, 22

### 단편 31 | 동일한 사람의 말에서

한 발이든 희망이든 가능한 보폭을 알아야 한다. — 스토바이오스, 『발췌록』 제4권 46, 23

### 단편 32 | 에픽테토스의 말에서

몸을 치유하는 것보다 더 필요한 것은 영혼을 치유하는 것이다. 나쁘게 사는 것보다 죽는 것이 더 낫다. —스토바이오스, 『발췌록』 제4권 53, 27

### 단편 33[57] | 동일한 사람의 말에서

쾌락 중 가장 드물게 발생하는 것이 가장 기쁨을 주는 것이다. —스토바이오스, 『발췌록』 제3권 6, 59(데모크리토스, 단편(*DK*) 232)

### 단편 34 | 동일한 사람의 말에서(에픽테토스)

사람이 도를 넘는다면, 가장 기쁜 일이 가장 반갑지 않은 것이다. —스토바이오스, 『발췌록』 제3권 6, 60(데모크리토스, 단편[*DK*] 233)

---

57 이 단편들(33~34)은 데모크리토스의 단편으로, 실수로 에픽테토스의 것으로 간주된 것이다.

## 단편 35[58]

자신을 이겨 낼 수 없는 어떤 사람도 자유로울 수 없다. ―스토바이오스,
『발췌록』제3권 6, 56

## 단편 36

진리는 불사하고 영원한 것이다. 진리가 우리에게 주는 것은 시간이 지
남에 따라 퇴색되는 아름다움도, 재판에 의해 빼앗기는 언론의 자유
(parrēsia)도 아니고, 오히려 정의와 법에 따른 것이며, 부정의를 그것과
구별하고 이를 반박하는 것이다. ―안토니우스 멜리사,[59] 『총람』제1권 21

---

58 이 단편도 실수로 에픽테토스의 것으로 여겨졌는데, 퓌타고라스학파의 잠언으로 생각
된다.

59 안토니우스 멜리사(Antonius Melissa)는 기독교 교부(11세기경)이다. 멜리사는 '꿀
벌'의 의미인데, 그의 저작인 '도덕에 관련된 설교와 문장들'을 수집한 『총람』(*Loci
Communes*)에 애초에 붙여진 명칭인 듯하나 확실한 것은 알 수 없다. 초기 기독교 시절
에 에픽테토스의 말에서 다양한 번안본(飜案本)이 만들어졌는데, 이 단편도 그러한 책
들에서 인용된 것으로 보인다.

# 찾아보기

## 인명/지명

누구도 침범할 수 없는 인간의 선택
하는 힘 3.22.38~44, 4.1.69~81, 89~90

인상(phantasia): 올바른 인상의 사용
3.1.26, 3.21.22, 4.6.25, 『단편』4, 『엥케』6;
인상의 검토(음미) 『엥케』1.5

## 【ㅈ】

자살에 대한 암시 4.10.27, 3.22.34, 3.8.6

자유(eleutheria) 4.1; 전통적 자유와 대
조해서 4.1.6~14, 33~40; 잘못과 감
정의 제거에 의존하는 3.24.69~77,
4.1.15~23

점(占, manteia): 정말 문제인 것을 우리에
게 알려주지 않는 『엥케』32

좋음(agathos)의 본질: 선택된 행위의 영
역 안에 포섭되는 것으로서 정의된
3.3.14~15, 3.8,3.20, 3.22.38~44, 4.3,
4.4.23~48, 4.6.9~10, 36~38, 4.7.8~11,
35~41, 4.10.9~10

주의 4.12; 우리에게 달려 있는 것과 그렇
지 않은 것에 대해 4.12.7~12

## 【ㅊ】

철학(philosophia): 철학은 단지 텍스트
를 해석하는 것이 아니다 3.17.34~36,
3.21.7~8, 4.4.11~18, 『엥케』49; 철학 훈
련의 필요성 3.15, 3.21, 3.24.31~36,
3.24.103~115, 3.25, 4.1.111=113,
4.4.23~48, 4.6.30~37, 4.6.34~43, 『엥
케』51; 말과 행위의 일치 4.1.132~143,
『단편』10; 자연적 소질을 요청함
3.21.18~22; 철학은 윤리적 진보
를 진작시키는 쪽으로 향해야 한
다 3.2.6~17, 3.10, 3.21, 3.24.78~81,
3.26.8~39, 4.4.11~18, 45~48, 4.6.11~19,
『엥케』22

철학에 기반한 실천 윤리학, 철학의 세 가
지 영역에 대하여 3.2.1~5, 3.12.4~15,
3.26.14~15, 4.10.13

철학자; 인상이 아닌 판단과 행위에 의
해 특징지어지는 4.8; 소크라테스
4.8.22~29 퀴니코스학파 4.8.30~33

청결 4.11; 철학자들에게 적합한 4.11.19~30
; 인간의 특성으로서의 4.11.1~4, 11~14,
32; 내적인 청결 4.11.5~8; 외적인 청
결 4.11.9~11

치료로서의 철학 3.21.20~21, 3.23.30~31

친애(우정, philia): 디오게네스에 관련된
4.1.152~158

## 【ㅋ·ㅍ】

퀴니코스(견유학파, Kunikos) 3.22; 우
정 3.22.62~66; 삶의 방식의 예
4.8.30~33; 결혼과 부모와 자신의 관
계 3.22.67~83; 평정한 마음으로 곤
경을 참아 냄 3.22.54~62; 핵심적 윤
리적 메시지 3.22.26~44; 정치적 공
무의 참여 3.22.83~85; 퀴니코스 교
도들에게 요구되는 성격, 본성, 임무
3.22.2~25, 45~52, 86~106

파렴치함 4.9

판단(dogma), 행복(eudaimonia)을 결정하
는 것과 그 반대의 것 『엥케』5, 16

피할 수 없는 사건들의 수용 3.13.11~17,
4.10.10~17, 『엥케』53

# 지은이·옮긴이 소개

## 지은이

**에픽테토스**(Epiktētos, 50?~135)는 스토아 윤리학에 강한 영향력을 미쳤던 철학 선생으로, 독자적인 철학자였다. 그는 지금의 아나톨리아 지방의 히에라폴리스에서 노예로 태어났다. 그는 해방노예 출신이었던 로마 네로 황제의 비서실장 격인 에파프로디토스 소유의 노예였다. 주인의 허락하에 그는 스토아 철학자 무소니우스 루푸스 밑에서 철학을 공부했다. 93년 혹은 95년경, 도미티아누스 황제의 철학자 추방령에 따라 아드리아해 연안의 니코폴리스에 정착해 학교를 열어 학생들을 가르쳤다. 이 생활은 죽음에 이르기까지 지속되었다. 그는 결혼하지 않았으나, 만년에 어린 아이를 입양했다. 에픽테토스의 학교는 하드리아누스 황제를 포함해서 많은 학생들과 방문객을 받아들일 정도로 아주 매력적이고 유명했다고 한다.

**아리아노스**(Arrianos; 라틴명 Lucius Flavius Arrianus, 86? 89?~146? 160?)는 흑해 서남쪽 연안의 니코메데이아의 부유한 집안에서 태어났다. 그는 훗날 정치가로 활동하며 중요한 역사가가 되었으며, 아마도 18세 무렵인 105~113년 어간에 50세 후반이나 60대 초에 접어든 에픽테토스를 니코폴리스에 만나 함께 공부한 것으로 여겨진다. 그는 전문적인 철학가는 아니었으나, 다방면의 재능은 역사, 전쟁(Anabasis, '인도의 역사', '군사 전략'), 지리지, 사냥 등 여러 분야에 걸쳐 다양한 책을 저술하게 했으며, 이로 인해 기원전 4세기 아테네의 크세노폰에 비교될 정도로 유명세를 탈 수 있었다(에픽테토스가 당대의 소크라테스라면, 아리아노스는 로마의 크세노폰이라 말할 수 있다).

아리아노스는 에픽테토스의 윤리학에 관한 비공식 강의이자 대화를 8권으로 기록하고 출판했으며, 그중 현재 4권과 일부 '단편'이 남아 있다. 이것이 『강의』라는 책이다. 아리아노스는 이 책의 주요 주제에 연관된 내용을 골라 요약하여 일종의 '핸드북'(매뉴얼, 편람)을 만들었는데, 이것이 『엥케이리디온』(*Enchiridion*)이다.


**옮긴이**

## 김재홍

숭실대학교 철학과 졸업. 같은 대학교 대학원에서 서양고전철학 전공, 1994년 「아리스토텔레스의 학문방법론에서의 변증술의 역할에 관한 연구」로 철학박사 학위 취득. 캐나다 토론토대학교 '고중세철학 합동 프로그램'에서 철학 연구(Post-Doc). 가톨릭대학교 인간학연구소 전문연구원, 서울대학교 철학사상연구소 선임연구원 역임. 가톨릭관동대학교 연구교수를 거쳐 전남대 사회통합지원센터 부센터장을 지냈으며, 현재 정암학당 연구원으로 있다.

저서 『그리스 사유의 기원』, 『에픽테토스 '담화록'』, 『왕보다 더 자유로운 삶』, 『아리스토텔레스 정치학』. 공저 『서양고대철학 2』, 『박홍규 형이상학의 세계』, 『아주 오래된 질문들―고전철학의 새로운 발견』 등. 역서 아리스토텔레스의 『토피카』, 『정치학』, 『소피스트적 논박에 대하여』, 『니코마코스 윤리학』, 『관상학』, 테오프라스토스의 『성격의 유형들』, 장 피에르 베르낭의 『그리스 사유의 기원』. 공역 『소크라테스 이전 철학자들의 단편 선집』, 브루노 스넬의 『정신의 발견』, 디오게네스 라에르티오스의 『유명한 철학자들의 생애와 사상』 등.